시정곤의 국어학 세계 2

현대국어 통사론의 탐구

시정곤

도서출판 월인

사랑하는 부모님께

머리말

카이스트(KAIST)에 부임한 지 만 10년이 지났다. 10년이면 강산이 변한다고 하는데 정말 대전도 많은 변화가 있었다. 많은 건물이 들어서고 길이 넓어졌으며 나무도 더욱 우람해졌다. 어디 도심만 그런가. 캠퍼스도 몰라보게 달라졌다. 새 건물이 올라가고 새로운 학과가 생겨나고 또 새로운 과제들이 생겨났다. 누군가 변화를 두려워하기 시작하면 그건 나이를 먹어가는 증거라는데, 난 아직은 그정도는 아닌가 보다. 나에게 변화는 여전히 생동감과 신선함으로 다가오니 말이다. 우연히 캠퍼스를 거닐다가 자그마한 나무 아래 푯말 하나를 발견했다. 다가가 푯말을 읽어보니 이렇게 써 있었나. '아무개 교수 부임 20주년 기념식수'. 어느 교수가 직접 심어 놓은 것인지 아니면 제자들이 기념으로 심어 놓은 것인지는 알 수 없으나, 이런 풍경에 낯이 설었던 나에게는 여간 흥미로운 게 아니었다. 기념식수라. 그 교수는 저 나무를 보면서 어떤 생각을 했을까. 지나온 시간을 되돌아보면서 미래에 대한 새로운 각오를 다지지 않았을까. 이런저런 생각을 하면서 문득 나 자신은 그동안 무엇을 했던가 하는 생각에 빠져 보았다.

순수국어학, 국어정보학, 국어교육, 국어대중화. 지난 10년간 내 머릿속을 채워왔던 연구흐름을 정리해본다면 이 네 가지로 압축할 수 있지 않을까. 이 네 분야의 공통분모는 당연히 우리말과 우리글이다. 순수국어학 가운데서도 형태론과 통사론의 접점에 대한 탐구는 학창시절부터 줄곧 나의 제1의 관심 주제였다. 카이스트에 몸 담으면서 자연스레 국어정보학에도 눈을 뜨게 되었다. 자연언어처리, 전자사전, 그리고 용어표준화 사업에 이르기까지 다양한 연구에 참여했으며, 지금은 문화기술학에 흠뻑 매료되어 있다. 논술교재, 『문법』 교과서와 『국어생활』 교과서를 집필하면서는 국어교육의 과제를 고민할 수 있어 좋았고, 국어학도 대중과 함께 호흡해야 한다는 생각으로 『우리말의 수수께끼』를 비롯하여 여러 우리말 대중서를 집필하기도 했다. 지금 돌이켜보면 학문에 대한 호기심이 너무 컸던 시간이 아닌가 한다.

저서 22권(공저, 공역, 공편 포함), 논문 109편(국내학술논문 73편, 국제학술논문 4편, 국내학술대회논문 25편, 국제학술대회논문 7편), 연구과제 29건(외부수탁과제 20건, 교내기본연구과제 9건). 이것은 내가 학문을 시작한 이래 지난 2005년까지 네 분야에서 이룬 성과들이다. 쉽게 말하면 지난 시간 동안의 내 성적표인 셈이다. 성적표를 어찌 수치로만 평가할 수 있으랴마는 이렇게라도 지난 시간의 흔적을 돌아보고자 한 것이다.

성과들을 정리해 보면서 문득 기념식수 생각이 났고, 나도 기념식수를 해보아야겠다는 생각이 들었다. 그렇다고 연구실 앞뜰에 나무를 심을 생각은 없었다. 대신 이 성과들을 책으로 엮어 내 마음 한 구석에 잘 간직하면 어떨까 하는 생각 끝에 이 번에 3권의 책이 세상에 나오게 되었다. 따라서 이 책 한 권 한 권은 나에게는 책이 아니라 예쁜 나무들인 셈이다. 나는 마음 속 나무에 이렇게 제목을 붙이고 싶다. 시정곤 자화상. 그리고 새로운 10년은 더 새롭고 더 열심히 고뇌해 보리라고 다짐해 본다.

오래된 원고를 책으로 엮어내려니 이것저것 작업이 필요했다. 일단 논문 가운데 공동 논문은 제외하고 단독 논문만을 간추리기로 했으며, 영어 논문은 우리말로 다시 번역을 하여 싣기로 했다. 또한 오탈자와 어색한 표현 등을 제외하고는 원본 그대로 싣는 것을 원칙으로 했다. 그러고

나서 논문을 다시 현대국어 형태론, 현대국어 통사론, 응용국어학 등 세 가지 유형으로 나누었다. 이 범주에 넣기가 애매한 논문도 있었는데 그런 논문은 여기서 제외를 했다. 이렇게 해서 세 권의 책이 모양새를 갖추게 되었다.

제1권 『현대국어 형태론의 탐구』는 총 21편의 논문으로 이루어져 있다. 형태론과 형태단위(6편), 어휘부와 단어형성(7편), 단어형성과 의미(5편), 형태론연구사(3편) 등 모두 다섯 가지 소주제로 다시 나누어 보았다. 형태론과 형태단위에서는 단어와 형태소, 그리고 어근, 조사, 어미 등과 같은 형태론의 기본 단위에 대해 고찰한 논문으로 엮어 보았다. 어휘부와 단어형성에는 어휘부의 구조와 성격, 단어형성부의 구조와 구체적인 형성과정, 그리고 유추와 규칙에 대한 검토 등과 관련된 논문들이 포함되어 있다. 단어형성과 의미에는 단어형성과정과 논항구조의 상관관계, 그리고 섭사의 의미구조 설정 등에 대한 논문이 주를 이루고 있다. 형태론 연구사는 현대형태론을 중심으로 그 연구 현황과 과제, 그리고 미래에 대한 전망에 대해 고찰한 논문들로 채워진다.

제2권 『현대국어 통사론의 탐구』는 총 20편의 논문으로 이루어져 있는데, 다시 통사구조와 통사해석(9편), 이다 구문(5편), 부정 구문(6편) 등으로 세분하여 보았다. 먼저 통사구조와 통사해석에서는 수량사구성이나 관형구성의 통사구조에 대한 고찰과 조사와 어미와 같은 기능범주의 통사구조에 대한 논문이 주를 이룬다. 이다 구문에서는 그동안 이다 구문에 대해 형태·통사적 입장에서 고찰한 논문과 다른 주장에 대한 반박의 글들을 모아 보았다. 부정 구문에는 부정의 개념과 부정어의 설정, 그리고 부정극어의 통사구조와 통사적 양상에 대해 고찰한 논문들이 주를 이루고 있다.

제3권 『응용국어학의 탐구』는 총 14편의 논문으로 이루어져 있다. 그리고 이를 다시 표기법(5편), 국어정보학(6편), 국어학의 미래(3편) 등 세 가지 유형으로 다시 나누어 보았다. 표기법에서는 띄어쓰기와 외래어표기법과 같은 어문 규범에 대한 고찰과 말다듬기나 문법교과서에 대한 글도 포함되어 있다. 국어정보학은 전자사전이나 자연언어처리, 그리고 전문용어표준화와 같은 국어공학 쪽의 논문과 디지털 문화 속에서 사이버 언어의 양상에 대해 고찰한 논문들을 포함하고 있다. 마지막으로 국어학의 미래에서는 인접학문과 국어학의 융합 가능성에 대한 논문과 21세기 국어학의 미래에 대한 글을 실었다.

제3권 끝에는 부록을 마련했다. 부록에는 '시정곤 연구 해적이'를 실었는데, 이것은 학문을 본격적으로 시작한 이후 2005년까지의 연구활동을 월별로 정리해 놓은 것이다. 해묵은 원고를 따라 지나온 궤적을 거슬러 올라가면서 그 옛날의 기억이 어렴풋이 하나씩 되살아 났다. 이번 기회에 그 내용을 좀더 소상히 적어 두는 것이 좋겠다는 생각이 들어 해적이를 만들어 본 것이다. 각 연도 끝에는 그 해 연구활동을 하면서 느꼈던 소감을 간략히 덧붙여 놓았다. 해적이를 적어가면서 초등학교 시절 개학 전날 밀린 일기를 쓰던 기억이 떠올랐다. 한달 전 날씨는 어떠했더라, 그때 누구랑 함께 놀았지? 그때 읽었던 책은 뭐였더라? 등등. 앞으로는 그때그때의 느낌과 활동을 좀더 소상히 메모를 해두리라. 그래야 나중에 밀린 일기를 쓰지 않을테니까.

책을 내기까지 꽤 시간이 걸렸다. 없어진 파일은 다시 쳐서 복구하고 번역을 하고 또 다듬어 체계를 잡기까지 6개월 정도를 끌었던 것 같다. 이렇게 해서 초고를 출판사에 넘긴 것이 작년 10월말이니 그 후 책이 나오게 될 때까지 또 반년이 흘렀다. 보잘것 없는 책이지만 때를 벗고 세상에 나오기까지 일년이라는 시간이 걸린 셈이다. 손수 때 묻은 원고를 하나하나 들춰보면서 지난 시간과 지난 생각을 곱씹을 수 있는 기회를 얻었다는 점이 내게는 더없이 소중하고 행복한 시간이었다. 올해 나는 연구년을 보내고 있는데, 그 덕에 이렇게 지난 연구들을 다시 정리할 시간적 여유를 가질 수 있었다. 연구년을 허락해 준 카이스트와 인문사회과학부에 감사의 마음을 전한다.

작년 2월 지도교수이신 성광수 선생님이 정년퇴임을 하셨다. 늘 그 자리에서 나를 채찍질 해 주실 것만 같았는데 어느 새 정년을 맞이하신 것이다. 참 시간은 빠르고도 무섭다. 선생님께 부끄럽지 않은 제자가 되겠노라고 다짐하곤 했었는데, 아직도 이 모양이니 송구스럽기 그지없다. 선생님의 은혜에 감사드리며 이 책으로 그 송구스러움을 조금이라도 덜었으면 하는 바람이다. 그리고 10년을 한결같이 학문의 동반자로서 묵묵히 뒤를 받쳐준 아내 혜원과 아빠에게 언제나 힘이 되어 준 딸 현지에게도 고마움을 전하고 싶다.

졸고를 마다 않고 더 좋은 책으로 만들어 주신 도서출판 월인의 박성복 사장님과 상무님, 그리고 편집부 여러분께 감사드리며, 이 책이 전공자들에게 조금이나마 도움이 되었으면 한다. 박사논문을 받으며 이제부터가 시작이라고 외쳤던 기억이 난다. 그때 그 마음으로 돌아가고 싶다.

2006년 4월 중순

지은이 씀

차례

Σ 통사구조와 통사해석

Σ 이다 구문

차례

Σ 부정 구문

통사구조와 통사해석

국어 수량사구의 통사구조*

1. 문제제기

본고의 목적은 국어 수량사구의 통사적 속성을 밝히고 이에 합당한 통사구조를 설정해 보는 것이다. 그 동안 수량사구에 대한 연구는 의미론적 면과 통사론적인 면을 중심으로 다양하게 진행되어왔는데, 이를 크게 두 가지로 요약해 보면, 하나는 수량사구성의 네 가지 유형의 상관관계이고, 또 하나는 격중출구문의 문제를 어떻게 해결하느냐 하는 것이었다. 다음의 예를 보자.

(1) 가. [학생 두 명]이 왔다.
　　나. [학생 둘]이 왔다.
　　다. [두명의 학생]이 왔다.
　　라. [두 학생]이 왔다.
(2) 가. [학생]이 [두 명]이 왔다.
　　나. 나는 [학생]을 [두 명]을 보았다.

* 이 논문에 대해 논평을 해주신 익명의 논평자와 김정민, 김양순, 김광섭 교수께 감사드린다. 이들의 날카로운 논평으로 본 논문을 객관적으로 다시 다듬을 수 있었다. 그러나 이 논문에 나오는 모든 잘못은 필자에게 있음은 물론이다. 그리고 이 논문은 1998년도 한국과학기술원 기본연구비에 의해 이루어진 것이다.

(1)의 첫 번째 문제에 대해 앞선 논의에서는 주로 이들의 의미동일성 여부와 양화사 유동에 대한 논의가 이루어졌다. 네 유형의 상관관계에 대해 다양한 접근이 제기된 셈이다. (2)의 두 번째 문제에서는 격중출구문의 여부와 구조에 대한 다양한 논의가 제기되었다. 그러나 이러한 여러 선행연구에도 불구하고, 아직도 수량사구성에 대한 실체가 명확히 드러나지 못한 것이 사실이다. 그 이유는 첫째, 수량사구성의 성격이 매우 복합적이라는 점이다. 앞선 연구에서도 잘 나타났듯이 수량사구는 통사적 속성과 의미적 속성이 엉켜 있어, 수량사구가 갖고 있는 모든 기능과 현상을 제대로 밝히기 위해서는 이러한 모든 요소를 고려한 총제적인 연구가 필요하기 때문이다. 둘째, 선행연구의 접근방법에도 문제가 있다. 예를 들어 통사적 측면과 의미적 측면을 명확히 구분하지 않고 접근한다든지, 네 가지 유형에만 집착하여 논의한다든지, 또는 수량사구성의 기본속성은 염두에 두지 않고 격중출구문의 측면에서만 논의한다든지 하는 것들이다.

본고에서는 이러한 문제점들을 극복하기 위해 두 가지 측면에 주의하여 논의를 시작하고자 한다. 첫째, 본 연구는 수량사구의 총체적인 탐구보다는 수량사구의 구조적인 연구를 시도할 것이다. 이것은 수량사구의 구조적 연구가 비록 수량사구성의 복합적인 모든 속성을 설명해줄 수는 없다고 하더라도, 수량사구 논의의 기초를 마련하는 데 필수적이며, 구조적인 측면과 연결된 여러 문제들에 대해 해결의 실마리를 제공할 수 있기 때문이다. 둘째, 본고는 기존의 접근방법과는 달리 (1)의 4가지 유형의 상관관계를 고려하지 않고 논의를 전개할 것이다. 그리고 (2)의 격중출구문도 수량사구문의 기본속성에 기대어 접근하도록 한다.

이를 위한 본 논문의 전개 순서는 다음과 같다. 먼저 2장에서는 구조적인 면에서 수량사구성이 갖고 있는 특성을 면밀히 살피고, 이를 통해 3장에서는 수량사구성의 문법범주와 기본 통사구조를 점검한다. 그리고 4장에서는 격중출구문과 수량사구성의 상관성을 검토하여, 새로운 수량사구성의 기저구조를 제시할 것이다. 5장에서는 앞선 논의를 요약 · 정리하는 한편, 미처 다루지 못한 남은 문제에 대해서 논의하고자 한다.

2. 수량사구성의 속성

이 절에서는 수량사구의 통사구조를 설정하기에 앞서 그 통사적 속성들을 점검하기로 한다. 우리는 '명사-수사-분류사'의 구성을 중심으로 논의를 전개할 것인데, 그 첫 번째 이유는 이 유형이 수량사구성의 네 가지 유형 가운데 가장 일반적인 유형이기 때문이고,[1] 두 번째는 이 유형이 격중출 구문과 관련되어 이들을 상호 비교 · 검토하기가 쉽다는 장점이 있기 때문이다. 먼저 몇 가지 통사적 검증방법으로 '명사-수사-분류사' 구성의 구조적 속성을 알아보자.

(3) 가: ?너는 [무엇/뭐] 두 마리를 샀니?
　　(너는 [무엇을/뭘] 두 마리를 샀니?)
　나: [고등어] 두 마리를 샀다.
(4) 가. *[장미 곱게 한 송이]가 피었다.
　나. [장미]가 곱게 [한 송이]가 피었다.
(5) 가. *대학생 [세 명이 왔고] 고등학생도 [그랬다]. [이홍식(1996)]
　나. 대학생이 [세 명이 왔고] 고등학생도 [그랬다].

위의 예 (3)은 수량사구성의 성분 하나를 의문사로 대체한 것이다. 먼저

1) 채완(1983: 33)에 따르면 수량사 구성에서 명사가 수사 뒤에 놓이는 구성이 수사 앞에 놓이는 구성보다 고형(古形)이며, 분류사가 없는 구성이 분류사가 있는 구성보다 고형이라고 한다. 또 현대국어에서 사용되는 빈도로 볼 때, '명사-수사-분류사' 구성이 가장 자유롭고, 다양한 격분포를 보이며, '수사-명사' 구성은 극히 한정된 경우에만 쓰이고, '명사-수사' 수량사구는 셈용법에서 주로 쓰이며, '수사-분류사-명사' 구성은 주로 문어로서만 남아 있다고 한다.

(3가)에서 명사를 의문사로 대체하는 것이 불가능하지는 않지만, 아주 자연스럽지는 못하다(특히, 괄호안의 격표지가 붙은 문장과 비교해보면 어색함의 차이가 느껴진다). 형태적 구성의 경우 성분 일부가 의문사로 대체되는 것이 전혀 불가능하다는 점을 고려하면, 명사-수사-분류사 구성은 통사적 구성이라 할 수 있다. 그렇다면 통사적 구성인 이들 성분은 서로 어떤 관련을 맺고 있을까? 우리는 (4)와 (5)를 통해 이에 대한 답을 얻을 수 있다. (4)는 수량사구성 사이에 부사를 삽입시킨 것인데, (4나)에 비해 (4가)에서는 부사 '곱게'가 명사와 수사-분류사 사이에 놓일 수가 없다. 또 (5)의 대용언 검증에서도 (5나)에 비해 (5가)는 비문이 된다. 이러한 사실로 미루어 명사-수사-분류사 구성은 비록 통사적 구성이라고 해도, 이때 명사와 수사-분류사가 서로 자유롭게 분리될 수 없으며, 하나의 최대투사범주 안에 묶여 있다는 것을 말해준다. 우리는 위의 예들을 통해 다음과 같은 기본가정을 도출하고자 한다.

(6) 기본가정(1): '명사-수사-분류사' 구성은 통사적 구성으로, 이때 [명사]와 [수사-분류사]는 서로 분리할 수 없으며, 하나의 XP 안에 묶여 있는 구조이다.

위의 가정에서 두 성분 중 반드시 하나가 다른 하나에 기대어야만 한다면 어떤 성분이 자립적이고 어떤 성분이 의존적일까?

(7) 가. 학생이 왔다.
　　나. *두 명이 왔다.

위의 예에서 (7가)는 정상적인 문장이지만, (7나)는 비문이다. 이 점은 우리에게 몇 가지 암시하는 바가 있는데, 하나는 주어와 관련하여 '학생'은 주어가 될 수 있지만, '두 명'은 주이가 될 수 없다는 것이다. '학생'을 명사구(NP)로 간주할 때, '두 명'은 명사구가 아니라는 가정이 성립된다. 이 점은 뒤에서 수량사구의 통사구조를 상정할 때 중요한 단서가 된다. 따라서 의존적인 성분은 '학생'보다는 '두 명'이라고 보아야 한다. 다른 하나는 수량사구성에서 선행명사의 자리가 구조적으로 반드시 보장되어야 한다는 것이다. 이를 기본가정(2)로 정리하면 다음과 같다.

(8) 기본가정(2) : 수량사구성의 기저구조에서 명사(구)의 자리는 항상 보장되어야 한다.

위의 기본가정(2)를 통해 우리는 '두 명'의 구성은 자체만으로는 하나의 명사구가 될 수 없으며, 명사구로 쓰이기 위해서는 공범주형태라도 명사구자리에 나타나야 한다는 것을 알 수 있다. 이는 뒤에서 격중출구문의 구조를 설명할 때에 중요한 요소로 작용한다.

한편, 수량사구성에서는 선행명사와 분류사 사이에 호응관계가 나타난다. 다음의 예를 보자.

(9) 가. 학생$_i$ 두 명$_i$이 왔다
　　나. *학생$_i$ 두 개$_i$가 왔다

위의 (9가)에서는 '학생'과 분류사 '명'이 일치관계를 보여 정문이 되었지만, (9나)에서는 그렇지 못해 비문이 된 것이다. 이때 명사와 분류사 사이에 일어나는 호응관계는 단순한 자질일치라기보다는 동일인물이나 동일대상을 가리키는 의미적 성격이 강하다. 본고는 이들의 관계를 선행사(antecedent)-대용사(anaphor)의 관계로 파악하고자 한다.[2)] 그렇게 되면 (9가)에서 '학생'은 선행사가 되고, '명'은 대용사가 된다고 할 수 있다.

2) 임동훈(1991: 95)에서도 분류사가 반드시 의미론적으로 연관되는 선행명사구를 필요로 한다는 점에서 분류사를 일종의 대용사로 보고 있다.

그렇다면 문제는 과연 분류사를 대용사로 볼 수 있는 근거가 있느냐 하는 점이다. 먼저 대용사의 일반적 정의를 살펴보자. 대용사는 '그 자체가 무엇인가를 지시할 수 있는 능력을 갖추지 못하고 항상 다른 요소를 통해 그 지시대상이 분명해지는 단어나 구'를 말하므로(영어학사전 p.65 참조), 항상 선행명사를 통해서만 그 지시대상이 분명해지는 분류사의 성격과 일맥상통한다. 또한 역사적인 연구에서도 근거를 찾을 수 있는데, 채완(1983)에서는 수량사구성이 원래 '명사-수사'의 구성이 사용되다가 여기에 다시 명사가 반복되는 '명사-수사-명사' 구성으로 발전하고, 나중에는 뒤의 명사가 분류사로 변하여 오늘날처럼 '명사-수사-분류사' 구성이 만들어졌다고 주장하였다. 이를 도식으로 보이면 다음과 같다.

(10) 학생 둘 → 학생 두 학생 → 학생 두 {명/사람/놈…}

위의 변천과정에서 우리는 몇 가지 점에 주목할 필요가 있다. 첫째, 분류사가 대용사의 속성을 갖고 있다고 보는 것은 매우 자연스럽다는 점이다. 분류사는 원래 앞의 명사가 복사된 형태이기 때문이다.[3] 둘째, 이때 대용사인 분류사의 구체적인 모습은 화용적으로 최종 결정된다는 것이다.[4] 셋째, 선행사-대용사의 관계는 성분통어(c-command)를 이용한 결속조건(binding condition)으로 자연스럽게 설명할 수 있다. 우리는 이를 정리하여 다음과 같은 기본가정으로 삼는다.

---

3) 이에 대해 이익섭(1973: 56-57)에서는 동격관계라고 부르면서, 분류사가 앞 명사의 자질에 그대로 매어 있으며, 그 명사를 반복하는 요소라고 말하고 있다. 즉 앞의 명사의 자질이 분류사에 그대로 복제되어 둘은 같은 자질을 공유한다는 뜻이다.

4) '맥주 한 잔, 맥주 한 병, 맥주 한 박스' 등에서 알 수 있는 것처럼, 선행명사는 '맥주'이지만 이를 대용한 분류사는 상황에 따라 다양하게 나타난다. 그렇다면 어떤 조건에서 어떤 방법으로 분류사가 결정되는가 하는 문제가 화용적인 측면에서 좀더 자세히 검토되어야 한다. 이에 대해서는 후고를 기약하기로 하고 여기서는 다루지 않는다.

(11) 기본가정(3) : 수량사구성에서 명사-분류사의 호응관계는 선행사-대용사의 성격을 띠며, 결속조건으로 이를 설명할 수 있다.

한편, 선행사와 대용사의 결속조건은 앞서 제기한 기본가정(2)를 설득력 있게 뒷받침해 준다. 기본가정(2)에서는 수량사구성의 기저구조에서 명사(구)의 자리는 항상 보장되어야 한다고 하였는데, 왜 그런 것일까? 우리는 이에 대한 답을 기본가정(3)에서 찾을 수 있다. 즉, 결속조건에 따르면 대용사는 선행사에 의해 반드시 결속되어야 하므로, 만약 (7나)처럼 결속할 선행사가 없다면 그 문장은 결속조건을 위반하므로 비문이 되는 것이다.

3. 수량사구성의 통사구조

3.1 통사구조의 설정

이 절에서는 앞서의 기본가정을 토대로 하여 수량사구성의 통사구조를 설정해 보기로 한다. 통사구조를 설정하는 데 가장 중요한 사항은 [수사-분류사]의 문법범주가 무엇인가 하는 것과 수량사구 전체구성의 핵이 무엇인가 하는 점이다. 우리는 앞에서 기본 속성을 검토하면서 [명사-수사-분류사]의 전체구성은 명사구이고, [수사-분류사] 구성은 [명사구]에 의존적이어서, 두 성분은 서로 분리되지 못하고 하나의 명사구에 묶여 있는 구조라고 가정했었다. 그렇다면 [두 명]의 문법범주는 어떻게 상정될 수 있을까?

(12)

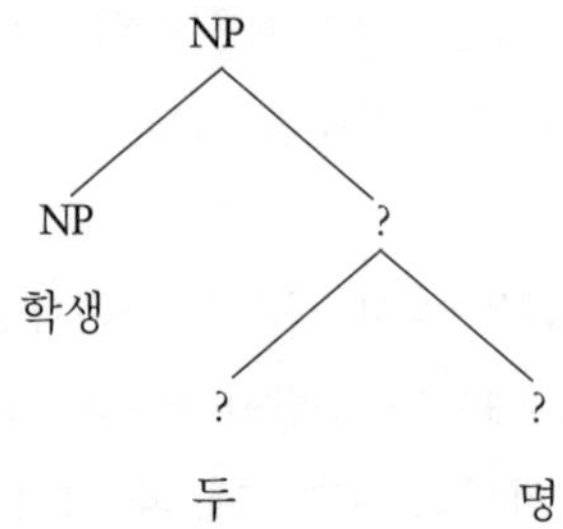

(12)의 통사구조를 완성하기 위해서는 먼저 [두 명]이 통사론적 구성인지 형태론적 구성인지를 검토하는 것이 필요하다. 특히 분류사가 의존형태이므로 형태론적 구성의 가능성도 있을 수 있기 때문이다. 우리는 확장 가능성과 대체 가능성을 기준으로 이를 점검해 본다. 만약 [두 명]이 두 기준 가운데 어느 하나라도 만족한다면 그것은 통사론적 구성이라고 가정한다. 왜냐하면 형태론적 구성은 두 가지 조건을 모두 만족시키지 못하기 때문이다. 먼저 확장 가능성을 일반 관형구성과 비교해 보자.

(13) 가. 예쁜 얼굴 → 예쁜 내 얼굴 / 아주 예쁜 얼굴
　　나. 새 것 → ??/*새 그 것 / *새 내 것 / 아주 새 것
　　다. 헌 옷 → ??헌 그 옷 / *헌 내 옷 (내 헌 옷) / 매우 헌 옷
　　라. 두 명 → *두 그 명 / *아주 두 명
　　마. 두 사람 → ??/*두 예쁜 사람(예쁜 두 사람) / *아주 두 사람

위의 예에서처럼 '예쁜 얼굴'의 관형구성은 두 성분 모두 확장 가능한 반면, '새 옷'의 관형구성은 일부분만 가능하고, '두 명'의 구성은 단어처럼 모두 확장 가능하지 못하다. 이점에서는 '두 명'은 단어처럼 보인다.

다음은 성분의 대체 가능성을 살펴보자. 대체 가능성이 존재한다면 통사적 계열관계가 성립하는 것이므로 그 구성은 통사적 구성으로 볼 여지가 있다.

(14) 가. 예쁜 {얼굴/차/모자…} / {예쁜/착한/하얀…} 얼굴
나. 새 {얼굴/차/모자…} / {새/헌/예쁜…} 옷
다. 두 {명/권/척/…} / {한/두/세/…} 명

위의 예에서 '두 명'은 다른 관형구성과 같이 대체가 자유롭다. 따라서 두 기준으로 살펴볼 때 [두 명]의 구성은 온전한 통사적 구성은 아니더라도 통사적 구성으로 보는 것이 타당하다. 이때 온전한 통사적 구성으로 보이지 않는 것은 분류사 '명'의 의존성에 기인하는 듯하다. 앞장에서 [두 명]은 명사구가 될 수 없다는 점을 언급했었다. 따라서 이제 [두 명]의 구성은 XP보다는 작고 X^0보다는 큰 구성, 즉 X' 정도의 구성으로 상정할 수 있다. 이러한 가정은 앞의 예에서 보인 대로 [두 명]이 [관형사-명사] 구성과 유사하다는 점에서도 설득력을 얻는다.

그렇다면 이제 [두 명]의 문법범주를 알아보자. [두 명]의 문법범주를 어떻게 설정하느냐의 문제는 이 범주를 어떠한 시각으로 보느냐와 관계된다. 이제까지 [두 명]의 문법범주로 거론된 것을 보면, NP(이익섭 1973,[5]) 이광호 1988, 임홍빈 1996), QP(박금자 1985),[6] Agr'(이정민 1989), CL'(안성호 1990), D'(김지홍 1994) 등 매우 다양하게 나타난다. 앞서 본고는 [두 명]의 구성을 X'로 상정했기 때문에, NP나 QP 등을 가정한 논의는 자연스럽게 우리의 관심에서 제외된다.

Agr', CL' 등의 명칭은 의존명사 '명'을 의미 기능적으로 고찰한 것이다. 이러한 관점은 범주에서 그 속성을 파악할 수 있다는 장점이 있으나, 이러한 속성은 자질로도 충분히 나타낼 수 있기 때문에, 본고에서는 형태, 통사적인 면에 초점을 두고자 한다. 따라서 [두 명]에서 '명'의 범주는 어휘범주 N으로 간주하고, 수사는 관형사의 기능을 하므로 편의상 AP라는

5) 이익섭(1973: 46-47)에서는 수관형사와 분류사가 결합한 구성을 수량사구(NPQ)로 가정하고 있다.

6) 박금자(1985)에서는 [두 명]을 QP로 설정하고 있는데, 이때 핵을 수사 '두'로 설정한 점이 특이하다.

문법범주를 주기로 한다. 관형사가 구를 이루는 문제는 다음 장에서 자세히 언급하겠지만, 관형구성을 관계절로 처리하는 점을 고려한다면 매우 일관되고 자연스러운 것이라 할 수 있다.[7)] 그러면 이제까지 논의에서 얻어진 [수사-분류사]의 구조적 속성과 문법범주를 전체구조에 반영해 보자.

(15)

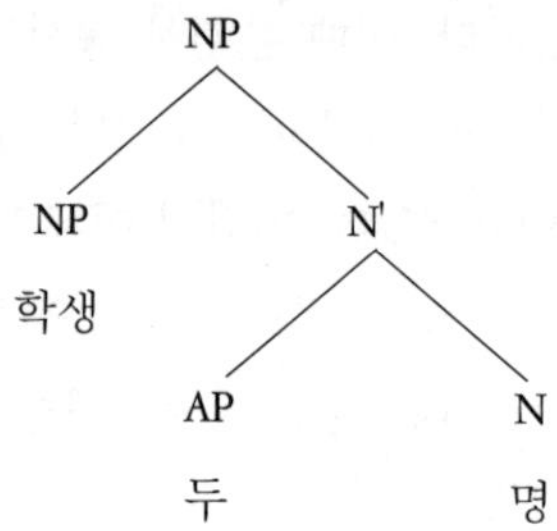

본고는 위의 구조에서 '명'을 전체구성의 핵의 자리에,[8)] 수사 '두'는 핵의 보어 자리에, 명사구 '학생'은 지정어자리에 위치한다고 가정한다.[9)] 위의

---

7) 위의 구조에서 보어인 AP에 삽입된 수사 '두'의 구조를 좀더 자세히 살펴보면 다음과 같다.

[학생 [[PRO$_i$ 두]$_{AP}$ 명$_i$]$_{N'}$]$_{NP}$

위의 구조에서 AP는 절을 이루며, PRO와 수사 '두'는 주술관계를 이룬다. 또한 위의 구성이 관계절이므로 PRO는 분류사와 동지표된다. 따라서 명사와 분류사의 호응관계를 고려하면, 명사-분류사-PRO가 모두 동지표된다고 볼 수 있다. 물론 이때 명사-분류사는 선행사-대용사의 관계를 갖고, 분류사와-PRO는 통제관계를 갖는다는 점이 다르다.

8) 앞서 구체적인 분류사는 화용적인 단계에서 결정된다고 가정했었다. 물론 이를 반영한다고 해도 기저구조의 틀에는 변함이 없다. 다만 기저구조에서 분류사자리에 어떤 형태가 삽입된다고 보는 것이 가장 합리적이냐의 문제가 남는다. 이는 어떤 이론에 기반을 두느냐에 따라 조금씩 달라진다. 예를 들어 명사가 그대로 복사된 '학생'이라는 형태가 삽입되고 나중에 구체적인 대용어로 바뀐다고 가정할 수도 있고, 애초부터 구체적인 대용어가 삽입되어 있으며, 이것이 화용적 단계에서 적절성을 점검받는다고 볼 수도 있다. 우리는 두 가능성을 모두 열어 둔 채 여기서는 편의상 후자를 중심으로 논의를 전개한다.

9) 한편, 세부적인 차이점은 있지만 본고의 기본구조와 유사한 구조를 가정한 대표적인

(15)의 기저구조는 몇 가지 장점을 갖는다. 첫째, 위의 구조에서 전체구성이 하나의 덩어리며 격표지는 '두 명'이 아닌 전체구성에 붙는 것임을 쉽게 보여줄 수 있다.[10] 둘째, 핵이 제일 뒤에 오므로 후핵구조라는 국어의 구조상 특성과 부합한다. 셋째, 이 구조는 앞서 기본속성에 언급한 선행사-대용사의 호응관계를 잘 설명해 줄 수 있다. 즉, 성분통어의 개념을 이용하여 선행명사와 분류사(대용사)가 서로 결속되어 있음을 구조적으로 잘 보여 줄 수 있다.[11] 넷째, 이 구조는 수사-분류사의 의미적 제약관계도 합리적으로 설명해 줄 수 있다.[12]

연구로는 이정민(1989)와 안성호(1990), 김지홍(1994)를 들 수 있다.

(가) $[_{AgrP}$ $[_{Agr'}$ $[_{NrP}$ $[_{NP}$ 학생] $[_{Nr'}$둘]] [명]$_{Agr}$]
(나) $[_{CLP}$ 학생 $[_{CL'}$ [두]$_{NLP}$ [명]$_{CL}$]]
(다) $[_{DP}[_{DP}[_{DP}$ 학생 $[_{D'}$ [두] [명]$_{D}$]]$_{D}$]]

(가)는 이정민(1989: 475)의 구조로 특징은 김영희(1976: 104)처럼 [명사]-[수량사-분류사]구조를 주술관계로 파악하고 있다는 점인데, 이것은 Lakoff(1969)와 같은 생성의미론의 영향을 받은 것이다. (나)는 안성호(1990: 84)의 구조로 분류사를 핵으로 간주하고 있다는 점에서 본고의 주장과 같다. (다)는 김지홍(1994)의 구조로 기본구조는 본고와 유사하지만, 그 이외에도 여러 자리를 가정하고 있어 전체구조에서는 차이를 보인다.

10) 본고와 달리 안성호(1990: 85-86)에서는 격표지가 수사-분류사 구성(NL-CL)에 붙는다고 가정한다. 그리고 이 가정이 '*철수가 [[세 권] 책]을 샀다'라는 문장이 왜 비문이 되는지를 설명해 준다고 한다. 그는 [세 권]이 격을 갖지 못해 격여과에 걸려 비문이 되었다고 주장한다. 본고의 설명은 이와 정반대이다. 본고에서는 수사-분류사 구성 자체는 N'의 성격을 가지므로 격표지가 붙을 수 없으며, 위 문장의 [세 권]은 N'가 아니라 명사구가 비어 있는 [e 세 권]의 NP 구조라는 것이다. 즉, 전체구조는 [[e 세 권] 책]$_{NP}$이 되고, 이때 명사구 [e 세 권]이 격을 받아야 하는데, 받지 못해 비문이 된다고 가정한다. 이에 대해서는 뒤의 격중출구문에서 더 자세히 논의할 것이다.

11) 이러한 일치에 대해 이전 연구에서는 주로 지정어-핵 일치(SPEC-Head Agreement) 현상으로 설명했었다(이정민 1989, 안성호 1990, 김지홍 1994). 그러나 선행명사와 분류사의 호응관계가 형태·통사적 성격이라기보다는 의미적 성격인데, 지정어-핵 일치현상은 주로 형태·통사자질의 일치관계를 보여주는 기제라는 점과 지정어-핵 일치현상으로는 왜 반드시 선행명사구가 보장되어야 하는지를 명확하게 설명해줄 수 없다는 점 등이 문제가 된다.

12) 다음의 예에서 알 수 있듯이 수량사구성에서는 명사와 분류사의 호응관계 말고도 수사와 분류사, 명사구와 수사 사이에서도 호응관계가 일어나는 것으로 보인다.

(가) a. 쌀 {서/*석/*세}$_{i}$ 말$_{i}$

3.2 수량사구성은 속격구성과 어떻게 다른가?

이 장에서는 앞에서 가정한 수량사구성이 속격구성과 어떠한 차이점이 있는지 알아보자. 이러한 의문을 갖는 이유는 X바 이론에 따르면 앞의 (15)의 구조는 전형적인 속격구성의 구조이기 때문이다. 흥미로운 점은 그럼에도 불구하고 (15)의 구조에서 지정어 자리에 있는 명사구 '학생'에 속격표지가 붙을 수 없다는 점이다. 다음의 예를 보자.

(16) 가. *[[학생]의 [두 명]]이 왔다.

나. [[영희]의 [두 딸]]이 왔다.

(17) 가. [학생 [두 명]]이 왔다.

나. ??/*[[영희 [두 딸]]이 왔다.

(16가)는 수량사구성으로 비문인데 반해, (16나)는 전형적인 속격구성으로 정문이다. 반대로 속격표지 '의'를 삭제한 (17)에서 (17가)는 정문인 반면,

---

b. 쌀 {석/*서/*세}$_i$ 섬$_i$

c. 쌀 {세/*서/*석}$_i$ 가마$_i$

(나) a. 학생들$_i$ 두$_i$ 명

b. *학생들$_i$ 한$_i$ 명

(가)에서는 분류사에 따라 수사의 형태가 달라지는 것을 알 수 있으며, (나)에서는 명사구의 단/복수의 성질과 수사가 관련을 맺고 있음을 알 수 있다. 이 호응관계는 어떻게 처리할 수 있을까? 익명의 논평자가 지적했듯이 (가)의 경우는 어휘적 선택제약으로 보고자 한다. 특히, 본고에서는 수사의 구조를 [PRO 두]$_{AP}$로 가정하였으므로, PRO와 분류사가 동지표된다는 점을 고려하면, (가)의 호응관계는 주술관계에 나타나는 서술어의 선택제약으로 간주할 수 있다. 한편, (나)의 경우도 논평자의 지적대로 통사적이라기보다는 의미적인 성격이 강한 것으로 파악하고자 한다. 그 이유는 이 호응관계도 궁극적으로는 (가)의 경우과 마찬가지로 생각되기 때문이다. 즉, '학생'과 '명'은 선행사와 대용사의 관계이므로 둘은 의미자질뿐만 아니라 복수자질까지도 같아야 한다. 따라서 (나a)의 경우 분류사 '명'은 복수자질을 갖게 되고, 이와 동지표를 이루는 관형구성의 PRO 또한 복수자질을 갖게 된다. 이러한 가정하에서 보면 (나a)는 복수인 PRO와 복수인 서술어 '두'가 하나의 명제를 이루었으므로 논리적으로 정문이 되지만, (나b)의 경우는 복수인 PRO와 단수인 서술어가 만나므로 논리적인 모순을 일으켜 비문이 된다고 볼 수 있다.

(17나)는 어색하거나 비문이다.[13] 얼핏보면 두 구성의 성분이 명사와 수량사로 이루어져 있으므로 매우 유사하기 때문에 전체구성의 성격도 유사할 것 같지만 전혀 그렇지 않다. 따라서 (16나)가 전형적인 속격구성이라면 수량사구성인 (17가)는 속격구성이 아니라는 결론이 나온다. 그렇다면 그 차이는 어디에서 오는 것이며, (16가)의 비문을 어떻게 설명할 수 있을까?

먼저 NP 안에 있는 성분의 독립성 유무를 검토해 보자. (16나)의 [영희의 두 딸]은 두 성분이 매우 자유로워, 선후행 성분이 모두 확장가능하고 대체가능하지만 (17가)의 [학생 두 명]의 구조는 선행성분만 확장가능할 뿐이다.

(18) 가. [[뚱뚱한 영희]의 [두 예쁜 딸]]

나. 누구의 두 딸이 왔니?

(19) 가. [[뚱뚱한 학생] [두 명]] / *[[뚱뚱한 학생] [예쁜 [두 명]]]

나. ??누구 두 명이 왔니?

우리는 (18)-(19)에서 서로 반대의 결과를 보이는 후행성분의 확장 가능성에 초점을 두고, 이를 기저구조와 관련하여 차이점을 설명해 보기로 한다. (18)에서 후행성분이 확장이 가능하다는 것은 X바 구조에서 핵과 보어로 이루어진 N'가 확장 가능하다는 말이다. 즉 N' 밑에 여러개의 N'가 반복적으로 나타날 수 있다는 말이다. 그러나 (19)의 경우 후행성분이 확장 가능하지 못한 것은 (18)의 구조와는 달리 N'가 또다른 N'를 반복허용하지 않는다고 해석할 수 있다. 이를 통해 우리는 속격배당이 NP 안에서 N'의 확장 가능성과 밀접한 관련이 있다고 가정할 수 있다.

13) 익명의 논평자는 '영희 두 딸'도 불가능하지는 않다고 하였으나, 본고의 관심은 가능하냐 불가능하냐 보다는 '영희의 두 딸'과 '영희 두 딸'이 아무런 차이가 없는가 하는 점이다. 본고는 전자가 후자에 비해 훨씬 자연스럽다고 생각하며, 이러한 차이가 인정된다면 논의 전개에 아무 문제가 없다고 생각한다.

두 번째로 지정어자리의 보장성에 대해 점검해보자. 다음의 예에서 알 수 있듯이 두 구성은 지정어자리의 유무에 따라 문법성이 달라진다.

(20) 가. *[두 명]이 왔다.

나. [두 딸]이 왔다.

위의 (20가)는 비문인 반면, (20나)는 정문이다. 이것은 (20가)에서는 선행명사구, 즉 지정어자리가 필수적인 반면, (20나)에서는 수의적이기 때문이다. 따라서 통사적으로 수량사구성은 지정어자리가 항상 보장되어야 하는 반면, 속격구성에서는 반드시 보장될 필요는 없다는 구조적 차이가 있다.

다음으로는 지정어 명사와 핵 명사의 호응관계를 비교해보자. 앞서 [학생 두 명]에서는 두 성분이 선행사-대용사의 관계가 성립된다고 하였다. 그렇다면 속격구성에서는 어떠한가?

(21) 가. [학생$_i$ 두 명$_i$]이 왔다.

나. *[영희$_i$의 두 딸$_i$]이 왔다.

위의 (21가)에서는 '명'이 대용사의 성격을 갖지만 (21나)의 속격구성에서는 '딸'이 대용사의 성격을 갖지 못하여 비문이 된다.[14] 이와 더불어 우리의 관심을 끄는 것은 두 성분간의 의미관계이다. 하나는 앞서 언급한 대로 속격구성의 경우 두 성분은 소위 소유관계를 이루어, 선행성분이 후행성분의 소유주가 되거나, 부분에 대한 전체의 성격을 갖는다. 그리고 이럴 경우 속격표지가 자연스럽게 나타난다. 그렇다면 수량사구에서 성

14) 김정민 교수의 지적대로 이때 지정어와 핵이 존칭자질의 일치현상을 보일 수는 있을 것 같다. "[선생님의 두 따님]이 오셨다."와 같은 속격구성에서 '선생님'과 '따님' 사이에는 존칭자질이 서로 일치한다고 볼 수 있기 때문이다.

분들의 의미관계는 소유관계가 아닐 가능성이 있으며, 속격표지가 나타나지 않는 것도 이와 관련이 있을 것이라고 가정할 수도 있다.15) 따라서 (16가)에서 '*학생의 두 명'과 같이 수량사구성이 속격구성을 이루지 못하는 이유는 구조적인 측면과 의미적인 측면에 기인한다고 본다.

15) 수량사구성에서 두 성분간의 의미관계가 무엇인지에 대해서는 별도의 논의를 필요로 하므로, 여기서는 단지 몇 가지 가능성만을 언급한다. 두 성분이 동격관계라는 주장도 있고(이익섭 1973), 전체대상에 대한 구체화 관계라는 주장도 있으나(양인석 1972, 임홍빈 1979, 채완 1983, 유동준 1989), 일단 여기서는 소유관계가 아니라는 점만 언급하고자 한다. 따라서 속격의 배당과 명사구내의 두 성분간의 의미관계가 어떤 관련성을 갖고 있으리라는 가정만 할 수 있을 뿐이다. 이러한 가정은 다음 예에서도 설득력을 얻는 듯하다.

(가) a. 엄마의 곰
b. 엄마 곰

(a)는 속격구성으로 '엄마가 소유하는 곰'을 뜻하여, 속격표지가 붙었지만, (b)는 '엄마인 곰'을 뜻하여 속격표지가 붙지 못했다고 볼 수 있다. 한편, 이필영(1994: 219)에서도 속격표지의 개입여부와 의미적 조건의 상관성을 발견할 수 있다.

(나) a. 이 나무들(의) 가운데
b. 이 나무들(*의) 가운데
(다) a. {철수, 학교}(의) {앞, 뒤}
b. {한 시간, 100미터}(*의) {앞, 뒤}
(라) a. {책상, 철수, 과장}(의) {위, 아래}
b. {한 층, 한 수, 100미터}(*의) {위, 아래}

예를 들어 (나)에서 '가운데'는 그것의 선행명사구가 구체적인 공간을 가리킬 때는 속격표지가 개입할 수 있지만 그렇지 않을 때는(즉, '~중에'의 의미로 쓰일 때는) 속격표지가 개입할 수 없다. 또한 (다)-(라)에서 시·공간을 가리키는 말들 가운데 '앞/뒤, 위/아래(밑)'도 선행명사구가 특정한 사물을 가리킬 때는 속격표지가 개입할 수 있지만 거리나 시간을 나타낼 때는 개입이 불가능하다고 한다.

4. 격중출구문과 수량사구성

4.1 기저구조는 같은가?

앞서 우리는 [명사-수사-분류사]의 수량사구성에 대해 기저구조와 여러 가지 속성들을 살펴보았다. 이 절의 목표는 아래 (22나)에서 괄호친 수량사구성의 기저구조를 밝히는 일이다.

(22) 가. [학생 두 명]이 왔다.
나. [학생]이 [두 명]이 왔다.

먼저 위에서 (22나)의 문장이 격중출구문인가[16] 아닌가[17] 하는 문제는 여

---

16) 초기 국어문법학자 홍기문(1947)에서부터 이중주어를 다룬 최근의 논의에 이르기까지 (임동훈 1997) 대부분의 연구에서는 위의 (22나)를 이중주어구문으로 처리하였다.

(가) 사내가 하나가 간다. [홍기문(1947)]
(나) 적군이 100명이 죽었다. [서정수(1971)]
(다) 땅이 백평이 팔렸다. [양인석(1972)]
(라) 학생이 둘이 있다. [임홍빈(1972)]
(마) 장미가 세 송이가 피었다. [이익섭(1973)]
(바) 외국인이 다섯명이 간다. [성광수(1974)]
(사) 이 회사는 사원을 약간 명을 해외에 파견했다. [김영희(1983)]
(아) 꽃이 두 송이가 피었다. [서정수(1996)]
(자) 학생이 세 명이 왔다. [임동훈(1997)]

(가)에서는 소주어-대주어를 설정하였고, (나)에서는 속격구성에서 이중주격구성으로의 변형규칙을 설정하였으며(내면구조:Nom2의 Nom1이 V Afx(단 Nom2→숫자어)), (다)에서는 이중주어인 두 NP 관계를 macro-micro 관계로 설명하였다. 그리고 (라)에서는 이중주어에서 다시 {이/가} 주제화 변형을 겪은 것으로 설명하였고, (바)의 성광수(1974: 222-223)에서는 서정수(1971)과는 반대로 이중주어구문을 기본구조로 가정하고 여기에서 속격변형규칙을 설정하였다. (마)는 다른 이중주어 논의를 비판하기는 했지만 마찬가지로 이중주어구문을 인정하였으며, (사)에서는 양화사 유동현상(quantifier floating)으로 인한 이중주어구문으로 간주하였다. (자)에서도 수량사구성을 이중주어구문으로 간주하였으나, 앞서 논의와는 달리 '철수가 키가 크다'류의 이중주어구문과는 통사·의미적으로 여러 가지 차이가 있음을 밝히고 있다.

17) '학생이 두 명이 왔다'에서 표지 '이'가 모두 격표지인가 아니면 그중 하나는 주제표

기에서 본격적으로 다루지 않는다. 이는 통사적 차원의 논의가 아니라고 판단하기 때문이다. 본고에서는 일단 (22나)를 격중출구문으로[18] 가정하고 자세한 논의는 뒤의 남은 문제에서 살펴보기로 한다.

이제 다시 (22)로 돌아가 두 문장의 기저구조가 서로 같은가를 검토해보자. 먼저 두 문장의 기저구조가 같다고 주장하는 선행연구를 검토해보자. 이들의 주장은 (22가)의 '학생 두 명'에서 변형(이동변형)을 거쳐 (22나)의 '학생이 두 명이'라는 격중출구문이 형성되었다는 것이다.[19] 그러나 이 설에는 몇 가지 문제가 있다. 하나는 임홍빈(1996)에서도 지적한 것처럼, 이동의 근거가 명확하지 않다는 점이고, 다른 하나는 과연 두 문장의 의미가 서로 같은가 하는 점이다. 다음의 문장은 김영희(1983)에서 양화사 유동현상으로 간주했던 것이다.(괄호는 필자)

지인가 하는 문제가 여전히 문제로 남는다. 이에 대해서는 뒤의 남은 문제에서 좀더 다루기로 한다.

18) 본고에서는 '격중출'이라는 용어를 '이중주어/이중목적어' 또는 '이중주격/이중목적격' 등을 포함하는 포괄적 개념으로 사용한다. 따라서 때에 따라 이들 용어를 혼용하는 경우도 있을 것인데, 이때는 서로 같은 개념으로 간주한다.

19) 여기에는 크게 양화사가 유동했다는 설과 명사구가 이동했다는 설로 나눌 수 있다. 대표적인 논의는 다음과 같다.

(가) a. 처녀 여럿이 꽃을 팔았다. [김영희(1983)]
b. 처녀가 여럿이 꽃을 팔았다.
(나) a. [$_{DP}$ [$_{D'}$ [$_{NP}$ [자동차]$_{DP}$ [$_{N'}$만 대]]가] [박정섭(1992)]
b. [$_{FP}$ [$_{IP}$ …[[$_{DP}$자동차]$_{i}$가 [$_{D'}$ [$_{NP}$ t_i [$_{N'}$ 만 대]]가]
(다) a. [$_{IP}$[$_{VP}$[$_{NCP}$[$_{NP}$ 학생] 한 명] 필요하다]] [김용하(1998)]
b. [$_{IP}$[$_{NCP}$[$_{NP}$ 학생]한 명]$_{i}$이 [$_{VP}$ t_i 필요하다]]
c. [$_{IP}$ 학생j-이 [$_{NCP}$ tj 한 명]$_{i}$-이 [$_{VP}$ t_i 필요하다]]
d. [$_{IP}$ 학생j-이 [$_{VP}$ [$_{NCP}$ tj 한 명] 필요하다]]

(가)는 김영희(1983: 62-69)의 주장으로 (가a)에 셈숱말 떼내기를 적용하여 (가b)를 도출한 것이고, (나)-(다)에서는 선행명사가 상위범주로 이동하여 격을 받는다는 것이다. 그러나 이들에서는 왜 이동해야 하는가에 대한 이유가 분명하게 드러나 있지 않을 뿐만 아니라 이동하기 전의 구조에서 왜 선행명사에 속격이 배당되지 않는지도 명쾌하게 설명되지 못했다.

(23) 가. [출연자 셋]이 노래 한 곡씩을 불렀다. [김영희(1983)]

나. [출연자]가 [셋]이 노래 한 곡씩을 불렀다.

박금자(1985: 28-29)에서는 (23가)의 유동 이전 문장과 (23나)의 유동 이후 문장의 의미가 서로 다르다고 한다. 위의 (23가)에서는 출연자의 수가 셋임이 분명하지만, (23나)는 출연자가 셋일 경우와 셋 이상인 경우가 모두 가능하다고 한다.[20] 또한 '들'의 개입여부도 이 두 구문의 차이를 보여준다.

(24) 가. ??/*[컵들 두 개]가 책상에 있다.

나. [컵들]이 [두 개]가 책상에 있다.

(25) 가. ??/*[책들 두 권]이 책상에 있다.

나. [책들]이 [두 권]이 책상에 있다.

위의 문장에서 (24가)와 (25가)는 어색하거나 비문이지만, (24나)와 (25나)는 자연스러운 문장이 된다. 이것은 우리에게 두 가지 중요한 근거를 제공한다. 하나는 (24)-(25)에서 (가)와 (나) 두 문장의 의미가 서로 다르다는 것과, 다른 하나는 (24가)와 (25가)가 비문이거나 어색하므로 여기에서 (24나)와 (25나)가 도출된다고 보기 어렵다는 것이다. 따라서 이동변형설은 설득력이 떨어지며, 본고는 두 문장이 서로 다른 기저구조를 가지고 있다고 가정한다.

---

20) 이러한 의미 차이는 다음의 예에서도 발견된다.

(가) 그들 셋이 뭔가 꾸미고 있다.
(나) 그들이 셋이 뭔가 꾸미고 있다.
(다) 당신들 둘이 그 일을 저질렀지 않소?
(라) 당신들이 둘이 그 일을 저질렀지 않소?

위의 예에서 (가)와 (다)는 전체 숫자가 '셋'과 '둘'이라는 의미가 되지만, (나)와 (라)에서는 전체숫자가 '셋'과 '둘'일 수도 있고, 그 이상일 수도 있다.

4.2 [두 명]이 명사구가 되려면

그렇다면 (22나)의 기저구조는 어떻게 상정되어야 하는가? 편의상 예문을 다시 옮겨보자.

(22) 나. [학생]이 [두 명]이 왔다.

우리의 초점은 두 번째 성분인 [두 명]의 구조에 있는데, 본고의 가정은 [두 명]만으로는 하나의 명사구를 이룰 수 없다는 것이다. 즉, [두 명]이 명사구라면 거기에는 숨겨진 요소가 내재되어 있다는 것이다. [두 명]을 명사구로 가정하는 대표적인 논의는 김영희(1983)이다. 그는 다음의 예에서처럼 명사와 수량사구 사이에 다른 문장 성분이 끼어 들 수 있으므로 이승주석문의 수량사구는 독립된 명사구라고 가정하였다.(괄호는 필자)

(27) 가. [여자들 대개]가 유행을 좇는다. [김영희(1983: 150)]

나. [여자들]이 유행을 [대개]가 좇는다.

(28) 가. 이 회사는 [사원 약간 명]을 해외에 파견했다.

나. 이 회사는 [사원]을 해외에 [약간 명]을 파견했다.

여기서 문제는 [수사-분류사] 구성이 독립적인 일반명사구가 된다는 사실을 어떻게 입증할 수 있느냐 하는 것이다. 이 문제의 실마리를 찾기 위해 우리는 앞서 제시한 기본가정으로 돌아갈 필요가 있다. 본고는 기본가정에서 '*두 명이 왔다'라는 문장에서 [두 명]의 구조는 홀로 설 수 없으며 반드시 선행명사자리가 필요하다고 가정했었다. 우리의 대안은 이 가정을 토대로 (22나)를 다시 살펴보는 것이다. 따라서 (22나)에서 [두 명]이 독립된 성분이라면 그것은 보이지 않는 성분을 갖고 있어야 한다는 것이다. 이를 구조로 보이면 다음과 같다.

(29) 학생이 [e 두 명]이 왔다.

물론 이전 연구에서도 위의 구조처럼 [두 명]에 공범주를 가정한 논의가 있었으나, 이들 모두 본고와는 다른 성격의 공범주를 가정하고 있다.[21)]

4.3 **부가소절의 가능성**

앞에서 [두 명]은 명사구가 아니며 기저구조는 [e 두 명]이라고 가정했었다. 여기서는 [e 두 명]의 성격을 좀더 구체적으로 검토해 보기로 한다.

---

21) 박정섭(1992)와 김용하(1998)에서는 공범주가 흔적으로 나타난다.

(가) [[$_{DP}$자동차$_i$가 [$_{D'}$ [$_{NP}$ t_i [$_{N'}$ 만 대]]가] [박정섭(1992)]
(나) [$_{IP}$ 학생$_j$-이 [$_{NCP}$ t_j 한명]$_i$-이]] [김용하(1998)]

이는 이동변형을 가정했기 때문인데, 이 점이 본고와 다르다. 한편 이동을 고려하지 않으면서 '두 명' 앞에 공범주를 설정한 논의는 이광호(1988), 이필영(1994), 그리고 임홍빈(1996) 등이다.

(다) [[$_{TOP}$[사과$_i$를] [e_i 열 개]$_{NP}$]를] [이광호(1988)]
(라) [$_{NPK}$ [$_{NPK}$ 장미꽃$_i$을] [$_{NPK}$ [$_{NP}$ [e_i] [$_{N'}$세 송이]]$_K$]를] [이필영(1994)]
(마) [$_{DP}$ α_{i-D}][$_{KP}$[$_{NP}$[$_{DP}$ e_i] NP]$_K$ [임홍빈(1996)]

(다)의 이광호(1988: 173)에서는 흔적 대신 공범주를 상정하고 있으나, 'NP인 '사과'가 '을' 성분을 배당받기 위해 떨어져 나와 대격 '을' 주제화를 이룬다'고 설명하고 있어 이동을 가정하는 것으로 보인다. (라)의 이필영(1994: 221)에서는 두 NPk가 대등하게 묶여진 구조를 상정하고 있는데, 이 구조는 몇 가지 문제가 있다. 하나는 이때 두 NPk가 하나로 묶여 있어 둘 사이에 부사가 삽입되는 것을 설명할 수 없고(장미꽃이 곱게 세송이가 피었다), 다른 하나는 뒷성분 '세 송이'의 부분이 서술어와 함께 대용어로 나타날 수 있다는 것도 설명하기 어렵다(영희는 장미꽃을 세송이를 샀고, 철수는 국화꽃을 그렇게 샀다). 이와는 달리 (마)의 임홍빈(1996: 693-694)에서는 공범주자리가 처음부터 기저에 주제어자리로 나타나는 점이 특이하다. 주제화 문제에 대해서는 뒤의 남은 문제에서 좀더 다루기로 한다.

우리의 가정은 [e 두 명]은 명사절의 성격을 가지고 있다는 것이다. 우리는 그 실마리를 격중출의 수량사구문과 양화부사구문의 비교에서 찾고자 한다. 먼저 대용화의 가능성으로 두 구문을 비교해 보자.(괄호는 필자)

(30) 가. 대학생이 [세 명이 왔고] 고등학생도 [그랬다]. [이홍식 1996]
나. 대학생이 [세 명이나 구속됐고] 고등학생도 [그랬다]
다. 대학생이 [많이 왔고] 고등학생도 [그랬다]
라. 대학생이 [많이 구속됐고] 고등학생도 [그랬다]

위의 예에서 수량사구성은 양화부사구문처럼 서술어와 결합하여 대용 성분으로 나타날 수 있다. 즉, 분포와 기능면에서 '세 명'은 '많이'처럼 부사적 성격을 갖고 있으며, 앞의 명사구보다는 뒤에 오는 서술어와의 결합이 더 자연스럽다는 것을 알 수 있다.[22] 이밖에도 양화부사와의 비슷한 양상은 다음의 관형형에서도 잘 나타난다.

(31) 가. 대학생이 [많이] 왔다.
나. [많은] 대학생이 왔다.
다. ??[많이] 대학생이 왔다.
(32) 가. 대학생이 [세 명]이 왔다.

---

22) 이때 '[세 명]이'에서 격표지 '이'를 생략하면 부사적 성격이 더욱 잘 나타난다. 이러한 이유 때문에 최현배(1961: 780-782)에서는 [세 명]을 '셈숱어찌말(수량부사어)'로 가정하고 있어, 본고의 입장과 맥을 같이 한다.

(가) 정도 어찌씨로 된 것
나는 밥을 **많이** 먹었다
너는 약을 **조금** 먹어라
(나) 단순히 셈씨만으로 된 것
저애가 능금을 **일곱** 먹었읍니다.
나는 오얏을 **하나** 먹어 볼가?
너는 **몇** 보았느냐? 나는 **아홉** 보았다.

나. [세 명]의 대학생이 왔다.

다. ??[세 명]이 대학생이 왔다.

위의 예 (31가)와 (32가)는 '많이'와 '세 명이'가 서술어 앞에서 부사적 용법으로 사용된 것이며, (31나)와 (32나)는 이들이 모두 명사구를 수식하는 관형형으로 쓰인 경우이고, (31다)와 (32다)는 '많이'와 '세 명이' 각각 문장의 맨 앞으로 이동한 경우이다. 이때 '많이'와 '세 명이'는 분포와 문법성의 측면에서 같은 양상을 보인다.

위의 두 가지 통사적 양상을 통해 우리는 '세 명'이 '많이'와 통사적인 측면에서 매우 유사하다고 가정할 수 있다. 여기서 우리는 양화부사 '많이'의 통사구조를 먼저 다음과 같이 가정해 보고자 한다.

(33) 가. 대학생이 많이 왔다.

나. 대학생$_i$이 [PRO$_i$ [많]$_{A'}$]$_{AP}$이 왔다.

(34) 가. 대학생이 매우 많이 왔다.

나. 대학생$_i$이 [PRO$_i$ [매우 많]$_{A'}$]$_{AP}$이 왔다.

위의 예에서 (33가)의 기저구조는 (33나)가 된다. 즉 복문이 되는 셈이다. 그리고 이때 부사화접사 '이'는 시정곤(1993)에서 주장한 것처럼 통사적 구를 형성하는 '통사적 접사'가 된다. 이러한 가정에서만 (34)에서처럼 정도부사가 형용사를 수식한다는 자연스러운 해석이 가능하다. 따라서 (33나)에서 괄호부분의 문법범주 AP는 굴절요소가 없는 소절로, 부사화접사와 결합하여 서술어를 꾸민다는 점에서 부가소절(adjunct small clause)의[23] 성격을 띤다고 볼 수 있다. 이렇게 보면 AP는 수의적인 절로서 의미역을

23) Chomsky(1981)에서는 John left the room [s PRO angry], John ate the meat [s PRO raw]와 같은 예에서 괄호부분을 부가소절로 부르고 주절의 서술어로부터 아무런 의미역을 받지 않는다고 하였다.

갖지 않으므로, 서술어는 1항 술어가 된다. 그리고 PRO는 형용사로부터 의미역을 받고, 선행사인 '대학생'으로부터 성분통어 됨으로써 통제된다고 볼 수 있다.

이러한 양화부사구의 통사구조는 수량사구성에도 그대로 적용될 수 있다. 다음의 예를 통해 이를 검토해보자.

(35) 가. 대학생이 세 명이 왔다.

나. 대학생$_i$이 [PRO$_i$ [세 명]$_{N'}$]$_{NP}$이 왔다.

(36) 가. 대학생이 모두가 왔다.

나. 대학생$_i$이 [PRO$_i$ [모두]$_{N'}$]$_{NP}$가 왔다.

위의 예에서 [PRO$_i$ 세 명]$_{NP}$과 [PRO$_i$ 모두]$_{NP}$는 굴절요소가 없는 소절로 간주된다. 즉 위에서 NP는 소절인 명사절이 되는 셈이다. 이때 PRO는 '세 명'과 '모두'로부터 의미역을 받고, 선행사인 '대학생'에 의해 통제된다고 볼 수 있다.

그렇다면 과연 국어에서 이러한 소절을 상정하는 것이 얼마나 타당한 것인가? 우리는 다음과 같은 구문에서도 굴절요소가 없는 소절을 발견할 수 있다.

(37) 가. 거지는 매우 새 옷을 입었다.

나. 거지는 [[PRO$_i$ 매우 새]$_{AP}$ 옷$_i$]을 입었다.

(38) 가. 왕자는 아주 헌 것을 입었다.

나. 왕자는 [[PRO$_i$ 아주 헌]$_{AP}$ 것$_i$]을 입었다.

위에서 [PRO$_i$ 매우 새]$_{AP}$와 [PRO$_i$ 아주 헌]$_{AP}$ 등은 굴절요소가 없으나 하나의 절로 간주해야 하는 소절이다. 따라서 이때 관형사인 '새'와 '헌'은 '많이'의 '많'과 같이 굴절요소가 없으나 상태성을 가진 서술어로 기능한다고 가정해야 한다. 그래야만 정도부사가 상태성 서술어를 수식한다는 자연스러운 설명이 가능하게 된다. 그리고 이 설명은 앞서 논의한 수량사 구성의 통사구조에서 분류사의 보어로 AP를 설정한 중요한 근거가 되기도 한다.

이러한 소절의 기저구조는 몇 가지 장점을 갖는다. 첫째, [세 명]이 명사구 소절이므로 여기에 격표지가 붙을 수 있다는 점이 자연스럽게 설명이 된다. 둘째, 소절의 성격을 부가소절로 상정하였으므로 이들이 부사적 속성을 가지고 있다는 것을 쉽게 설명할 수 있다. 셋째, 통제이론을 이용하여 다음과 같이 문제가 되는 문장들을 구조적으로 잘 설명해 줄 수 있다.

(39) 가. 대학생이 매우 많이 왔다.

→ 대학생$_i$이 [PRO$_i$ 매우 많]이 왔다.

└──0──↑

나. 많은 대학생이 왔다.

→ [[PRO$_i$ 많]은 대학생$_i$]이 왔다.

↑──0──┘

다. ??많이 대학생이 왔다.

→ [PRO$_i$ 많]이 [대학생$_i$]이 왔다.

↑──×──┘

(40) 가. 대학생이 세 명이 왔다.

→ 대학생$_i$이 [PRO$_i$ 세 명]이 왔다.

└──0──↑

나. 세 명의 대학생이 왔다.

→ [[PRO$_i$ 세 명]의 대학생$_i$]이 왔다.

↑──0──┘

다. ??세 명이 대학생이 왔다.

→ [PRO$_i$ 세 명]이 [대학생$_i$]이 왔다.

왜 (39)-(40)의 (가, 나)는 좋은 문장인데, (39)-(40)의 (다)는 어색한 문장이 되는가? 이에 대해서 박정섭(1992)에서는 [세 명]이 DP가 아니라 N'이기 때문에 DP만이 뒤섞기가 가능하다는 가정에 위배되므로 (40다)가 불가능하다고 주장한다. 그러나 이 주장은 설명이라기보다는 약정에 가깝다. 왜 DP만이 뒤섞기가 가능한가에 대한 설명이 없으며, 과연 이때 [세 명]이 DP가 될 수는 없는가 하는 점이 더 논의되어야 하기 때문이다. 만약 그의 주장대로 [세 명]이 DP가 아니라면 [세 명의 학생]에서는 어떻게 속격표지를 배당받을 수 있는지가 여전히 문제로 남는다.

본고의 가정은 위의 문법성의 차이를 설득력 있게 설명해 준다. 즉, 수량사구성에 공범주 PRO를 가정하고 이를 성분통어에 의한 통제이론으로 설명하면 두 문장의 차이를 설명할 수 있다. 먼저 (39가)(40가)에서는 선행사 '대학생'이 PRO를 성분통어 하므로 통제가 가능하여 정문이 된다고 할 수 있다. (39나)(40나)에서도 PRO가 '대학생'에 의해 통제가 되므로 자연스럽지만, (39다)와 (40다)의 경우는 PRO가 선행사의 통제범위 밖에 있으므로 어색한 문장이 된다고 설명할 수 있다.

4.4 나머지 수량사구성의 기저구조

앞에서 우리는 '명사-수사-분류사' 구성과 수량사구성의 격중출구문의 통사구조를 설정해 보았다. 여기서는 이 구조를 토대로 하여 이와 관련된 나머지 수량사구성의 통사구조를 상정하고자 한다. 이제까지의 많은 연구에서는 수량사구성의 네 가지 유형(명사-수사-분류사, 명사-수사, 수사-분류사-명사, 수사-명사)의 상관성에 초점을 두었던 것이 사실이다.

그것은 이들이 하나의 기저구조에서 여러 이동변형을 통해 다양한 수량사구성을 갖는다고 가정했기 때문이다. 그러나 한편으로는 이들이 서로 의미가 다르며[24] 변형에 의한 접근방법에 문제가 있기 때문에[25] 네 가지 유형을 하나의 기저구조에서 변형으로 도출할 수 없다는 주장도 있다. 본고에서는 이에 대한 명확한 입장은 뒤로 미루고, 일단 후자의 입장을 취하여 논의를 전개한다.[26] 먼저 명사-수사 구성의 기저구조부터 검토해 보자.

(41) [학생 둘]이 왔다.

→ 명사-수사 구성: $[$학생 $[$둘 $e]_{N'}]_{NP}$

---

24) 다음의 예들은 '명사-수사-분류사' 구성과 '수사-명사' 구성의 의미차이를 보여준다.

(가) a. 여자 셋이 모이면 접시가 깨진다. [채완 1983, 김영희 1983]
b. 세 여자가 모이면 접시가 깨진다.
(나) a. 당신들 둘이 그 일을 저질렀지 않소? [김영희 1983]
b. *두 당신들이 그 일을 저질렀지 않소?
(다) a. 그들 셋이 뭔가 꾸미고 있다.
b. *세 그들이 뭔가 꾸미고 있다.

위의 (a)(b)의 차이가 어디에서 오느냐 하는 문제는 별도의 논의를 필요로 한다. (한정성이나 특정성 여부에 대한 논의가 있으나 여기서는 다루지 않기로 한다). 중요한 것은 두 구문에서 어느 하나가 다른 하나에서 변형된 것으로 볼 수 없다는 사실이다.

25) 임홍빈(1996: 666)에서는 이러한 변형적 도출이 정당화 될 수 없는 세 가지 이유를 제시하고 있다. ①속격구성에서 변형이 시작되었다면 '세 명의'에서 속격조사 '의'가 어떻게 없어졌는지 문제가 된다. ②만약 원래 위치에 '세 명' 대신 '세'가 있었다면 이동 후에는 '셋'이 되어야 하는데, 이렇게 품사가 바뀌는 것은 단순한 이동변형으로 볼 수 없다. ③관형어가 명사적 자격을 갖는 것으로 변화하는 것도 구조보존원리를 어기므로 문제가 된다고 한다.

26) 그 이유는 첫째, 수량사구성에 대한 의미적 고찰은 본 논의의 범위를 넘어선 것이고, 둘째, 통사구조가 얼마만큼의 의미정보를 반영해야 하는지에 대해서도 더 연구가 필요하며, 셋째, 어느 정도의 의미차이까지를 인정해야 하는지가 분명하지 않기 때문이다. 이는 과연 동의문이란 존재하는가의 문제와 관련이 있다. 미세한 화용적 의미차이까지 고려해 이를 통사구조에 반영해야 한다면, 같은 기저구조가 설정되는 것은 거의 불가능하기 때문이다. 만약 두 수량사구성이 모든 문장에서 호환되어야만 두 문장이 의미가 같다고 말할 수 있다면, 위의 (41)의 두 문장은 의미가 다르다고 할 수 있다. 즉 완벽한 호환은 불가능하기 때문이다(철수가 책 다섯 권을 샀다/*철수가 책 다섯을 샀다).

위의 (41)은 명사-수사 구성의 기저구조로 이미 앞에서 언급한 명사-수사-분류사 구성의 기저구조([학생 [두 명]$_{N'}$]$_{NP}$)와 밀접한 관련이 있다. 이때 분류사는 탈락된 것이 아니라 자질을 갖춘 공범주로 가정한다.[27)]

'수사-분류사-명사' 구성의 기저구조는 이미 앞절에서 다음과 같이 설정한 바 있다.

(42) [두 명의 학생]이 왔다.

→ 수사-분류사-명사 구성: [[PRO$_i$ 두 명]$_{NP}$-의 [학생$_i$]]$_{NP}$

위의 구조에서 PRO의 설정은 최대투사범주가 아닌 [두 명]이 어떻게 격을 가질 수 있는가를 자연스럽게 설명해 준다. 즉, 속격표지가 [두 명]에 붙는 것이 아니라 PRO를 포함한 전체명사구성에 격표지가 붙는다는 것을 설명해 줄 수 있다.[28)]

마지막으로 '수사-명사' 구성의 기저구조를 살펴보자. 본고의 주장은 이 구성에서 '명사'의 성격에 따라 기저구조가 달라진다는 것이다.

---

27) 이익섭(1973: 49), 채완(1983: 172), 박금자(1985), 김지홍(1994: 19) 등에서는 분류사의 선택은 화용적이고, 분류사 유무가 의미 차이를 유발하지 않으며, 분류사가 없는 경우는 분류사 선택이 미확정된 상태라고 가정하여 본고의 공범주 분류사 설정과 맥을 같이 한다. 한편, 김지홍(1994: 11)에서는 분류사 출현은 [+/-개체화]에 의해 결정된다고 한다.

(가) 냉수 두 잔을 마셨다.
(나) *냉수 둘을 마셨다.

위에서 '냉수'는 [-개체화]이므로 정도성을 계량화하기 위해 분류사가 필요하지만, '책 두 권/책 둘'에서는 '책'이 [+개체화]이므로 분류사가 불필요하다는 것이다. 그러나 동물은 [+개체화]이면서도 분류사의 생략이 불가능하다는 점에서(소 두 마리가 왔다/*소 둘이 왔다} [+/-개체화]의 타당성은 다시 검토되어야 한다.

28) 박금자(1985)에서는 [[한 권]$_{NP}$ [책]$_N$]$_{NP}$와 같은 구조를, 안성호(1990: 84)에서는 [[몇 명]$_{CLP}$ [학생]$_N$]$_{NP}$의 구조를 가정하고 있다. 한편 김지홍(1994)에서는 [사과 두 개]의 기본구성에서 [두 개]가 부가어로 DP의 지정어자리에 이동하는 것으로 가정하면서 [[두 개]$_{iNP}$[그[빨간[[사과]$_N$[e$_i$]$_D$]$_{D'}$]$_{D''}$]$_{D''}$]$_{D''}$와 같은 구조를 상정하고 있다. 이러한 논의는 넓게는 김영희(1983)의 유동양화사 현상과 맥을 같이 한다고 볼 수 있다.

(43) [두 학생]이 왔다.

→ 수사–명사 구성 : [[두 학생]$_{N'}$]$_{NP}$

(44) 네가 [두 학생] 째다.

→ 수사–분류사 구성 : [PRO$_i$ [두 학생$_i$]$_{N'}$]$_{NP}$

위에서 (43)은 명사 '학생'이 일반명사로 기능한 것으로, 이때는 PRO가 상정되지 않지만, (44)에서처럼 '학생'이 분류사로 쓰일 때는 분류사와 호응하는 PRO가 상정되어야 한다.[29] 이것은 '한 명, 두 명, 세 명'과 '한 학생, 두 학생, 세 학생'의 관계를 동일하게 처리하려는 시도이다. 그러나 이러한 두 가지 분석은 모든 명사에서 가능한 것이 아니라, 명사가 하나의 단위로 쓰일 수 있을 때만 가능하다. 다음의 예를 보자.

(45) 가. 한 사람, 두 사람, 세 사람…

→ 네가 세 사람 째다.

나. $^{??/*}$한 피아노, 두 피아노, 세 피아노…

→ $^{??/*}$이것이 세 피아노 째다.

일반적으로 무정명사는 분류사로 쓰일 수 없으며, 유정명사라도 사람이 아닐 경우는 거의 불가능하고, 사람을 뜻하는 명사라도 몇몇 명사를 제외하고는 거의 분류사로 쓰일 수 없다.[30]

---

29) 박금자(1985: 10–11/22)에서는 본고와 같이 두 가지 가능성을 제시하지는 않았지만, '한 사람'에서 '사람'을 분류사 Ncl로 가정하고 [[ ]$_N$ [[한]$_Q$ [사람]$_{Ncl}$]$_{QP}$]$_{NP}$와 같은 구조를 설정했다는 점에서 본고와 맥을 같이 한다. 한편, 안성호(1990)에서는 [[ ]$_{DET}$ [[몇]$_{NLP}$ [학생]$_N$]$_{N'}$]$_{NP}$를 가정하였며, 임홍빈(1991=1998:254)에서도 '세 학생/ 그 세 학생/ 그들 세 학생'의 분포를 고려하여 [[e]$_{NP}$ [[세]$_{ADN}$ [학생]$_N$]$_{NP}$]$_{NP}$와 같은 구조를 설정하였고, 김지홍(1994)에서는 외부 부가어 자리가 비어있는 [[e]$_{NP}$ [그[두e$_i$ [사과]$_N$ [e]$_{iD}$]$_{D'}$]$_{D''}$]$_{D''}$]$_{D''}$와 같은 구조를 상정하고 있다. 그러나 이들 논의에서는 '명사'를 분류사가 아닌 일반명사로 가정하고 있으므로, 명사가 분류사로 쓰일 때만 PRO를 설정한 본고의 구조와는 다르다.

30) 우리가 책을 셀 때, "*한 책, 두 책, 세 책…" 등으로 세지 않는 이유가 바로 여기에

5. 결론 및 남은 문제

이 장에서는 이제까지 논의한 내용을 간략히 정리하고, 남은 문제로 미처 다루지 못한 몇가지 문제에 대해 가능성만을 타진해 보기로 한다.

먼저 본고는 수량사구성의 세 가지 기본속성을 제시하였다. ① '명사-수사-분류사' 구성은 통사적 구성으로, 이때 [명사]와 [수사-분류사]는 서로 분리할 수 없으며, 하나의 XP 안에 묶여 있는 구조이다. ② 수량사구성의 기저구조에서 명사(구)의 자리는 항상 보장되어야 한다. ③ 수량사구성에서 명사-분류사의 호응관계는 선행사-대용사의 성격을 띠며, 결속조건으로 이를 설명할 수 있다. 그리고 이를 통해 분류사를 핵으로 하는 [학생 [두 명]$_{N'}$]$_{NP}$와 같은 통사구조를 상정하였다. 한편 수량사구의 통사구조는 속격구성과는 구조적으로 의미적으로 다르다는 것을 보였다.

격중출구문에서 수량사구성의 통사구조에 대해서는 명사-수사-분류사 구성과 격중출구문의 수량사구문이 서로 다르며, 이때 두 번째 성분인 '수사-분류사' 구성은 PRO를 동반한 [PRO [두 명]]$_{NP}$와 같은 부가소절의 성격을 갖는다고 보았다. 그리고 통제이론으로 수량사구문에서 보이는 여러 현상들이 설명될 수 있음을 보였다. 한편, 나머지 수량사구성의 기저구조로, 먼저 '명사-수사' 구성은 '명사-수사-분류사' 구성에서 분류사가 공범주로 나타나는 [학생 [둘 e]$_{N'}$]$_{NP}$를 상정하고, '수사-분류사-명사' 구성은 [[PRO$_i$ 두 명]$_{NP}$의 [학생$_i$]]$_{NP}$를 상정하였다. 그리고 '수사-명사' 구성의 경우는 '명사'의 성격에 따라 일반명사일 때는 [[두 학생]$_{N'}$]$_{NP}$를, 명사가 분류사로 쓰일 때는 [PRO$_i$ [두 학생$_i$]$_{N'}$]$_{NP}$를 각각 상정하였다.

있으며, "*한 소, 두 소, 세 소…" 등으로 소를 세지 않는 이유 또한 이들이 분류사로 기능할 수 없기 때문이다. 또한 사람을 뜻하는 명사도 그 종류에 따라 분류사로서 기능하는 정도가 다르다. 예를 들어 '사람, 놈, 학생' 등은 분류사로 매우 자연스럽고, '남자, 여자' 등은 가능하기는 하지만 약간은 어색한 듯하고, 나머지 명사들은 매우 어색한 것으로 보인다.

5.1 구조적 설명력의 한계와 표지의 기능

우리는 앞장에서 통제이론으로 수량사구성과 관련한 여러 문법현상들을 설명할 수 있다고 하였다. 그렇다면 다음의 문장은 어떻게 설명될 수 있는 것일까?(한학성(1989) 예문 (85)-(86): 괄호는 필자).

(46) *학생이 맥주를 [세 명] 마시고 있다.

(47) [IP t_i 학생이 [VP 맥주를 세 $명_i$ 마시고] 있다]

한학성(1989: 641-642)에서는 (46)의 구조로 (47)을 가정하고, 이때 '세 명'이 흔적을 지배하지 못하므로 ECP를 위반하여 비문이 되었다고 하였다.[31] 그러나 다음의 문장을 참조하면 ECP를 통한 그의 설명은 설득력이 없는 듯하다.

(48) 가. *학생이 맥주를 [세 명] 마시고 있다.

나. 학생이 맥주를 [세 명]이 마시고 있다.

위의 (48)의 두 문장은 격표지 '이'를 제외하고는 서로 같은 구조를 갖는데, 문법성에서는 정반대의 결과를 낳는다. (48나)에서처럼 '세 명'에 격표지 '이'가 붙으면 문장이 좋아지기 때문이다. 그러나 한학성(1989)에서 제안한 ECP로는 (48가)와 (48나)의 차이를 설명할 수 없다. 한학성(1989)에 따

---

31) 위의 (47)에 대해 임홍빈(1996: 665-666)에서는 한학성(1989)를 비판하면서 다음과 같이 문제를 제기하고 있다. "흔적이 선행사지배되어야 한다. 그렇다면 (47)에서 '세 명'은 그 흔적 t_i를 적어도 성분지휘할 수 있어야 한다. 그러나 (47)에서 VP속에 있는 '세 명'은 그 흔적을 성분지휘할 수 없다". 그러나 문제로 지적한 이러한 내용은 다름 아닌 한학성(1989)의 설명과 꼭 같다. 이와 같은 착오가 일어난 이유는 무엇일까? 필자의 생각으로는 임홍빈(1996)에서는 (47)을 비문이 아닌 정문으로 판단했기 때문이라 생각한다. 한학성(1989)에서는 (47)은 (46)의 구조로 가정하였으므로 당연히 비문인데, 이를 임홍빈(1996)에서는 정문으로 간주하고 비판한 듯하다.

르면 위의 구조에서 '세 명'의 위치는 같기 때문이다. 마찬가지로 본고의 가정도 이 문제를 제대로 설명할 수 없다. 본고의 가정에 따르면 위의 (48)은 다음과 같은 구조를 갖는다.

(49) 가. *학생$_i$이 맥주를 [PRO$_i$ [세 명]] 마시고 있다.

나. 학생$_i$이 맥주를 [PRO$_i$ [세 명]]이 마시고 있다.

위의 (49가, 나)에서 두 '학생'은 모두 'PRO'를 통제하는 구조이므로, 본고의 가정도 (48)의 두 문장의 차이를 설명할 수 없는 셈이다. 그렇다면 이 문제를 어떻게 설명할 수 있을까? 여기서 본고는 이에 대한 몇 가지 가능성만을 제시하고자 한다. 이 문제는 통사론의 영역밖에 있는 것인지도 모르기 때문이다.

먼저 본고가 주목하고 싶은 것은 수량사구성에 상정된 PRO와 이를 통제하는 선행사의 관계이다. 본고의 가정에 따르면 격중출구문에서 뒤에 나타나는 수량사구성은 절을 이루며, 이때 절의 주어 PRO는 상위에 있는 선행사로부터 통제된다고 하였다. 이때 흥미로운 점은 PRO 앞에 여러 개의 명사구가 나타날 때, 통제자는 바로 상위에 있는 명사구가 된다는 점이다.

(50) 가. 학생$_i$이 맥주$_j$를 [PRO$_j$ 많]이 마시고 있다.

나. ?학생$_i$이 [PRO$_i$ 많]이 맥주$_j$를 마시고 있다.

(50가)에서는 '많은 것이 맥주'으므로 PRO의 통제자는 '맥주'가 되지만, (50나)에서는 '많은 것이 학생'이 되므로 PRO의 통제자는 '학생'이 된다. 이를 통해 수량사구에 나타난 PRO의 통제자는 바로 상위에 인접해 있는

명사구가 된다는 사실을 확인할 수 있다. 이러한 가정을 (49)에 다시 적용하면 다음과 같다.

(51) 가. *학생$_i$이 맥주$_j$를 [PRO$_i$ 세 명] 마시고 있다.

나. 학생$_i$이 맥주$_j$를 [PRO$_i$ 세 명]이 마시고 있다.

위의 (51가)에서 PRO는 바로 인접한 '맥주'에 의해 통제되고, 'PRO$_i$ → PRO$_j$'가 되어 '맥주=명'이라는 불일치를 낳게 되므로 비문이 된다. 그러나 (51나)에서는 똑같은 구조인데도 정문이 되었다. 우리의 가정은 이때 무엇인가가 바로 인접한 상위 명사구가 통제자가 되어야 한다는 조건을 깨고, 멀리 있는 명사구를 PRO의 통제자로 만든다는 것이다. 우리는 이 요소를 표지 '이'로 가정한다. 즉, 표지 '이'는 바로 인접한 명사구가 PRO를 통제하지 못하도록 방해하고, 보다 상위의 주어 명사구가 PRO를 통제하도록 역할을 한다. 이때 이들의 표지가 서로 같다는 점도 이를 뒷받침해 준다고 볼 수 있다. 그러나 이때 표지 '이'가 왜 그러한 기능을 하는지에 대해서는 여전히 더 많은 논의가 필요하다.

5.2 주제설에 대한 논의

본고에서는 '학생이 두 명이 왔다'를 '격중출구문'으로 간주하고 논의를 전개했다. 그러나 이때 표지 '이'가 모두 격표지인가 아닌가는 여전히 문제로 남는다. 격중출구문을 주장하는 논의에서는 표지 '이'의 성격을 모두 격으로 간주하지만, 다른 논의에서는 앞의 '이'를 주제로 뒤의 '이'를 격으로 간주하기 때문이다. 대표적인 논의로는 이광호(1988)과 임홍빈

(1972, 1996)을 들 수 있다.

(52) 학생이 둘이 있다. [임홍빈(1972)]

(53) 가. ${}_{S}[_{NP}$ 철수가 $[[_{TOP}[e]$ [사과 열 개$]_{NP}]$를$]_{NP}$ 먹었다$]_{VP}$ [이광호(1988)]

나. ${}_{S}[_{NP}$ 철수가 $[[_{TOP}[$사과$_{i}$를] [e_{i} 열 개$]_{NP}]$를$]_{NP}$ 먹었다$]_{VP}$

(54) 가. ${}_{V'}[[_{N'}[$학생] 두 명$]_{N'}]$ [[청소$]_{N'}$ [하$]_{V'}]_{V'}]_{V'}$ [임동훈(1991)]

나. ${}_{V'}[$학생$_{i}$ $[_{N'}$ [ei] 두 명$]_{N'}]$ [[청소$]_{N'}$ [하$]_{V'}]_{V'}]_{V'}]_{V'}$

(55) 가. 학생이 셋이 왔다. [임홍빈(1996)]

나. $[_{VP/V'/A'} \cdots [_{KP}[_{NP}[_{DP}\alpha\text{-}D]\ NP]_{K}\cdots]$

다. $[_{VP/V'/A'} \cdots [_{DP}\ \alpha_{i}\text{-}D][_{KP}[_{NP}[_{DP}\ e_{i}]\ NP]_{K}\cdots]$

임홍빈(1972: 74)에서는 (52)의 문장에 대해서 기저구조에서는 이중주어구문이었다가 나중에 다시 명사구 '학생'이 {이/가} 주제화 변형을 겪은 것으로 설명하였고, (53)의 이광호(1988: 173)에서는 '사과 열 개'라는 NP에서 NP인 '사과'가 '을' 성분을 배당받기 위해 떨어져 나와 대격 '을' 주제화를 이룬다는 것이다. (54)는 명사구 '학생'이 주제화를 위해 상위 동사구에 부가된다는 것이다. 따라서 위의 주장들은 매우 유사한 형태를 띤다. 수량사구성의 선행성분에 나타난 표지가 모두 격이 아니라 주제화표지라는 점, 그리고 주제화는 이동변형을 통해 이루어진다는 점 등이 공통점이다.[32)]

그러나 이때 문제가 되는 것은 어디까지가 격이고 어디까지가 주제화인지 구분하기가 쉽지 않다는 점이다. 이것은 격과 주제화의 표지가 모두 같게 나타나기 때문이다. 따라서 주제화 논의가 의미있게 되기 위해서는 첫째, 어디까지가 격이고 어디까지가 주제화인지를 분명히 밝혀야

32) 약간 다른 점이 있다면 임홍빈(1972)에서는 일단 이중주어문을 가정하고 여기서 다시 주제화변형을 유도했지만, 이광호(1988)과 임동훈(1991)에서는 '사과 열 개'나 '학생 두 명'의 구조에서 주제화변형을 유도했다는 점이다.

하고, 둘째, 왜 표지가 다르게 나타나지 않고 반드시 같게 나타나야 하는지를 설득력 있게 밝혀야 한다.[33]

(55)는 임홍빈(1996)의 견해로 과거의 주제설을 고쳐 새로 제시한 것이라고 할 수 있다. (55가)는 성분주제를, (55나)는 문장주제를 보인 것인데, 변형을 가정하지 않았다는 점에서는 앞의 두 논의와 차이를 보이지만 전체적인 설명은 크게 다르지 않다. 차이점은 (55나)에서처럼 기저구조에 이미 주제화자리가 설정되어 있으며, 선행성분은 항상 기저에서부터 주제화되어 나타난다. 다만 그 주제화성분이 어디에 위치하느냐에 따라 성분주제와 문장주제로 나뉠 뿐이다. 따라서 (55)의 주제설도 앞의 두 주장이 갖고 있는 격과 주제화의 구분 문제를 그대로 갖고 있으며, 이홍식(1996)에서 지적한 대로 성분주제와 문장주제가 명확히 구분되지 않는다는 문제점 또한 가지고 있다((52)에서 '학생'은 성분주제인지 문장주제인지가 불분명하다). 더욱이 왜 기저에 주제화가 나타나야 하느냐에 대한 추가적인 설명을 해야 한다는 부담도 있다.

본고에서는 주제화의 가능성을 완전히 배제하지는 않는다. 다만 주제화를 인정한다 하더라도 이는 의미·화용적인 차원에서 다루어야 한다는 입장이다.[34] 즉, 주제화는 통사론의 대상이 아니라는 점이다. 따라서 통사구조에 주제화 현상을 반영할 필요는 없으며, 오히려 반영하려고 한다면 그것은 통사구조의 본래 모습을 드러내는 데 방해가 될 가능성이 많다는 생각이다. 이렇게 주제화를 의미·화용적인 차원으로 돌리더라도 어느 성분이 왜 어떻게 주제화 되어야 하는지는 여전히 문제로 남는다.

이상에서 본고는 구조적인 측면을 중심으로 수량사구성의 통사구조에 대해 고찰해 보았다. 그러나 이미 서론에서 언급한 바와 같이 국어의 수량사구성은 통사적인 면뿐만 아니라 의미적이고 화용적인 측면과도 깊은

33) 주제화 개념의 문제점에 대해서는 임동훈(1997)을 참조할 수 있다.
34) 이러한 관점에서 보면 박철우(1998)의 논의에 주목할 필요가 있다. 그는 언어에는 통사구조, 의미구조 이외에 정보구조가 있다고 가정하고 한국어의 정보구조에서 화제와 초점의 중요성을 강조하고 있다.

관련을 맺고 있어서 그 본령을 파헤치는 것이 그리 간단한 작업은 아니다. 본고에서는 단지 '명사-수사-분류사' 구성을 중심으로 국어 수량사구의 통사적 속성을 밝히고 이 속성을 반영한 통사구조를 설정하는 한편, 격중출구문에서의 수량사구성의 통사구조에 대해 나름대로 가정을 제시해 보았을 뿐이다. 따라서 본고는 수량사구성에 대한 본격적인 논의라기보다는 이를 위한 기초작업의 성격을 갖는다. 앞으로 이에 대한 진지한 논의를 기대해 본다.

‖ 참고 문헌 ‖

고창수. 1992. 「고대국어의 구조격 연구」, 고려대 박사학위논문.

김광섭. 1990. *A Theta-Binding Approach to Quantification*. 한국외대 박사학위논문.

김승렬. 1988. 「국어 어순 연구」, 서울: 한신문화사.

김영희. 1976. "한국어 수량화 구문의 분석", 「언어」 1-2, 89-112.

김영희. 1983. 「한국어 셈숱화 구문의 통사론」, 탑출판사.

김용하. 1998. "Overt Case and Covert Case in Korean", *Studies in Generative Grammar*, Vol. 8-1, 177-237.

김 지. 1994. "수량사구를 가진 명사구의 논항구조", 「배달말(배달말학회)」 19, 1-48.

박금자. 1985. "국어의 수량사 연구", 「국어연구」 65.

박철우. 1998. 「한국어 정보구조에서의 화제와 초점」, 서울대 언어학과 박사학위논문.

서정수. 1971. "국어의 이중주어 문제", 「국어국문학」 52, 277-304.

서정수. 1996. 「국어문법」. 서울: 한양대출판원.

성광수. 1974. "국어 주어 및 목적어 중출현상에 대하여", 「문법연구」 1, 209-236.

시정곤. 1993. "부사화접사 '-이'의 통사적 해석", 「어문논집」(안암어문학회) 32. 473-94.

시정곤. 1994. "'X하다'와 'X를 하다'의 상관성", 「국어학」 24, 231-258.

시정곤. 1997. "국어의 부정극어 허가조건", 「언어」 22-3, 471-498.

안성호. 1990. *Korean Quantification and Universal Grammar*, 언어학 총서 4, 서울: 태학사.

양인석. 1972. *Korean Syntax:Csae marker, Delimiters, Complementation, and Relativization*. Seoul: Paekhap Publishing Co.

유동준. 1989. "국어 분류사와 수량화", 「국어국문학」 24, 53-72.

이광호. 1988. 「국어 격조가 '을/를'의 연구」, 탑출판사.

이익섭. 1973. "국어 수량사구의 통사기능에 대하여", 「어학연구」(서울대 어학연구소) 9-1, 46-63.

이정민. 1989. "(in)Definites, Case Markers, Classifiers and Quantifiers in Korean", *Harvard Studies in Korean Linguistics* III. Hanshin Publishing Company. 469-488.

이필영. 1994. "속격 및 수량사구 구성의 격 중출에 대하여", 남천 박갑수 선생 회갑기념논문집, 태학사. 193-228.

이홍식. 1996. 「국어문장의 주성분 연구」, 서울대 박사학위논문.

임동훈. 1991. "현대국어 형식명사 연구", 「국어연구」 103.

임동훈. 1997. "이중주어문의 통사구조", 「한국문화」(서울대 한국문화연구소) 19, 31-66.

임홍빈. 1972. "국어의 주제화 연구", 「국어연구」 28.

임홍빈. 1991=1998. "국어 분류사의 성격에 대하여", 「국어문법의 심층」 3, 서울: 태학사, 235-262.

임홍빈. 1996. "양화 표현과 성분 주제", 이기문 교수 정년퇴임기념논총, 신구문화사, 660-703.

장영준. 1997. *Tense and Complementizer Feature-Checking*, Hankuk Publisher.

채 완. 1983. "국어 수사 및 수량사구의 유형적 고찰", 「어학연구」 19-1, 19-34.

최현배. 1961. 「우리말본」, 서울: 정음문화사.

한학성. 1989. "Nominative Assignment in Korean", 「어학연구」 25-3, 611-644.

홍기문. 1947. "조선문법 연구", 서울: 서울신문사, 김민수 외 「역대문법대계」(1986) 재록.

Chomsky, N. 1981. *Lectures on Government and Binding*, Foris Publication.

Chomsky, N. 1986. *Barriers*, The MIT Press, Cambridge, Mass.

(2000, 「언어」 25-1)

{를}의 정체는 무엇인가?*

1. 문제제기

이 논문에서는 장형 부정구문에 나타나는 표지 {를}의 정체에 대해 살펴보는 것을 목적으로 한다. 표지 {를}의 정체를 밝히는 작업은 비단 그 표지의 성격을 구명하는 데에 그 의의가 있을 뿐만 아니라, 국어 통사론의 전반에 걸친 핵심적인 문제에 대한 탐구라는 보다 큰 의의가 있다고 할 수 있다. 이는 이 표지를 어떻게 바라보느냐에 따라 국어 통사론의 체계와 구조가 달라지기 때문이다. 그러면 문제가 되는 다음의 예문을 가지고 논의를 시작해 보자.

(1) 영희가 예쁘지{가/를} 않다.

위의 예에 나타난 표지 {가/를}에 대해서는 그 동안 여러 가지 견해가 있었으나 크게 보면 두 가지로 압축할 수 있다. 다시 말해 이를 통사적 현상으로 보려는 쪽과 그렇지 않은 쪽으로 대별된다고 하겠다. 전자의 견해는 {가/를}을 모두 통사격표지로 보는 연구들이며(강명윤 1988/1992, 한학성

---

* 이 논문에 대해 논평을 해 주신 한정한 선생님께 감사드린다. 논평으로 인해 내용을 좀더 깁고 다듬을 수 있었다. 그러나 논문에 나오는 모든 잘못은 필자에게 있음을 밝혀둔다.

1991, 최기용 1993, 한정한 1994 등), 후자는 {가/를}을 모두 주제화 표지로 보는 연구(임홍빈 1972, 1979)와 화용격으로 보는 연구(한정한 1999)로 다시 세분할 수 있겠다.

통사격표지로 인정한 연구들은 대부분 이 현상을 격교체(case alternation) 현상으로 이해하고 있다. 물론 격교체 현상에 대한 정의도 학자마다 조금씩 다르겠지만, 대략적으로는 '한 문장에서 격이 교체되는 현상' 정도로 이해할 수 있다. 그 대표적인 예를 보이면 다음과 같다.

(2) 가. 영희가 밥{이/을} 먹고 싶었다.
나. 철수는 영희{가/를} 예쁘다고 생각한다.

위의 예에서처럼 '밥'과 '영희'의 격은 교체를 보이고, 이에 따라 표지도 {가/를}로 교체되어 나타난다는 것을 알 수 있다. 물론 이때 {가/를}이 과연 통사격표지인가 하는 문제는 여전히 남아 있지만, 이에 대해서는 뒤에서 자세히 설명하기로 하고 일단 본고에서는 (2)와 같은 현상을 전형적인 격교체 현상으로 가정하고 논의를 전개하기로 한다.

여기서 본고는 (1)의 교체현상은 (2)와는 다른 것으로 간주한다. 따라서 (1)은 격교체 현상이 아니며, {가/를}의 표지의 성격도 서로 다르다고 본다. 그렇다고 이들이 모두 주제화 표지나 화용격표지라는 견해에 동의하는 것은 아니다. 본고의 주장은 두 견해의 중간적 위치를 차지한다고 볼 수 있다. 즉, {가}는 통사적 격표지로 보고, {를}은 화용격 표지로 보고자 한다. 이를 위해 본고에서는 몇 가지 가정을 도입하고자 하는데, 첫째, 격은 서술어의 속성과 밀접한 관련을 갖고 있으며, 둘째, 격교체 현상은 서술어들간의 의미격틀(또는 의미적 속성)의 결합에 의해 예측 가능하다는 것이다. 즉, 서술어의 속성과 그 속성들의 결합에 의해 격교체가 설명될 수 있어야 진정한 통사적 격교체 현상으로 볼 수 있으며, 이때 나타나는 표지는 통사격표지로 인정할 수 있다는 것이다.

따라서 본고에서는 (1)의 {가}는 이러한 서술어의 의미역구조나 속성에 의해 설명이 가능하지만, {를}은 설명이 불가능하다는 점을 강조하고자 한다. 그러므로 논의의 초점은 '화용격' 설정에 있다기보다는 '예쁘지{가/를}'의 현상이 결코 통사적 현상만은 아니라는 점이다. 통사적으로 이들을 모두 설명하려고 한다는 것은 통사론자들의 지나친 욕심(?)일 수 있으며, 국어의 현상을 통사적 차원 이외에 의미론적 차원이나 특히 화용론적 차원을 고려할 때, 좀더 효과적으로 설명될 수 있다는 점을 인식하는 것이 중요하다는 것이다. 이런 의미에서 본고에서 설정한 통사격과 화용격이라는 명칭은 그리 중요한 것이 아니다. 그보다는 전자는 통사적으로 예측 가능한 격이며, 후자는 그렇지 못한 격이라는 점을 구분하는 것이 중요하다.

본고의 논의 전개 순서는 다음과 같다. 먼저 2장에서는 예문 (1)을 통사적 격교제 현상으로 처리한 여러 선행연구를 검토하고 그들의 문제점을 파악한다. 3장에서는 대안으로서 격교체 현상의 재정립과 화용격 설정의 가능성을 제시한다. 그리고 마지막 4장에서는 앞선 내용을 요약・정리함과 동시에 남은 문제에 대해 다룬다.

2. 선행연구 검토와 문제점

2.1 **강명윤**(1988, 1992)

강명윤(1988, 1992)의 기본 입장은 다음 예에서 '예쁘지{가}'의 경우는 무정격(default case)이며, '예쁘지{를}'의 경우는 대격이라는 것이다.

(3) 영희가 예쁘지{가/를} 않다.

무정격은 '명사구에 실제적으로 의미역이 부여되기는 하지만 그것이 격을 받지 못하는 경우 격여과를 피하기 위해 그것에 어떤 격이 부여되는 것'을 말하며, 국어에는 무정격이 주격이라고 가정하고 있다. 즉, 형용사나 비대격동사는 격부여자가 아니며, 이때 선행 명사구는 기본적으로 주격을 배당받는다는 것이다. 그리고 이를 위해 격부여 속성의 '상속'이라는 절차를 가정하고 있다. 즉, '예쁘지{가}'의 경우는 내용동사 '예쁘'의 격 부여속성이 주절의 형식동사 '아니하'에게 상속되므로 '아니하'가 형용사가 되어 격을 부여할 수 없고, 따라서 선행 명사구는 무정격 {가}를 배당받게 된다는 것이다. 한편, '예쁘지{를}'의 경우는 '아니하다'가 선행 명사구에 대격을 부여했다는 것이다. 그러나 이러한 가정이 성립하기 위해서는 '아니하다'의 성격을 이중으로 파악할 수밖에 없다는 문제가 있다. 즉, '예쁘지{가} 아니하다'의 경우에는 '아니하다'를 형식동사로 인정해야 하지만, '예쁘지{를} 아니하다'의 경우 '아니하다'는 본동사(타동사)로 인정해야 한다. 그러나 왜 '아니하다'가 이와 같이 두 가지 속성을 가져야 하는지에 대한 명확한 설명이 없다면 강명윤(1988, 1992)의 주장은 설득력이 약해질 수밖에 없다.

2.2 **한학성**(1991)

이 부분에 대해서는 한학성(1991)의 입장도 강명윤(1988, 1992)의 입장과 대동소이하다. 한학성(1991)도 강명윤(1988, 1992)에서처럼 '예쁘지{가}'의 경우는 내용동사의 격자질을 형식동사 '아니하다'가 인계하여 격을 부여하지만, '예쁘지{를}'의 경우는 '하'가 본동사 '하'이며, 대격을 부여한다고 보았다.[1)]

1) 한학성(1991)에서는 '예쁘지-를'의 문법성에 대해 의문을 제기하고 개인방언의 차이일 수도 있다고 가정하고 있다.

2.3 최기용(1993)

먼저 최기용(1993)에서는 '를' 주제화의 가능성은 근거가 없다고 지적하고 있다. 임홍빈(1987: 83-84)에서는 '을/를', '이/가'는 격조사가 아니라 주제나 초점을 나타내는 요소로 파악하였는데, 이때 '을/를'이나 '이/가'가 어떠한 기능을 가지든 그것이 이들을 격조사가 아닌 것으로 보게 할 근거가 되지 못한다고 주장한다. 즉, '을/를', '이/가'가 격조사가 아니라는 결정적인 근거가 없는 한 격조사로 가정하고 논의를 전개하겠다는 것이다. 이들이 과연 격표지인가에 대해서는 뒤에서 다시 이야기하기로 하고 여기서는 최기용(1993)의 주장을 좀더 살펴보자.

한학성(1991: 229)는 형용사가 잠재적으로 격을 부여할 수 있고, 장형부정구문에 나타나는 '예쁘지{가}'가 바로 형용사에 의해 부여된 격의 실현이라고 본 반면, 최기용(1993)에서는 형용사는 격을 부여할 수 없다고 보고 장형부정구문의 표지 '이/가'는 INFL(AGR)에 의해 부여된 격의 실현이라고 가정하고 있다.

이러한 점에서 볼 때, '예쁘지{를}'의 문제에 대해서 최기용(1993)은 이전 연구와 별다른 차이가 없다. 그는 {아니하, 않}이 목적격 조사를 부여하는 어휘항목이라고 가정하면 문제가 해결된다고 하였다. 즉, '아니하'가 '-지'를 지배하고 격을 부여하는 서술어라는 것이다. 그러나 이러한 주장은 앞에서도 언급하였듯이 왜 '아니하'가 '예쁘지{가}'의 경우에는 형식동사인데, '예쁘지{를}'의 경우에는 본동사가 되어야 하는지에 대한 본질적인 설명을 해주지 못하는 한 설득력이 없다고 하겠다.

2.4 한정한(1994)

한정한(1994)는 '아니하'는 대격배당자가 아니라고 가정하고 있어, 이점에서는 강명윤(1988, 1992), 최기용(1993)의 주장과는 차이를 보인다. 또한 장형부정의 핵이 오른쪽이 아니라 왼쪽이라는 최기용(1993)의 주장에도 반대하고 있다. 국어의 핵은 일반적으로 우핵조건을 유지하는데, 장형구문만 좌핵구조라는 것이 문제라는 지적이다.

그럼에도 불구하고 한정한(1994)의 주장은 어떤 면에서 강명윤(1988, 1992)와 유사한 점이 많다. 첫째, 무정격을 인정한다는 점, 둘째, 격인계를 인정한다는 점 등이 그렇다. 차이점이라면 강명윤(1988, 1992)에서는 무정격으로 {가}를 가정하고 있으나 한정한(1994)에서는 이와는 달리 {를}을 무정격표지로 인정하고 있다는 점이다. 그리고 '예쁘지{가}'의 경우도 강명윤(1988, 1992)에서와 같이 격인계로 설명하고 있어 공통점을 갖는다. 즉, 상위동사의 '아니하'는 형식동사(경동사)로 자신의 고유논항을 갖지 못하며 하위동사가 논리형태부에서 복사된다고 가정하고 있다.

또한 서술어의 논항구조의 속성을 격부여에 도입하고 있다는 점도 강명윤(1988, 1992)와 유사하다. 즉, 한정한(1994)에서는 '먹지{를} 않는다'의 경우가 가능한 것은 [먹, 아니하]가 통합되어 (행위자, 대상)이라는 논항구조가 만들어지고 이로 인해 대격 {를}이 배당될 수 있는 반면, '*먹지가'가 불가능한 것은 [먹, 아니하]가 보어에 대상역을 배당하므로 '가'가 실현될 수 없다는 것이다. 따라서 '예쁘지{가}'의 경우는 '예쁘'가 비대격동사이므로 [예쁘, 아니하]도 같은 속성을 가져 내재논항인 대상역이 보어위치에서 실현되지 못하고 주어위치에서 실현된 것이라고 하였다. 한편, '예쁘지{를}'의 경우에 대해서는 이와 같은 설명을 적용하지 못하고 있다. 한정한(1994)는 '예쁘지{를}'의 경우에 한하여 격표지 '를'을 형식동사구성의 보어자리에 배당되는 무표격으로 가정하고 있다. 문제는 역시 '예쁘지{를}'의 경우만 왜 무표격으로 설정해야 하는가 하는 것이다. 이에 대한 설득력있는 설명이 없는 한 이러한 가정은 예외를 위한 조치로 이해될 수밖에 없다.

3. 검증 및 대안

3.1 격과 격부여

문장에서 서술어(predicate)와 논항(argument)의 문법적 관계를 나타내주는 것이 격(case)이라면 그 징표로 실현되는 것이 바로 격표지(case marker)이다. 이때 한 문장에서 서술어와 논항의 관계는 다양하다. 즉, 통사적 관계가 있을 수 있고, 의미적 관계가 있을 수 있다. 통사적 관계란 논항이 문장에서 서술어에 대해 갖는 역할을 의미한다. 이러한 관계를 보여주는 격의 명칭에 대해서는 의견이 분분하지만 여기서는 통사격이라고 불러본다. 통사격의 종류에는 우리가 잘 알고 있는 주격, 목적격 등이 대표적인 것이다. 주격은 그 논항이 문장에서 주인된 역할을 한다는 것을 뜻하며, 목적격은 논항이 서술어의 목적, 즉 대상임을 말해주는 것이다. 그러나 주인된 역할이라는 말과 목적이나 대상이라는 말 자체가 어떤 의미적 개념을 갖고 있다는 것은 부인할 수 없을 것이다. 이 부분이 통사격과 의미격의 관계가 시작되는 지점으로 볼 수 있다. 이러한 고민 때문인지 통사론에서는 통사격 가운데서도 주격, 목적격을 '구조격'으로 부르고 있다. 구조격이란 기본적으로 해당 구조에 오는 명사구는 정해진 통사격을 자동적으로 부여받는다는 말로 이해할 수 있다.

(4) 가. 주격 - TP의 지정어 자리에서 주격 부여(또는 Agrs의 지정어자리)
　　나. 목적격 - V'의 지정어 자리에서 목적격 부여(또는 Agro의 지정어자리)

이때 통사격을 부여하는 부여자가 무엇이냐는 논란의 여지가 있다. 주격의 경우는 무정격을 가정한 논의도 있고, 굴절소(INFL)나 시제소(Tense)가 부여한다는 논의도 있다. 본고에서는 후자의 입장을 우선 취하기로 한다. 흥미로운 것은 두 통사격 가운데 주격은 항상 존재해야 하지만, 목적격은 수의적이라는 것이다. 즉, 모든 문장에서 주격이 존재한 반면, 목적격이 없는 문장은 있을 수 있다. 일반적으로 동사가 타동사일 때만 목적격이 부여되기 때문이다.

(5) 가. 철수가 밥을 먹는다.
　　나. 철수가 학교에 간다.

동사구내부가설(VP internal hypothesis)을 따를 경우, 기저구조에서 어느 성분이 어느 위치에 놓이는가 하는 문제는 의미역이 결정한다. 일반적으로 행위자(Agent)의 경우 VP의 지정어자리에, 대상(Theme)은 V'의 보어자리에 놓인다. 따라서 기저구조에서의 위치는 의미역의 위치라고 할 수 있다. 그리고 이러한 의미역 위치에서 통사격을 부여받기 위해 통사격이 배당되는 위치로 이동을 한다는 것이다.

이때 일반적인 경우는 행위자는 주격자리로, 대상은 목적격 자리로 이동하여 통사격을 부여받는다. 이때 예외적인 것은 의미역이 대상인데도 목적격을 부여받지 못하고 주격을 부여받는 경우이다.

(6) 가. $[[_{TP}[$영희가$]$ 예쁘$_{V}]_{0}]_{T}$다$]_{M}$
　　나. $\cdots[_{VP}[_{V'}$영희 $[$예쁘$]_{V}]]\cdots$

위의 예에서 '영희'는 대상의 의미역을 갖고 기저구조에서 V'의 보어자리에 위치하고 있으나, 통사격은 목적격을 받지 못하고 주격을 배당받고 있다. 의미역과 통사격의 일반적인 연결법칙에 어긋나는 예외적인 경우가 아닐 수 없다. 기본적인 연결법칙에 따른다면 '영희'는 목적격을 부여받아야 하기 때문이다. 그렇다면 '영희'가 목적격을 부여받지 못하는 이유는 무엇일까? 주격이 목적격을 가로챈 것일까? 그렇지 않다. 이 경우 주격은 아무 역할도 하지 못한다. 오히려 주격은 피해자이다. '영희'가 목적격을 부여받을 수 없는 원인은 바로 서술어에 있다. '영희'는 대상의 의미역을 가지고 있어 목적격을 받고 싶지만 서술어 '예쁘'가 이를 뒷받침해 줄 수 없다는 것이다. 즉, 어떤 종류의 서술어는 의미역으로는 대상을 부여할 수 있음에도 여기에 목적격을 줄 수 없는 서술어가 있다는 것이다. 이것의 대표적인 예가 바로 형용사나 상태동사이다. 이렇게 보면 엄밀한 의미에서 목적격이 구조격이라는 사실은 성립할 수 없다. 즉, 격 부여가 서술어의 속성에 의존적이기 때문이다.[2)]

그렇다면 문제는 서술어의 속성 가운데 그 무엇이 대상의 의미역을 갖고 있는 명사구에 목적격을 부여할 수 없게 만드는 것일까? 이에 대해서는 여러 가지 논의가 있으나 가장 그럴 듯한 이유로는 서술어가 가지고 있는 상적(aspects) 특성과의 연관성이다. 서술어의 상태성(stativity)이 이와 같은 대상(theme) 의미역과 대격의 연결을 차단하는 역할을 한다고 가정할 수 있다. 상태성을 가진 서술어의 대표적인 것이 바로 형용사이므로 이러한 가정은 어느 정도 설득력이 있을 것 같다.

본고에서는 이에 대한 설명을 위해 그림쇼(Grimshow)(1990)에 기대어 다음과 같이 가정하고자 한다.

(7) 통사격층위: 주격, 대격 …
의미역층위: 행위자, 대상 …
상층위: 행동성(Agentivity), 상태성(Stativity) …

---

2) 그렇다면 주격은 구조격인가 하는 문제도 더 검토되어야 할 것이다. 주격이 시제자질에 의해 부여된다고 하더라도, 시제가 있느냐 없느냐의 문제도 결국은 서술어의 속성과 관련이 되기 때문이다. 즉, 어떤 서술어는 시제를 갖는데, 어떤 서술어는 시제가 없다면(영어의 to 부정사) 그것은 서술어의 속성이 아니고 무엇이겠는가? 또한 서술어가 존재하는 모든 언어에서 항상 주어가 나타나야 한다는 점을 고려해 보면 결국 주격이라는 것도 서술어에 의존적이라고 말할 수 있겠다. 이러한 가정이 옳다면 엄밀한 의미에서 구조격이란 존재하지 않는다. 이에 대해서는 후고에서 다시 논의하기로 한다.

위에서 의미역층위는 논항과 서술어 사이에 나타나는 의미적인 역할을 나타내는 층위로 생성문법에서 의미역(thematic role)이라고 불리는 것이 바로 그것이다. 행위자(agent), 대상(theme), 수혜자(patient), 목표(goal) 등이 바로 의미역의 종류들이다. 이들 통사적 관계와 의미적 관계는 상호 밀접한 영향을 미친다. 그리고 통사격이든 의미역이든 모두 서술어의 속성(또는 의미)와 밀접한 관련을 맺고 있다고 가정한다. (이에 대해서는 뒤에서 좀더 이야기 하겠다.) 이때 이들 관계에서 얻을 수 있는 한 가지 기본원칙은 '상태성을 가진 서술어는 대격자질이 없다'는 것이다. 이것은 상태성과 대격자질이 서로 상충되는 것이어서, 대격은 서술어가 상태성이 아닐 경우만 가능하다고 볼 수 있다.

(8) 기본원칙: 상태성을 가진 서술어는 대격자질이 없다

따라서 아무리 논항이 격을 받을 수 있는 위치에 가 있더라도 격부여자가 해당 격자질이 없다면 격을 부여받을 수 없고, 다른 격이라도 부여받기 위해 다른 자리로 이동하여야 한다. 그래서 '영희가 예쁘다'의 경우는 격을 받기 위해 '영희'가 이동을 한 것으로 볼 수 있다.[3)]

그러나 이러한 기본원칙으로 설명될 수 없는 구문이 바로 '예쁘지{를}'의 구문이다.

(9) 영희가 예쁘지{가/를} 않다.

이때 '아니하다'를 형식동사로 가정하고, 선행 서술어의 의미가 복사된다고 보면, '아니하다=예쁘다'가 되어 '아니하다'는 상태성 서술어의 속

---

3) 그러나 서술어의 역할을 고려한다면 '격을 받기 위해 다른 자리로 이동' 하는 것이라기보다는 A격을 받지 말고 B격을 받도록 서술어가 지시한 것이라고 해석하는 편이 나을 수 있다. 이때 서술어는 원하는 격을 받게 하기 위해 기본적인 격을 받을 수 없도록 방해하고 있기 때문이다.

성을 갖고, 따라서 대격을 부여할 수 없다. 그러나 {를} 표지가 출현하게 되었으니 우리의 기본원칙에 어긋난다고 볼 수 있다. 이 부분이 바로 표지 {를}이 과연 격표지인가 하는 의문의 발단이 된다고 하겠다.

3.2 진정한 격교체 현상은?

본고의 기본입장은 서술어의 상적 특성과 의미역으로 통사격이 예측 가능하며, 그럴 경우에만 통사격으로 인정된다는 것이었다. 따라서 소위 {가/를}이 통사격의 격교체라면 이들은 서술어의 의미역과 상적 특성으로 설명이 가능하여야 한다. 다음의 예를 보자.

(10) 가. 영희{가/*를} 밥{*이/을} 먹는다.
나. 영희가 밥{이/을} 먹고 싶었다.
다. 영희가 밥{*이/을} 먹지 않았다.
라. 영희{가/*를} 예쁘지 않다.

위에서 우리는 몇 가지 전제조건을 가정해야 한다. 하나는 통사격은 서술어의 속성과 관련을 맺는다는 점. 그리고 {가/를}의 격교체는 의미역이 대상(Theme)인 경우에 가능하다는 점, 다시 말하면 의미역이 행위자(Agent)인 명사구의 경우는 격교체가 일어나지 않는다는 점이다. 그리고 격교체를 설명하기 위해서는 본동사와 보조동사의 통합구조를 가정해야 한다는 점 등이다.

먼저 (10가)에서 '영희{가/*를}'과 '밥{*이/을}'이 되는 이유는 서술어인 '먹'의 비상태성([–Stativity])(또는 행동성([+Agentivity])과 관련을 맺는다. 물론 세부적인 격부여 방법은 매우 복잡하겠지만, 골자만 이야기한다면 '영희{가/*를}'의 경우, 서술어 '먹'은 비상태성을 가지므로 인접한 대상의 논항에 목적격을 부여할 수 있게 된다(밥을). 따라서 대격이 한번 부여되었으므로 행위자인 논항에는 목적격을 다시 부여할 수 없다고 할 수 있다. 다른 가능성은 비상태성(또는 행동성)을 가진 서술어는 행위자인 논항에 목적격을 부여할 수 없을 수도 있다. '밥{*이/을}'의 경우도 이와 유사하게 설명할 수 있다.

나머지 구문은 모두 본동사와 보조동사 구문이므로 구조상 격교체가 가능하다. (10나-라)를 구조적으로 보이면 다음과 같다.

(11) 가. [···[···NP{*가/를} 먹고] 싶다] [···NP{가/*를} [먹고 싶다]]
　　나. [···[···NP{를/*가} 먹지] 않다] [···NP{를/*가} [먹지 않다]]
　　다. [···[NP{가/*를} 예쁘지] 않다] [···NP{가/*를} [예쁘지 않다]]

위의 구조는 본동사와 보조동사의 영향권을 보인 것이다. 이러한 구조의 변동을 무엇이라 부르든지(재구조화, 핵이동 등등), 또 어느 곳에서 일어나든지(S구조, LF 등등)는 본고의 관심사가 아니다. 여기서 주목할 점은 이러한 두 가지 구조변동에 따른 서술어의 속성이다. (11가)의 경우 'NP를'이 선택되는 경우는 NP가 본동사 '먹'의 영향권 안에 속해 있는 경우로, 이때 '먹'의 속성에 의해 대격이 배당되는 것이고, 'NP가'의 경우는 본동사와 보조동사가 구조변동을 통해 하나의 서술어로 되고, 이때 통합된 서술어의 속성(상태성)이 주격 배당에 관여한다고 볼 수 있다.

(11나)의 경우, 'NP를'과 같은 대격배당은 (11가)와 마찬가지이며, '*NP가' 불가능한 것도 역시 본동사-보조동사의 통합구조에 기인한다. 이때 '아니하'는 형식동사로 의미적 속성이 없이 형식적으로 동사의 기능을 수행하는 것이므로, 의미적 속성은 전적으로 본동사 '먹'의 내용을 인계받는다고 볼 수 있다. 따라서 이때도 '먹'의 비상태성 때문에 'NP가'와 같은 주격배당은 불가능한 것이다. (11다)의 경우도 (11나)의 경우와 마찬가지이다. 'NP가'가 가능한 것은 본동사 '예쁘'가 상태성을 갖고 있기 때문이며, 'NP를'이 불가능한 이유는 서술어의 통합구조 [예쁘-아니하]가 여전

히 상태성만을 갖고 있기 때문이다.

이러한 서술어의 상적 특성과 통사격의 관계는 다음과 같은 소위 예외적 격표시 구문에서의 격교체 현상도 자연스럽게 설명할 수 있다.

(12) 가. 나는 영희{가/를} 예쁘다고 생각한다.

나. […[NP가 예쁘다고] 생각한다]

[…[NP]를 [예쁘다고 생각한다]]

위의 예 (12가)에서 '영희가'가 가능한 이유는 하위동사 '예쁘'의 상태성 때문이며, '영희를'이 가능한 이유는 통합구조 [예쁘-생각하]의 속성이 '생각하'의 영향을 받아 '비상태성'으로 변했기 때문이다.

그러면 이제 본고에서 문제제기한 'X-지{가/를}'의 교체는 앞서 언급한 진정한 격교체 현상인가에 대해 검토해보자. 다음의 예를 보자.

(13) 가. 나는 밥을 먹지{를/*가} 않았다.

나. 영희가 예쁘지{가/를} 않다.

위의 예들을 먼저 앞의 격교체 현상을 설명했던 방식으로 설명을 해보자. (13가)의 경우 '먹지{를/*가}'로 나타난 이유는 [먹-아니하]의 통합구조가 비상태성을 띠고 있기 때문에 대격배당은 가능하지만 주격배당이 불가능하다고 설명할 수 있다. 그러나 이러한 설명은 (13나)의 경우에는 적용되지 않는다. (13나)에서 '예쁘지{가}'가 가능한 것은 통합구조 [예쁘-아니하]가 상태성을 가졌기 때문이라고 설명할 수 있지만, 문제는 '예쁘지{를}'의 경우는 이와 같은 설명이 불가능하다는 점이다.

3.3 화용격의 가능성은?

그렇다면 이 문제를 어떻게 해결할 수 있는가? 본고에서는 이때 '예쁘지{를}'의 경우, {를}을 대격표지로 보지 않고 화용격표지로 보고자 한다. 그렇다면 화용격은 무엇인가? 여기서는 이에 대한 구체적인 기술은 생략하고, 기본적인 개념만을 가지고 이야기를 전개하기로 한다. 그래야만 논의의 전체 줄거리를 좀더 쉽게 파악할 수 있기 때문이다. 본고에서는 먼저 화용격이 문법의 화용부(pragmatic component)에서 배당된다고 가정한다. 여기서 화용부는 어휘부나 통사부와 대립되는 개념이다. 본고에서 가정하고 있는 문법의 부문들의 역할은 다음과 같다. 일단 어휘부에서 단어가 선택되고 이를 통해 통사부에서 단어배열이 완성되어 문장이 형성된다면, 그 다음에는 이 문장에 문맥과 상황의 요소가 고려된다. 이를 처리하는 부문이 바로 화용부이다. 따라서 화용부에서는 문장성분에 주어지는 초점이나 강조, 주제, 대조 등의 화용적 요소들이 처리된다고 가정할 수 있다. 화용격은 바로 화용부에서 문장성분에 부여되는 격이며, 화용격의 종류로는 강조, 초점, 주제, 대조 등의 다양한 유형이 있을 수 있고, 그 격표지로는 '은/는, 도' 등을 포함한 보조사들이 여기에 해당한다고 할 수 있다. 물론 모든 보조사가 화용격표지인가 하는 문제는 좀더 고찰을 요하는 것이다. 본고에서는 '예쁘지{를}'에 나타나는 '를'을 화용격표지 중의 하나로 간주하고자 하는 것이다.

이와 같이 가정할 때, '예쁘지{가/를}'의 경우는 일반적인 통사격의 교체 현상이 아니다. 이때 {를}은 화용격표지이기 때문이다. 본고의 또 하나의 가정은 화용정보를 나타내는 화용격은 통사격에 덧씌워진다는 것이다. 즉, 하나의 성분에 통사격이 배당되었다 하더라도 같은 자리에 화용격이 다시 배당될 수 있다는 것이다. 표면적으로는 격이 교체되는 것처럼 보이지만 사실은 격이 중첩되는 것이다. 통사표상에 화용적 요소가 얹히는 것이라고 이해하면 될 것이다. 이러한 가정은 대조나 주제를 나타내는 표지 {은/는}이 주격이나 목적격의 기능을 하고 있다는 사실을 잘 설명해 줄 수 있다는 장점이 있다.

(14) 가. 철수{가} 밥을 먹었다.
　　나. 철수{는} 밥을 먹었다.
(15) 가. 철수가 밥{을} 먹었다.
　　나. 철수가 밥{도} 먹었다.

본고에서는 화용격표지가 통사격표지를 덮어버리기 때문이라고 가정한다. 즉, '철수는'에서는 화용격표지 '는'이 '가'를 덮어 '가'가 보이지 않는 것이다. 그러나 이때에도 '철수'가 주격의 자질을 갖고 있다는 것이 중요하다. 따라서 '철수는'에는 통사격(주격)과 함께 화용격(대조)의 정보가 모두 담겨 있는 것이다.

그렇다면 이제 다시 '예쁘지{를}'의 문제로 돌아가보자. 본고는 'X-지{가/를}'의 구성이 통사부와 화용부에서 다음과 같은 격부여 과정을 겪는다고 가정한다.

(16) 가. 영희가 밥을 먹지{를} 않았다. (대격)　통사부
　　나. 영희가 예쁘지{가} 않다.　(주격)

(17) 가. 영희가 밥을 먹지{를/를} 않았다. 화용격 {를}　화용부
　　나. 영희가 예쁘지{가/를} 않다.　화용격 {를}

위의 예에서 (16)은 통사부에서 서술어의 상적 특성에 의해 주격과 대격의 통사격이 배당된 것이다. 서술어의 상태성 여부에 따라 주격과 대격이 부여되고 있음을 알 수 있다. (17)에서는 화용부의 모습이다. 화용부에 입력된 문장들은 모두 통사격을 부여받고 있다고 할 수 있다. 여기에 강

조(또는 초점)의 화용격이 부여된다고 가정하면 (17)과 같이 나타난다. 이 때 흥미로운 것은 이미 통사부에서 대격을 배당받은 문장의 경우 강조의 화용격이 배당되었을 때, 공교롭게도 표지 {를}이 서로 같아, 구분이 되지 않는다는 것이다. 화용격표지로 대체를 했으나 겉으로는 표시가 안 난다는 말이다. 반면에, 통사부에서 주격을 배당받은 경우는 표지 {가}가 화용부에서 {를}표지로 대체되기 때문에 표지의 변화를 실감할 수 있게 된다. 문제는 이들 모두 통사격표지에서 화용격표지로의 변화를 겪었다는 점이다. 다만 그 변화가 가시적으로 드러나느냐 그렇지 않느냐의 차이가 있을 뿐이다. 이렇게 되면 위의 두 문장에 나타난 교체현상의 정체는 다음과 같이 정리할 수 있겠다.

(18) 가. 먹지{를} : 통사격 {를} → 화용격 {를}
　　나. 예쁘지{를} : 통사격 {가} → 화용격 {를}

따라서 선행연구에서는 '먹지를'의 경우는 격교체를 보이지 않고, '예쁘지{가/를}'만을 격교체가 일어난다고 하였는데, 이것은 겉으로 나타난 표지의 변화에만 집착하였기 때문이라고 할 수 있다. 본고의 입장은 둘 다 변화를 겪은 것이며, 그 변화는 단순한 격교체 현상이 아니라 통사격표지에서 화용격표지로의 대체라는 점이다. 이러한 표지의 대체 현상은 다음과 같은 예에서도 설득력을 얻는다.

(19) 가. 도둑이 잡히지{가/를} 않았다.
　　나. 철수가 떠나지{*가/를} 않았다.
　　다. 기차가 떠나지{가/를} 않았다.

위의 예에서는 나머지 예와는 달리 (19나)만이 격교체를 보이지 않는 것처럼 보인다. 본고의 설명은 다음과 같다.

	통사부	화용부
(20)	가. 도둑이 잡히지{가} 않았다.(주격) →	도둑이 잡히지{가/를} 않았다.
		화용격 {를}
	나. 철수가 떠나지{를} 않았다.(대격) →	철수가 떠나지{를/를} 않았다
		화용격 {를}
	다. 기차가 떠나지{가} 않았다.(주격) →	기차가 떠나지{가/를} 않았다.
		화용격 {를}

먼저 통사부에서 서술어의 속성에 의해 통사격이 배당되고, 여기에 다시 화용격이 배당되면 그 결과 (20가, 다)는 표지의 변화로 인해 교체가 일어난 것처럼 보이고, (20나)는 그렇지 않다는 것이다.

3.2 임홍빈(1972, 1979)와 한정한(1999)의 검토

이제까지 본고에서는 장형부정구문의 '예쁘지{를}'의 구성에서 {를}을 통사격이 아닌 화용격으로 간주해야 한다고 주장했다. 즉, 이때 나타난 표지 {를}이 더 이상이 통사적 격표지가 아니라는 측면에서 본고의 논의는 임홍빈(1972, 1979)와 한정한(1999)의 견해와 맥을 같이 하고 있다. 따라서 이 절에서는 이들의 논의를 좀더 소개하는 한편, 이 논의들이 본고의 주장과 어떤 점에서 같고, 어떤 점에서 다른가를 좀더 구체적으로 살펴보고자 한다.

먼저 공통점은 '예쁘지{를}'의 구성에서 {를}을 통사적 격표지로 인정하지 않은 점이다. 물론 임홍빈(1972, 1979)에서는 {를}을 주제화 표지로 간주하였고, 한정한(1999)와 본고는 화용격 표지로 간주한 점에서는 차이가 있다. 다른 점이라면 본고에서는 '예쁘지{가/를}'에서 {를}만을 화용격 표지로 간주한 반면, 두 선행연구에서는 {가/를} 모두를 통사격이 아닌 주제화 표지나 화용격표지로 간주하고 있다는 점이다.4)

그러면 임홍빈(1972, 1979)의 견해를 간략히 정리해보자. 그는 {가/를}을 모두 주제화표지로 간주하면서 '이/가' 주제화는 '정적인 세계파악'을 진술하는 것으로, [+stative] 특성을 갖고, '을/를' 주제화는 '동적인 세계파악'을 진술하고 [-stative] 특성을 갖는다고 하였다. 서술어의 상태성 자질을 고려한 점은 본고와 같지만, 이를 통사격을 설명하는 데 활용했느냐 아니면 주제화를 설명하는 데 활용했는가 하는 점이 다르다. 그러면 이러한 가정에 따라 문제의 문장을 다시 설명해 보자.

(21) 가. 영희가 예쁘지{가/를} 않다

나. 영희가 밥을 먹지{를/*가} 않았다.

그의 설명에 따르면 위의 (21가)에서는 정적인 세계파악과 동적인 세계파악이 모두 가능하다는 말이 된다. '예쁘지{가}'의 경우는 정적인 세계로 인식되고, '예쁘지{를}'의 경우는 동적인 세계로 인식된다는 것이다. 즉 서술어 '예쁘'의 의미속성이 [+stative]일수도 있고 [-stative]일 수도 있다는 것이다. 그러나 과연 이러한 구분이 얼마나 설득력 있게 다가 올 수 있는지가 의문이 아닐 수 없다. '예쁘지{를}'의 경우는 '영희가 하는 어떤 행동'을 의미한다고 가정하면 동적인 의미로 파악할 수도 있을 듯하다. 그러나 {가}가 나타났다고 해서 동적인 의미로 해석될 수 없는 것은 아니기 때문에 이러한 가정도 설득력이 많아 보이지 않는다.

예를 들어 '그 놈은 밉지{가/를} 않아'라는 문장에서도 {가/를} 가운데 어떤 표지가 나타나더라도 '그가 하는 어떤 행동'이라는 동적인 의미를 내포할 수 있을 것 같다. 또 하나의 문제는 주제화표지라는 {가/를}이 나

4) 사실 논리적으로 보면 {가/를} 모두가 주제화 표지나 화용격표지가 된다고 하는 것이 더 설득력이 있을지도 모른다. 본고에서처럼 {를}만을 화용격표지로 인정했을 때, 왜 {가}는 화용격표지가 될 수 없는가 하는 문제가 남기 때문이다. 이러한 문제에 대해 본고는 명확한 해답을 갖고 있지 못하다. 본고에서는 '예쁘지{를}'의 {를}을 통사격 표지로 보아서는 안 될 근거를 찾는 것이 주된 작업이었기 때문이다.

타나지 않는 경우이다. 만약 (21가)에서 {가/를}이 모두 없는 문장 '영희가 예쁘지 않다'는 정적인 세계로 인식될 수 없는 것일까? 임홍빈(1972, 1979)의 가정대로라면 {가}가 정적인 세계를 나타내므로 이 표지가 없는 경우는 정적인 세계가 나타날 수 없어야 한다. 그러나 필자의 견해로는 {가}가 없더라도 그 문장은 정적인 세계로 인식되는 것으로 보인다. 그것은 서술어의 상태성 때문이다. 서술어의 상태성은 반드시 주제화를 나타낼 때만 기능할 필요는 없기 때문이다.

한편 (21나)에서는 '먹지를'만이 허용되고 '먹지가'의 형태는 허용될 수 없는데, 과연 그 이유는 무엇일까? 만약 {가/를}이 주제화 표지라면, 왜 '먹지'의 형태는 {가} 주제화가 불가능한가? (21가)의 경우는 정적인 것과 동적인 것으로 자유롭게 해석될 수 있었다면, 왜 (21나)에서는 그것이 불가능한 것인가? 그의 논리대로라면 서술어 '먹'의 경우는 '예쁘'와 달리 의미속성이 [-stative] 뿐이어야 할 것이다. 그렇다면 왜 '예쁘'는 두 가지 속성을 갖고, '먹'은 하나의 속성만을 가져야 하는 것일까? 이에 대한 보다 분명한 답이 제시되지 않는다면 {가/를}의 주제화 논의의 타당성은 약화될 수밖에 없다.

이제 한정한(1999)의 주장을 살펴보자. 한정한(1999)는 (21가)에서 {가/를} 모두를 화용격표지로 간주하고 있다. 또한 이때 {가/를}이 초점(focus)의 의미를 갖는다는 점에서는 임홍빈(1972, 1979)와 같은 맥락에 있다고 할 수 있다. 그러나 문법의 이론적인 면에서 보면 이들은 근본적인 차이가 있다. 임홍빈(1972, 1979)는 넓은 의미에서 생성문법에 바탕을 둔 반면, 한정한(1999)는 역할지시문법(Role & Reference Grammar: RRG)에 바탕을 두고 있다. 따라서 전자는 통사부를 중심으로 논의를 진행하여 주제화를 인정하면서도 이를 통사구조에 반영하고자 하였다. 후자의 이론은 과거 통사부를 중심으로 한 생성이론과는 달리 한 문장이 세 가지 층위(layers)의 정보로 이루어진다고 가정한다. 형태음소층위, 의미층위, 정보층위(화용층위)가 바로 이것인데, 형태음소층위는 과거 생성이론의 통사층위에 해당하고, 의미층위는 의미역층위와 유사하며, 정보층위는 화용층위를 의미한다. 본고의 가정은 물론 생성이론에 바탕을 두고 있지만, 통사부 다음에 화용부를 따로 설정해야 한다는 것이므로 이들 두 논의와 차이가 있다.

한정한(1999)에서 중요한 것은 이러한 세 층위의 정보들이 한 문장에 적용될 때 비로소 완전한 문장의 의미를 해석할 수 있다는 것이다. 이때 {가/를}과 같은 화용격표지는 정보층위에서 부여되는 초점을 나타내는 표지이며, 이밖에도 {은/는}은 대조를 나타내는 화용격표지이다. 그러면 한정한(1999)에서 '예쁘지{가/를}'의 문제를 어떻게 처리하고 있는지 알아보자. 그는 국어의 격을 의미격과 화용격으로 나눈다. 이때 의미격은 우리가 통사격으로 부르던 것과 대동소이하다고 생각하면 된다. 한정한(1999)에서는 통사격이 존재하지 않기 때문이다. 먼저 다음과 같은 상황을 가정한다.

(22) 상황설정

화자1: 너 영희를 어떻게 생각하니? ("어떻게"의 답이 되는 부분은 초점이 된다.)

화자2: 나는 (도대체) 영희가 예쁘지{가/를} 않아.

(23) 격연결 절차

나는	영희가	예쁘지를	않아.	
[나	영희가	예쁘지	않아]	의미격 층위
[나{는}	영희가	예쁘지{를}	않아]	화용격 층위

위에서 화용격 층위에서 초점을 받은 것은 '예쁘지' 뿐이므로 {를}이 부여된 것이라고 한다. 그리고 {를}을 부여할 수 있는 근거는 서술어 '예쁘'가 동작성(Activity Aktionsart)을 띠고 있기 때문이라고 한다. 이 점은 임홍빈(1972, 1979)의 [+/-stative] 자질설정과 같다고 볼 수 있다. 한편, '영희가'

의 '가'는 의미격만을 받은 것이므로, 결국 '나는 영희가 예쁘지{를} 않아'에서 의미격(주격)은 '영희가'의 '가', 화용격은 '나는'의 '는'(주제topic), '예쁘지{를}'의 '를'(초점focus)이 된다는 것이다. 그리고 '예쁘지{가}'의 경우도 같은 방식으로 설명하고 있다.

(24) 나는	영희가	예쁘지가	않아.		
[나	영희가	예쁘지	않아]		의미격 층위
[나{는}	영희가	예쁘지{가}		않아]	화용격 층위

이때 '{가}'가 화용격 표지로 나타날 수 있는 것은 서술어 '예쁘'가 상태성(State Aktionsart)을 띠고 있기 때문이라고 한다. 따라서 한정한(1999)의 논의도 이론적 배경은 다르지만 결국 임홍빈(1972, 1979)가 갖고 있는 문제를 그대로 안고 있다고 하겠다. 예를 들어 한정한(1999)에서는 '철수가 가지{*가/를} 않는다'의 경우는 동작 동사 '가'의 동작성 조건을 '철수'가 만족시킬 수 있으나, 상태동사 '가'는 허용되는 구조가 아니기 때문에 표지 {가}가 실현되지 않는다고 한다. 결국 서술어 '가'는 [동작성]만을 가지고 있는 반면, 서술어 '예쁘'는 상태성과 동작성의 두 가지 속성을 모두 가지고 있다는 것이므로 임홍빈(1972, 1979)와 같은 문제를 안고 있는 것이다.

4. 결론 및 남은 문제

본고에서는 이제까지 'X-지{가/를}'의 구성을 중심으로 국어의 격 문제를 포괄적으로 고찰해보았다. 이를 요약하면 다음과 같다. 1) 문법부문에는 통사부 이외에 화용부가 필요하다. 그리고 화용부에서 화용격을 부여한다. 2) 국어의 격은 통사격, 의미격, 화용격 등으로 나뉜다. 3) 국어의 통사격 배당은 서술어의 상적 특성과 밀접한 관련을 맺으며, 서술어의 속성에 의해 예측가능해야 한다. 따라서 엄밀한 의미에서 국어의 통사격은 구조격이 아니다. 4) 화용격은 화용정보를 나타내는 것으로 강조, 초점, 대조 등의 정보가 여기에 속한다. 대표적인 화용격표지로는 {은/는}과 {도} 등과 같은 보조사들이 여기에 해당할 수 있으나 모든 보조사들이 화용격표지가 될 수 있는지는 더 검토해야 한다. 5) 통사격의 {가/를}의 교체현상은 본동사와 보조동사 구문에서 나타나며, 두 서술어의 속성의 결합에 의해 의미역이 대상(Theme)인 논항에서 교체가 이루어진다. 6) '예쁘지{를}'의 표지 {를}은 통사격표지가 아니라 화용격표지로 보아야 한다. 7) 'X-지{가/를}'의 구성은 격교체현상이 아니라, 통사격과 화용격의 대체현상으로 보아야 한다.

그러나 이러한 결론을 내렸음에도 불구하고 과연 {를}의 정체는 무엇인가 하는 문제는 여전히 과제로 남아 있음을 시인하지 않을 수 없다. 또한 {가/를}을 통사적 표지로만 보려는 견해보다 통사격과 화용격표지로 나누어 보려는 견해가 더 많은 설명력을 가질 수도 있겠지만, 그 반대일 가능성도 배제할 수 없다. 다시 말해 문제를 설명하는 길을 여럿으로 쪼갤 때, 설명할 수 있는 경우의 수가 많아지지만, 문법이론이 떠 맡아야 하는 부담은 한결 높아졌다고도 볼 수 있다. 통사론에서 모든 문제를 해결하려 할 때에는 설명력은 떨어지지만 부담은 가벼웠다. 그러나 통사론과 의미론 그리고 화용론으로 나누어 문제를 해결할 때는 문법의 규모가 그만큼 커지고, 이들 각각의 체계에 대한 고찰과 상호간의 관계를 제대로 파악해야 한다는 부담이 있는 것도 사실이다.

따라서 본고의 가정이 좀더 체계적으로 정립되기 위해서는 여러 가지 문제들이 좀더 체계적으로 논의되어야 할 것이다. 예를 들어 화용부의 기능과 화용격의 유형들, 그리고 격 배당의 문제들이 좀더 체계적으로 논의되어야 한다. 그리고 보다 구체적인 문제로는 화용격 표지로서의 {를}의 속성이 제대로 밝혀져야 한다. 그리고 화용격표지 {를}이 왜 대격표지와 형태가 같은가 하는 문제와 표지 {가}는 왜 화용격표지가 될 수 없는가 하는 것도 여전히 문제로 남아 있다. 따라서 본고의 논의는 이러한 문제를 본격적으로 다루기 위한 기본 구상에 불과하다. 후고에서 보다 더 발전된 논의를 기대해 본다.

‖ 참고 문헌 ‖

강명윤. 1992. 「한국어 통사론의 제문제」, 한신문화사.
고광주. 1995. "예외적 격표시 구성에서의 격교체", 「태릉어문연구」 5-6.
김미령. 2000. "격교체 구문에 대한 연구", 「논항구조란 무엇인가」, 도서출판 월인.
김영주. 1991. "Nominative Case-Marking in Korean", 「생성문법연구」 2-1.
시정곤 외. 2000. 「논항구조란 무엇인가」, 도서출판 월인.
시정곤. 1994. "'X를 하다'와 'X하다'의 상관성", 「국어학」 24. 국어학회.
시정곤. 1997. "한국어 의미역 계층구조와 배열순서", 「한국인지과학회 97 춘계 학술 대회 논문집」.
시정곤. 1998. 「국어의 단어형성원리」(수정판), 서울: 한국문화사.
시정곤. 2000. "국어 수량사구의 통사구조", 「언어」 25-1.
이광호. 1988. 「국어 격조사 '을/를'의 연구」, 탑출판사.
임홍빈. 1972. "국어의 주제화 연구", 「국어연구」 28.
임홍빈. 1979. "'을/를' 조사의 의미와 통사", 「한국학논총」 2, 국민대.
최기용. 1993. "한국어 장형부정구문의 구조", 「생성문법연구」 3-1.
한정한. 1994. "[[XP]하] 구성의 논리형태와 격", 「한국어학」 1.
한정한. 1999. *Morphosyntactic Coding of Information Structure in Korean(Multiple Case Marking, Light Verb Construction, quantifier Float): A Role & Reference Grammar Account*. Ph.D. dissertation at SUNY Buffalo, Hanshin Publishing Co.
한학성. 1991. "The Case of Korean Adjectives and Passive Verbs", 「생성문법연구」 2-1.
Grimshaw, J. 1990. *Argument Structure*. Cambridge, MA: MIT Press.

(2001, 「한국어의 목적어」, 도서출판 월인)

국어 관형구성의 형태 · 통사적 양면성

1. 서론

하나의 통사구조에는 보이지 않는 형태정보가 잠재해 있는 경우가 많다. 즉, 통사구조에 나타난 통사정보만으로는 문법을 만족스럽게 설명할 수 없으며 이 구조에 잠재되어 있는 형태정보를 이용하여야 할 경우가 문법현상에는 많이 나타난다. 먼저 다음의 예를 보자.

(1) 가. [[[철수가 죽]을] 줄] 어떻게 아느냐?
　　나. 나는 [[[e 어찌하]ㄹ] 바]를 몰랐다.
　　다. [[[철수가 e 먹]을] 것]이 없어.

(1가, 나, 다)는 소위 의존명사 '줄, 리, 바'에 의한 관형(의존)구성으로[1] 모두 통사적인 구성을 이루고 있다. 따라서 '-을'은 내포문에 붙는 성분이다. 그러나 같은 위치인데도 (1가, 다)에서는 '-을'이, (1나)에서는 '-ㄹ'의 형태가 쓰인 것은 '-을, -ㄹ'이 보문에 붙는 성분이라는 것만으로는 설명할 수가 없다. 이것은 '-을, -ㄹ'과 선행하는 용언 어간과의 음운론적 조건에 의해서 결정될 문제이기 때문이다(어간이 자음으로 끝나는가, 모음

1) 관형(의존)구성에서 '의존'이라 함은 소위 관형형어미 다음에 오는 성분이 자립형태가 아니고 의존형태라는 것을 뜻한다.

으로 끝나는가). 다시 말해 이것은 통사적 정보가 아닌 형태적 정보로 설명이 가능한 것이다. 또한 (1가, 나)의 밑줄 친 구성은 형태적 구성으로 인식되기도 하며, (1다)의 밑줄 친 구성은 '먹을것(飮食)'이라는 단일어로 인식되기도 한다. 이것 또한 통사적 정보로는 설명할 수 없는 문제이다.

본고에서는 이러한 관형구성의 통사적 성격과 형태적 성격을 먼저 살펴본 후 통사부에서 형태적 정보들을 어떻게 반영해야 하는가에 대해 고찰하기로 한다. 그리고 이러한 통사정보와 형태정보의 혼합체인 문장의 올바른 기술을 위한 방안을 제시하고자 한다.

2. 관형(의존)구성의 통사적 성격

2.1 통사적으로 관형구성은 다음과 같은 구절구조규칙을 갖는다(임홍빈 1987: 408-414).

(2) 가. NP → (ADNP) - N
나. NP → ADNP - NP

임홍빈(1987)에서는 (2)에서 지시사를 NP의 관형성분으로, 기타 관형사를 N의 관형성분으로 보고 있다. 또한 (2가)에서 괄호를 친 부분은 관형구(Adnominal Phrase)가 없이 명사만 나타난 경우이다('영희에게의 수여는 철수에 의하여 행해졌다'와 '수혜는 혜택보다 아름다운 것이다'). (2나)은 관형구 뒤에 다시 명사구가 나타나는 것을 보인 것이다('철수의 새 책이 여기에 있다').

그러면 (2)의 구절구조규칙에는 문제가 없는가. (2)에 의하면 관형구성에서 구절구조규칙은 세 가지(괄호 포함)로 나타나게 되는데, 즉 NP → ADNP-N, NP → N, NP → ADNP-NP가 되는데, NP → ADNP-NP의 경우 후행 명사구가 다시 확장이 가능하게 된다. 이를 구체적으로 보이면 다음과 같다.

(3) 가.

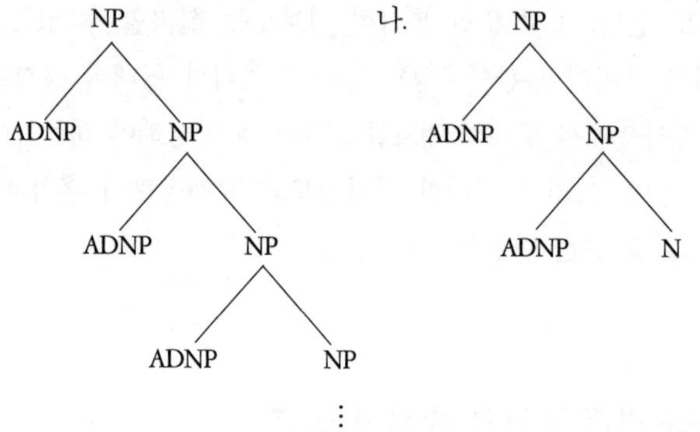

(3가)는 NP→ADNP-NP의 후행 명사구가 계속 NP→ADNP-NP의 규칙으로 확장된 예이고 (3나)는 NP→ADNP-NP의 후행 명사구가 NP→ADNP-N으로 확장한 경우이다. 우선 (3가)에 따르면 그 확장이 무한히 계속될 수가 있다. 그러나 과연 국어에서 이런 구조가 존재할 수 있을까.

(4) 가. *이 저 책은 영어책이다.
나. *조 저 책은 영어책이다.
다. *작은 이 저 책은 영어책이다.

(4가, 나, 다)는 (3가)의 순환규칙을 적용한 것인데,[2] 이들은 모두 비문이다. 이것은 이러한 순환규칙이 국어에는 허용되지 않는다는 것을 말해주고 있다.

---

2) 임홍빈(1989: 176) 각주 12에서는 '이, 그, 저'는 대명사로 쓰일 수 있으나(이는 우리가 소홀했던 탓이다), '요, 고, 조'는 대명사로 쓰이는 일이 없다고 하면서(*요는 우리가 소홀했던 탓이다) '요, 고, 조'는 관형사가 분명하다고 하였다.

한편 NP→ADNP-N의 규칙은 관형(의존)구성에 해당될 수 있다. 국어의 관형(의존)구성은 반드시 후행 명사가 선행성분으로 관형구를 요구하기 때문이다. 그렇다면 NP→ADNP-N의 규칙이 (3나)에서처럼 확장된 구조에 나타났을 경우를 고려해 보자.

(5) 가. *[[철수가 e 먹을] 그런(럴)/그런(럴) 줄] 어떻게 아느냐?

나. *철수는[[e 그럴] 이럴(런)/그럴(런) 리]가 없어.

다. *나는 [[e 어찌할] 그럴(런) 바]를 몰랐다.

(6) 가. *이/조 [[철수가 e 먹을] 줄] 어떻게 아느냐?

나. *철수는 저/조 [[e 그럴] 리]가 없어.

다. *나는 그/조 [[e 어찌할] 바]를 몰랐다.

(5)의 예들이 비문이 되는 것은 관형(의존)구성이 NP→ADNP-NP의 구조가 아니라 NP→ADNP-N의 구조이기 때문이다. 그러나 (3나)의 확장구조에 따르면 (6)의 예문이 비문이 되어서는 안 된다. 그러나 이들 예문이 비문이 되는 것은 무슨 이유일까. 먼저 (3)과 같은 명사구 확장규칙의 타당성을 의심하지 않을 수 없다. (3가)의 무한 확장문제, 그리고 (3나)와 같은 확장규칙에서의 문제점((3나)의 확장규칙으로는 (6)의 비문을 설명할 수 없다)은 구절구조규칙 자체가 안고 있는 문제점일 수도 있다.

2.2 따라서 관형(의존)구성을 명사구로 일괄하는 것은 문제가 있으며 이는 보문으로 상정하는 것이 바람직하다고 하겠다. 먼저 보문의 구조를 다음과 같이 상정하기로 한다.

(7) …[[[S] COMP $]_{CP}$ head word $]]_{S}$

(7)에서 보문은 상위문의 중심어와 연결이 되고 그 연결은 보문소가 맡게 된다. 따라서 (1)의 예는 다음과 같은 보문의 구조를 갖는다.

(8) 가. [[[철수가 죽]을] 줄] 어떻게 아느냐?

나. 나는 [[[e 어찌하]ㄹ] 바]를 몰랐다.

다. [[[철수가 e 먹]을] 것]이 없어.

남기심(1986: 11-12)에서는 보문을 완형보문과 불구보문으로 나누고 있는데 그 차이는 전자는 보문이 문의 요소를 모두 갖춘 것이고, 후자는 문의 요소 중 종결어미를 결여한 것을 말한다.

남기심(1986)의 견해를 따른다면 보문의 구성요소는 일반적인 문의 정의에 나타난 구성요소와는 조금은 다르게 설정될 필요가 있다.[3)]

(9) 일반적인 문은 V"-T-M의 요소가 필수적이지만 보문은 서법 M의 경우 반드시 필수적인 것은 아니다.[4)]

이러한 보문의 정의에 따라 다음으로 우리는 보문과 상위문과의 관계를 나타내는 보문소를 설정할 수가 있는데 (9)에서 '을'은 보문소로 설정될 수 있다.[5)]

---

3) 남기심(1986)에서는 불구보문도 심층구조에서는 완형보문이었다가 변형으로 시칭과 종결어미가 제거되고 있는 것으로 보고 있으나, 이럴 경우 일정한 서법 어미를 문장에 상정한 뒤에 이를 다시 삭제하고 보문소를 삽입하는 것과 같은 불필요한 변형절차를 거쳐야 하므로 본고에서는 GB의 관점에 입각하여 변형으로 인한 도출방식은 취하지 않을 것이며 따라서 탈락이나 삭제는 없고 D-구조에 불구보문과 보문소를 그대로 상정하는 방식을 취할 것이다.

4) 시정곤(1991ㄴ)에서는 국어의 문장 S(Sentence)는 명제 P(Proposition)와 서술양식 M(Mode)으로 이루어지는데 이때 P의 핵(Head)은 V이고 V의 최대투사 V"가 명제 P가 된다. 서술양식은 시칭과 서법, 겸칭으로 세분되는데 서법과 겸칭은 둘 다 하나의 형태안에 나타나는 것이므로 하나의 범주로 묶을 수 있어 시칭은 T(Tense), 서법과 겸칭은 M(Modality)으로 된다. 이에 입각할 때 문장 S는 P-T-M으로 되고 다시 P를 V"로 대체하면 S는 V"-T-M으로 된다.

5) 시정곤(1991ㄴ)에서는 국어의 보문소를 다음과 같이 설정한 바 있다.

국어의 보문소 : 완형보문소- (라)고, 불구보문소- 은, 는, 을

한편 '음, 기'는 보문소에서 제외하였는데 이 구문은 보문이 아니라 명사화구문으로

3. 관형(의존)구성의 형태적 성격

3.1 우리는 1장에서 관형(의존)구성이 명사구 확장규칙에서 문제를 야기하고 있음을 이미 보았다. 이러한 원인은 이 구성이 형태적으로도 인식될 수 있는 구성이기 때문이다. 언중들이 형태적 구성으로 인식할 수 있는 요인은 크게 내적 요인과 사회적·심리적 요인에 따른 외적 요인이 있을 수 있다. 이를 구체적으로 열거하면 첫째, 말하기에 들이는 노력을 덜기 위한 것. 둘째, 문법적인 어형을 통일하기 위한 유추 작용. 셋째, 굴곡범주의 뜻을 분명히 나타내려는 심리작용. 넷째, 말이 이루어지는 상황에 따른 말할이의 마음의 태도. 다섯째, 체계의 압력. 여섯째, 음운변화의 결과에 의한 영향 등이다(허웅 1983).

이 장에서는 그러한 형태적 구성의 실체에 대하여 고찰해보기로 한다.[6] '-ㄹ 줄/리/바'의 구조는 형태적으로 '-ㄹ+ 줄/리/바'로 분석이 가능하다. 이러한 분석이 가능해질 때 통사적 구성속에서 진정한 형태론적 고찰을 시도할 수 있다는 것이 본고의 기본적인 가정이다.

전통적으로 파생법에서 접사가 붙는 환경을 '어근(root), 또는 어간(stem)'이라고 하는데 이는 '어기(base)'라는 용어로 통합할 수 있다. 이 때 '어기(base)+접사(affix)'의 구조에서 어기(base)는 형태소나 단어의 자격을

처리하였다. 이익섭·임홍빈(1983)에서 언급했듯이 명사화는 기저의 한 문장이 보다 큰 문장 속에서 명사 혹은 명사구와 동일한 통사적 기능을 수행하게 되는 문법적 절차로서 '음, 기'는 문장을 명사화 구문으로 만드는 명사화소이다. 이러한 견해는 홍종선(1990: 5-15)에서도 나타나는데 여기에서는 명사화 대신 체언화라는 개념을 사용하고 있다.

가. 그가 학교에 간 것은 모두 밝혀졌다.
나. 그가 학교에 가기는 어렵다.

홍종선(1990)에서는 (가)를 보문화, (나)를 체언화로 정의하였는데, (가)에서는 '그가 학교에 가-'가 다음에 오는 머리명사(head noun) '것'에 관형적으로 작용하는 통사구조를 갖는 반면, (나)에서는 동일한 내포문 '그가 학교에 가-'는 그 자체가 체언화어미를 취하여 체언기능을 나타내고 있다고 하였다.

6) 권재일(1987)에서는 (1)의 '-ㄹ 줄/리/바'의 구조를 분석하지 않고 하나의 성분으로 설정하고 있는데(보문자로), 이는 소위 관형형어미와 보문명사를 한 형태소로 인식하려고 하는 것이다.

가진 것이다.

이에 따라 '-ㄹ+ 줄/리/바'의 구조를 형태론적 관점에서 살펴보면 '-ㄹ'은 용언의 어간(어기(base))에 붙는 접사이다. 즉 이 구조는 '어기+접사'의 구조를 이루고 있다.

그렇다면 접사 '-은, -을'의 성격은 무엇인가. 파생접사인가 아니면 굴절접사인가. 먼저 파생접사라는 가정을 세워보자. 그러나 현대국어에서 '-ㄴ, -ㄹ'을 명사화(체언화)접사라고 보기에는 어려움이 있다.7) 왜냐하면 명사화접사로 보이는 '음, 기'가 만드는 구성과 차이를 보이고 있기 때문이다(철수는 [e 학교에 가기]를 싫어한다. *[철수가 학교에 간]을/를 줄을 몰랐다). 따라서 '-ㄴ, -ㄹ'은 파생접사가 아니라 굴절접사로 보아야 한다.

3.2 '-은, -을' 뒤에 나타나는 소위 의존명사는 어떠한 형태적 성격을 띠고 있는가를 살펴보기로 한다. 즉 이것은 (1)의 문장에서 '줄, 바, 것'의 의존명사들이 형태적 구성에서는 접미사로 설정되는가, 아니면 명사로 설정되는가의 문제이다. 일반적으로 접미사의 설정 여부는 그 선행성분으로 관형성분이 올 수 있는지의 여부를 기준으로 하고 있는데(고영근 1989), (1가, 나, 다)는 모두 관형구성이므로 접미사가 아니라는 것은 한눈에 알 수 있다. 따라서 우리는 관형(의존)구성의 후행성분은 명사라고 결론지을 수 있다.

---

7) '-ㄴ, -ㄹ'이 고대국어나 중세국어에서는 명사화(체언화)접미사라는 근거가 있다. 원시국어에서는 명사문이었고 '-r(l), -m, -n' 형이 명사화의 기능을 담당했으며(이기문 1972), 이러한 속성은 중세국어에도 반영되고 있다. 다음의 예들을 보자. (밑줄은 필자)

가. 虞芮質成ᄒᆞᄂᆞ로 方國이 해 모ᄃᆞ나 威化振旅ᄒᆞ시ᄂᆞ로 興望이 다 몯ᄌᆞᄫᆞ나 (용가 11장)
나. 알픽 許ᄒᆞ샨다이 ᄒᆞ쇼셔(법화 2: 138)

(가)에서 'ᄋᆞ로'는 격조사이므로 선행성분은 체언이어야 한다. (나)의 '다이'는 후치사이며 '次第다이 마초건댄 (법화 1: 73)'에서처럼 선행성분이 체언이다. 따라서 (가, 나)에서 '-ㄴ'은 체언화의 기능을 하는 것이다(홍종선 1990).

4. 통사적 구성과 형태적 구성의 양면성

4.1. 이상의 논의를 통해 관형(의존)구성의 형태적 구조는 [V_{stem}(=Base) + I_{affix}]+$[N]_N$이라고 할 수 있다. 이 장에서는 통사정보와 형태정보를 동시에 반영하는 방법에 대해 고찰하기로 한다. 만약 통사층위라 하여 형태적인 정보를 무시하고 통사적인 정보만을 기술할 때 우리는 본고에서 증거로 예시한 현상들에 대한 명확한 해답을 구할 수 없는 것이다. 언어는 변하고 있는 복합체이며 하나의 문장에는 통사적 정보뿐만 아니라 형태적 정보가 잠재해 있다.[8] 이러한 두 가지 측면을 함께 보여줄 때 통사적 문제와 이에 따른 음운론적 문제도 쉽게 해결될 수 있다.

Sadock(1991)에서는 언어표현이란 많은 차원의 정보들을 동시에 가지고 있는 조직체라 하면서 이러한 혼합성을 효율적으로 설명하기 위해서는 마치 음운론에서 자립분절 음운론이 제시한 것과 같은 자립적 조합(autonomous module) 방법을 통사론에도 도입해야 한다고 하면서 다음과 같은 예를 보이고 있다.

8) 물론 의미적, 음운적 정보도 고려해야 하나 본고에서는 일단 제외하고 형태적, 통사적 정보에 초점을 두기로 한다.

(10)

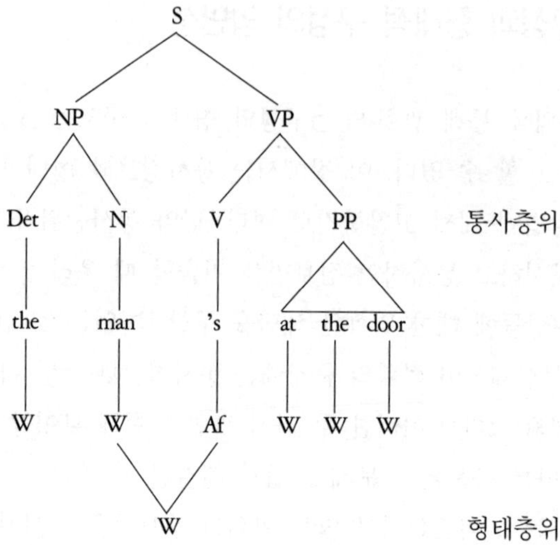

(10)에서 형태소 's는 형태적인 면에서는 접사이지만 통사적인 면에서는 동사에 해당된다. 이러한 양면적 구조를 인정할 때 영어의 접어(clitic) 현상이 설명이 가능하다는 것이다.

이러한 견해를 받아들여 국어의 문장에 나타난 통사정보와 형태정보를 구조로 표시하면 다음과 같다. (여기에서의 통사구조는 시정곤 1991ㄴ을 따른다.)

(11)

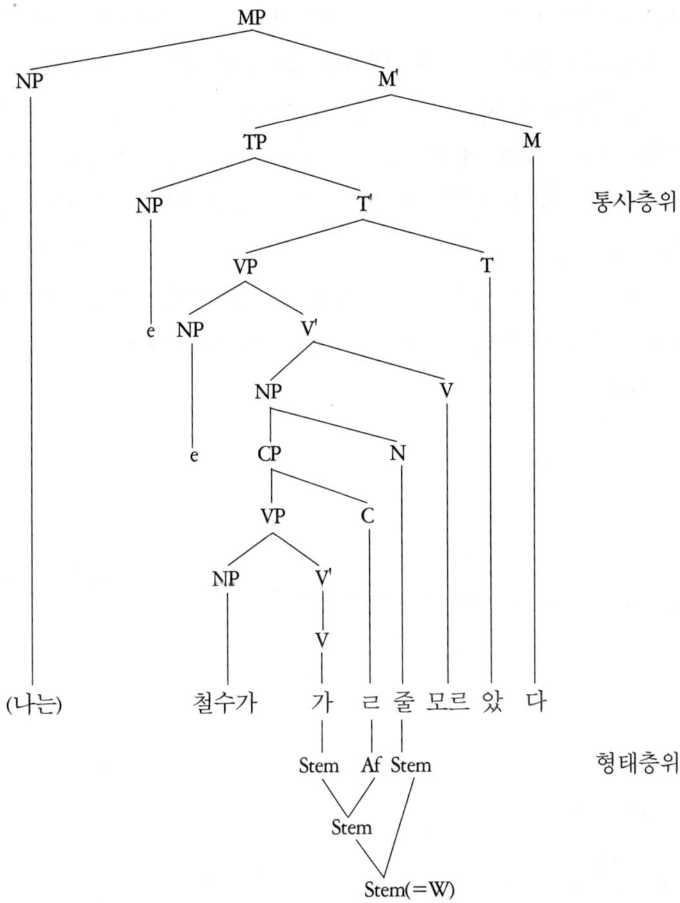

(11)에서 '-ㄹ'은 통사층위에서는[9] 보문소이나 형태층위에서는 접사이다. 여기에서 접사는 '-ㄹ'로 상정하였는데 음운환경에 따라 이것이 '-을'이 되기도 한다. 그 과정을 보면 먼저 형태층위에서 '-ㄹ'로 상정된 후에 이것이 음운부에 입력이 되고 형태소 경계에 나타난 음운환경을 반영하게

9) 이때 층위라는 말은 자립분절음운론(autosegmental phonology)에서 사용하고 있는 '층위(tier)'의 개념이다.

된다. 즉 선행 어간이 자음으로 끝났기 때문에 음운부에서 매개모음 '-으-'가 삽입되는 것이다. 이러한 매개모음의 삽입현상은 국어에서는 매우 일반적인 현상이다. 따라서 '-(이)랑, -(으)면, -(으)니' 등의 굴절접사에서 '-(이)-, -(으)-' 등의 매개모음도 이와 같은 원리에 의해 음운부에서 삽입되는 것으로 볼 수 있다. 이러한 사실은 굴절접사의 기저형을 설정하는 데도 중요한 기능을 할 것이다.

4.2 또한 (1다)의 예인 '철수가 먹을 것이 없어'에서 '먹을 것'이 '먹을것(飮食)'이라는 단일어로 인식되는 경우도 다음의 구조에서 쉽게 설명이 가능하다.

(12)

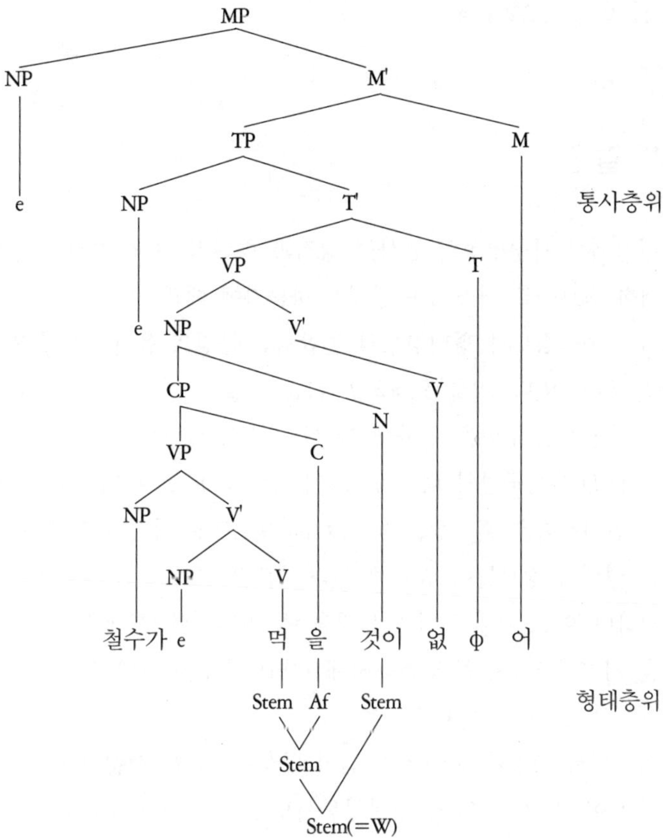

(12)에서도 '먹을 것'은 형태층위에서는 단어가 되므로 '먹을것(飮食)'이 되는 것이 설명이 가능하다. 이러한 구조는 통사적 구성으로 인식되다가 언중들 속에서 빈번히 사용되면서 점차 대상화의 측면이 강화되어 하나의 단어로 자리잡게 된다고 할 수 있다. '-은, -을' 등의 형태들이 왜 이러한 변화과정에 참여하게 되는가는 이들의 체언화의 기능과 시제 기능의 상관관계에 기인한다고 볼 수 있다. 즉 역사적으로 잠재해 있던 체언화 기능의 확대와 이에 상반적으로 시제기능의 축소로 통사적 구성은 객관화된 하나의 단어로 인식될 수 있는 것이다(들것(운반기구), 가진것(소

지품), 먹을것(음식)…)

5. 결론

이상에서 관형구성의 통사적 성격과 형태적 성격, 그리고 통사부에서 형태적 정보들을 어떻게 반영해야 하는가에 대해 고찰해 보았다. 더불어 이러한 통사정보와 형태정보의 혼합체인 문장의 올바른 기술을 위한 방안을 제시하였다. 이를 요약하면 다음과 같다.

1) 관형(의존)구성은 명사구 확장규칙으로 설명할 수 없다.

2) 관형(의존)구성의 형태적 구조는 $[V_{stem}(=Base) + I_{affix}]+[N]_{N}$이다.

3) 언어표현은 혼합성을 내포하고 있으므로 하나의 통사적 구문에는 많은 형태적 정보들이 잠재해 있다. 이것은 교착어인 국어의 경우 더욱 그러하다. 이를 위해 하나의 문장을 '통사층위'와 '형태층위'로 나누어 이들을 기저구조에서 문장 상, 하에 나타냄으로써 보다 많은 설명력을 가질 수 있다.

이상에서 고찰한 국어의 양면적 양상은 관형구성뿐만 아니라 부사형어미 '-아/어', '-고'의 구문(복합동사도 포함)에서도 고려되어야 하고 특히 활용어미 체계에서도 이러한 양상이 고려되어야 한다. 통사층위에서는 활용어미들은 각각의 통사범주(INFL, Tense, Modal 등)로 설정되지만 형태층위에서는 하나의 접사로 인식되는 것이다. 이러한 양면적 속성을 고려할 때 교착어인 국어의 형태기술은 물론 통사기술도 한층 발전적 방향으로 나가리라 생각한다.

‖ 참고 문헌 ‖

고영근. 1989. 「국어형태론연구」, 서울대학교출판부.

고영근·남기심. 1985. 「표준 국어문법론」, 서울: 탑출판사.

고창수. 1986. "어간형성접미사의 설정에 대하여", 「한국어학연구」 7.

고창수·시정곤. 1991. "목적어 있는 피동문", 「주시경학보」 7.

권재일. 1987. "의존구문의 역사성-통사론에서 형태론으로-", 「말」 12.

김민수. 1971. 「국어문법론」, 서울: 일조각.

김민수. 1983. 「신국어학」, 서울: 일조각.

김영만. 1986. 「국어초분절음소의 사적연구」, 고려대 박사학위논문.

김완진. 1973. 「중세국어성조의 연구」, 국어학총서 4.

김창섭. 1984. "형용사 파생 접미사들의 기능과 의미" 「진단학보」 58.

문효근. 1962. "대구방언의 고저·장단", 「인문과학」 7.

사회과학출판사. 1974. 「단어만들기연구」, 1990 탑출판사번각발행.

성광수. 1988. "국어의 단어와 조어", 「주시경학보」 1.

시정곤. 1988. "복합어 형성규칙과 음운현상", 「한국어학연구」 8.

시정곤. 1990. "국어의 단어형성에 대한 관견", 「한국어학신연구」.

시정곤. 1991ㄱ. "북한의 형태론사", 「북한의 조선어연구사」 1, 도서출판 녹진.

시정곤. 1991ㄴ. "국어의 기능범주에 대하여", 「국어학연구100년」.

시정곤. 1991ㄷ. " -(으)시-의 통사적 위치에 대하여", 「남사 이근수 선생 화갑기념논총」.

이관규. 1990. 「국어 대등구성에 대한 연구」, 고려대 박사학위논문.

임홍빈. 1987. "국어의 명사구 확장 규칙에 대하여", 「국어학」 16.

임홍빈. 1989. "통사적 파생에 대하여", 「어학연구」 25-1.

정연찬. 1974. 「경상도방언성조연구」, 국어학총서 5.

허 웅. 1975. 「우리 옛말본」, 샘문화사.

허 웅. 1983. 「국어학-우리말의 오늘·어제」, 샘문화사.

홍종선. 1990. 「국어체언화구문의 연구」, 고려대 민족문화연구소.

Bauer, L., 1983. *English Word-formation*, Cambridge University Press.

Bloomfield, L., 1933. *Language*, New York: Henry Holt and Co.

Chomsky, N., 1981. *Lectures on Government and Binding*, Foris Publication.

Kim, J. M., 1986. *Phonology and Syntax of Korean Morphology*, Ph.D. dissertation, Univ. of Southern California, 한신문화사.

Kim, Y. S., 1984. *Aspects of Korean Morphology*, Ph.D. dissertation, Univ. of Texas at Austin, 범한서적.

Lieber. 1980. *On the Organization of the Lexicon*, Ph.D dissertation, MIT.

Scalise, S., 1984. *Generative Morphology*, Derdrecht: Foris Publication.

Sadock, J. M., 1991. *AUTOLEXICAL SYNTAX*, The Univ. of Chicago Press.

Yoon, H. S., 1989. *A RESTRICTIVE THEORY OF MORPHOSYNTACTIC INYERACTION AND ITS CONSEQUENCES*, Ph.D dissertation, Univ. of Illinois of Urbana, 한신문화사.

(1991, 「어문논집」 30)

'X를 하다'와 'X하다'의 상관성

1. 문제제기

1.1 본고는 'X를 하다'와 'X하다', 'X를 Y를 하다'와 'X를 Y하다'와 같은 구성이 어떠한 상관관계가 있으며 이들이 어떻게 도출되는지에 대해 필자 나름대로의 가설을 설정하고 이를 명시적으로 논증하는 데에 그 목적이 있다. 이러한 논의가 필요한 이유는 이들 구성에 대한 연구가 이제까지는 어휘부에서의 단어형성문제에 국한되었거나, 아니면 통사론에서 소위 이중목적어 문제로 처리되어, 이들 간의 상호관계나 통사론에서의 단어형성 문제는 논의에서 제외되었기 때문이다. 먼저 다음과 같은 예를 살펴보자.

(1) 가. 영자가 **공부한다.**
　　나. 영자가 **공부를 한다.**
(2) 가. 영자가 **수학을 공부한다.**
　　나. 영자가 **수학을 공부를 한다.**
(3) 가. 철수가 **영희를 좋아한다.**
　　나. 철수가 **영희를 좋아를 한다.**

(1가)(2가)(3가)에서의 '공부하다, 좋아하다'가 어휘부에서 파생어로 형성되

는가(김창섭 1981) 아니면 복합어로 형성되는가(박승빈 1935, 최현배 1955)의 문제도 논란이 되었다. 이것은 '하(다)'가 접미사인가 본동사인가의 문제라고도 할 수 있다. (2나)(3나)의 '수학을 공부를 하다, 영희를 좋아를 하다'와 같은 예에 대해서도 여러 견해가 있다. 서술어와 인접한 목적어를 명사 서술어로 보는 경우(성광수 1974, 1981, 서정수 1975, 김영희 1986, 안희돈 1991) 동사구의 타동사(즉, 내적 동사구)화에 따른 타동성 취득으로 처리한 경우(송석중 1967, 이정로 1974, 박병수 1981, 고재설 1987), 을/를 주제화에 따른 용언 어근(어간)분리 현상으로 처리한 경우(임홍빈 1979, 이광호 1988) 등이다.

1.2 이러한 두 가지 방향의 논의는 각각 형태론과 통사론에서 따로 진행되었는데, 형태론적 접근에서는 통사론의 문제가 도외시 될 수밖에 없었으며, 통사론적 접근에서는 이들 단어의 형성문제에 대해서는 언급하지 않았다. 따라서 앞선 연구에서는 이 두 가지 현상이 각기 다른 것으로 인식된 것이다.

본고에서는 이러한 앞선 논의의 문제점을 검토하는 한편, 두 가지 현상을 하나의 접근방법으로 해결하려 한다. 이러한 시도는 이들 두 현상이 별개가 아니라 상호 관련된 것이라는 점에서 출발한다. 좀더 구체적으로 말하면 (1가, 나), (2 가, 나), (3가, 나)의 문장들은 서로 관련이 있으며, 동일한 기저구조에서 핵 이동과 지정어-핵 일치현상으로 설명이 가능하다고 주장할 것이다.

2. 'X를 하다'와 'X하다'

2.1 'X하다'류의 단어를 어휘부에서 형성되는 것으로 보지 않는 이유는 첫째, 생산성이 너무 높다는 것이다.[1)] 파생어든 복합어든 어휘부에서 형성되는 단어는 생산성이 높지 않은데, 이들 단어는 생산성이 너무 높아

어휘부에서 형성된다고 보기 어렵다. 둘째, '공부하다'류를 어휘부에서 형성된 것으로 보면 '공부를 하다' 구성과는 분리되어 처리해야 한다는 점이다.

(3) 가. 철수가 **공부를 한다.**
　　나. 철수가 **공부한다.**
(4) 가. 영희가 **빨래를 한다.**
　　나. 영희가 **빨래한다.**

(3)(4)에서 '공부를 하다/공부하다', '빨래를 하다/빨래하다'는 의미면에서나 '하(다)'의 성질면에서나 서로 관련이 있다. 만약 '공부하다'류를 어휘부에서 형성되는 단어로 가정하면 이러한 관련성은 포착할 수 없다.

따라서 본고는 '공부하다'류의 단어를 통사부에서 형성되는 단어로 가정하고 논의를 전개하고자 한다.[2] 이러한 논의를 위해서는 (3)의 구성이 어떠한 기저구조를 가지며, 또한 어떠한 절차로 (3가, 나)가 형성되는지가 밝혀져야 한다. 먼저 (3)의 구성을 위해 다음과 같은 기저구조를 가정한다.

---

1) 물론 '하(다)'의 선행요소가 1음절인 경우는 생산성이 그리 높지 않다.

2) 고재설(1987)에서는 명사협성(Noun Incorporation)으로 (3)을 설명하였으나 본고에서는 핵 이동의 기제를 사용한다. 본고의 접근은 명사협성에서 보여 주지 못한 여러 제약을 보여 줄 수 있으며, 명사협성에서 보여 주지 못한 이동의 근거도 제시할 수 있는 장점이 있다. 또한 본고는 'X를 Y를 하다'와 'X를 Y하다'의 구성에서 고재설(1987)과 다른 견해를 보일 것이다.

(5) 가.

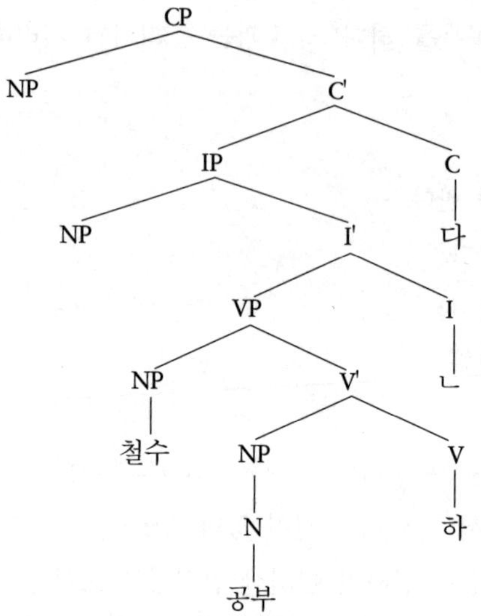
CP
NP
C'
IP
C
NP
I'
다
VP
I
NP
V'
ㄴ
철수
NP
V
N
하
공부

나.

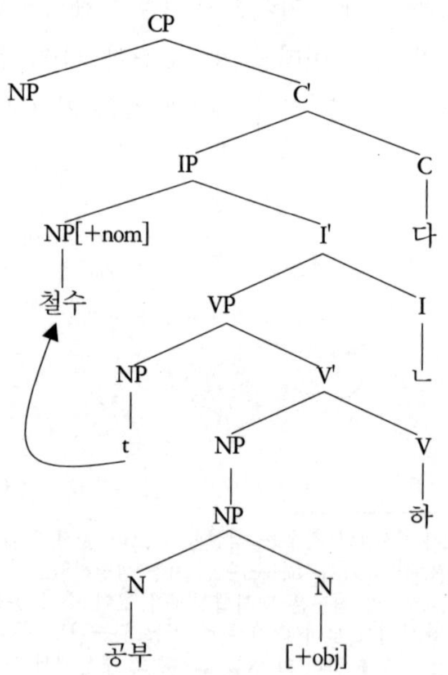
CP
NP
C'
IP
C
NP[+nom]
I'
다
철수
VP
I
NP
V'
ㄴ
t
NP
V
NP
하
N
N
공부
[+obj]

(5ㄱ)에서 '철수'와 '공부'는 각각 명사구이며 논항이므로 의미역과 격을 배당받아야 한다. 이들의 의미역은 동사 '하'에 의해 각각 배당된다.[3] 한 (5나)에서 '철수'는 주격을 받기 위해 IP의 지정어 자리로 이동하고, 공부는 제자리에서 목적격을 배당 받는다(물론 주격배당도 목적격배당과 같은 절차를 갖지만 본고에서는 앞으로 목적격배당만 자세하게 설명한다). 그러면 (3가)의 문장이 만들어진다. 이때 동사 '하'는 다음과 같은 논항구조를 가지고 있다고 상정된다.

(6) 하(다) : [A [T]]

(6)에서 동사 '하'는 타동사이며 목적어를 갖는다.[4] 또한 (5)의 기저구조에서 '공부'는 확장되지 않은 요소이므로 명사구이면서 동시에 명사이다. 따라서 명사 '공부'는 핵이며, 동사 '하'가 격을 배당하기 이전에 다음과 같이 인접한 핵 '하'로 이동이 가능하다.

---

3) 여기에서 의미역은 동사구 내에서 모두 배당 받는 것으로 한다. 따라서 국어의 주어는 의미역을 받기 위해 동사구의 지정어 자리에 상정되고, 다시 격을 받기 위해 IP의 지정어자리로 이동하는 것으로 가정한다(자세한 것은 시정곤 1992ㄹ 참조).

4) 본고에서는 [+/-상태성]에 따라 동사 '하'와 형용사 '하'를 달리 설정한다. 따라서 '든든하다, 건강하다' 등은 [+상태성]을 가진 형용사이며 다음과 같이 동사와는 성격을 달리 한다.

(가) *공부하고 있다, 공부한다/ 빨래하고 있다, 빨래한다
(나) *든든하고 있다, *든든한다/ *건강하고 있다, *건강한다

(7)

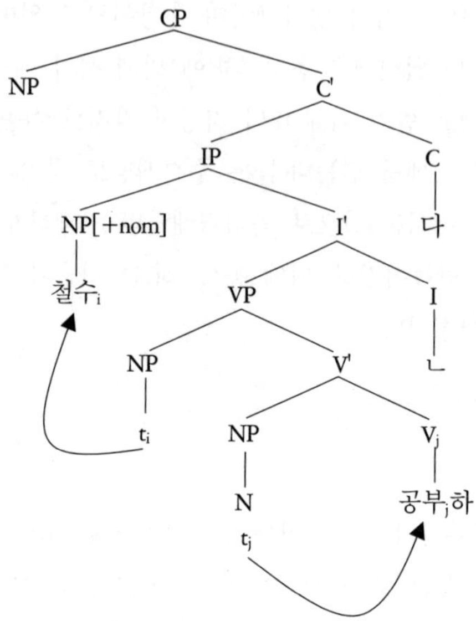

(7)에서 V_j는 t_j를 핵 지배하기 때문에 (7)의 핵 이동은 핵 이동 제약을 어기지 않는다.[5] 이 V로 이동한 '공부'는 [[공부]하]와 같은 부가구조를 형성하며, 이후 인접한 핵 I와 C로 연속 이동하여 [[[[공부]하]ㄴ]다]와 같은 구조를 형성하게 된다.

2.2 그러나 모든 핵이 다 이동할 수 있는 것은 아니다. 다음과 같은 구성에서는 이동이 불가능하다.

(8) 가. 철수가 영자의 숙제를 한다.
나. ?/*철수가 영자의 숙제한다.

(9) 가. 영자가 어려운 공부를 한다.
나. ?/*영자가 어려운 공부한다.

---

5) 시정곤(1992ㄷ)에서 제기된 핵 이동 제약은 다음과 같다.
핵 이동제약(head movement constraint)
영계층범주(즉 핵) β의 이동은 β의 최대투사인 γ를 지배하는 핵의 위치로만 가능하다.

(8나)(9나)의 예들은 휴지를 고려하지 않는다면 비문이거나 어색한 문장이다. 이들의 기저구조를 보이면 다음과 같다.

(10) 가. *철수가 [영자의$_{NP}$ t_i $]_{NP}$ 숙제$_i$한다.

나. *영자가 [[어려운 t_i $]_{N'}]_{NP}$ 공부$_i$한다.

(10가)에서 명사구의 지정어 자리가 허가되면 그 핵이 이동할 수 없고, (10나)에서 그 보어 자리가 허가되었을 때도 핵이 이동할 수 없다는 것을 알 수 있다. 따라서 명사구에서 핵이 언제나 인접한 동사 핵으로 이동할 수 있는 것은 아니다.[6)]

따라서 이러한 핵 이동을 상정하면 (3가, 나)의 두 구성은 별개의 현상

---

6) 시정곤(1992ㄱ)에서는 다음과 같은 명사구 내의 핵 이동의 제약이 있음을 제시한 바 있다.

(가) 철수가 <u>말을 타기</u>를 좋아한다.

(나) 철수가 <u>말타기</u>를 좋아한다.

(다) 철수가 <u>어제 산 말을 타기</u>를 좋아한다.

(라) *철수가 <u>어제 산 말타기</u>를 좋아한다.

(가)에서 (나)는 도출은 가능하지만 (다)에서 (라)로의 도출이 불가능한 것은 N'내에 다른 성분이 있기 때문이다. 이들의 기저구조를 보이면 다음과 같다.

(마) 철수$_i$ [e_i [어제 산 말] 타] 기] 좋아한다.

(바) *철수$_i$ [e_i [어제 산 t_j [말$_j$ 타] 기] 좋아한다.

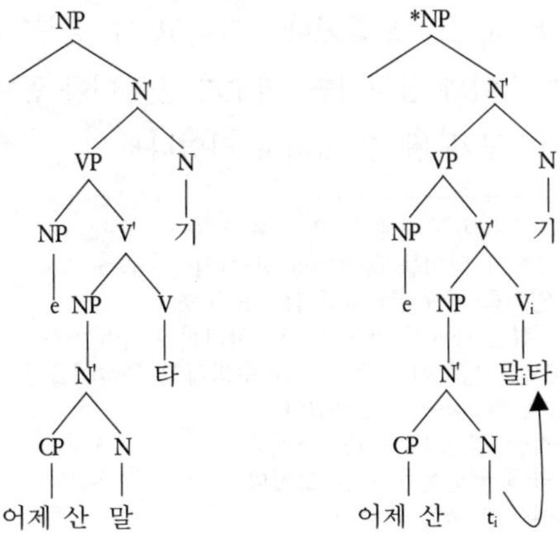

이 아니라 하나의 기저구조에서 도출되는 현상으로 설명할 수 있다.

3. 'X를 Y를 하다'와 'X를 Y하다'

3.1 이 구성에 대해서는 통사론적인 측면에서 여러 견해가 있었다. 먼저 이들 견해들을 검토해 보기로 한다.

먼저 성광수(1974)에서는 (12)와 같은 문장을 두 내면구조의 복합변형으로 설명하였다.

(11) 철수가 중국어를 공부를 하다.

(12) 가. [[[철수 K]$_A$ [___]$_O$ [하]$_V$]$_P$] [다]$_M$]$_{S1}$

나. [[[철수 K]$_A$ [중국어 K]$_O$ [공부]$_V$]$_P$] [__]$_M$]$_{S2}$

그 과정은 다음과 같다. (12)에서 (12나)의 문(S_2)이 (12가)의 문(S_1)의 객어 위치에 삽입되어 변형과정을 통해 동일어삭제 및 양상삭제규칙을 거치면 모문에 삽입된 구성문의 [중국어 K]$_O$ [공부]$_V$]$_O$만이 남아 모문의 객어 직능을 하게 된다. 여기에 목적어화 변형규칙의 적용으로 '중국어를', '공부를'이 가능하여 (11)의 문장이 도출된다.[7] 그리고 이 '공부'의 동사적 특성으로 인해 모문의 서술어와 합치되면 '철수가 중국어를 공부한다'와 같이 더욱 자연스러운 서술구가 될 수 있다고 하였다.[8]

---

7) 안희돈(1991)에서도 이와 같은 견해를 엿볼 수 있다.
(가) [$_{S1}$ pro [$_{S2}$ 영희가 영어를 공부(를)] 하였다] S-구조
(나) [$_S$ 영희가 영어를 공부(를) 하였다] LF-구조
성광수(1974)와 다른 점은 LF에서 재구조화로 처리한 부분뿐이다.

8) 성광수(1982, 1990)에서는 의무적인 목적어와 수의적인 목적어를 구분하면서, 격문법론적 관점에서 이중목적어화를 검토하였다.
(가) 영자가 아침에 책상에 다리를 고쳤다.
(나) 영자가 아침에 책상을 다리를 고쳤다.
(다) 영자가 아이에게 책을 주었다.

성광수(1981)에서도 (11)과 같은 문장을 의사중목적어 구문이라고 부르고 다음과 같은 복합문으로 처리해야 함을 주장하고 있다.

(13) 가. 학생이 문법을 공부를 한다.
　　나. 학생(이) [학생(이) 문법(을) 공부]를 한다

이러한 주장은 성광수(1974)와 그 맥을 같이 하고 있는 견해이다.

그러나 이와 같은 방법에 의하면 '공부'가 동사로 취급되어야 하는 문제점이 있다.[9] 이러한 견해는 서정수(1975)에서도 찾아 볼 수 있다. 서정수(1975)에서는 '공부'를 명사적 동사로 보고, '공부하다'의 '하다'를 형식요소로 보면서 다음과 같은 기저구조를 상정하고 있다.

(라) 영자가 아이를 책을 주었다.

그러나 이러한 논의는 소위 부사구가 수의적으로 목적어화되는 현상을 주로 고찰한 것으로 본 논의와는 또 다른 이중목적어 현상이다. 이러한 격 문법적 고찰의 특징은 동사와 명사구를 모두 같은 층위로 대등하게 상정하는 것인데 강영세(1986)에서 제안한 주장도 이와 비슷한 견해라 할 수 있다. 그는 대격 배당원리로 (12)와 같은 문장을 설명하고 있다.

(가) 대격배당원리: 비상태동사([-stative]V°)의 자매교점인 명사구 논항은 D-구조에서 S-구조로 유도되는 과정에서 대격조사가 배당된다.

(나)

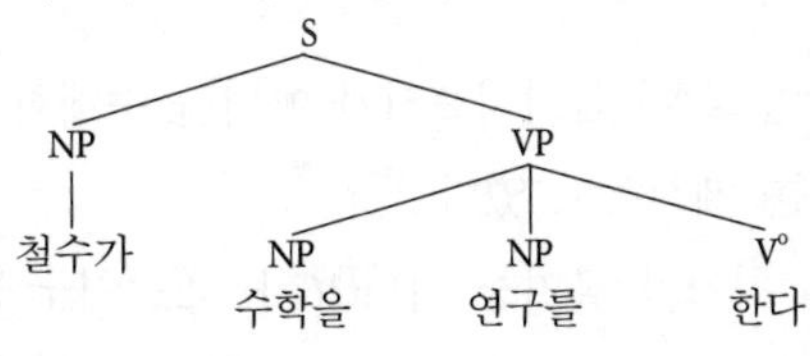

(나)에서 '하다'는 두 명사구 논항 '수학'과 '연구'에 동일한 관계로 설정되어 있다. 그러나 이광호(1988)에서 지적한 것처럼 이들이 동일한 관계라면 그 의미구조는 '철수가[수학과 연구]를 한다.'와 같이 되어야 하고 그렇다면 접속격 배당과의 구분이 어렵게 되어 문제가 있다.

9) 성광수(1974)에서는 이러한 동사성 명사가 동사의 직능을 가지는 경우와 명사직능을 가지는 경우를 분리하되, 어휘부에서 잉여자질로 구분하여 어휘가 선택되는 것으로 보고 있으나 이때에도 '하(다)'와 결합되는 모든 어휘들이 모두 동사와 명사의 두 직능을 포함하여야 하므로 문제가 된다.

(14) 가. 학생이 국어를 공부를 하다.

나.

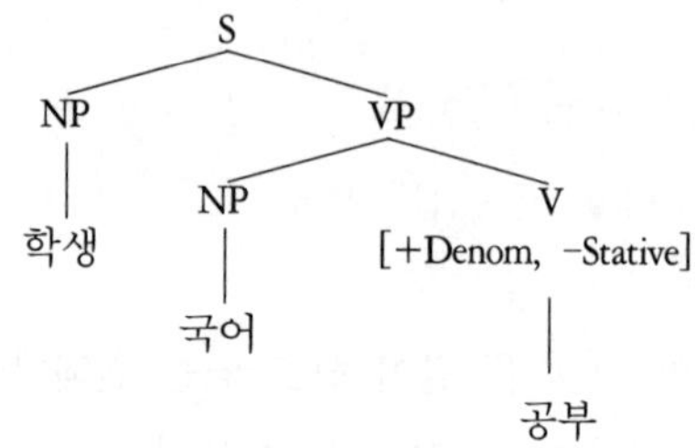

(14나)의 심층구조에서 '하'가 도입변형으로 도입되어 동사에 목적격 표지가 도입된다는 것이다. 그러나 과연 '공부'가 '명사적 동사'인가라는 점은 여전히 문제가 아닐 수 없다. 그리고 '하다'가 도입된 뒤에 동사 뒤에 '을/를'이 왜 도입되는지에 대해서도 구체적인 언급이 없다.[10)]

3.2 한편, 임홍빈(1979)에서는 (15)에서와 같이 'X를 Y를 하다' 구성에서 'Y를 하다'는 'Y하다'라는 용언에서 어근 Y가 '을/를' 주제화에 의해 분리된 것으로 처리하고 있다.

(15) 철학자는 상식을 연구를 한다.

그는 (15)에서 '연구를'의 '을/를'이 목적격표지가 아니라 주제화 표지라고 하면서 다음과 같은 근거를 제시하고 있다.

① '연구'에 관형구성의 첨가가 불가능 하다(16가). ② '연구'는 관계문의 표제명사가 될 수 없다(16나). ③ '연구'는 명사구-보문을 상정할 수 없다(16다). ④ 대명사화가 불가능하다(16라). ⑤) 서술어 '하다' 앞에 부사가 마음대로 올 수 없다(16마).

10) 김영희(1986)에서도 '공부'를 명사 서술어로 보았으나 성광수(1974), 서정수(1975)와는 다른 점은 '공부'를 보문 서술어로 상정하고, '하'를 모문 서술어로 상정한 부분이다.

(16) 가. *철학자는 상식을 깊은 연구를 한다.
나. *철학자가 상식을 하는 연구.
다. ?/*철학자는 상식을 그 성격을 살펴봄을 한다.
라. *철학자는 상식을 연구하고, 문학자는 진실을 그것을 한다.
마. *철학자는 상식을 연구를 열심히 한다.

(16)을 통해 '연구'는 일반 명사구와 그 성격을 달리 한다는 점을 알 수 있다. 그러나 임홍빈(1979)의 논의가 타당성을 갖기 위해서는 다음과 같은 문제들이 선결되어야 한다.

(17) 가. 어휘부에서 형성된 단어가 통사부에서 분리될 수 있는가?
나. 만약 분리된다면 모두 '을(를)'로 분리되는가?
다. 주제회의 성분 '을'의 삽입절차는 어떠한가? 즉 '을'은 어디에서 나왔으며 어떠한 절차로 삽입되는가?

(17가)의 문제를 먼저 살펴보자. 어근분리 현상에 대한 문제는 하나의 언어현상을 다룸에 있어, 어휘부를 고려하지 않고 통사론적인 면만을 고찰한 데 기인한다. 국어에서는 일반적으로 어근과 접사로 구성된 하나의 단어는 어떠한 요소에 의해서도 분리 가능하지 않다. 구체적으로 어근과 접사가 결합되어 동사나 형용사가 된 경우를 고려해보자.

(18) 가. 먹히다 : *먹{을/도/은/만/들/좀/안/못}히다
나. 비틀거리다 : *비틀{도/은/만/들/좀/안/못}거리다
다. 삐걱대다 : *삐걱{도/은/만/들/좀/안/못}대다
라. 번쩍이다 : *번쩍{도/은/만/들/좀/안/못}이다
마. 고민스럽다 : *고민{도/은/만/들/좀/안/못}스럽다
바. 신비롭다 : *신비{도/은/만/들/좀/안/못}롭다

사. ㄷ하다 : *ㄷ{도/은/만/들/좀/안/못}하다

(18)에서 알 수 있는 것처럼 '어근+접사'의 용언이라도 분리될 수 없는 것이 대부분이다.[11] 이광호(1988)에서는 'X하다'가 'X를 하다'로 실현될 경우, '을' 성분이 대격 '을' 주제화로 해석될 수 있는 것은 'X'가 독립성분일 경우뿐이라고 하였으나 (18)에서 알 수 있는 것처럼 독립성분의 유무에 의해 분리 가능성이 결정되는 것은 아니다.

이러한 현상은 '하(다)'의 선행성분의 음절수나 독립성 여부와 관련이 있는 것이 아니라 '하다'의 [접사성] 성격과 관련이 있는 듯하다. (18)에서 {을/도/은/만/들/좀/안/못}의 요소가 삽입 불가능한 것은 이들의 후행요소가 모두 접사이기 때문이다. 이러한 근거는 접사 '이(다)'에서도 찾을 수 있다. "철수가 학생이다."와 같은 문장에서 '이(다)'는 어휘범주이지만 접사이다. 따라서 '*학생{을/도/은/만/들/좀/안/못}이다'와 같이 어떠한 요소도 삽입될 수 없다.[12]

그러나 '하(다)'는 '이(다)'와 같이 완전히 접사로 굳어진 것이 아니라 실사에서 접사로 이행되는 과정에 있다고 볼 수 있다.[13] 그러므로 '하(다)'는 어휘범주이면서 [+어간, +접사]라는 과도기적 단계에 있는 동사로 파악된다. 이렇게 가정할 때 'X하다'가 {을/도/은/만/들/좀/안/못} 등에 의해 분리 가능할 수도 있고 그렇지 않을 수도 있는 현상이 설명된다.

---

11) 김창섭(1992)에서도 이러한 어근 분리 현상에 대해 언급한 바 있다. 그는 어근의 분리는 'X+하(다)' 형의 동사와 형용사, 'X+스럽(다)' 형의 형용사, 'X+거리(다)' 형의 동사에서 일어난다고 하였으나 'X+스럽(다)'나 'X+거리(다)' 형에서는 일어나지 않는 것이 일반적이며, 어근의 음절수가 2음절 이상이어야 한다는 조건이 유효한 것으로 생각된다고 하였으나 이러한 조건도 그 타당성이 의심스럽다.

12) '이(다)'가 접사인 이유에 대한 자세한 사항은 시정곤(1993)을 참조하라. 여기에서는 '이(다)'의 선행 명사구가 격을 갖지 못하는 이유와 삽입 불가능의 문제, 구개음화 환경문제, 축약 가능성의 문제 등이 제시되었다.

13) 만약 (18)에서 '거리다, 대다'에서 일부 분리현상이 가능하다면 그것은 이들 요소가 어느 정도 어간의 성질을 갖고 있기 때문일 것이다. 다시 말하면 이들 접사가 실사에서 접사로 변하는 과정에서 완전히 접사로 굳어지지 않고 어느 정도 실사의 성질을 내포하고 있기 때문이라 생각된다.

한편 (17나)의 문제로 돌아가면 '을/를' 주제화는 제약 없이 다 가능한 것은 아니다. 다음의 예를 보자.

(19) 가. 별이 빛난다.
　　나. 별이 빛이 난다.
　　다. *별이 빛을 난다.
(20) 가. 집이 불탔다.
　　나. 집이 불이 탔다.
　　다. *집이 불을 탔다.

(19다)(20다)에서 '을'이 통합되면 비문이 되는 이유는 무엇인가? 이광호(1988)에서는 '을'을 상위동사와 관계있는 것으로 보았다. 즉 (19)(20)의 동사들이 '을' 성분을 허용하지 않기 때문에 비문이 된 것이다. 이는 동사의 성질이 선행성분과 관계가 있음을 보여주는 것이다. 즉 '나다, 타다'라는 동사는 자동사이므로 (19다)(20다)을 허용하지 않는 것이라고 할 수 있다.

3.3 이광호(1988)에서는 '을' 주제화 성분이 '하다'의 목적어 명사구 논항은 될 수 없다 하더라도 적어도 '하다' 자체가 기원적으로 가지고 있는 타동사로서의 성격이 '을'을 배당한다고 하면서 다음과 같은 기저구조와 주제화 변형을 상정하고 있다.

(21) 가.

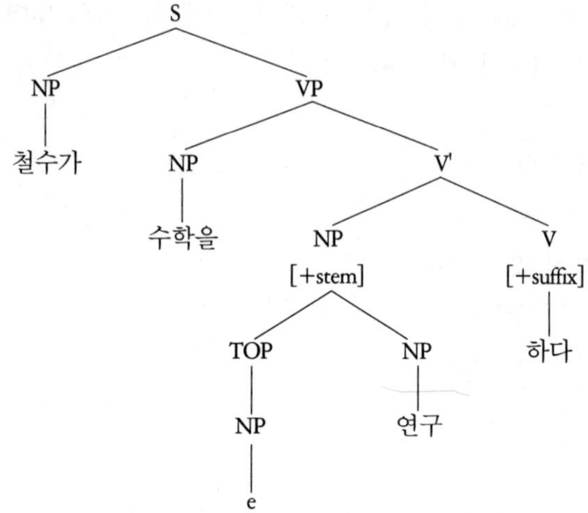

나.

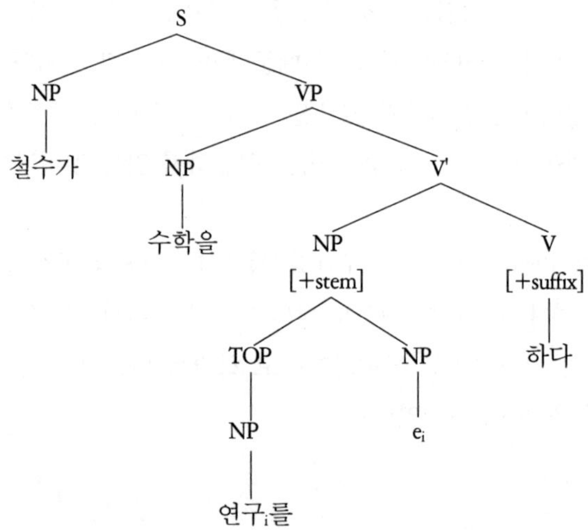

(21)의 구조에는 동사구 안에 두 개의 명사구가 있다. 즉 '수학'과 '연구'가 모두 명사구로 상정되었다.[14] 이광호(1988)에서 '수학'은 동사 '하다'에

14) 고재설(1987)에서는 임홍빈(1979)에 대해 비판하면서 그 대안으로 다음과 같은 구조를 상정하였다.

의해 목적격을 부여 받고, '연구'는 주제화 되어 '하다'의 타동사 성격에 의해 다시 '를'을 부여 받는다는 것이다. 그러나 이러한 견해는 (22)와 같은 문제점은 갖고 있다.

(22) 가. (21ㄱ)에서 '연구'는 명사구로 상정되었는데 왜 명사구 '수학'과는 달리 임홍빈(1979)에서 제기된 여러 제약을 가지고 있는가?

나. (21ㄴ)에서 주제화된 '연구'가 '하다'에 의해 '를'을 부여 받는다면 결국 동사 '하다'는 두 개의 '을/를' (목적격이든 주제화든)을 배당하여야 하는데, 과연 가능한가?

다. 똑같은 명사구인데, '수학'은 주제화될 수 없고 왜 '연구'만이 주제화되는가?

라. 주제화를 위해 보어자리에만 항상 TOP를 설정하여야 하는데 TOP의 설정 근거는 무엇인가?

마. 이광호(1988)의 격자질 배당원리(라)에 따르면 (21ㄱ)의 두 NP는 모두 동사 V에 의해 지배 받고 있으므로 접속격 자질이 배당되어야 하나 접속격이 배당되면 비문이 된다.[15]

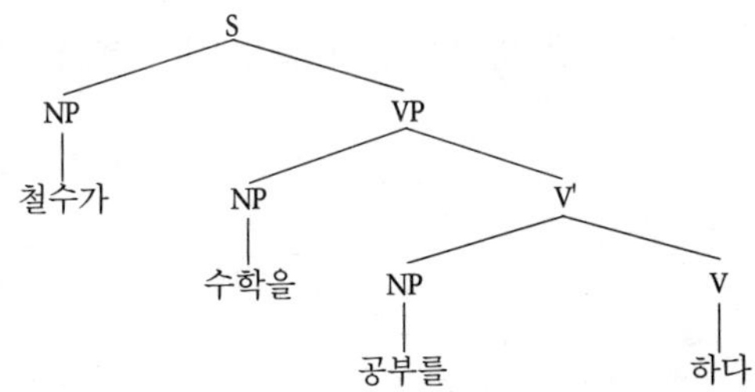

위의 구조에서 명사구 '공부를'은 '하다'의 하위범주화에 의해 출현하며 '수학을'은 V'인 '공부를 하다'의 하위범주에 의해 출현한다고 기술하고 있다. 그러나 이러한 기술은 동사구가 다시 동사가 되어야 하는 문제점을 안고 있으며, 두개의 명사구 동사구 안에 상정되었으므로 (22)에서 제기된 문제들도 가지고 있는 것이다.

15) 이광호(1988: 38)에서 제시한 국어의 격자질 배당원리는 다음과 같다.
가. VP에 지배받는 NP에 [+nom]의 격자질을 배당한다.
나. V에 지배받는 NP에 [+obj]의 격자질을 배당한다.

이러한 문제에 대한 명확한 해결 없이는 용언 어근(어간) 분리 현상은 그 타당성을 얻을 수 없다.

3.4 이상에서 살펴본 바와 같이 기존의 논의는 많은 문제를 갖고 있다. 우리는 이제 이러한 기존의 문제점을 해결하고 (2가)와 (2나)의 관계를 유기적으로 설명할 수 있는 길을 찾아야 한다. 설명의 편의를 위해 (2)의 예문을 다시 사용한다.

(2) 가. 영자가 **수학을 공부한다.**

나. 영자가 **수학을 공부를 한다.**

(2가)에서 '공부하다' 구성을 'X하다'라고 가정했을 때, 가장 먼저 상기할 점은 X는 '명사구'가 아닌 '명사'라는 사실이다. 임홍빈(1979)의 여러 검증에서 그 특성이 밝혀진 바와 같이 X는 일반 명사구와 그 성격을 달리 하는 명사이다. 두번 째는 (2나)에서 'X를 하다' 구성의 X를 (2가)의 X와 동일한 것으로 보느냐 아니면 다른 것으로 보느냐의 문제이다. 우리는 (2나)의 X는 (2가)와 동일한 것이며 그 범주를 '명사'로 가정한다.

이러한 가정 하에서 (2가)의 'X하다'는 (2나)의 'X를 하다'와 유기적 관계를 맺을 수 있는 것이다. 이를 위해 다음과 같은 기저구조를 가정해 보자.

다. N'에 지배받는 NP에 [+gen]의 격자질을 배당한다.

라. VP 또는, V 또는 N', 또는 의미역에 지배받는 두 개 이상의 NP에 [+conjun]의 격자질을 배당한다.

(23)

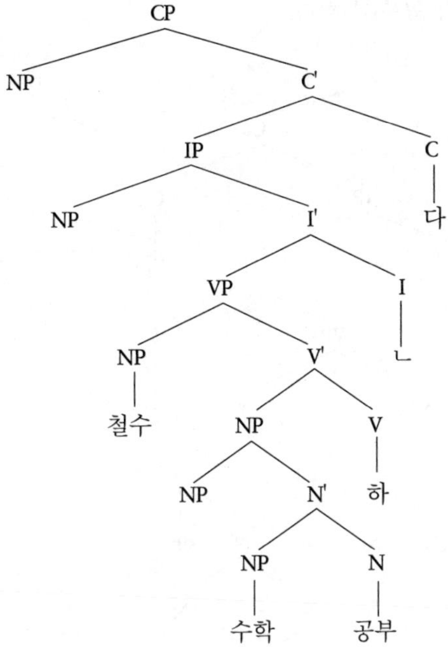

(23)의 구조에서 '공부'는 명사이며 명사구의 핵이다. 따라서 임홍빈(1979)의 여러 제약을 만족시킬 수 있다. 즉 명사인 '공부'는 확장이 불가능하며 그 보어로 '수학'이라는 명사구를 이미 갖고 있으므로 다른 요소의 수식도 불가능하다. 이때 '철수'가 의미역을 배당받고 주격을 받기 위해 IP의 지정어 자리로 이동하는 한편, 동사 '하'가 그 보어에 목적격을 부여하면 다음과 같은 구조가 된다.

(24) 가. 철수가 [수학 공부]를 한다.

나.

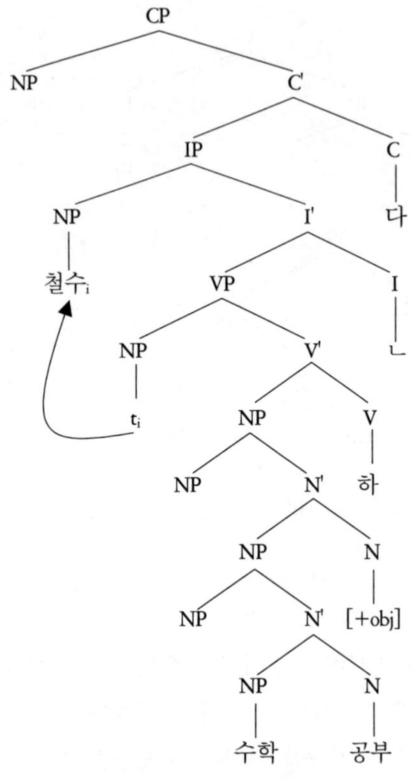

(23)에서 동사가 목적격을 부여하면 (24)와 같은 문장이 된다. 이때 (24나)에서 명사구 '수학'은 격을 받지 못해 격 여과에 걸리게 되어 (24가)의 문장은 비문이 되어야 하지만 이 문장은 정문처럼 보인다. 그러나 사실 정문으로 인식되려면 (24가)와는 달리 '수학공부'라는 '명사+명사' 구성이어야 한다. 즉 이러한 구성은 (24나)에서 명사구의 핵인 명사 '수학'이 인접한 핵 '공부'로 이동했을 경우이다.

한편, (24)에서 명사구 '수학'은 격을 받기 위해 이동을 해야 한다. 이때 이동은 두 가지로 가정할 수 있는데 하나는 '공부'가 핵인 명사구의 지정어자리로 이동하는 것이며, 다른 하나는 [+obj]가 핵인 명사구의 지정어 자리로 이동하는 것이다. 그러나 만약 첫번째 가정을 택하면 다음과 같은 비문을 낳게 된다.

(25) *철수가 수학의 공부를 한다.

(25)가 비문이 되는 이유는 명사구의 지정어 자리는 속격을 배당받는 자리이기 때문이다. 따라서 (25)와 같은 비문을 만들지 않기 위해서는 두번째 가정을 택할 수밖에 없다. 그러나 두번째 가정도 명사구의 지정어 자리지만 이때 격자질의 명사구 지정어 자리는 국어에서 속격자리가 아니다.16)

(26) 가. 철수가 [[수학]을 공부]를 한다.

16) 격자질의 통사범주를 N으로 설정한 근거는 시정곤(1992ㄷ)을 참조하라. 국어에서는 격자질의 지정어 자리는 속격이 배당되지 않으며, 다만 외현적인 명사가 핵일 경우만 그 지정어 자리가 속격자리가 된다.

(가) *철수가 밥의를 먹는다.

(나) 철수가 영희의 손을 잡았다.

그리고 (가)에서도 '밥'은 격을 받으므로 격자질의 지정어 자리로 이동할 이유가 없다. 따라서 국어에서는 (가)와 같은 문장은 상정할 수 없다.

나.

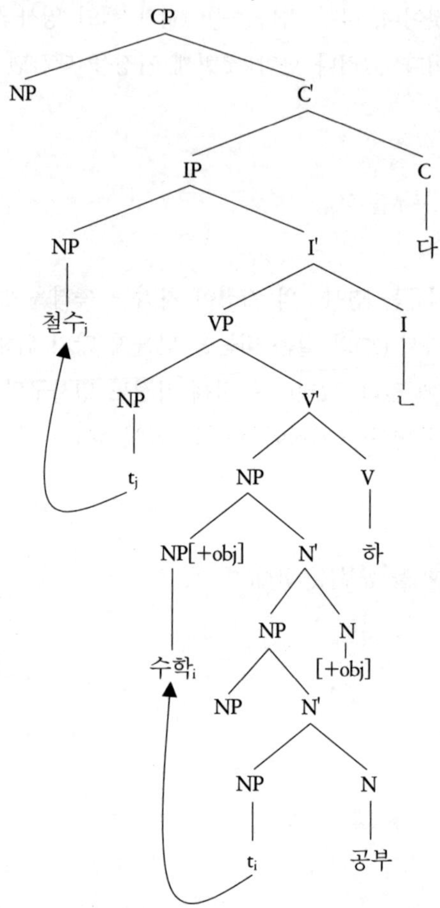

(26나)에서 목적격자질 [+obj]는 지정어-핵 일치(SPEC-Head Agreement) 현상에 의해 지정어 자리로 이동한 명사구 '수학'에 목적격자질을 배당한다. 따라서 우리는 (26가)와 같은 문장을 지정어-핵 일치 현상으로 설명할 수 있다.[17)]

17) 이러한 설명은 '명사구+수량사' 구성에도 확대할 수 있다.
(가) 철수가 사과를 열 개를 먹었다.
(나) 철수가 사과 열 개를 먹었다.

또한 우리는 (26)의 구조에서 다음의 (27)처럼 '수학'은 주제화가 가능하지만 '공부'는 가능하지 않은 이유를 설명할 수 있다.

(27) 가. 수학은 철수가 공부를 한다.

나. *공부는 철수가 수학을 한다.

(27가)는 명사구 '수학'이 CP의 지정어 자리로 이동하여 주제화되었기 때문에 올바른 문장이다. 그러나 (27나)에서 '공부'는 주제화자리로 이동할 수 없다. 이는 '공부'가 명사구가 아니라 명사이기 때문이다. 따라서 (27나)는 비문이 된다.

한편 (26)의 구조에서 명사 '공부'는 핵이므로, 핵 '공부'는 인접한 핵 '하'로 이동이 가능하다. 이 이동은 동사 '하'가 명사 '공부'를 유도하여

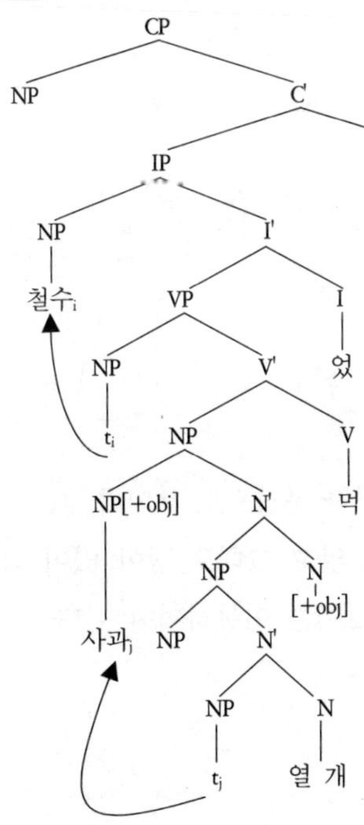

일어나며 핵 이동 제약을 어기지 않는다. 이를 그림으로 보이면 다음과 같다.

(28) 가. ??철수가 수학 공부한다.

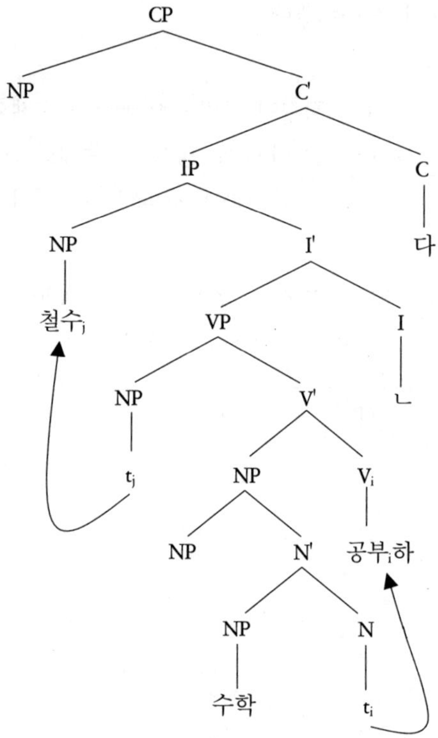

(28)의 문장은 비문이거나 어색한 문장으로 보인다. 그 이유는 N' 구성 안에 보어인 명사구가 이동하지 않고 그대로 남아 있어 격을 받지 못하기 때문이다. 따라서 N' 내에서 보어는 이동하여야 한다.

(29) 가. 철수가 [수학]을 공부한다.

나.

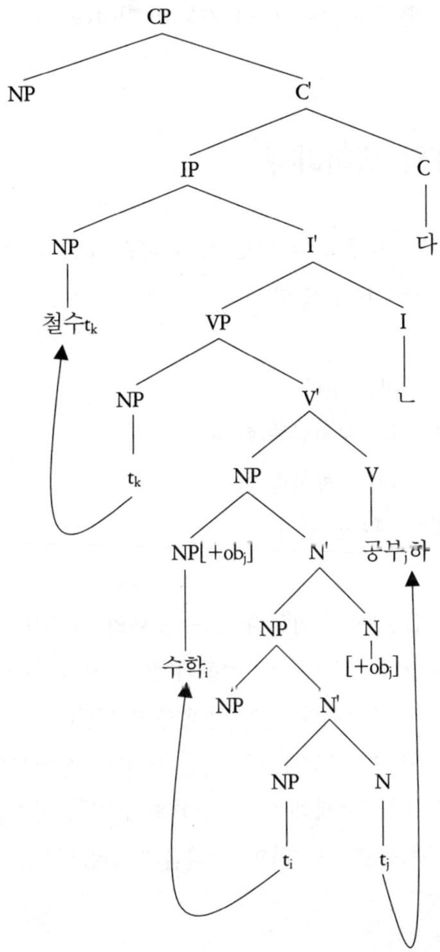

(29)에서 명사 '공부'는 인접한 핵 '하'로 핵 이동하고 핵 이동한 구조 [[공부]하]가 그 보어인 명사구에 목적격자질을 배당한다. 이때 격자질의 지정어에 이동한 명사구 '수학'은 지정어-핵 일치 현상에 의해 격자질을 배당받는다. 이러한 명사구 이동과 핵 이동, 그리고 격자질 배당은 거의 동시에 이루어지는 것이다. 명사 '공부'는 이미 이동한 후이기 때문에 핵에

있는 격자질은 PF에서 삭제되고, 명사구 '수학'은 격을 받게 되어 격여과에 걸리지 않으며 (29가)의 문장이 성립 가능한 것이다.

4. '좋아를 하다'와 '좋아하다'

4.1 임홍빈(1979)에서는 다음의 예들도 용언 어근 분리 현상의 예와 그 성격을 같이 하는 것으로 보고 있다.

(30) 가. 그는 동생을 **미워를 한다.**

나. 삼촌은 할아버지를 **무서워를 한다.**

다. 아내는 옛날이야기를 **좋아를 한다.**

라. ?아이는 인형을 **예뻐를 한다.**

즉, (30)에서 '미워를 하다'는 '미워하다'라는 동사의 어근이 '을/를'에 의해 분리되었다고 보며, '동생을'은 '미워하다'란 동사의 목적어로 본다. 그러나 (30)에서도 (17가, 나, 다)와 같은 문제가 발생한다.[18]

이광호(1988)에서는 (30)의 구성을 '공부를 하다' 구성에서와 같이 타동사에 의하여 배당된 '을' 주제화로 보고, TOP 교점에 '을'을 상정하고 있다. 즉 대격 '을' 주제화로 처리하면서 다음과 같은 구조를 상정하였다.

---

18) 임홍빈(1979)에서는 (30)에서 '미워를, 무서워를, 좋아를, 예뻐를' 등을 대격으로 보지 않은 이유를 다음과 같이 제시하고 있다. 즉 이들이 대격이기 위해서는 타동성과 관련되어야 하는데 '하다'는 동사도 아닐 뿐더러 타동사는 더욱 아니며, '고 있다'나 '-는다' 구성을 불허하기 때문이라고 한다. 그러나 이들 구성에서도 '미워를 하고 있다 / 미워하고 있다'가 성립하며, '미워를 하는 영희/ 미워하는 영희'가 성립하므로 '미워를' 등을 대격으로 보지 않을 이유는 없다.

(31) 가.

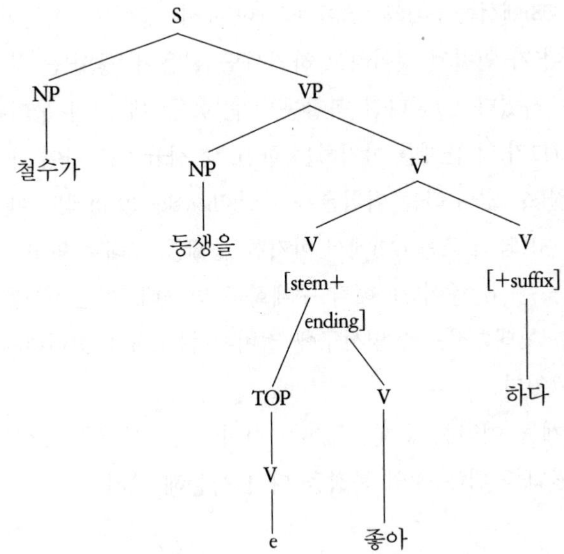
S
NP
VP
철수가
NP
V'
동생을
V
V
[stem+
ending]
[+suffix]
TOP
V
하다
V
e
좋아

나.

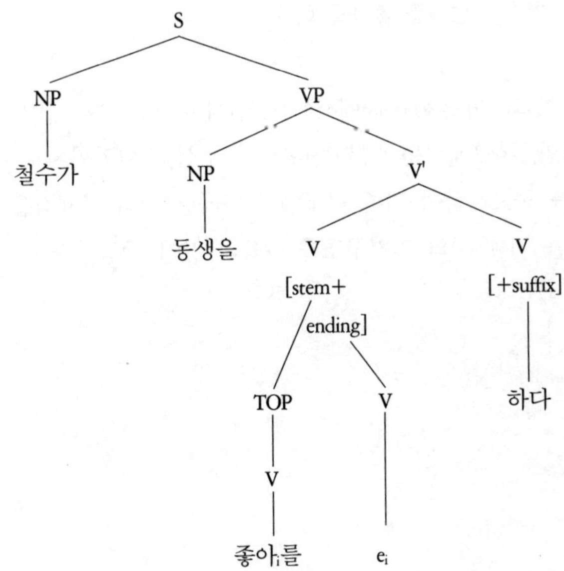
S
NP
VP
철수가
NP
V'
동생을
V
V
[stem+
ending]
[+suffix]
TOP
V
하다
V
좋아ᵢ를
eᵢ

이광호(1988)에서는 (31)의 '좋아를 하다'에서 '좋아'는 어근이 아니라 활용어미 '아'가 연결된 것이라고 하면서도, 활용어 '좋아'는 복합동사의 한 요소라고 하였다. 그렇다면 복합동사가 '을/를'에 의해 분리된다는 것인데, 이는 (17가)의 문제를 야기하는 한편, '통사규칙은 단어 내부구조에 영향을 끼칠 수 없다'라는 어휘론자 가설(Chomsky 1970)에도 어긋나는 것이다. 또한 (31)의 구조는 (22)에서 야기한 문제를 그대로 안고 있다. 더욱이 (31)에서는 동사 '좋아'가 대격 주제화를 받는데, 이는 '을/를'이 (격이든 주제화든) 형태론적으로 명사구에 접미된다는 점을 고려하지 않은 것이라 할 수 있다.

4.2 이제는 이러한 문제점을 야기하지 않는 설명을 모색할 차례이다. 논의의 편의를 위해 (3)의 문장을 다시 사용해 보자.

(3) 가. 철수가 **영희를 좋아한다.**
    나. 철수가 **영희를 좋아를 한다.**

임홍빈(1979)와 이광호(1988)에서는 (3가)에서 '을/를'을 삽입하여 (3나)를 유도했지만, 본고에서는 '공부하다'류의 구성과 마찬가지로 이들의 유기적 관계를 중요시하여 기존 연구에서 나타난 여러 문제점을 해결하고자 한다. 이를 위해 (3)의 기저구조를 다음과 같이 상정한다.

(32)

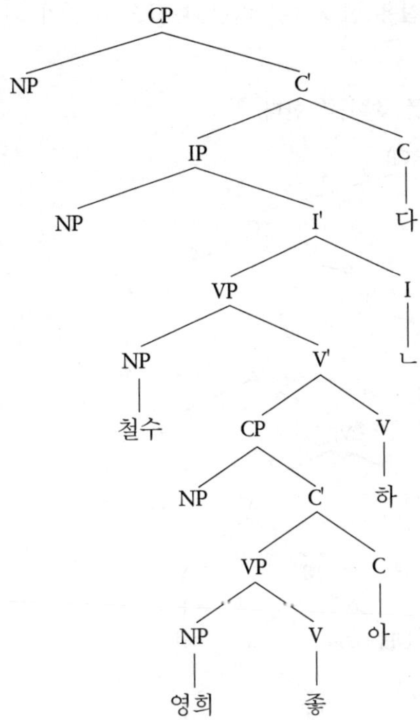

(32)의 구조에서 내포문의 동사 '좋'은 자동사이므로 보어가 필요 없으며, 보문자 '아'는 시제요소를 허가하지 않는 특성을 가지므로[19] I는 상정될 수 없다. 따라서 명사구 '영희'는 '좋'에 의해 의미역을 받지만 격을 받지 못해 격을 받기 위해 이동하여야 한다. 만약 '영희'를 동사구 밖에 상정하면 '하' 의 논항구조가 달라지므로 이는 불가능하다.[20] (32)의 구조에서

---

19) 만약 (32)에서 내포문에 주격을 상정하면 비문이 된다.

(가) *철수가 {영희가, 꽃이} 좋아 한다.

(가)에서 내포문의 IP는 허가되지 못하며 이는 보문자 '아'의 특성이라 할 수 있다. 한정한(1993)에서는 이러한 구문을 국어의 소절(small clause)로 설정한 바 있다.

20) 우리는 (6)에서 '하'의 논항구조를 다음과 같이 상정했었다.

(가) 하(다) : [A [T]]

그러나 (32)에서 '영희'를 동사구 밖에 상정하면 '하'의 논항구조는 다음과 같이 된다.

(나) 하(다) : [A [T [T]]]

'하'가 보어에 목적격자질을 할당하면 다음과 같은 구조가 된다.

(33) 가. 철수가 [[영희]를 좋아]를 한다.

나.

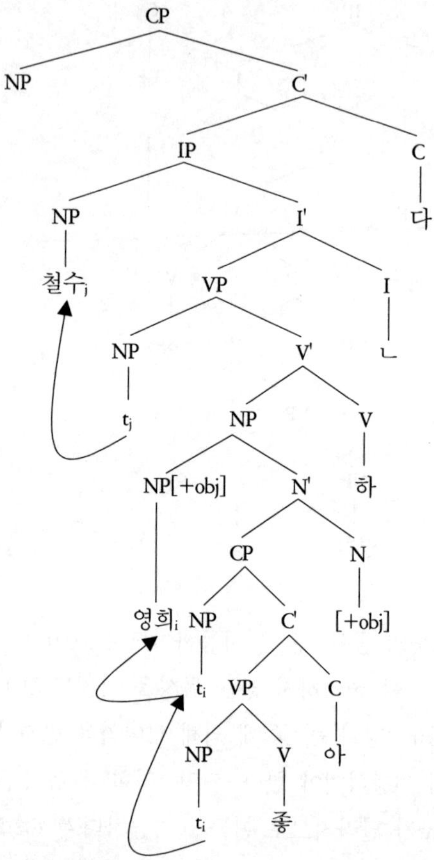

(33)에서 동사 '하'에 의해 보어에 배당된 목적격 자질은 명사구를 만들며 이때 '영희'는 격을 받기 위해 CP의 지정어 자리를 거쳐 격자질의 지정어

즉 타동사 '하'는 (가)(나)와 같이 두 개의 다른 동사로 분리되어야 하는 문제가 생긴다.

자리로 이동한다. 그리고 지정어-핵 일치 현상에 의해 '영희'는 격을 받게 된다.

한편 (32)의 구조에서 핵 이동이 먼저 일어나면 '좋아하다'라는 복합동사가 형성된다.

(34) 가. 철수가 [영희]를 좋아한다.

나.

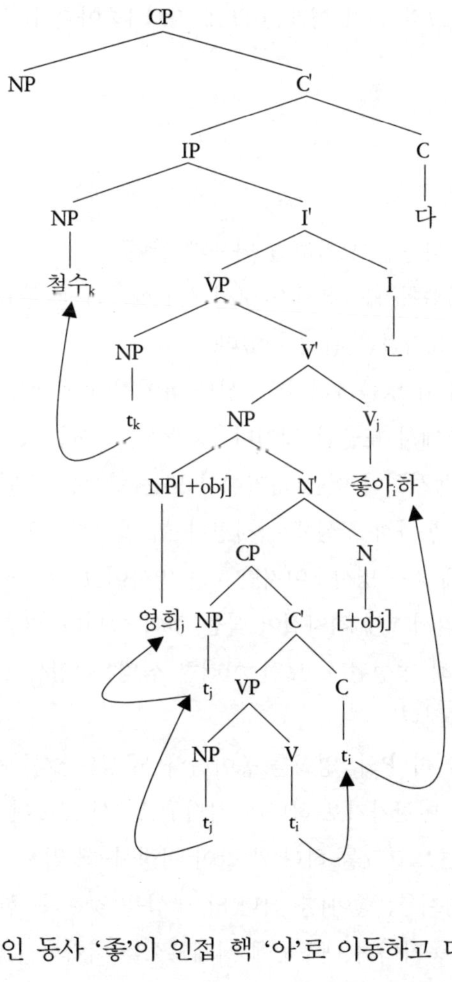

(34)에서 핵인 동사 '좋'이 인접 핵 '아'로 이동하고 다시 인접 핵 '하'로

이동하면 [[[좋]아]하]가 형성된다. 그리고 새로 형성된 동사 [[[좋]아]하]는 그 보어에 목적격 자질을 배당한다. 이때 VP의 지정어에 있던 '영희'는 명사구의 지정어 자리로 이동하여 지정어-핵 일치 현상에 의해 격을 배당 받게 된다.

또한 (34)에서 핵 이동에 의해 형성된 [[[좋]아]하]는 인접한 핵으로 연속 순환 이동이 가능하고 따라서 [[[[좋]아]하]ㄴ]을 거쳐 [[[[[좋]아]하]ㄴ]다]가 형성된다. 그리고 이 형태는 PF에 가서 [좋아한다]로 실현된다.

5. 결론

이제까지 논의한 내용을 요약하면 다음과 같다.

1) 'X하다'류의 복합동사는 통사적 구성에서 핵 이동을 통해 형성된다. 'X를 하다' 구성과 유기적인 관계가 있다.

2) 'X를 Y를 하다'와 'X를 Y하다' 구성도 유기적인 관계에 있다. 이들은 하나의 기저구조에서 도출된 것이다. 'X를 Y를 하다' 구성은 기존의 연구, 즉 동사구의 동사화나 어근 분리현상 또는 복합동사 분리현상으로는 설명될 수 없고, 통사적 구성에서 지정어-핵 일치현상으로 설명이 가능하다. 그리고 이때 X는 명사구이지만 Y는 명사이고 그 구조는 '[[X]를 Y]를 하다'이다. 따라서 Y에 격자질이 붙는 것이 아니다. 'X를 Y하다' 구성은 핵 이동을 통해 형성된다. 또한 이러한 설명은 '명사구+수량사'의 구성에도 확대 가능하다.

3) '영희를 좋아를 하다'와 '영희를 좋아하다' 구성도 'X를 Y를 하다'와 'X를 Y하다' 구성과 마찬가지로 하나의 기저구조에서 도출된 것이다. '영희를 좋아를 하다'는 'X를 Y를 하다'와 같이 지정어-핵 일치 현상에 의해 격이 배당되며 '[[영희를] 좋아]를 하다'의 구성을 갖는다. 한편 '좋아하다'류에서 '아'는 보문자이며 내포문에 시제요소를 허가하지 않으므로 IP

가 허가되지 않은 소절구성을 만든다.

이상에서 간략히 '공부하다/공부를 하다', '좋아하다/좋아를 하다' 구성이 유기적 관계에 있으며 하나의 기저구조에서 도출이 가능함을 고찰하였다. 그러나 본고가 도출과정을 명시적으로 보여주는 데에 초점을 두었기 때문에 형태론적 고찰이나 통사론적 제약 부분은 자연히 소홀할 수밖에 없었고 지정어-핵 일치 현상에 대한 전반적인 고찰도 이루어지지 못했다. 이에 대한 자세한 논의는 후고를 기약하면서 본 주제에 대한 보다 심도 있는 연구를 기대해 본다.

‖ 참고 문헌 ‖

강영세. 1986. *Korean Syntax and Universal Grammar*, Harvard University 박사학위논문

고재설. 1987. 「국어의 합성동사에 대한 연구」, 서강대 석사학위논문.

고창수. 1992. 「고대국어의 구조격 연구」, 고려대 박사학위논문.

고창수·시정곤. 1991. "목적어 있는 피동문", 「주시경학보」 7.

김영석·이상억. 1992. 「현대 형태론」, 학연사.

김영희. 1986ㄱ. "복합명사구, 복합동사구, 그리고 겹목적어", 「한글」 193.

김영희. 1986ㄴ. "한국어의 머리 성분 위치 제약과 겹목적어", 「언어논총」(계명대) 4.

김창섭. 1981. "현대 국어의 복합동사 연구", 「국어연구」 47.

김창섭. 1992. "국어 파생어에 대한 통사론적 해석", 국어학회 제19회 공동연구회 발표요지.

박병수. 1981. On the Double Object Construction in Korean, 「언어」 6-1.

박승빈. 1935. "조선어학", 「역대문법대계」 1-50.

서정수. 1975. 「동사 '하-'의 문법」, 형설출판사.

서정수. 1991. 「현대 한국어 문법 연구의 개관」, 한국문화사.

성광수. 1974. "국어 주어 및 목적어의 중출 현상에 대하여", 「문법연구」 1.

성광수. 1981. "타동사 목적어와 중목적어", 「어문논집」 22.

성광수. 1982. "국어 중목적어 구문에 대한 검토", 「조규설교수회갑논문집」.

성광수. 1990. "국어 중목적어구성에 대한 재검", 「한국어문교육」 4.

송석중. 1967. *Some Transformational Rules in Korean*, 인디애나대학 박사학위논문.

시정곤. 1990. "국어의 단어형성에 대한 관견", 「한국어학신연구」, 한신문화사.

시정곤. 1992ㄱ. "핵 이동과 단어형성", 1992 언어학회 겨울연구발표요지

시정곤. 1992ㄴ. "국어의 기능범주에 대하여", 「국어학연구백년사」 1, 일조각

시정곤. 1992ㄷ. "통사론의 형태정보와 핵 이동", 「국어학」 22.

시정곤. 1992ㄹ. "국어 논항구조의 성격에 대하여", 「한국어문교육」 6.

시정곤. 1993. "'이다'의 '-이'가 접사인 몇 가지 이유", 「주시경학보」 11.

안희돈. 1991. *LIGHT VERBS, VP-MOVEMENT, NEGATION AND CLAUSAL ARCHITECTURE IN KOREAN AND ENGLISH*, WISCONSIN대학 박사학위논문.

이관규. 1986. 「국어 보조동사 연구」, 고려대 석사학위논문.

이광호. 1988. "국어 격조사 을/를 의 연구", 「국어학총서」 12.

이정로. 1974. *Topics in Korean Syntax with Notes to Japanese*, 인디애나대학 박사학위논문, 연세대 출판부.

임홍빈. 1979. "용언의 어근분리 현상에 대하여", 「언어」 4-2.

최현배. 1955/1983. 「우리말본 열번째 고침」, 정음문화사.

한정한. 1993예정. "국어 시간 표현의 조응적 해석", 「언어」.

홍윤표. 1984. "현대국어의 후치사 {가지고}", 「동양학」 14.

Baker, M., 1988. *Incorporation:A Theory of Grammartical Function Changing*, The University of Chicago Press.

Chomsky, N., 1981. *Lectures on Government and Binding*, Foris Publication.

Chomsky, N., 1988. "Some Notes on Economy of Derivation and Representation", *MIT Working Papers in Lingustics 10*, MIT, Cambrige, Mass.

Pollock, J. Y., 1989. "Verb Movement, UG and the Structure of IP", *Linguistic Inquiry* 20.

Rizzi, L., 1989. *Relativized Minimalitiy*, The MIT Press, Cambridge, Mass.

Scalise, S., 1984. *Generative Morphology*, Derdrecht: Foris Publication.

(1994, 「국어학」 24)

국어의 기능범주에 대하여

1. 서론

GB이론이 등장하면서 통사론은 새로운 전기를 맞이하여 활발히 전개되었다. 이제까지의 변형규칙은 '알파-이동'이라는 하나의 규칙으로 단일화 되었으며, 구절구조규칙(Phrase Structure Rule)은 X'이론으로 대체된 것이 주된 특징이라 하겠다. 알파-이동이라는 규칙은 이동은 자유롭게 일어나는 대신, 그 이동에 제약을 가해 올바른 구조를 생성하자는 것이고, X'이론은 모든 범주들은 비슷한 방식으로 투사(Project)된다는 것으로 격이론이나 의미역이론과 같은 일반원리와 조합적으로 작용하여 D-구조를 생성한다는 것이다.

국어의 경우 이동규칙은 그리 일반적인 현상이 아니기 때문에 알파-이동에 대한 규칙과 이에 따른 제약에 대한 논의는 그리 활발하지는 않았다. 따라서 본고에서는 최근 GB이론에 입각한 국어 연구 중 구절구조의 문제를 기능범주를[1] 중심으로 하여 그 타당성을 검토해보고자 한다.

---

1) Chomsky(1970)에 따르면 문법의 기본어휘는 [+/-N], [+/-V]의 통사자질(syntactic features)을 가지고 있으며 어휘항목들은 이 자질에 의해 4개의 범주로 나누어 진다(명사 [+N, -V], 동사 [-N, +V], 형용사 [+N, +V], 전치사[-N, -V]). Chomsky(1986: 2)에서는 이러한 4개의 범주는 어휘범주가 되고 [+/-N], [+/-V]의 통사자질이 없는 COMP, INFL은 비어휘범주(non-lexical category)가 된다. 그러나 Fukui & Speas(1986: 129-130)에서는 COMP, INFL도 하나의 어휘항목으로서 어휘부에서 투사되므로 '비어휘범주' 대신 '기능범주(functional category)'라는 용어를 사용하고 있다.

즉, 국어에서는 문장(S)을 어떤 범주로 설정할 것이며 그 핵(Head)은 무엇인지, 영어의 INFL에 해당하는 것이 있는지, 또한 있다면 어떠한 범주로 나타내야 하는지에 대해 검토해 볼 것이며, 국어의 보문과 보문소를 재검토하여 어떠한 통사범주를 설정하는 것이 타당한 것인지에 대해서도 살펴보기로 하겠다.

2. 국어의 文

文(또는 문장)에 대한 정의는 200여종에 이를 만큼 구구하다는 Fries의 말에서 알 수 있듯이 그 정의를 내리기란 결코 쉬운 일이 아니다.[2] 그러나 文에 대한 정의를 잠정적이나마 가정하지 않고는 국어의 구절구조를 형성할 수 없음은 자명한 일이다. 따라서 이 장에서는 국어의 文의 성격을 잠정적으로나마 규정하고 이에 따라 국어의 통사범주를 설정하고 과연 국어의 문의 핵(Head)은 무엇인가에 대해 고찰하고자 한다.

김민수(1983: 131-132)에서는 "文은 언어행위의 기본단위로서 단순한 단어나 단어결합이 아니라 반드시 서술작용을 갖고 있다."고 정의하면서 국어에 필수적으로 갖추어야할 서술작용은 시칭, 겸칭, 서법을 들고 있다.[3] 이를 표로 보이면 다음과 같다(김민수 1971: 64-69).

---

2) Jespersen(1924)에서는 文의 정의를 "전달의 단위"라고 했으며, 그 후 Bloomfield(1933: 170)에서는 文은 "독립한 하나의 언어형태이며, 어떠한 문법적 구조에 의해서도 다른 더 큰 언어형태에 포함되지 않는다."고 했다. "When a linguistic form occurs as part of a larger form, it is said to be in included position; otherwise it is said to be in absolute position and to constitute a sentence." 또한 Hockett(1958: 199)에서도 Bloomfield(1933)의 견해를 그대로 수용하고 있다. "A sentence is a grammatical form which is not in construction with any other grammatical form: a constitute which is not a constituent."

3) 서술작용은 서술의 내용을 현실과 연결시켜서 표현한다는 뜻이며, 현실과 연결시킨다는 말은 객체의 표현인 서술내용을 주체의 표현인 서술양식에 의하여 가부간 낙착짓는다는 뜻이다(김민수 1983: 132).

가. 소가 풀을 먹 고 있지 않았느냐?
서술내용(사리) 서술양식

(1) <서술내용> <서술양식>

		(1)시칭		(2)서법	(3)겸칭
		는(현재)		다(평서)	다(해라)
		겠(미래)		냐(의문)	어(해)
		었(과거)		…	네(하게)
소가 풀을 먹	+	…	+	(2')법성	…
				어야 한다(당위)	
				지 않는다(부정)	
				…	

(1)에서 서술내용은 객체의 사실을 나타내는 명제이고 서술양식은 주체의 표현을 나타낸다. 이러한 관점에서 볼 때 국어 문장 S는 객체의 사실을 나타내는 명제와 주체의 표현을 나타내는 양식으로 구성된다고 할 수 있다.

그렇다면 국어에서 명제와 양식에 해당하는 통사범주는 무엇일까? 문장을 S(Sentence)라고 할 때 명제는 P(Proposition), 양식은 M(Mode)라 가정해 보자. 이때 명제 P의 핵(Head)은 과연 무엇인가. 술어논리(predicate logic)에서 명제는 술어와 (개체)변항((individual)variable)로 이루어지는데, 예를 들면 Fx는 'x는 F이다.', Gxy는 'x는 y에 대해서 G관계에 있다.', Qxyz는 'x, y, z는 서로 Q의 관계에 있다.'는 것을 나타낸다.

여기서 술어와 변항을 다음과 같이 정해주면, 즉 예를 들어 F는 '학생이다', G는 '좋아한다', Q는 '주다' 등을 의미한다고 할때, F('학생이다')와 같이 하나의 변항에 관해서 말하는 술어를 1항(one-place)술어, G('좋아한다')와 같이 두 개의 변항을 갖는 술어를 2항(two-place)술어, Q('주다')와

나. 소가 풀을 먹(1) 고(2) 있 지(3) 않 았(4) 느(5) 냐?(6)

'나'에서 2는 서상(계속), 3은 부정(자의), 4는 시칭(과거), 5는 겸칭(해라), 6은 서법(질문)을 나타낸다.

같이 세 개의 변항을 갖는 술어를 3항(three-place)술어라 한다.

이처럼 명제에서는 술어가 중심임을 알 수 있다. 이러한 사실은 생성 문법에서도 그대로 반영되고 있는데 어휘부에서 동사의 역할이 바로 그것이다. 어휘부에서 모든 동사는 각각 하위범주를 가지고 있다.

(2) 좋다 <   > (Θ)
　　먹다 < NP ___ > (Θ1, Θ2)
　　주다 < NP, NP ___ > (Θ1, Θ2, Θ3)

(2)에서 동사의 하위범주는 D-구조에서 X'이론으로 구절구조를 생성한다. 또한 의미역이론(Θ-theory)에 의해 동사는 그 보어가 되는 모든 명사구와 절에 의미역을 부여하게 된다. 그리고 확대투사원리(Extended Projection Principle)에 의해 모든 문장에는 주어가 있어야 하므로 주어의 의미역도 결국 동사에 의해 부여된다.[4]

이상에서 우리는 명제는 술어, 즉 동사가 그 중심이 된다는 것을 알 수 있었다. 따라서 명제 P의 중심, 즉 핵은 동사 V라고 결론지을 수 있으며 P는 동사 V의 최대투사(maximal projection)인 V"이다.

한편 (1)에서 명제에 해당하는 '소가 풀을 먹' 중에서 '-가, -을'은 격표지를 나타내는데 이 격표지는 서술양식과는 관계없이 명제 안에서 이루어지는 것으로 가정할 수 있다. 만약 이것이 옳다면 국어의 격부여는 영어와는 다르게 실행될 것이다. 영어에서는 INFL(AGR)이 주격을 부여하지만 국어에서는 V와 SPEC/VP의 관계 속에서 주격이 실현되는 것으로 가정하자.[5]

---

4) 의미역 부여에는 내적(internal) 의미역 부여와 외적(external) 의미역 부여가 있는데 주어의 의미역은 후자에 의해서 부여된다.

5) 한학성(1987: 45-52)에서는 SPEC-Head 일치(Agreement)에 의해 주격이 실현된다고 한다. 따라서 SPEC/IP자리에 I(AGR)가 주격을 부여한다. 격문제가 본고의 범위를 넘어선 것이나 본고에서는 잠정적이나마 다음과 같이 가정해 보고자 한다. 국어에서는 주격은

다음으로 양식의 통사범주에 대해 알아보자. (1)에서 서술양식은 시칭과 서법, 겸칭으로 세분되는데 서법과 겸칭은 둘다 하나의 형태 안에 나타나는 것이므로 하나의 범주로 묶을 수 있다. 따라서 시칭은 T(Tense), 서법과 겸칭은 M(Modality)으로 나타내기로 하자. 이와 같이 가정할 때 문장 S는 P-T-M으로 되고 다시 P를 V"로 대체하면 S는 V"-T-M으로 된다.[6]

3. 국어의 보문과 보문소에 대하여

국어의 보문과 보문소에 대한 연구는 변형생성문법이 국내에 도입된 이래로 많은 논란이 있어 왔다. 대략 그 내용을 살펴보면 보문소의 의미 유무,[7] 보문소의 도출문제,[8] 보문의 통사적 성격, 그리고 보문소의 범위

SPEC/VP자리에서 실현되는데, 이때 이 자리와 V와의 일치([+/-존대])에 의해서 주격이 실현된다.

6) 이와 비슷한 논의는 양인석(1972: 1-31)에서도 보이는데 여기서 구절구조규칙은 다음과 같다.

```
S → P (PreM) M (Conj)          P → (A)(E)(I)(O)(SO)(G)(L)(T)(CO) V
PreM → (Adv)(Neg)(Hon)         M → Tns (kess) SL- Md - S-type
Tns → F                        SL → Autho
      P                             Fol
      Past(Past)                    Fal
                                    Inti(1)
                                    Inti(2)
                                    Plain(=Neut)
Md → Indi                      S-type → Stat
     Retro                              Ques
     Acti                               Comm
                                        Sugg
```

7) 보문소가 의미를 지니고 있는가에 대한 논란이 많았는데 대표적인 주장들을 열거해 보면 다음과 같다(자세한 내용은 조일영(1984) 참조).
의미가 있다는 주장: 양인석(1972), 남기심(1973), 박병수(1974), 천기석(1975), 성낙수(1976), 권재일(1977), 임홍빈(1983), 조일영(1984)
의미가 없다는 주장: 이홍배(1970), 염선모(1975), 양동휘(1976), 홍종선(1986)

8) 변형문법초기부터 보문소가 기저에 생성되는가 아니면 변형으로 도출되는가에 대한

문제 등이다.

먼저 보문의 정의를 보면 조일영(1984: 5)에서는 다음과 같이 정의하고 있다.

(3) 어떤 문이 그 문의 성분으로 또 하나의 문을 내포하고 있을 때 그 내포된 문을 보문, 그 보문을 내포하고 있는 문을 주문(主文) 또는 상위문이라고 한다.

(3)의 정의에 입각한 구절구조는 다음과 같다.

(4) $[[\ S2\ ]\ Comp\ ]_{CP}]_{S1}$

(4)에서 S2는 보문을, Comp는 보문소, 그리고 s1은 상위문을 각각 나타낸다. (4)에서 보문 S2가 하나의 문장이라면 (1)에 나타난 명제와 서술양식을 가져야 한다.

(5) 가. [내가 읽은] 책은 참 재미 있더라.
나. [네가 책을 읽은] 사실이 놀랍다.
다. 오늘은 누구나 [봄이 돌아왔음]을 느끼겠다.
라. 누구나 [봄이 돌아오기]를 기다리고 있다.
마. 철수는 [영희가 학교에 갔다]고 말했다.

이러한 가정에 따른다면 (5)에서 '가-라'는 모두 보문을 갖지 못한다. 왜냐하면 서술양식이 결여되어 있기 때문이다. 단지 (5마)만 보문을 갖고 있다

주장이 엇갈렸는데 이것은 보문소의 의미유무와 밀접한 관련을 가지고 있다. 즉, 보문소가 의미가 있다고 주장하는 학자들은 당연히 보문소는 기저에 생성되어야 한다고 주장하였고, 반면에 보문소가 의미가 없다고 주장하는 학자들은 변형과정에서 보문소가 도출되는 것으로 보고 있다.

고 해야할 것이다. 그러나 많은 논저에서 (5)의 예는 모두 보문(혹은 내포문)으로 처리되고 있다. 남기심(1973: 11-12)에서는 보문을 완형보문과 불구보문으로 나누고 있는데 그 차이는 전자는 보문이 문의 요소를 모두 갖춘 것이고, 후자는 문의 요소 중 시칭과 종결어미를 결여한 것을 말한다.

남기심(1973)의 견해를 따른다면 보문의 구성요소는 일반적인 문의 정의에 나타난 구성요소와는 조금은 다르게 설정될 필요가 있다.[9)]

(6) 일반적인 문은 V"-T-M의 요소가 필수적이지만 보문은 시칭 T나 서법 M의 경우 반드시 필수적인 것은 아니다.

(6)의 정의에 따르면 (5)의 예는 모두 보문이 된다. 이러한 보문의 정의에 따라 우리는 보문과 상위문과의 관계를 나타내는 보문소를 설정할 수가 있는데 (5)에서 '은, 음, 기, 고'가 보문소로 설정될 수 있다.

그러나 '은, 음, 기, 고' 중에서 '음, 기'는 나머지와는 다른 성질을 띠고 있는 것 같다. '은, 고'가 보문을 상위문의 중심어와 연결 시켜주는 기능을 한다면 '음, 기'는 보문을 명사화 시켜 상위동사의 목적어로 기능케 하는 역할을 하고 있다. 여기서 보문화와 명사화를 분리시킬 필요성이 제기된다. 따라서 (4)를 다음과 같이 수정하기로 한다.

(7) …[[[S] COMP $]_{CP}$ head word $]]_{S}$

(7)에서 보문은 상위문의 중심어와 연결이 되고 그 연결은 보문소가 맡게 된다.

명사화는 이익섭・임홍빈(1983)에서 언급했듯이 기저의 한 문장이 보

---

9) 남기심(1973)에서는 불구보문도 심층구조에서는 완형보문이었다가 변형으로 시칭과 종결어미가 제거되는 것으로 보고 있으나, 본고에서는 GB의 관점에 입각하여 변형으로 인한 도출방식은 취하지 않을 것이며 따라서 탈락이나 삭제는 없고 D-구조에 불구보문을 그대로 설정하는 방식을 취할 것이다.

다 큰 문장 속에서 명사 혹은 명사구와 동일한 통사적 기능을 수행하게 되는 문법적 절차로서 '음, 기'는 문장을 명사화 구문으로 만드는 명사화소이다.

이러한 견해는 홍종선(1986: 5-15)에서도 나타나는데 여기서는 명사화 대신 체언화라는 개념을 사용하고 있다.

(8) 가. 그가 학교에 간 것은 모두 밝혀졌다.[(홍종선 1986: 12) 참조]

나. 그가 학교에 간 사실은 곧 밝혀졌다.

다. 그가 학교에 갔는 지는 곧 밝혀졌다.

(9) 가. 그가 학교에 갔음은 곧 밝혀졌다.

나. 그가 학교에 가기는 어렵다.

홍종선(1990)에서는 (8)을 보문화, (9)를 체언화로 정의하였는데, (8)에서는 '그가 학교에 가-'가 다음에 오는 머리명사(head noun) '것, 사실, 지'에 관형적으로 작용하는 통사구조를 갖는 반면, (9)에서는 동일한 내포문 '그가 학교에 가-'는 그 자체가 체언화어미를 취하여 체언기능을 나타내고 있다고 하였다.

따라서 본고에서는 '음, 기'는 명사화접미사로 처리하고[10] 국어의 보문소는 다음과 같이 설정하고자 한다.[11]

---

10) 단어형성규칙은 어휘부안에서만 일어나는 것이 아니고 통사부에서도 일어나는데 그 조건은 어휘부에서나 통사부에서 같고 다만 대상의 범주만이 단어에서 구 또는 절로 확대된 것이다. 명사화접사를 예로 보이면 다음과 같다.

$[\ [\ X\ ]\alpha\ +\ \mathrm{SUF}\beta\ ]\beta$

위의 규칙에서 α가 어떤 범주든(단어, 구, 절) SUFβ에 의해 β범주로 된다(자세한 내용은 고창수・시정곤(1991) 참조).

11) 임홍빈(1987: 36)에서는 국어의 보문소를 다음과 같이 4가지로 설정하고 있다.

국어의 보문자 범렬

가. 문종결 보문자: -다, -라, -(느)냐, (은)가, 군 등

나. 명사화 보문자: 음, 기

다. 부사화 보문자: 아/어, 게, 지, 고, -(으)면, (으)러 등

라. 관형화 보문자: -은, -을 등

(10) 국어의 보문소

완형보문소 - (라)고

불구보문소 - 은, 는, 을

다음으로는 보문과 보문소의 통사범주를 어떻게 설정할 것인가에 대해 알아보자.

(11) 가. 철수는 [순이가 갔**다**고]$_{CP}$ 했다.

나. 철수는 순이에게[e_i 가**라**고]$_{CP}$ 했다.

다. 철수는 [순이가 갔느**냐**고]$_{CP}$ 했다.

(11)의 '다, 라, 냐' 등에 대해서는 크게 두 가지 견해로 나뉜다. 하나는 우리가 이미 앞에서 언급한 것처럼 서법을 나타내는 요소라고 하는 견해로 Whitman(1989)과 안희돈과 윤항진(1989)에서도[12] MP를 설정하고 이 요소

그러나 본고의 관점에서 살펴보면 '가'는 서법을 나타내는 문장의 요소이고, '나'는 명사화소, '다' 또한 홍종선(1986)에 따라 명사화소로 처리되고 '라'만이 보문소라 할 수 있다('다'를 명사화소(체언화어미)로 보는 구체적인 근거는 홍종선(1986)을 참조).

12) 안희돈과 윤항진(1989)와 윤종열(1990)은 Pollock(1989)에 입각하여 국어의 구절구조를 고찰하였는데 Pollock(1989: 379)에서는 영어와 불어의 동사인상의 차이를 밝히면서 다음과 같은 구절구조를 제안하고 있다.

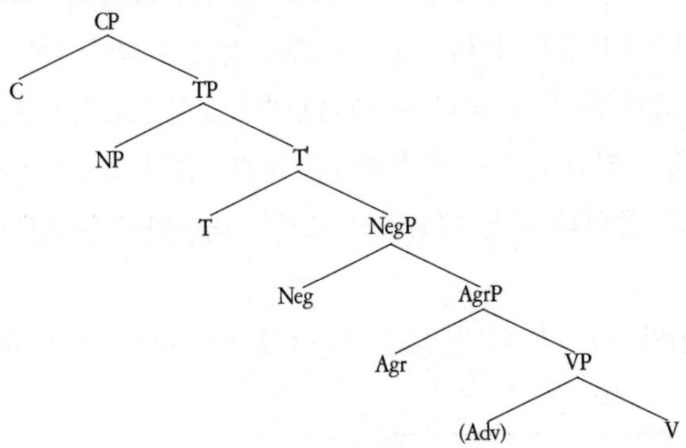

한편 Chomsky(1988)에서도 이 제안을 받아들이고 있다.

들을 M으로 보고 있다. 다른 하나는 임홍빈(1987)에서처럼 보문소라하여 C로 처리한 견해이다.13)

그렇다면 먼저 (11)의 '다, 라, 냐'를 C 라고 가정해보자. 이러한 가정은 보문소의 중첩이라는 문제점을 야기하는 것 같다. (11)에서 '다, 라, 냐'를 C로 처리할 경우 이들은 완형보문소 '고'와 함께 나타나 '다고, 라고, 느냐고' 등을 형성하게 되어 보문소가 중첩하게 된다.

(12) [나는[vp[s'[s[np e 집에 가]comp-다]] [comp- 고]][v 싶-]][comp-다]]

임홍빈(1987: 36-39)에서는 국어에는 일반적으로 하나의 보문소가 나타난다고 하면서 (12)에서와 같이 보문소의 중첩을 예외적인 조건으로 처리하고 있다. 만약 (11)에서 '다, 라, 냐'가 보문소라면 '다, 라, 냐'는 보문을 상위문에 연결시켜주는 기능을 하게 된다. 그렇다면 또 하나의 보문소 '고'의 기능은 무엇일까. 또한 보문소가 중첩하면 두 개의 CP가 설정되고 따라서 CP의 지정어인 SPEC/CP의 자리가 두 개가 생기는데 그 자리를 어떻게 해석할 것인가라는 문제가 야기된다.

X'이론에 입각하여 볼 때 X라는 하나의 통사범주를 설정하면 반드시 X"로 투사되는데 이때 X"로의 투사는 단순히 이루어지는 것이 아니라 SPEC/X" 자리의 필요성에 기인하는 것이다. 따라서 CP가 두 개 설정되면 SPEC/CP 자리도 반드시 어떠한 역할을 해야 하므로 국어에서는 두 개의 CP설정은 무리가 아닐 수 없다. 결국 (12)에서 보문소로 '고'만을 인정해야 할 것이다. 이러한 견해를 인정한다면 문법기술의 효율성이라는 점에서도 보문소의 중첩과 같은 예외적인 조건을 허용하지 않으므로 만족스럽다 하겠다.

따라서 (11)의 '다, 라, 냐'는 M, '고'는 C로 설정하는 것이 바람직하다.

---

13) 최현숙(1985), 강영세(1986), 한학성(1987), 강명윤(1987)에서도 같은 견해를 볼 수 있다.

이제 통사범주 M(Modal)과 C(Comp)에 대해서 좀더 구체적으로 살펴보자.

(13) 가. 철수가 밥을 먹었다.

나. 철수가 밥을 먹었지.

다. 철수가 밥을 먹었니?

라. 철수가 밥을 먹었군.

(13)에서 '-다, -지, -니, -군' 등은 서법을 나타내는 형태로서 M으로 처리할 수 있다. 그렇다면 국어의 문장은 MP가 될 것이고 이것은 김민수(1983)과 Bloomfield(1933)의 정의에도 부합된다. 한편 (6)의 정의에 따라 T와 M은 상위문에서는 항상 나타나지만 내포문에서는 나타나지 않을 수도 있다. 따라서 (11)과 같은 내포문에서는 T, M이 요구되만 (8)과 같은 내포문에서는 반드시 요구되는 것은 아니다.

이와 유사한 논의는 Whitman(1989)와 안희돈과 윤항진(1989)에서도 나타나는데, 전자는 상위문에서는 SPEC/CP가 주제어(Topic) 자리로,[14] 내포문에서는 SPEC/MP를 주제어 자리로 설정하고 있어 흥미를 끈다.

(14) 가. [가을{이/*은} 오는 소리가]$_{NP}$ 들린다.

나. [너의 주장{이/*은} 옳았음을]$_{NP}$ 우리는 나중에야 깨달았다.

다. [겨울{이/*은} 오면]$_{CP}$ 봄이 멀지 않았다.

(14)에서는 두 가지 사실이 우리의 주목을 끄는데, 첫째는 서법형태소들은 관계절이나 복합명사구안에서는 나타나지 않는다는 것이다. 둘째는 주제소들은 내포문에 나타나지 않는다는 것이다. (14)에서 서법형태소가 없는 내포문에서는 주제(Topic)표지 '은'이 올 수 없는데, 이것은 주제와

14) Whitman(1989)에서는 한국어를 전형적인 CP Topic 구문으로 인식하고 있다.

서법형태소가 어떠한 관련이 있다는 것을 암시하고 있는 것 같다.

또한 (14)에서 내포문 안에 '이'는 올 수 있으나 '은'은 올 수 없는데 이 것은 중요한 사실을 입증해주고 있다. (14가, 다)에서 내포문에 서법형태소(또는 시칭형태소)들이 없음에도 불구하고 주격이 부여되어 표지 '이'가 나타나는데, 이것은 국어의 격부여에는 서법형태소나 시칭형태소가 관여되지 않는다는 것을 말해주고 있다.

Whitman(1989: 349)에서는 주격부여를 시제소 T가 SPEC/TP 자리에 부여하는 것이라 하고 있으나 (14가, 다)에서 알 수 있듯이 주격실현과 시제, 서법은 관련이 없다. 앞에서 우리는 국어의 주격은 동사 V와 SPEC/VP의 일치(Agreement)로 실현된다고 한 바 있다.[15)]

주제어와 서법과의 관계는 다음의 예에서도 잘 나타나고 있다.

(15) 가. 나는 [철수{가/는} 학교에 갔다]고 생각했다.
     나. 나는 [철수{가/*는} 학교에 간] 사실을 몰랐다.
     다. 나는 [철수{가/*는} 학교에 갔음]을 알았다.
         나는 [철수{가/*는} 학교에 가기]를 싫어한다]고 생각한다.
         철수는[e_i 학교에 가기]를 싫어한다.

(15가, 나)는 보문으로 각각 완형보문과 불구보문인데, 전자에서는 서법형태소가 있어 주제화가 가능하지만 후자에서는 불가능하다. (15다)는 명사화 구문인데 여기서도 서법형태소의 부재로 주제화가 불가능하다는 것을 알 수 있다. 따라서 보문에서도 상위문과 같이 주제어를 SPEC/MP에 설정

15) 안희돈과 윤항진(1989: 81-82), 윤종열(1990)에서는 AGRs(-시)가 SPEC/AGRsP의 명사구에게 주격을 부여한다.
    가. 존은 [선생님이 천재이시라]고 믿는다.
    나. 존은 [선생님을 천재이라]고 믿는다.
따라서 '가'는 일치소 '-시'가 있으므로 주격을 받고, '나'는 '-시'가 없어 주격을 받지 못해 격을 받기 위해 SPEC/CP자리로 이동한다고 보았다. 그러나 (14)(15)(16)에서 알 수 있듯이 주격은 '-시'의 존재 여부와는 관계가 없다.

하는 것이 타당하다.

그렇다면 보문에서 SPEC/CP 자리는 어떠한 역할을 하는가. Whitman (1989)와 안희돈과 윤항진(1989)에서는 이 자리를 주어-목적어인상자리(예외적 격표시자리: ECM)로 설정하고 있다. 이를 검토하기 위해 먼저 다음의 예를 검토해 보자.

(16) 가. *나는 [철수$_i$를 [e_i 학교에 갔다]고] 생각했다.
　나. *나는 [철수$_i$를 [e_i 학교에 가]ㄴ] 사실을 몰랐다.
　다. *나는 [철수$_i$를 [e_i 학교에 갔]음]을 알았다.
　　*나는 [철수$_i$를 [e_i 학교에 가]기]를 싫어한다]고 생각한다.
　　*[철수$_i$를 [e_i 학교에 가]기]를 싫어한다.
　라. 나는 [영희{가/는} 학생이라]고 생각한다.
　　나는 [영희$_i$를 [e_i 학생이라]고] 생각한다.
　마. 나는 [영희{가/는} 예쁘다]고 생각한다.
　　나는 [영희$_i$를 [e_i 예쁘다]고] 생각한다.

(16)에서 '가, 나, 다'는 내포문에서 주어-목적어 인상이 일어나지 못함을 보여주고 있으며, '라, 마'는 완형보문 중에서도 서술어가 계사와 형용사일 때만 인상이 가능하다는 것을 보여주고 있다.

예외적격표시(ECM)현상은 영어의 경우 명사구가 주격을 받지 못하기 때문에 인상해서(CP삭제에 의해) 목적어를 받는 것이다. 만약 격을 받을 수 있다면 인상할 이유가 없다. (16가, 나, 다)에서는 '철수'가 인상하지 않아도 격을 부여받을 수 있기 때문에 격저항 원리에 의해 비문이 된 것이다.

그러나 (16라, 마)에서는 '영희{가/는/를}'이 모두 올 수 있다. 만약 '라, 마'에서도 주어-목적어 인상이 일어난다고 하면 보문의 '영희'는 주격을 받지 않아야 한다. 이 가정이 옳다면 '라, 마'에서 '영희가'는 주격이 아니어야 한다. 이것은 보문에서 주어-목적어 인상이 왜 서술어가 계사나 형용사일 때만 일어나는가와도 관련이 있어 보인다.

(17) 가. 영희(가) 갔다.
영희(는) 숙제한다.
나. 영희??(는) 학생이다.
영희??(는) 예쁘다.

(17가, 나)는 문장에서 격표지나 주제표지가 생략된 예이다. (17)에서 '가' 보다는 '나'의 문장이 어색함을 알 수 있다. 이것은 계사나 형용사가 서술어일 때 선행명사구는 일반적으로 주제어가 된다는 사실을 입증해주고 있다.

따라서 (16라, 마)에서 '영희{가/는}'은 주제어가 되므로 '영희를'은 격을 받기 위해 SPEC/CP의 자리로 이동하는 것이다. 그러므로 보문에서 SPEC/CP의 자리는 주어-목적어 인상을 위한 자리라고 할 수 있다.

4. 결론

이제까지 피상적으로 국어의 기능범주를 중심으로 국어의 구절구조에 대하여 고찰해 보았다. 본론의 내용을 요약하는 것으로 결론에 대신한다.

1) 국어의 구절구조는 구절구조규칙의 단점들을 보완한 X'-이론에 입각하여 형성될 수 있는데, 문장 S는 명제 P와 서술양식 M으로 구성되는데 이때 P의 핵(Head)은 V이고 V의 최대투사 V"가 명제 P가 된다.

2) 국어의 INFL 설정에 대해서는 INFL 속에 시제, 서법의 범주를 함께 넣는다는 것은 문제가 있으며, INFL은 M, T로 구분하는 것이 바람직하다. 따라서 국어의 기능범주는 COMP, MODAL, TENSE이다.

3) 국어의 주제어는 SPEC/MP 자리에서 나타나고 주격은 SPEC/VP 자리에서 SPEC/VP와 V의 일치(Agreement)에 의해 실현되며 이때 AGR은 [+/-존대] 자질이다. 서법이 화자의 의도를 반영하는 것이므로 서법범주에 주제어가 오는 것은 국어에서는 보다 자연스러운 일이다.

4) 국어의 보문은 일반문과 그 구성요소에서 차이가 있으며 범주는 CP로 나타낸다. 그리고 보문에서 SPEC/CP 자리는 주어-목적어 인상을 위한 자리이다. 보문소의 경우 국어에서는 하나의 문장에 하나만 나타나는 것을 원칙으로 하며 그 종류로는 완형보문소(고)와 불구보문소(은, 는, 을)가 있다. 그리고 '음, 기'는 보문소가 아닌 명사화접미사이다.

GB이론을 위시한 오늘날의 통사론은 각각의 이론이 조합적으로 작용해 하나의 현상을 설명하고 있으므로 보다 다각적인 고찰이 요구되는 것은 너무도 당연한 일이다. 국어의 통사범주 설정 문제 또한 이러한 요구에 예외일 수는 없다. 본고는 이러한 요구에 대한 하나의 작은 시도에 불과하다. 이후에 보다 많은 연구를 기대해 본다.

‖ 참고 문헌 ‖

강명윤. 1990. "GB이론과 한국어 연구", 「주시경학보」 6.

강영세. 1986. *Korean Syntax and Universal Grammar*, Harvard University 박사학위논문.

고창수 · 시정곤. 1991. "목적어 있는 피동문", 「주시경학보」 7.

김민수. 1971. 「국어문법론」, 서울: 일조각.

김민수. 1983. 「신국어학」, 서울: 일조각.

김양순. 1988. *Licensing Principles and Phrase Structure*, University of Wisconsin 박사학위논문.

남기심. 1986. 「국어완형보문법연구」, 국어학총서 7.

안희돈과 윤항진. 1989. "Functional Categories in Korean", *Harvard Studies in Korean Linguistics* lll(Harvard WOKL 1989),

양인석. 1972. *KOREAN SYNTAX*, 서울: 백합출판사.

윤종열. 1990. *Korean Syntax and Generalized X-bar Theory*, University of Texas at Austin 박사학위논문.

리광호. 1988. 「국어 격조사 '을/를'의 연구」, 서울: 탑출판사.

이윤표. 1989. 「국어 공범주의 연구」, 고려대 박사학위논문.

임영재. 1984. *Case- Tropism: The Nature of Phrase and Clausal Case*, University of Waschington 박사학위논문.

임홍빈. 1987. 「국어 재귀사 연구」, 서울: 신구문화사.

임홍빈. 1989. "통사적 파생에 대하여", 「어학연구」 25-1.

조일영. 1986. "국어보문소연구-통사적의미를 중심으로-", 「한국어학연구」 7.

최현숙. 1988. *Restructuring Parameters and Complex Predicates-Trasfortational Approch*, MIT 박사학위논문.

한학성. 1987. *The Configurational Structure of the Korean Language*, University of Texas at Austin 박사학위논문.

홍종선. 1990. 「국어체언화문의 연구」, 고려대 민족문화연구소.

Bloomfield, L., 1933. *Language*, New York: Henry Holt and Co.

Chomsky, N., 1981. *Lectures on Government and Binding*, Foris Publication.

Chomsky, N., 1986. *Barriers*, The MIT Press, Cambrige, Mass.

Chomsky, N., 1988. "Some Notes on Economy of Derivation and Representation", *MIT Working Papers in Lingustics* 10, MIT, Cambrige, Mass.

Fukui, N. & M. Speas. 1986. "Specifiers and Projection", *MIT Working Papers in Lingustics* 8, MIT, Cambrige, Mass.

Pollock, J. Y., 1989. "Verb Movement, UG and the Structure of IP", *Linguistic Inquiry* 20.

Whitman, J., 1989. "Topic, Modality and IP Struture", *Harvard Studies in Korean Linguistics* lll (Harvard WOKL 1989), 한신출판사.

(1992, 「국어학연구백년사 1」, 일조각)

-(으)시-의 통사적 위치에 대하여

1. -(으)시-에 대한 대부분의 연구는 -(으)시-가 주체 존대의 기능을 한다는 것에 모아졌었다. 어떻게 보면 소모전의 양상을 띠었다 해도 과언이 아닐 것이다. 이는 중세국어 경어법의 체계를 밝히려는 수많은 논의와 관련이 있는데 자료면에서 중세국어가 대화체에 치우쳐 있기 때문에 중세국어의 통사적 연구는 자연히 등한시 할 수밖에 없었다. 이러한 경향은 현대국어의 -(으)시- 문제에도 영향을 미쳐 -(으)시-의 연구 또한 주체 존대설의 주위에서 맴돌았다고 할 수 있다.

그러나 최근 GB이론의 영향으로 통사론에 새로운 활기가 일기 시작하고 보편문법의 추구라는 대명제 아래 영어를 비롯한 인구어와 국어를 동일 선상에 놓고 바라보는 경향이 대두되고 있다. 여기에 -(으)시-의 처리 문제도 다양하게 등장하게 되었다. 따라서 본고에서는 이러한 견해들의 타당성을 검토해 보고 -(으)시-의 통사적 위상에 대해 진단해보고자 한다.

2. -(으)시-의 통사론적 처리 문제는 국어의 INFL 설정에 대한 문제와 밀접히 연관되어 논의 되어왔다. 논의들은 크게 세 가지로 압축되는데 첫째는 INFL을 영어와 같이 설정하고 INFL 안에 -(으)시-라는 일치소(이하 AGR)가 있다고 처리하는 것이며, 둘째는 INFL을 다른 범주로 분리하고 AGRP를 설정하여 -(으)시-를 AGR로 보는 것이고, 셋째는 INFL을 분리

하되 범주자체는 분리하지 않고 INFL(1), INFL(2), INFL(3)으로 구분하여 -(으)시-를 INFL(1)로 보는 견해이다.

먼저 AGR을 인정하고 있는 주장으로는 최현숙(1988), 강명윤(1988)로 INFL을 [+/-T, +/-AGR]로 설정하고 AGR의 요소로 '-(으)시-, -들-'을 설정하였다.[1] 최현숙(1988: 111-122)에서는 [+AGR]에 의해 INFL이 [-Tense]일 때도 격배당자가 된다고 하면서 [+AGR]의 요소로 -(으)시-를 설정하고 있다.

(1) 가. 아버지께서 집에 오시었다. [최현숙(1988) 참조]

나. *철수가 뉴욕에 가시었다.

또한 [+AGR] -(으)시-는 INFL[-Tense]을 격할당자로 만들어 주어의 지배자가 되는데 이러한 현상은 내포문에서도 입증된다고 한다[최현숙(1988) 참조].

(2) 가. [그림에 아이들이 흥미를 가지기란] 당연한 일이다.

나. [어머니들께서 요리에 흥미들을 가지시기란] 당연한 일이다.

(2가, 나)에서 INFL이 [-T]임에도 불구하고 내포문의 주격은 실현되어 있다. 이것은 [+AGR] -(으)시-가 있기 때문이라고 한다.

INFL 설정에는 차이가 있으나 안희돈과 윤항진(1989: 81-82), 윤종열(1990)에서도 -(으)시-가 AGRs로 설정되었으며 이 AGRs가 SPEC/AGRsP의 명사구에게 주격을 부여한다[안희돈과 윤항진(1989) 참조].

(3) 가. 존은 [선생님이 천재이시라]고 믿는다.

나. 존은 [선생님을 천재이라]고 믿는다.

---

1) '-들'에 대해서는 추후에 논할 것이며 본고에서는 제외한다.

따라서 (3가)는 일치소 -(으)시-가 있으므로 주격을 받고, (3나)는 -(으)시-가 없어 주격을 받지 못해 격을 받기 위해 SPEC/CP 자리로 이동한다고 보았다. 윤종열(1990)에서는 IP와 AGRP를 설정하고 -(으)시-인 AGR에 의해 SPEC/AGRP 자리가 주격을 받는다고 하여 -(으)시-의 문제를 안희돈과 윤항진(1989)와 같이 처리하였다.

그러나 -(으)시-가 없는 내포문에서도 주격은 실현된다.

(4) 가. [내가 읽은] 책은 참 재미있더라.
　　나. [네가 책을 읽은] 사실이 놀랍다.
　　다. 오늘은 누구나 [봄이 돌아왔음]을 느끼겠다.
　　라. 누구나 [봄이 돌아오기]를 기다리고 있다.
　　마. 철수는 [영희가 학교에 갔다]고 말했다.

(4가, 나, 마)는 보문을, (4다, 라)는 명사화 구문을 보인 것인데 이들에서 한눈에 알 수 있듯이 주격은 -(으)시-의 존재 여부와는 관계가 없다.

또한 -(으)시-와 주격과의 관계는 소위 이중주어 구성에서도 문제가 된다. 이때 이중주어를 인정하느냐 아니면 주제어를 설정해야 하느냐의 문제가 있으나[2)] 삼중주어 구문을 고려해 볼 때, 어느 것을 받아들인다고

2) 여기에서 문제가 되는 것은 문두에 오는 성분의 심층격 유무인데, 임홍빈(1985, 1986)에서는 소위 '심리동사' 구문에 대해 다음과 같이 언급하고 있다. 여기에서 문제는 문두 성분 '나는'이 '경험주(Experience)'라는 심층격을 가지고 있는가의 여부이다.

(1) 나는 음악이 좋다.
(2) [$_{TOP}$나는] [$_{NP}$음악이] 좋다.

(1)의 예에 대해 임홍빈(1985: 300)에서는 '나는', '음악이'는 주제어라고 하였으나 임홍빈(1986)에서는 (2)와 같은 구조를 상정하면서 문장 구조상 '나는'은 단지 주제에 불과한 것이며 '음악이'는 주어에 불과한 것이라고 주장을 바꾸었다. 즉, 문두에 오는 성분 '나는'은 심층격 역할을 하지 않기 때문에 서술어의 논항이 아니므로 주어가 아니며, 여기서 '나는'은 일반적인 주제가 아니라 상황관련 주제라고 언급하고 있다.

하여도 -(으)시-와 주격배당과의 관계는 재검토의 필요성을 불러일으키는 것이다.

(5) 가. 박선생님{한테는/이} 강아지가 있으셔.

나. 박선생님{은/이} 키가 크셔.

다. 박선생님{한테는/이} 그 모자가 어울리셔/맞으셔.

라. 할아버지{는/가} 이가 빠지셨어.

마. 할아버지가 담뱃대가 구멍이 나셨다.

(5)에서 -(으)시-는 선행성분인 '강아지, 키, 그 모자, 이, 구멍'을 존대하는

그리고 (2)의 해석으로 다음의 (3)(4)를 들고 있다.

(3) 나는 생각에 음악이 좋다.
(4) 나에게는 음악이 좋다.

(3)(4)에서 '에게'가 'X의 Y에'와 같은 해석을 가지고 있다는 점은 이숭녕(1956), 박양규(1971)에 의거하여 이미 임홍빈(1972, 1974)에서부터 주장하였다고 밝히고 있다. 그러나 필자의 견해로는 만약 '에게'가 'X의 Y에'와 같은 해석을 가진다면 '나의 생각에, 나의 느낌에, 나의 경험에…' 등은 '에게'로 해석될 수 있으며 따라서 (2)에서 '나는'은 '경험주'의 심층격을 당연히 가져야 하는 것이다. 그렇다면 이러한 심층격이 나타나서는 안 되는 이유는 무엇인가 하고 반문해 볼 수 있는데, 그 대답으로 임홍빈(1986)에서는 '나는'이 논항이라고 한다면 Fillmore(1968)에 상정된 '일문일격(一文一格)'의 원리에 의해 '경험주(Experience)'는 단 한번만 나타나야 하는 원리를 어기게 된다고 하였다.

(5) 나에게는 음악이 그 환자에게 좋다.

즉, (5)에서 '경험주'가 두 번 나타난다는 것이다. 그러나 (5)가 단일문이라면 필자는 (5)의 문장을 쉽게 정문으로 받아들일 수가 없다. 설령 상황을 고려해 정문으로 받아들인다 하더라도 (5)의 '나에게는'은 '나의 생각으로는' 또는 '내가 생각하기로는'으로 해석되므로 (5)의 문장은 단일문으로 볼 수가 없다. 따라서 (5)를 '일문일격(一文一格)'의 '일문(一文)'으로 볼 수는 없는 것이다. 주제화를 다루는 입장은 크게 화용론적인 해석과 통사론적인 해석이 있다. 만약 전자의 경우라면 주제화는 통사론에서는 배제해야 할 것이고 후자의 경우를 택해 통사구조에 주제어를 포함시킨다면 그 주제어에 해당하는 명사구(NP)는 당연히 논항이어야 하며, 서술어에 의해 심층격을 배당받아야 한다.

것이 아니라 문두에 오는 성분 '박선생님, 할아버지'를 존대하고 있음을 알 수 있다. 특히 (5마)는 삼중주어문이므로 -(으)시-가 주격을 배당한다는 주장에 대한 강력한 반례가 된다. 중세국어에서도 이러한 현상은 쉽게 찾아볼 수 있다.(밑줄은 필자)

(6) 가. 諸佛이 身相金色이 一切를 비취시며(법화경 언해 5-73)

나. 부텨마다 道ㅣ 근ᄒᆞ신 젼ᄎᆞ시니라(법화경 언해 5-105)

다. 아바님 病 重ᄒᆞ샤(월인석보 21-211)

라. 聖賢은 生이 겨시며, ᄯᅩ 滅이 겨샤ᄃᆡ, 滅이 眞空애 가시ᄂᆞ니(금강경 언해 후서 10)

마. 持經ᄒᆞ실 ᄯᆞᄅᆞ미 四行이 功이 이르시면 반ᄃᆞ기 效果ᄅᆞᆯ 이긔샬띠라(법화경 언해 5-72)

(6가, 나, 다, 라)에서 -(으)시-는 선행주어 '身相金色, 道, 病, 生, 滅'을 존대하는 것이 아니라 문두에 오는 성분(주어거나 주제어) '諸佛, 부텨, 아바님, 聖賢'을 존대하고 있다. 더욱이 (6마)는 삼중주어를 보이는데 여기서 -(으)시-는 선행주어 '四行, 功'을 존대하는 것이 아니라 문두성분인 '持經ᄒᆞ실 ᄯᆞᄅᆞᆷ'을 존대하고 있다.

따라서 만약 -(으)시-가 주격배당에 관여한다면 선행 명사구에 주격을 배당해야 하므로 -(으)시-는 선행 성분에 모두 주격을 배당해야 할 것이다. 문제는 문두에 오는 명사구가 주어냐 주제어냐가 아니라 -(으)시-가 선행 성분보다는 문두의 성분과 밀접한 관련을 보임에도 불구하고 과연 바로 선행하는 명사구에 주격을 배당할 수 있는가 하는 것과 주제어를 인정하더라도 삼중주어의 경우는 2개의 주격을 배당하여야 하는 모순에 부딪힘으로 -(으)시-가 반드시 주격을 배당한다는 가설은 포기되어야 할 것이다.

더욱이 하나의 문장 안에 존대할 대상이 있어도 -(으)시-가 반드시 나타나는 것은 아니다.

(7) 가. 선생님은 문을 열고/?여시고 들어 가셨다.
나. 선생님은 붉은 옷을 입고/?입으시고 춤을 추신다.
다. 선생님이 책을 읽고/??읽으시고 계시다.
라. 선생님{은/이} 날마다 도시락을 가지고/*가지시고 다니신다.
마. 선생님{이/은} 전차를 타고/*타시고 학교에 가신다.
바. 우리 선생님은 어려서/*어리셔서 공부만 하셨다.

위의 (7)에서 연결형태 '-고, -어서'는 앞뒤절을 연결하는 기능을 하는데 이때 앞뒤절은 모두 주어(또는 주체)가 존대할 대상인 '선생님'이다. 그러나 앞의 절은 -(으)시-가 올 수 없거나(7라, 마, 바), 오면 어색한 문장이 된다(7가, 나, 다). 이것은 존대할 대상과 -(으)시-가 반드시 연관되지는 않음을 보여주고 있다. 그리고 극단적인 경우 주어(또는 주체)가 존대할 대상일 때 -(으)시-가 나타나지 않는다 하더라도 비문이 되지는 않는다.

따라서 -(으)시-를 [+AGR]로 설정하기에는 문제가 있다. 국어에서 -(으)시-는 필수적으로 나타나는 요소는 결코 아니기 때문이다. 또한 영어에서 AGR은 [+N, -V]의 자질을 가져 PRO와 같은 속성을 보이지만 (Chomsky 1981: 52) 국어에서는 -(으)시-는 [-N, +V]의 자질을 가지고 있어 동사에 부착된다. 만약 -(으)시-가 [-N, +V]의 자질을 가지고 있지 않다면 '아버님은 산에 가시기를 좋아하신다.'에서 -(으)시- 다음에 [+N, -V]의 자질을 가지고 있는 접사 '-기'가 붙을 수 없을 것이다.

둘째의 주장은 임홍빈(1987)로서 INFL이라는 범주를 그대로 사용하되 AGR을 인정하지 않고 구절구조규칙을 이용하고 있는데, S'→S-INFL이라는 구절구조규칙을 (8)과 같이 순환시키는 방식을 선택하고 있다.[3)]

---

3) 임홍빈(1987)의 구절구조규칙은 다음과 같다.
$S'' \rightarrow S'- \pi$

(8)

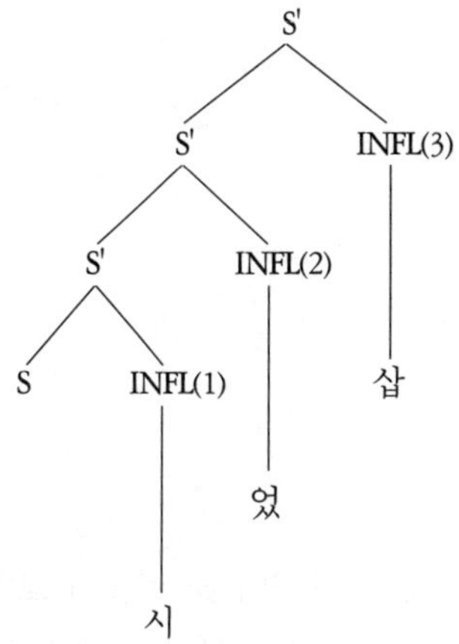

그리고 -(으)시-는 INFL(1)에 설정된다. 그러나 이러한 순환방식은 구절구조규칙의 전형적인 문제점을 그대로 보여주고 있다. S'→S-INFL의 규칙을 순환한다면 (8)과 같은 구조는 생성될 수 없다. (8)의 구조를 위해서는 S'→S-INFL이라는 규칙에 S'→S'-INFL이라는 규칙이 첨가되야 한다. 만약 S'→S'-INFL이라는 규칙이 첨가된다면 순환에 의해 INFL이 무한히 나타날 수 있어 과연 국어에 INFL이 몇 개까지 나타나는지도 의심스럽게 된다. 또한 (8)의 구조에 문종결형태 '-다'를 덧붙인 구조를 가정하면 S'→S'-COMP라는 규칙이 도출되는데 임홍빈(1987)의 구절구조규칙에는 이러한 규칙은 찾아볼 수 없다. 따라서 S'→S-COMP라는 규칙에 S'→S'-COMP라는 규칙이 더 필요하다는 것을 알 수 있다.

S' → S-COMP
S' → S-INFL
S → TOP-S
S → NP-VP
NP' → NP'-P
NP → NP-K
VP → NP-V
ADVP' → ADVP-P

(9)

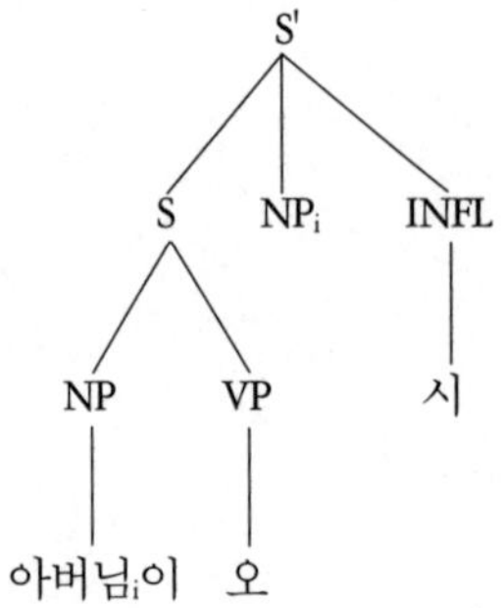

또한 (9)는 임홍빈(1987: 42)에서 -(으)시-의 경우를 예들어 보인 것인데 (9)에서 NP_i는 INFL에 지배를 받고 있는 공범주로 문장 아래에 있는 '아버님'과 동지표됨으로써 '아버님'이 -(으)시-의 존대대상이 됨을 나타낼 수 있다고 하였다. 여기서도 (9)의 구조를 위해서는 새로운 규칙 $S' \rightarrow S-NP_e-INFL$이 필요하게 된다. 이러한 규칙수의 무한한 증가라는 단점 때문에 X'이론이 대두된 것은 이미 주지된 사실이다.

그러면 이러한 구절구조규칙의 문제점을 접어 둔다면 문제가 해결되는가? 그렇다고 하여도 -(으)시-가 문두 성분에 주격을 배당하거나 또는 주제어와 관련을 맺고 있다고 섣불리 말할 수는 없다. 임홍빈(1985)에서는 -(으)시-가 문장의 어떤 일정한 성분과 그 서술어 사이에 성립하는, 엄격한 의미의 공기관계 또는 호응관계에 의해서는 결코 만족할 만하게 설명될 수 없다고 하면서 -(으)시-에 의한 존대의 대상은 어떤 문장의 명제내용을 경험하는 인물로서, 그 인물은 상위 처격 성분으로 상정되며 이때 상위문은 소재(所在)를 뜻하는 '있다'적인 구조를 가진다고 보았다. 따라서 -(으)시-에 의한 존대는 원리적으로 경험 절차가 제1차적인 것이며, 존대절차는 이러한 경험 절차를 이용하고 있을 뿐이라고 주장한 바 있다.

이러한 주장은 -(으)시-의 어원을 '잇다'와 연결시킨 것인데 이 가설도 쉽게 받아들일 수 없는 것이다. 중세국어에서 '잇다'는 소위 부사형어미 '-아/어' 뒤에 연결되어 '어떠한 상태나 동작이 완료된 채 그대로 지속되어 있음'을 뜻하며 '잇' 다음에 모음어미가 오면 '이시-' 형태를 취한다. '이시-'가 올 수 있는 환경은 현대국어나 중세국어나 별로 다르지 않다. (밑줄은 필자)

(10) 가. 강아지가 죽어 있다.
나. 책이 책상에 놓여 있다.
다. 赤眞珠ㅣ ᄃᆞ외야 잇ᄂᆞ니라(월인석보 1-23)
라. 遊子ㅣ 오래 밧긔 가 이쇼니(두시언해 6-43)

(10)에서 '아/어'는 체언 뒤에 오는 강세접미사 '-ᅀᅡ, -야'가 붙는 점을 고려하면 체언성을 갖고 있다고 할 수 있다(홍종선 1990). 그러나 존대소 -(으)시-는 용언의 어간 뒤에 붙거나 '아/어'와 결합할 때도 체언화어미가 아닌 선어말어미 '-아/어-' 뒤에 온다. (밑줄은 필자)

(11) 가. 才勇ᄋᆞᆯ 앗기샤 金刃을 ᄇᆞ려시니 塞外北狄인ᄃᆞᆯ 아니 오리잇가(용비어천가 54장)
나. 시내 횟돈ᄃᆡ 낤 氣運이 덥고 길히 올마시니 뫼햇 바티 닉도다(두시언해 7-30)

(11가)에서 'ᄇᆞ려시니'는 선어말어미 '-아-' 뒤에 존대소 -(으)시-가 붙은 것이고, (11나)에서 '올마시니'는 '올마 + 이시니'로 체언화어미 '-아' 뒤에 '이시-'가 붙은 것이다. 이러한 차이에도 불구하고 '이시-'와 '-(으)시-'를 같은 어원으로 보는 것은 무리가 아닐 수 없다.

3. 그렇다면 -(으)시-가 과연 주어(또는 주체)를 존대하는 것인가를 다시 검토해 보자.

허웅(1975: 673)에서는 -(으)시-는 주체 존대를 나타내는 형태소로 규정하고 주체 존대를 다음과 같이 정의하고 있다.

(12) 말의 주체를 높이는 문법적 방법을 주체높임법이라 하는데, 주체란 임자말로 지시되는 사람이나 일이나 물건이다. 또 경우에 따라서는 표면상 임자말로 등장되지 않은 인물일지라도 그 속뜻으로 보아 주체가 될 경우에는 역시 주체높임법이 사용된다.

(12)는 존대의 대상이 사람이거나 사물이거나 관계없이 주어이어야 한다(속뜻으로라도)는 것이다. 그리고 그 주어를 -(으)시-가 높여주는 기능을 한다는 것이다. 그러나 다음의 예를 보자.

(13) 가. 철수가 선생님이시었음을 누가 알았겠는가?
나. 선생님이 내 *조카이셨음을/조카였음을 누가 알았겠는가?

(13가)에서 -(으)시-는 주어인 '철수가'를 높이고 있는 것 같지 않다. 그러나 -(으)시-가 나타나고 있다. 이 -(으)시-는 주어가 아닌 서술어 '선생님이'를 높이고 있는 듯하다. (13나)에서는 주어가 높여야 할 인물이지만 높인다면 오히려 비문이 되는 예이다. (13가)에서 -(으)시-가 붙은 이유는 무엇일까? 단지 서술어를 높이고 있는 것일까? 우리는 여기서 주체 존대라는 것이 통사론의 영역이 아님을 알 수 있는데, 이는 -(으)시-가 문장에 나타난 주어를 존대하느냐의 여부를 결정할 수 있는 요소가 아니라는 점이다. 그 결정은 통사론의 영역 밖에 있는 화자에 의한 것이다.

따라서 (13가)는 -(으)시-가 단순히 주어를 존대하는 것이 아니라 화자의 입장에서 '철수'가 존대 대상이 아니었다가 '철수 = 선생님'이라는 사실로 다시 화자가 존대할 대상이라 판단되어 -(으)시-를 붙인 것이다. (13나)에서도 '선생님'은 화자에게 처음에 존대 대상이었다가 '선생님=내조카'라는 사실로 인해 다시 화자가 존대를 하지 않은 것으로 보아야 한다.

이런 관점에서 볼 때 주어나 주체를 존대한다는 것은 -(으)시-의 존재 여부와 관계없이 주어나 주체와 화자 사이에 자연적으로 결정되는 것으로 볼 수 있다.

(14) 가. [아버님께서 회사에 가]시었다.
나. [아버님이 회사에 가]시었다.
다. 아버님이 회사에 갔다.
라. [아버지가 회사에 가]시었다.
마. 아버지가 회사에 갔다.
바. 동생이 학교에 갔다.

(14)에서 -(으)시-가 없는 '다, 마'에서 주어가 존대되지 않았다고 볼 수 있겠는가? 물론 아니다. 국어의 존대법은 단순히 존대형태소의 유무만으로 단정짓기보다는 화자를 고려해야 한다. 현대국어에서는 존대의 기능이 중세국어에 비해 많은 변화를 가져온 것이 사실이다. 존대형태소가 철저히 존대의 표현을 명시해 주던 중세국어와는 달리 현대국어에서는 존대형태소의 유무보다는 화자와 청자, 그리고 주체 사이의 사회적 관계(나이, 사회적 지위, 성별, 개인적 친근관계 등)에 의해 존대가 결정된다고 할 수 있다.

특히 주체 존대법은 이러한 사회적 관계의 높고 낮음에 따른 사회규범적인 격식 이상의, 즉 화자와 주체 사이의 개별적 혹은 개인적 관계를 표현하는 기능을 가지고 있어 -(으)시-의 용법이 제약을 받게 된다(고영근·남기심 1985: 322-328). 따라서 '마'의 경우도 주어와 화자 사이에서 존대관계가 성립되는 것이다. 이러한 사실은 어휘적 존대어를 나타내는 '-님, -께서'에서도 확인 된다. '-님, -께서'는 주어와 화자 사이의 존대관계에 의해 나타나는 것이다.

4. 다음으로 -(으)시-의 통사적 위상에 대해서 알아보자.

-(으)시-는 분포적인 면에서 명제에[4] 붙게 되는데 이것은 문장의 필수적 요소는 아니다. 시정곤(1991)에서는 문장에 필수적인 통사범주로 명제 P(Proposition), 시칭 T(Tense), 서법 M(Modality)을 설정하고 다시 P를 V"로 대체하여 문장 S는 V"-T-M이 된다고 하였다. 따라서 -(으)시-는 통사범주는 될 수 없다. 하나의 해결방법은 접사로 처리하는 것인데, -(으)시-를 접사로 처리한 논의는 많았으나 대부분은 동사나 형용사 어간에 붙는 어휘적 접사였다. 그러나 위에서 살펴본 바와 같이 -(으)시-는 명제 P(V")에 붙는 형태소이므로 어휘적 접사는 될 수 없다. -(으)시-가 붙을 수 있는 선행요소가 어휘적 요소가 아니라 통사적 요소이기 때문이다.

따라서 -(으)시-는 접사이기는 하지만 통사부에서 활동하는 접사, 즉 통사적 접사로 처리할 수 있다.[5] 이것은 단어형성규칙이 어휘부에만 국

---

4) 김민수(1983: 131-132)에서는 "文은 언어행위의 기본단위로서 단순한 단어나 단어결합이 아니라 반드시 서술작용을 갖고 있다."고 정의하면서 국어에 필수적으로 갖추어야 할 서술작용은 시칭, 겸칭, 서법을 들고 있다. 이를 표로 보이면 다음과 같다(김민수 1971: 64-69).

	<서술내용>		<서술양식>	
	(1)시칭		(2)서법	(3)겸칭
	는(현재)		다(평서)	다(해라)
	겠(미래)		나(의문)	어(해)
	었(과거)		…	네(하게)
소가 풀을 먹 +	…	+	(2')법성	…
			어야 한다(당위)	
			지 않는다(부정)	
			…	

위에서 서술내용은 객체의 사실을 나타내는 명제이고 서술양식은 주체의 표현을 나타낸다. 이러한 관점에서 볼 때 국어 문장 S는 객체의 사실을 나타내는 명제와 주체의 표현을 나타내는 양식으로 구성된다고 할 수 있다. 이러한 관점에서 -으시-는 명제에 붙게 된다.

5) 통사적 접사에 대해서는 고창수(1986), 임홍빈(1989)를 참조바라며 이러한 관점에서 피동접미사를 고찰한 것으로는 고창수 · 시정곤(1991)이 있다.

한하여 일어나는 것이 아니라 통사부에서도 일어날 수 있다는 것을 가정한 것이다. 이를 규칙화하면 다음과 같다.

(12) [[X]VP + SUF honor]VP honor

([-N, +V] + [-N, +V] → [-N, +V])

(12)에서 VP는 통사범주로 이때 VP의 자질은 [-N, +V]인데 이것은 VP가 이 자질을 가지고 있음을 보여준다. 통사부의 접사화에서 자질은 자질투사원리에[6] 따라 그 핵(Head)의 자질이 바(bar)의 숫자만 다른 상위범주로 투사되므로 V'의 자질은 핵 V의 [-N,+V] 자질이, VP의 자질은 핵 V의 [-N,+V] 자질이 투사되는 것이다. 따라서 -(으)시-는 통사부에서 VP에 붙게 되는 동사화 접미사이다.[7]

5. 이제까지 피상적으로 -(으)시-에 대해 고찰해 보았다. 논의의 내용을 요약하는 것으로 결론에 대신하고자 한다.

1) -(으)시-의 존재 유무로 국어의 주체 존대를 모두 설명할 수는 없으며 주체 존대는 화자와 주어(또는 주체) 사이에 결정되는 것이다.

2) 국어의 INFL 설정에 대해서는 INFL 속에 시제, 서법의 범주를 함께 넣는다는 것은 문제가 있으며, 국어에서 '-(으)시-'는 필수적 요소가 아니며 주체 존대와도 직접적인 관계가 없으므로 '-(으)시-'를 주격배당자 [+/-AGR]로 설정할 수 없다.

3) 특히 -(으)시-를 주격배당자로 설정할 경우 국어의 이중주어문 또는 삼중주어문을 만족스럽게 설명해 주지 못한다.

---

6) 통사부의 자질투사원리는 다음과 같다.

자질투사원리:

통사구조에서 범주 α의 자질은 α가 관할(dominate)하는 핵(Head)의 자질이다.

(단 α≠Head)

7) 자세한 내용은 고창수 · 시정곤(1991) 참조.

4) -(으)시-는 명제 P(VP)에 붙는 통사적 접사(즉, 동사화접사)이며 그 자질은 [-N,+V]이다.

‖ 참고 문헌 ‖

강명윤. 1990. "GB이론과 한국어 연구", 「주시경학보」 6.

강영세. 1986. *Korean Syntax and Universal Grammar*, Harvard University 박사학위논문

고영근 · 남기심. 1985. 「표준 국어문법론」, 서울: 탑출판사.

고창수. 1986. "어간형성접미사의 설정에 대하여", 「한국어학연구」 7.

고창수 · 시정곤. 1991. "목적어 있는 피동문", 「주시경학보」 7.

김민수. 1971. 「국어문법론」, 서울: 일조각.

김민수. 1983. 「신국어학」, 서울: 일조각.

김양순. 1988. *Licensing Principles and Phrase Structure*, University of Wisconsin 박사학위논문.

성광수. 1988. "국어의 단어와 조어", 「주시경학보」 1.

성기철. 1970. "국어 대우법 연구"(남기심외 편), 「현대국어문법」, 계명대학교출판부.

시정곤. 1990. "국어의 단어형성에 대한 관견", 「한국어학신연구」, 한신문화사.

시정곤. 1991예정. "국어의 기능범주에 대하여", 「국어학100년」, 서울: 일조각.

안희돈&윤항진. 1989. "Functional Categories in Korean", *Harvard Studies in Korean Linguistics* lll(Harvard WOKL 1989)

윤종열. 1990. *Korean Syntax and Generalized X-bar Theory*, University of Texas at Austin 박사학위논문.

이관규. 1990. 「국어 대등구성에 대한 연구」, 고려대 박사학위논문.

이윤표. 1989. 「국어 공범주의 연구」, 고려대 박사학위논문.

임홍빈. 1985. "{시}와 경험주 상정의 시점", 「국어학」 14.

임홍빈. 1986. "국어의 '통사적인' 공범주에 대하여", 「어학연구」 21-3.

임홍빈. 1987. 「국어 재귀사 연구」, 서울: 신구문화사.

임홍빈. 1989. "통사적 파생에 대하여", 「어학연구」 25-1.

최현숙. 1988. *Restructuring Parameters and Complex Predicates-Trasfortational Approch*, MIT 박사학위논문.

한학성. 1987. *The Configurational Structure of the Korean Language*, University of Texas at

Austin 박사학위논문.
허 웅. 1975. 「우리 옛말본」, 샘 문화사.
홍종선. 1990. 「국어체언화문의 연구」, 고려대학교 민족문화연구소.
Bloomfield, L., 1933. *Language*, New York: Henry Holt and Co.
Chomsky, N., 1981. *Lectures on Government and Binding*, Foris Publication.
Chomsky, N., 1986. *Barriers*, The MIT Press, Cambrige, Mass.
Chomsky, N., 1988. "Some Notes on Economy of Derivation and Representation", *MIT Working Papers in Lingustics* 10, MIT, Cambrige, Mass.
Fukui, N. & M. Speas. 1986. "Specifiers and Projection", *MIT Working Papers in Lingustics* 8, MIT, Cambrige, Mass.
Pollock, J. Y., 1989. "Verb Movement, UG and the Structure of IP", *Linguistic Inquiry* 20.
Whitman, J., 1989. "Topic, Modality and IP Struture", *Harvard Studies in Korean Linguistics* lll (Harvard WOKL 1989), 한신출판사.

(1992, 「남사이근수선생화갑기념논총」, 반도출판사)

선어말어미의 형태-통사론*

1. 들어가는 말

이 논문의 목적은 소위 선어말어미가 국어 문법에서 형태론적으로, 통사론적으로 어떠한 위치에 있는가를 점검하는 데 있다. 논의에 따라 다소 차이는 있겠지만 대부분의 논의에서는 선어말어미를 동사어간과 어말어미 사이에 존재하는 요소로 간주한다. 먼저 다음의 예를 보자.

(1) 가<u>시었겠</u>다

위의 예 (1)에서 밑줄 그은 '-시-, -었-, -겠-'에 대한 명칭은 다양하다. 이들을 선어말어미로 부를 수도 있고, 존칭어미, 시제어미, 서법어미 등으로 부를 수도 있다. 또는 굴절소(I)나, 일치소(AGR), 존칭소(H), 시제소(T), 시상소(A) 등의 범주로 나타내기도 한다.

그러나 류구상(1992: 106)에서도 잘 지적한 것처럼 하나의 요소가 문법의 어느 영역에 속하는가를 분명하게 구분하기란 매우 어렵다.[1] 따라서

---

* 이 논문은 한국어학회 제17차 전국학술대회(1998.7.4-6: 설악교육문화회관)에서 발표한 내용을 다시 깁고 다듬은 것이다. 필요한 자료를 제공하여 주시고 발표회 때 좋은 질문과 논평을 해주신 류구상 선생님을 비롯한 여러 참석자에게 감사드린다. 또한 선어말어미와 관련된 논문목록을 제공해 준 의미론연구회에도 감사드린다.

1) 이러한 관점에서 류구상(1992: 106)에서는 형태론의 영역을 한정하는 것이 얼마나 힘

'-시-, -었-, -겠-' 등의 서로 다른 명칭들도 각각의 문법영역을 철저하게 반영한다고 보기는 어렵다. 선어말어미라는 명칭은 형태론적 관점의 산물이라고 하더라도, 존칭어미, 시제어미, 서법어미 등은 명칭에서도 가늠할 수 있듯이 의미론적 입장(존칭, 시제, 서법)과 형태론적 입장(어미)이 혼재되어 있으며, 굴절소(I)나, 일치소(AGR), 존칭소(H), 시제소(T), 시상소(A) 등에서도 형태론적 입장(굴절)이나 의미론적 입장(시제, 존경, 시상), 그리고 통사론적 입장(일치) 등의 흔적을 발견할 수 있기 때문이다. 여기에 바로 선어말어미에 대한 논의의 중요성과 어려움이 동시에 담겨 있다.

이제까지 선어말어미에 대한 논의의 대부분은 주로 의미론적 측면에 초점이 놓여 있었던 것이 사실이다. 선어말어미 각각의 의미와 기능에 대한 논의가 집중적으로 이루어졌다. 이러한 편중 현상은 국어연구의 주제별 연구사를 대표하는 몇몇 책에서도 분명히 나타난다. 먼저 「국어연구 어디까지 왔나」에서는 선어말어미 부분을 의미기능을 중심으로 하여 '시제, 상, 서법, 존경법, 공손법, 겸양법' 등으로 나누어 기술하였고, 활용어미와 선어말어미 '오/우'란에서 선어말어미에 대해 부분적으로 언급했을 뿐이다. 또한 「현대의 국어연구사」에서는 '선문말어미 연구사'를 별도로 설정하여 전자와는 사뭇 다르다는 느낌을 받을 수 있지만(명칭도 선어말어미와 다르다), 내용에서는 선어말어미의 형태론적인 부분과 통사론적인 부분이 일부 언급되기는 하였으나, 시대별로 '시상과 서법', '존경법과 겸양법'이라는 두 개의 범주를 기준으로 논의를 전개하고 있어 역시 의미론적인 입장이 두드러진다는 것을 알 수 있다.[2)]

든 것인가를 다음과 같이 보여주고 있다. "흔히 형태론은 그 최소단위를 형태소라 하고 최대단위를 단어라고 말한다. 그러나 형태소 통합과정에서 일어나는 형태음소론이 있고, 형태론의 최대단위라고 볼 수 있는 단어는 다시 통합되어 문장의 구성요소가 되므로 통사론과도 연계가 되어, 언어층위면으로만 보더라도 그 영역이 분명하지 못하다. 그리고 아무리 형태만을 중요시한다고 해도 의미를 떠난 형태소가 존재할 수 없으므로 어휘론과도 연관을 맺으며, 그 의미는 나아가 통사의미론의 단위가 될 수 있다."

2) 최근 출판된 「근대국어 문법의 이해」에서는 '선어말어미'를 따로 설정하고 그 형태와 통합순서를 중점적으로 밝혔다는 면에서 가히 예외적이라 할 만하다. 그러나 (임

본고의 입장은 시제, 상, 서법, 존경법 등은 엄밀하게 이야기하면 형태론과 통사론의 영역밖에 있는 것이며, 의미론의 소관이라는 것이다. 따라서 본고에서는 이러한 통사 의미론적 범주에 대해서는 의미론적 고찰에 넘기고 되도록 형태-통사론적 관점에서 선어말어미의 문제점을 다루고자 한다. 선어말어미에 대한 형태-통사론적 접근은 크게 두 가지로 나누어 살펴보기로 한다. 첫 번째는 앞서 간략히 언급한 선어말어미의 명칭 문제이고, 두 번째는 선어말어미의 통사범주와 통사적 기능 문제이다. 우리는 이를 '선어말어미의 명칭론'과 '선어말어미의 통사범주론'으로 나누어 살펴볼 것이다.

먼저 명칭론은 '선어말어미의 유래', '선어말어미의 성격', '문법을 보는 눈' 등으로 나누어 명칭에 얽힌 여러 논의를 살펴보고 이들의 문제점을 알아보기로 한다. 본고의 기본 가정은 '선어말어미'라는 명칭이 국어 문법체계에는 적절하지 않다는 것이다. 이러한 문제를 해결하기 위해서 선어말어미의 유래를 검토한다. 언제부터 어떤 이유로 선어말어미라는 용어가 사용되어 왔으며, 그 이유와 근거는 무엇이고, 이러한 명칭과 근거가 국어의 선어말어미에 해당하는 요소를 문법적으로 얼마나 만족스럽게 설명해주고 있는지 등을 검토할 것이다. 또한 선어말어미의 성격에서는 그 통사적 성격을 중점적으로 살펴 과연 선어말어미가 형태론과 통사론 중 어디에서 다루어져야 하는지를 살펴보기로 한다. 이와 관련하여 '문법을 보는 눈'에서는 다양한 문법관 속에서 지금까지 제시된 여러 대안을 점검한다. 따라서 우리는 명칭론을 통해 선어말어미의 문법적 성격과 위치를 가늠해볼 수 있을 것이다. 그것은 그 명칭 속에 당시의 문법을 바라보던 시각이 담겨져 있기 때문이다.

선어말어미의 통사범주론에서는 생성문법을 중심으로 하여 통사구조

시적인 방편이라는 단서가 붙긴 하였지만) 크게 '경어법 선어말어미'와 '시상, 서법 선어말어미'라는 분류 하에서 각각의 선어말어미를 다루었다는 점에서는 본문에서 언급한 연구서와 같은 선상에 있다고 본다.

에서 선어말어미의 통사범주가 차지하는 위치와 역할을 검토하고, 왜 이렇게 다양하게 통사범주가 설정되어 왔나를 집중적으로 고찰한다. 이 과정에서 선어말어미의 통사적 위치와 기능이 자연스럽게 드러날 것이며, 바람직한 선어말어미의 연구방향에 대한 실마리를 찾을 수도 있을 것이다.

2. 선어말어미의 명칭론

2.1 선어말어미의 유래

'선어말어미'라는 말은 그 자체로 우리의 흥미를 자아내기에 충분한 요소를 갖고 있다. 정말 재미있는 말이다. 말 뜻을 곰곰히 생각해 보면 금방 그 뜻을 이해하려다가도 이내 갸우뚱거리기 십상이다. 그 말의 구성을 들여다 보면 [[선어말]어미]나 [선[어말어미]]가 가능할 텐데, 그 어느 것도 선뜻 명확한 정의가 전달되지 않는 것은 왜일까? [[선어말]어미]라면 '어말 앞에 있는 어미'라는 뜻이고, [선[어말어미]]라면 '어말어미 앞'이라는 뜻이리라. '어미(語尾 ending)'가 '단어의 끝에 오는 (굴절)요소'를 뜻한다면 '선어말어미'의 뜻은 더더욱 미궁속으로 들어가고 만다. '어말 앞에 있는 단어의 끝에 있는 (굴절)요소?' 아니면 '어말어미 앞?'. '선어말어미'가 '동사어간과 어말어미 사이의 요소'를 말한다면 이러한 용어는 논리적으로 볼 때 설득력이 그리 크지 못하다.[3)]

선어말어미를 논하려면 어말어미를 언급하지 않을 수 없으며, 어말어미를 언급하자면 '어미'라는 말을 먼저 살펴보아야 한다. '어미'에 대한 언급은 Aston(1879: 342)에서 찾아볼 수 있는데, 그는 '어미'를 'termination'이라고

---

3) '선어말어미'라는 용어를 살리되, 논리적으로 적합한 용어로는 차라리 '선어말어미형태'나 '선어말어미요소' 등이 더 나을 듯 싶다.

하였다.[4)] Ridel(1881: 62)에서도 '어미'(termination)가 나오고,[5)] MacIntyre(1882)에서도 'termination'이라는 용어가 등장한다.[6)] 한편, Underwood(1890)에서는 '어미'(termination)에 대해 언급하면서 시제형태를 어근(Tense root)로 설정하고 있어 눈길을 끈다.[7)]

이런 점에서 본다면, 외국인들의 국어문법에 대한 연구는 국어문법 연구에 지대한 영향을 미치기는 했지만, 우리말 체계에 맞는 문법을 다루었다기보다는 서양인들 자신들이 한국어를 습득하기 위한 것이었으므로 우리 국민들의 국어 문법 의식을 북돋우는 데에는 별로 영향을 주지 못한 것이었다(류구상 1992: 107).

서양인들의 '어미'에 대한 언급에서 주목할 만한 점은 '어미'가

---

4) Aston(1879: 342)에서는 '접미사'와 '어미'라는 용어를 함께 사용하였다. 그는 'ani-, an-ta, a-ap-ne, al-ko, ala-si-ko'의 형태에서 'ni, ta, ap, ne, si, ko'는 어근(root)와 분리되는 접미사(suffixes)로 정의하고, 'a, an, al, ala' 등의 형태에 대한 처리 부분에서 다음과 같은 고민을 털어 놓고 있다. "we can at present form no decided opinion as to whether those variations are due merely to phonetic causes, to the introduction of an additional element between the root and the **termination**, or to some other disturbing circumstance."
또한 Aston(1879: 342)에서는 국어의 교착적 성격도 지적하였는데 접사가 어근에 결합하는 정도가 Aryan어 보다는 덜 하여 어근이나 접사의 성격을 쉽게 파악할 수 있다고 한다. 그리고 일본어는 음소체계의 단순성 때문에 한국어에 비해 결합도가 덜 하다고 하였다.
한편 '접미사'와 '어미'라는 용어를 함께 사용하였다는 점은 최현배(1937: 174)의 분석과 맥을 같이 하고 있다. 최현배(1937)에서도 다음과 같이 '뒷가지'와 '씨끝'이 함께 사용되고 있다.

뒷가지
뿌리 + 도움뿌리
앞가지+ 씨몸(語軀) +도움줄기
줄기 + 씨끝
풀이씨

5) Ridel(1881: 62)에서는 '보내다'에서 '다'를 'termination'이라고 하였다. 흥미로운 점은 '가겟다'의 경우 '가게'와 '다' 사이에 'ㅅ'이 삽입(insertion)되는 것으로 기술한 것이다.

6) 'menda'의 경우 'mel'을 어근으로 하고 'nda'는 어미(termination)라고 하였으며, 불규칙어간형 'me'를 추상형(abstract form)으로 가정하였다는 점이 특이하다.

7) Underwood(1890: 94-114)에서는 기본활용(Basal Conjugation)을 세 부분으로 나누었다.
① Stem = root, +causative passive ending
② Tense root = 는, 엇/앗/엿, 겟/리
③ Termination=직설어미(declarative termination), 의문어미(interrogative termination), 청유어미(propositive termination), 명령어미(imperative termination)

'termination'의 대역어였다는 점이다. 이것은 몇 가지 중요한 사실을 암시하고 있다. 첫째, 인구어에서는 동사나 명사 등이 굴절할 때 그 굴절형태소가 단어의 제일 끝에 오기 때문에 'termination'이라는 용어를 썼을 것이라는 점이다. 둘째, 인구어(특히 영어)의 굴절형태소는 겹쳐 나타나는 경우가 별로 없다는 점이다. 이러한 점은 Jespersen(1924)에 나타난 'ending'이라는 용어에서도 잘 드러나 있다.[8)]

여기에서 우리가 관심 있게 다루고자 하는 부분은 앞서 지적한 바와 같이 '어미'라는 용어가 국어문법이 아니고 서양문법의 소산이라는 점이다. 그들의 용어 'termination'이나 'ending'에는 '선어말어미'에 대한 배려가 전혀 나타나 있지 않다. 아니 그것은 당연한 것인지도 모른다. 그들에게는 'termination'이나 'ending' 앞에 나타나는 또다른 굴절형태소는 (적어도 가시적으로는) 존재하지 않기 때문이다.[9)] 또 하나의 문제는 'termination'이나 'ending'이라는 개념이 동사의 굴절형 뿐만 아니라 명사의 굴절형에도 사용되었다는 점이다. 인구어가 인칭, 성, 수 등의 개념이 발달된 언어이고 이들의 일치현상이 문법현상을 구체적으로 보여 준다는 점을 고려하면 동사나 명사 등에 나타나는 굴절형이 서로 구분 없이 사용되는 것은 매우 자연스럽다.

그러나 국어의 경우는 이 부분에서도 매우 심각한 문제에 봉착하게 된다. 우리는 명사 굴절요소와 동사 굴절요소를 같은 범주로 설정할 것인가(어미 또는 토) 다른 범주로 설정할 것인가(조사/어미)를 놓고 본격적인 문법연구가 시작된 이래 지금까지도 그 해법을 찾기 위해 고민하고 있으

---

8) Jespersen(1924: 87)에는 다음과 같은 구절이 있다.
The arrangement is paradigmatic, all the forms of some single word being placed together: thus there is no attempt to bring together the same <u>ending</u> if it is found in varous paradigms: in OE, for instance, the dative plural is given separately in each of the several classes in spite of the fact that it <u>ends</u> in -um in all words.

9) 여기에서 '적어도 가시적으로'라는 말은 범주나 자질면에서는 하나 이상의 굴절요소가 존재할 수 있다는 점을 말한다. 예를 들어 영어의 'He goes to home'의 경우, 동사 'goes'는 가시적으로는 'go+es'이지만, 자질면에서는 'go+[3인칭]-[단수]-[현재]'처럼 동사어근과 여러 굴절자질의 결합체일 수 있기 때문이다.

니,[10] 그 후유증이 아직도 남아 있는 셈이다. 실제로 최현배(1930, 1937: 163)에서는 '토씨(조사)'와[11] '씨끝(어미 Termination, Endung)'를 설정했으며,[12] Ramstedt(1939: 33)에도 '어미'라는 용어가 나온다.[13]

한편, 일본어를 분석한 Yokoyama(1950)도 한국어 연구에 영향을 미쳤으리라는 짐작이다(고영근 1989). 그는 '가변어(inflected word)'를 '어간(stem)'과 '굴절어미(inflectional ending)'로 나누고 다시 후자를 '선서법접미사형태(premodal suffix morph)'와 '서법접미사형태'로 나누었다.[14] Martin(1954: 45)에서도 '-시-'에 대해 '비어말굴절접사(non-final inflectional suffix)'를, '-ㅂ-'에 대해 '비어말접사(non-final suffix)'를 설정하기도 했다. 이러한 용어와 분석은 안병희(1959)에 와서는 '서법접미사(modal suffix) 또는 어말접미사(final suffix)'와 '선서법접미사(premodal suffix) 또는 선어말접미사(prefinal suffix)'가 된다.[15] 이후 이숭녕(1960)의 'prefinal ending'이라는 용어나 이기문(1961)의

10) 이에 대한 이전 시기의 논의는 김민수(1960)을 참조할 수 있으며, 고영근(1989, 1993)에서도 이 문제에 대한 여러 논의를 접할 수 있다. 한편 김민수(1960: 44)에서는 조사와 어미를 '어미어소(語尾語素)'라 하고 격어미와 법(mood)어미, 태(voice)어미 등으로 구분하였다.

11) 최현배(1930: 52)의 다음과 같은 주장에서 토씨 설정의 근거를 알 수 있다.
"元來 西洋말은 이른바 屈曲語이기때문에 토라는 것이 없고 우리말에서 토가 그 職能으로 表示하는 말과 말과의 關係는 씨끝(語尾)의 변화로 말미암아 나타내는 것이다. 그러므로 모든 낱말(單語)은 쓰위-드(Sweet)가 定義한 바와 같이 Ultimate independent Sense(窮極의 獨立한 觀念單位)이다. 西洋말에도 우리말의 토와 비슷한 Preposition(前置詞)이 잇지마는, 이것은 다 다른 觀念語에서 變遷된 것이니라. 그렇지만 우리 조선말은 이른바 添加語이니, 본대부터 말과 말 사이의 관계를 보이는 토(助辭, 虛辭)라는 것이 잇어 完全한 獨立한 씨(낱말)가 되나니, 씨의 뜻을 매기랴면(定義하랴면) 모름즈기 토까지 두루 包容할수 잇게 하여야 할 것이다."

12) 그는 용언의 어간은 독립성이 없으며 어미와 분리되기 어려우나, 체언은 독립성을 가지며 체언과 조사는 분리되기 쉽고, 한국인의 언어의식이 체언과 조사를 합쳐서 하나의 품사로 보지 않는다는 근거로 조사와 어미를 구분하였다.

13) Ramstedt(1939)에서는 선어말어미를 접미사(suffix)로 설정한 것이 새롭다. 이밖에도 형태론(Morphology)이란 명칭이 처음 쓰였고 품사의 하위형태도 보다 심도 있게 다루어졌다.

14) 여기에서 선서법접미사형태(premodal suffix morph)의 특징은 수의적 접사(optional suffix)라는 것인데, 이 수의성 여부는 이후 국어의 어말어미와 선어말어미를 구분하는 중요한 기준으로 사용된다.

15) 안병희(1959/1978: 6-7)에서 선어말접미사를 설정한 근거로는 ①형태론적 목록 작성(morphological listing)이 간단하며, ②공통성이 있고, ③광범한 분포를 가지기 때문에 단

'선어말접미사(prefinal suffix)와 어말접미사(final suffix)'라는 용어는 이러한 맥락의 연속일 뿐이다.

이후에도 이승욱(1963)의 '선어말접미사(prefinal suffix)'나 유창돈(1964)의 '선행어미/말어미', 고영근(1965)의 '선어말어미와 어말어미',[16] 허웅(1975)의 '안맺음씨끝/맺음씨끝', 그리고 학교문법(1985)의 '선어말어미와 어말어미'에 이르기까지 이들은 일관되게 'termination'이나 'ending'에 그 뿌리를 두고 있다고 해도 과언이 아니다. 국어에는 인구어와는 달리 '어미'라는 형태가 가시적으로 매우 다양하게 나타난다. 따라서 서양문법의 '어미'의 정의를 따르자면 국어의 경우는 자연히 가장 끝에 오는 '어미'만이 이에 해당된다. 그러나 나머지 어간이 아닌 요소에 대한 처리가 고민이었을 것이고, 일부에서는 이를 어간의 일종으로, 또 일부에서는 이를 어미의 일종으로 간주하였을 것이다. 이에 따라 '보조어간'이나[17] '선어말어미' 등의 용어가 부산물로 등장했다. 이러한 추론의 가능성은 고영근(1989: 243-245)에서 엿볼 수 있다.

> "동시기 최소자립형식으로서의 단어의 자격을 얻으려면 반드시 어말어미를 갖추어야 한다. 따라서 어말어미는 필수요소이므로 기준이 되어야 한다. (중략) 표면상으로는 접사가 어근의 오른쪽에 배열되어 있는 것 같지만 구조상으로는 어말어미가 붙어 먼저 단어가 완성되고 그 앞에 필요에 따라

일 형태소 (혹은 여러 형태소)로 된 어간이면 다 연결될 수 있다는 점이다.

16) 고영근(1967/1989: 226-227)에서는 선어말어미를 크게 세 가지로 나누었다.
① 분리적 선어말어미: '-시, 었, 겠-' 제약이 적고 자유로운 분리가능성이 있다.
② 교착적 선어말어미: '-ㅂ, 니, ㄴ-' 서로 붙어서 하나의 단위로 나타나는 것이 보통이며, 후행어미와 제약이 많다.
③ 수의적 선어말어미: '-사오-' ①, ② 양쪽의 성질 모두 갖고 있다.

17) 최현배(1937/1959: 159-160)에서는 다음과 같은 이유로 선어말 형태를 도움줄기(보조어간)로 처리하였다.
"도움줄기는 역시 줄기의 한 조각이니 즉, 한 번 들어간 다음에는 다른 줄기와 같이, 고정적 상태를 취하여 바꾸히지 아니하고, 다만 그 아래에 붙는 씨끝만이, 말본스런 걸림(관계)을 표시하기 위하여, 여러 가지로 끝바꿈할 따름이니: 보기하면 '가시{다, 는, 어, 기, 면, 고}'에서 도움줄기 '시'가 원줄기 '가'와 함께 붙박혀서 동하지 아니함과 같으니라."

선어말어미가 어근과 어말 사이에 끼어드는 것이다."

위에서도 어근과 어말어미를 중심으로 하여 그 사이에 끼여 있는 요소를 선어말어미로 가정하고 있는데, 이는 뒤에서도 언급하겠지만 철처히 선형적이고도 구조분석적인 논리에 입각한 것이다.

2.2 선어말어미의 성격: 선어말어미는 굴절접사인가?

선어말어미의 성격을 파악하기 위해서는 먼저 다음과 같은 두 가지 의문이 해결되어야 한다. 첫째는 선어말어미가 과연 굴절접사인가 하는 것이고, 둘째는 선어말어미가 형태적 요소인가 아니면 통사적 요소인가 하는 것이다. 먼저 첫번째 문제부터 살펴보기로 하자. 기존 연구에서 선어말어미는 파생과 굴절의 이분법에 근거하여 굴절접사로 간주되어 온 것이 사실이다. 고영근(1967/1989: 226-227)에서는 파생과 굴절을 기준으로 선어말어미를 다음과 같이 설정하고 있다.

"파생법에 의존하는 접미사는 접미되는 어근의 수효가 제한되어 있으며 그 의미 또한 내적, 곧 어휘적임에 대하여 굴절법에 의존하는 어미들은 어간의 종류에 제한받음이 없이 두루 붙으며 그 의미는 항상 외적 곧 문법적이라 할 수 있다. 따라서 파생법의 접미사들은 조어론의 소관이요 굴절법의 어미들은 활용론의 소관인 것이다. 그런데 과거의 문법가들은 파생법의 접미사와 굴절법의 어미들을 혼성하여 모두 활용의 범주 속에 넣어 처리했기 때문에, 어간과 어미의 구조적 양상이 명확하지 않았다."

파생과 굴절의 이분법은 말할 것도 없이 인구어를 중심으로 한 분류이다. 이 기준에 입각하여 위의 예에서처럼 국어의 접사들도 파생접사와 굴절접사로 나누어 고찰되었고, 이때 어미구조체는 대부분 굴절접사로 분류되었다.

문제는 이분법에 근거하면 선어말어미를 포함한 어미구조체가 굴절접사에 해당하겠지만 인구어의 굴절접사와 우리의 굴절접사가 서로 다른 성격을 보인다는 점이다. Nida(1946: 99-100)에서는 파생접사와 굴절접사의 차이를 다음과 같이 제시하고 있다.

(2)

	파생	굴절
① 해당 품사의 단일어와 똑같은 품사에 속한다	+	-
② 어기에 가깝다	+	-
③ 중복가능	+	-
④ 분포의 제약	+	-
⑤ 품사를 바꾼다	+	-
⑥ 단어를 만들고 문법적 관계를 나타내지 않는다	+	-

위의 (2)의 6가지 구분은 인구어 중심의 전통적 개념에서 나온 것이므로, 국어의 경우에는 적합하지 않은 부분이 있다. 예를 들어 국어의 선어말어미는 중복하여 나타날 수도 있으며, 어느 정도 분포의 제약도 가지고 있다. 또한 구범주를 보어로 취한다고 가정하면 새로운 통사범주를 형성하여, 품사를 바꿀 수도 있으며(시정곤 1993),[18] 소위 명사형어미(또는 동명사형어미)는 파생접사가 아니면서도 품사를 바꾸기 때문에(홍종선 1986)[19] 파생과 굴절의 이분법은 문제가 된다. 이 때문에 파생과 굴절이

18) 임홍빈(1998)에서도 선어말형태의 세 가지 특이성(의미역틀의 변화, 겹침현상, 출현위치의 비절대적 고정성)을 제시하면서 이러한 특징은 굴절의 차원을 넘어서는 것이라고 하였다.

19) 이른바 명사형어미나, 전성어미, 동명사형어미 등의 명칭은 어미가 어간과 결합하는 구조적 입장을 반영한 것이었고, 구나 문장을 보어로 취할 수 있다는 통사적 성격이 배제된 것이었다. 홍종선(1986)에서는 이러한 명사형어미의 통사적 성격을 제시하고 이를 위해 '어휘적 체언화소(어미)'와 '통사적 체언화소(어미)'라는 개념을 도입하였다.

라는 이분법을 일부 수정하거나[20] 아예 이를 폐기하고 새로운 접사체계로 어미체계를 검토하려는 시도도 있었다.[21]

두 번째로 선어말어미의 통사적 역할의 문제를 생각해 보자. 선어말어미를 포함하여 어미가 형태적 기능보다는 통사적 기능을 한다는 논의들이 있었다. 어미구조체의 형태적 논의의 핵심은 '어간과 어미의 구조적 양상'을 포착하는 것이었다. 그리고 이러한 구조 속에서 남는 부분이 자연히 선어말어미가 된 것이었다. 그러나 생성문법이 도입되면서 '어간과 어미의 구조적 양상'에서 '어간'이 과연 무엇인가 하는 문제가 제기되었

---

20) 고재설(1994: 32-33)에서는 접사의 통사적 성격을 고려하여 파생과 굴절을 다음과 같이 정의하였다.

<파생>

가. 접미사의 자질이 그 접미사가 성분지휘하는 요소들에 삼투되지 않는다.

나. 문장 안에서, 그 접미사가 결합했는가, 아닌가가 문장 전체의 문법성에 직접 영향을 미친다.

다. 어휘범주(명사, 동사, 부사, 형용사 등)를 형성한다.

라. 어휘부에서 결합하는 것과 통사부에서 결합하는 것이 있다.

<굴절>

가. 어미의 자질이 그 어미가 성분지휘하는 요소들에 삼투된다.

나. 문장 안에서, 특히 내포문에는, 그 어미가 결합했는가, 아닌가가 문장 전체의 문법성에 직접 영향을 미치지 않는다.

다. 기능범주(일치소, 시제소, 양상소, 보문소 등)의 투사를 형성한다.

라. 어휘삽입이 일어난 다음, 통사부에서 결합한다.

21) 고창수(1985, 1992), 임홍빈(1989), 김원경(1993), 시정곤(1993, 1995), 황화상(1996) 등에서 논의된 통사적 접사체계가 바로 이것이다. 여기에서는 파생과 굴절 대신에 어휘적 접사와 통사적 접사의 이분법을 시도하였다. 다음은 시정곤(1993)의 접사체계이다.

- 접사
  - 어휘적 접사
    - 1부류 접사 : -이, -개, -답1-, -스럽-, -롭-…
    - 2부류 접사 : 개-, 올-, 짓-, -질, -뱅이, -아지…
  - 통사적 접사
    - 통사적 어휘접사 : -이-, -답2-, -히-, -같-, -대-…
    - 통사적 기능접사
      - 통사적 기능접사(A)
        - 1부류접사: -에게, -부터, -만…
        - 2부류접사: -이/가, -을/를, -의
      - 통사적 기능접사(B)
        - 1부류접사: -시-, -었-, -겠-…
        - 2부류접사: -다, -라, -니…
      - 통사적 기능접사(C) : -기, -음, -어, -게, -ㄴ, -ㄹ…

다. 즉 이전의 문법에서 어간은 단지 동사어간에 국한되었지만, 생성문법에서는 어미와 결합하는 어간이 동사어간보다도 더 큰 구(phrase)나 문장일 수 있다는 논의가 나타나기 시작하였다.

Park(1967)에서는 'Ending'이라는 범주를 동사구 아래에 별도로 설정하였고,[22] 성광수(1971), Yang(1972)에서는 문장 아래에 '양상범주(Modality)'를 별도로 설정하기도 하였다.[23] 그리고 이후에도 이와 유사한 논의가 이어졌으며,[24] 이러한 '어미'의 통사적 성격 때문에[25] '어미'라는 명칭 대신에 '문미(文尾)'(임홍빈 1981)라든가, '문말형태소'(서정목 1987) 등의 명칭이 등장하기도 하였다.[26] 이점에서 보면 '통사적 접사'는 어미구조체의 통사적 성격을 충실히 반영한 문법체계라 할 수 있다.

한편 선어말어미의 통사적 성격과 관련하여 주목할 만한 논의는 서정수(1989)이다. 그는 조사와 어미를 각각 독립된 낱말로 인정하는 소위 분석체계의 방법을 강소하고 있다. 주시경(1910)에서 이미 제시된 분석체계는[27] 최현배(1937)로 대변되는 종합적 체계보다는 첨가어인 국어의 문법 현상을 더 잘 설명해 줄 수 있다고 한다.[28] 이러한 선어말어미의 통사적

22) 그는 동사구 VP를 목적어구, 동사어간, 어미 등으로 3분하고, 어미범주는 다시 Tense와 Mood로 나누었다.

23) 이들은 격문법에 바탕을 두고 문장을 명제(P)와 양상으로 구분하고 동사어간은 명제에 나머지 어미들은 양상에 소속시켰으며, Yang(1972)에서는 존칭소를 피/사동접사와 함께 동사어간쪽에 포함하였다.

24) 이익섭 · 임홍빈(1983)에서도 SE(문장어미)가 도입되었다.

25) 우순조(1997)에서는 어미를 통사적 단위로 가정해야 하는 몇 가지 증거를 제시하고 있다. ①어휘적 응집성 진단(대등접속 가능성, 어휘내부결속제약, 구절적 귀환성, 공백화) ②'-든지'의 분포. ③어간 'ᄒᆞ-'의 탈락현상. ④생략현상.

26) 서정수(1989)에서는 '문말 형태'라는 용어를 제시하고 '선어말어미' 대신 '비문말 형태'를 사용하고 있다. 여기서 '비문말 형태'는 시제, 존칭 등의 여러 문법적 기능소를 포함하며, '문말 형태'는 종결사와 접속 기능소 및 일부 기능 전환소를 포괄적으로 가리킨다고 하였다. 한편, 서태룡(1990)의 각주 1)에서도 '씨끝'이라는 용어는 어미의 지배영역이 품사 곧 단어에만 한정되는 것을 뜻하기 쉽고, 넓은 의미에서의 어미도 그 지배영역은 단어, 구, 절, 문장, 담화 등일 수 있다는 이유로 '씨끝'보다는 '말끝'이 오히려 타당하다고 지적하고 있다.

27) 주시경(1910: 27)에서는 조사(겻씨)나 어말어미(끗씨)를 모두 낱말(기)로 인정하고 있다.

28) 서정수(1989)에서는 분석체계의 장점을 다음과 같이 제시하고 있다.

성격은 고영근(1993)에서도 인정되어 이제까지의 조사와 어미라는 분류를 포기하고 이 둘을 '토'라는 범주에 포함시켰다.[29)]

그러나 선어말어미의 통사적 성격을 보다 이른 시기에 본격적으로 언급한 논의는 김민수(1964/ 1983, 1971)이다. 김민수(1964/1983: 131-132)에서는 "문은 언어행위의 기본단위로서 단순한 단어나 단어결합이 아니라 반드시 서술작용을 갖고 있다"고 정의하면서 국어에 필수적으로 갖추어야 할 서술작용으로 시칭, 겸칭, 서법을 들고 있다.[30)] 이를 토대로 김민수(1971: 64-69)에서 제시한 문장의 구조에서는 서술작용을 나타내는 요소들이 명제 전체에 결합되는 것으로 되어 있어 이들의 통사적 성격을 잘 보여주고 있다. 이 구조에서 서술내용은 객체의 사실을 나타내는 '명제'이고 서술양식은 주체의 표현을 나타낸다. 이러한 관점에서 볼 때 국어 문장 S는 객체의 사실을 나타내는 '명제'와 주체의 표현을 나타내는 '양식(양상)'으로 구성된다고 할 수 있다.[31)]

---

① 분석체계에서는 의미부인 어간과 문법요소가 좀더 뚜렷이 구분되어 문장의 의미 파악이 훨씬 쉬워진다.
② 분석체계에서는 문법기술을 훨씬 간소화할 수 있다.
③ 분석체계에서는 용언에 부과된 과중한 문법적인 기능 부담량을 분산시킬 수 있다.
④ 분석체계는 국어의 첨가어적 특성에 가장 알맞다.
⑤ 분석체계는 언어발달 추세와 부합된다.
⑥ 문법이론이 발전함에 따라 더욱 분석적인 기술이 이루어지고 있다.
⑦ 끗씨들이 나타내는 문법적 기능은 일개 용언에 한정되는 것이 아니고 대부분 문장 전체에 걸치므로 분석체계가 타당성이 높다.
⑧ 비문말형태와의 관계에서도 분석체계가 더 타당하다.

29) 신창순(1997)에서도 '토'의 통사적 기능을 강조하고, '토'의 하위부류로 '조사(助辭)' '보조조사(補助助辭)', '용언토' 등으로 나누고, 다시 용언토를 '종결자리토'(종결어미)와 '수의토'(선어말어미)로 세분하였다.

30) 서술작용은 서술의 내용을 현실과 연결시켜서 표현한다는 뜻이며, 현실과 연결시킨다는 말은 객체의 표현인 서술내용을 주체의 표현인 서술양식에 의하여 가부간 낙착짓는다는 뜻이다(김민수 1983: 132).

(가) <u>소가 풀을 먹</u> <u>고 있지 않았느냐?</u>
서술내용(事理) 서술양식

(나) <u>소가 풀을 먹</u> <u>고</u> <u>있</u> <u>지</u> <u>않</u> <u>았</u> <u>느냐?</u>
1 2 3 4 5 6

(나)에서 2는 서상(敍相(계속)), 3은 부정(자의), 4는 시칭(과거), 5는 겸칭(해라), 6은 서법(질문)을 나타낸다.

2.3 문법을 바라보는 눈

어떤 대상이 그것이 처한 상황이나 환경(문법에서는 '범주'라고 할 수도 있다)에 따라 다양한 명칭을 갖게 되는 것은 그리 놀랄 만한 일이 아니다. '나'는 학교에 가면 동료선생들에게는 '시선생'으로, 학생들에게는 '선생님'으로 불리고, 친구들과 만나면 '정곤'으로, 그리고 집에서는 '사랑스러운 당신'이나 '아빠'로 불리기도 한다. 이러한 상대적인 관계는 문법에서도 그대로 적용되지 않을까. 한 요소가 이곳에서는 형태소로, 저곳에서는 접사로, 또 다른 곳에서는 기능소나, 문법소, 또는 의미소 등으로 불릴 수 있기 때문이다.

오직 하나뿐인 '나'라는 개체가 이렇게 다양하게 불리는 것이 전혀 어색하거나 불편하게 느껴지지 않는 이유는 무엇일까? 아마도 첫번째 이유는 이러한 다양성이 자연세계에서는 흔히 찾아볼 수 있기 때문이고, 두번째는 이들 명칭들이 적절한 상황에서 제대로 불리기 때문일 것이다. 만약 명칭들이 적절하지 못한 상황과 만났을 때를 상상해 보라. 만약 학교에서 동료 여선생이 나를 '시선생'이 아닌 '당신'으로 부르거나, 어떤 학생이 나를 '선생님'이 아닌 '아빠'라고 부른다면 어떤 일이 벌어질까? 아마도 '가정파탄'에 이르고 말 것이다. 그렇다면 문법에서도 명칭과 상황이 적절히 맞지 않는다면 이와 같은 '가정파탄', 아니 '문법파탄'이 올 수도 있지 않을까? 어떤 명칭이 어떠한 상황에서 가장 잘 어울리는 것일까?

2.3.1 형태론만 보기: 선어말어미론

선어말어미라는 용어는 그 유래에서도 밝혔듯이 철저히 '형태론적 논

31) 이러한 견해는 Fillmore(1968)의 "문장은 명제와 양상, 명제는 논항구조"라는 주장과 그 맥을 같이 하고 있는 것으로 볼 수 있다.

리'에 바탕을 두고 있다. 형태론적 논리라 함은 연구의 목적을 '어간과 어미의 구조적 양상'을 밝히는 것에 두면서, 어미의 결합범위가 단지 동사어간에 국한되었다는 것을 뜻한다. 실제로 전통문법이나 구조문법에서는 '어미'를 인구어의 동사나 명사의 굴절형을 나타내는 요소로 이해했기 때문에 굴절법은 당연히 형태론의 소관이었으며, 어미를 '형태론적 논리'에 기대어 설명하는 것은 매우 자연스러웠을 것이다. 또한 선어말어미라는 개념에는 '구조분석의 논리'가 깔려 있다. 이러한 관점에서 단어는 어간과 어미로 나뉘고 다시 어미는 어말어미와 선어말어미로 세분된다. 이미 언급한 것처럼 어간과 어미가 중심이고 선어말어미는 나중에 삽입되는 수의적인 요소로 간주된다. 그리고 다시 선어말어미라는 말에는 '선형적인 논리'가 포함되어 있다. 선어말어미라는 명칭에서도 단적으로 드러나듯이('선(先)'), 그리고 이들의 배열순서에 대한 연구가 많은 것도 '선형적인 논리'에 기댄 것이다.[32] 앞서 지적한 대로 파생과 굴절의 이분법의 문제점과 선어말어미의 통사적 성격을 고려한다면 '선어말어미'라는 말은 너무 협의의 개념이며, 지금 문법에는 어울리지 않는 면이 많이 있다. 역할의 다양성을 인정하지 않고 하나의 역할만을 고집할 필요는 없기 때문이다. 만약 내가 집에서도 '선생'으로 착각하고 행동한다면, 그리고 이를 계속 고집한다면 그 또한 낭패가 아니겠는가?

2.3.2 형태론에서 통사론 보기: 통사적 접사론

선어말어미가 '형태론적 논리'에 기댄 것이라면 '통사적 접사'는 '통사론적 논리'에 기댄 것이라고 볼 수 있다. 조사나 어미의 통사적 성격을 고려하여, 이를 하나의 범주로 묶어 처리하려는 '통사적 접사론'은 이전 연구와는 확연히 구분되는 면이 있다. 즉, 파생과 굴절, 조사와 어미라는

---

32) 사실 선어말어미를 표시할 때 '시, 었, 겠' 대신에 '-시-, -었-, -겠-' 등으로 나타내는 것이야말로 형태론적 논리이며, 선형적 논리이다.

기존의 틀을 바꾸고 새롭게 접사중심의 문법체계를 지향했다는 점에서 이전의 연구와는 구분이 된다. 한편 선어말어미들의 통사적 성격을 강조하여, 이들이 각각 통사부에서 하나의 핵으로 구를 이룰 수 있다는 점에서 통사적 접사론은 '구조분석의 논리'가 아닌 '형성의 논리'에 서 있다. 그리고 선형적인 배열순서보다는 계층적인 면을 강조한다는 점에서 '계층적 논리'에 서 있다.

그러나 여기에서 언급하고자 하는 것은 '통사적 접사론'이 철저히 '통사론적 논리'에 입각한 것이 아니라는 점이다. '접사'라는 용어에서도 알 수 있듯이, 반쯤은 '형태론적 논리'에 기대어 있다. 더 나아가 만약 선어말어미가 통사론의 소관이라면 '통사적 접사론'은 오히려 형태론의 시각으로 통사론의 요소를 바라본 것이 된다. 이것은 '통사적 접사론'이 가지고 있는 양면성이며,[33] 광의의 형태론을 추구하는 연구자의 욕심(?)이기도 하다. 왜냐하면 조사나 어미의 형태론적 속성과 통사론적 속성을 한꺼번에 모두 반영하는 문법체계를 가정하기 때문이다. 이것은 일반 언어학의 형태론 연구사에서 굴절접사가 문법영역의 어느 소관이냐를 놓고 수십년 동안 벌인 끊임없는 논쟁과도 연관이 된다.[34]

---

33) 이러한 양면성을 포착하려는 시도는 신창순(1979), 고영근(1993), 임동훈(1995) 등에도 나타나 있다. 신창순(1979: 136-137)에서는 통사단위가 기능의 차원과 구성의 차원으로 나누어질 수 있음을 지적하고, 기능적 단위로는 성분(구)을 설정하고, 형태단위로는 구성소를 설정하였다.

(가) (향기가 좋은) (꽃을) (사고 싶어요)-성분

(나) (향기가) (좋<은>) (꽃을) (사고) (싶어요)-구성소

고영근(1993: 24-25)에서는 어미나 조사도 의존형식이고 교체가 일어날 때 어간의 음성환경에 직접 영향을 받는다는 점에서는 형태론적이지만, 기능상으로는 통사론적이라고 규정하고, 명사어간과 동사어간을 '어간'으로 조사류와 어미류를 '토'로 부르고 있다. 임동훈(1995)에서는 분석적인 면과 범주적인 면으로 나누어 통사단위를 각각 설정하고, 이에 따라 통사론도 두 층위(정적 통사론, 동적 통사론)으로 나누어진다고 주장하였다.

34) 굴절접사를 어휘부에서 처리해야 한다는 강어휘론자가설과 통사부에서 처리해야 한다는 약어휘론자가설이 그것이다.

2.3.2 통사론만 보기: 통사적 원자론, 교착소론

이 점에서 순수한 통사론자임을 자처하는 사람들은 '통사적 접사론'에 고개를 갸우뚱할 수도 있다. 선어말어미가 통사론의 소관이라면 통사적인 성분으로 떳떳하게 다루어야 한다는 것이 그들의 주장이다. 그런 점에서 '통사적 접사'에 붙은 '접사' 딱지는 통사론자들에게는 이상한 딱지일 수밖에 없다. '통사적 접사'가 통사핵이지만 한편으로는 의존성을 지닌 접사라는 점이 왜, 그리고 꼭 통사부에서 다루어져야 하는가에 대한 의문이 제기된다. 만약 내 아이가 우리 학교의 학생일 때를 가정해 보라. 학교에서 나는 '시선생'이나 '선생님'으로 불려야 가장 자연스러운데, 딸인 학생(딸=학생)으로부터 강의실에서 '아빠'라고 불린다면 그것참 쑥스럽고 황당한 노릇일 것이다. 통사적 접사론에서 형태-통사론적인 두 가지 속성을 포착하려는 행위는 마치 위와 같은 상황에 비유될 수 있을 법하다. 그런 점에서 '통사소'(최호철 1993),[35] '통사적 원자'(박진호 1994), '교착소'(임홍빈 1998) 등의 설정은 선어말어미를 비롯한 조사와 어미를 순수히 통사적 논리로만 바라보려는 의도라고 이해할 수도 있다.

그러나 '통사적 원자'는 '통사적 접사론'에서 가정하고 있는 '통사핵'과 다를 바가 없고, 조사나 어미들의 형태적 의존성을 부인하는 것이 아니라, 단지 이들의 속성을 통사부에서는 고려하지 않겠다는 것이어서, 형태론적 논리만을 고집하는 '선어말어미론'과 일맥 상통하는 점이 있으며, 그리 새로울 것도 없고 근본적인 해답을 제시한 것도 아니다.[36] 만약 선

---

35) 최호철(1993: 9)에서는 언어의 기본단위를 김민수(1983)에 기대어 '어소(語素)'로 설정하고 이를 다시 어휘적 어소(어휘소)와 통사적 어소(통사소)로 구분하였다.

36) 박진호(1994: 6-7)에서는 전통적인 단어의 개념을 '음운론적 단어'와 '통사 원자'로 나누었다.

(가) 철수가 밥을 먹었다

위의 예에서 음운론적 단어는 '철수가', '밥을', '먹었다'의 셋이고, 통사적 원자는 7개로 설정하고 있다. 따라서 음운론적 단어는 어절에 해당하며, 이들 내부의 결합관계는 인정하지만 이 처리과정은 통사론과는 별개라는 것이고, 통사론에서는 통사원자만을 그 연구 대상으로 삼아야 한다는 것이다.

생이 학교일에만 온통 신경을 쓰고 좋은 자식, 좋은 남편, 좋은 아빠의 역할을 포기해버린다면 학교에서는 훌륭한 선생이 되겠지만 총체적인 면에서는 그리 바람직한 것은 아니다. 이러한 점에서 '통사적 접사론'이 조금은 복잡하지만 설명력이 높고, 형태부, 통사부, 음운부 전체를 고려하는 광의의 관점을 가졌다면, '통사적 원자론'은 조금은 단순하지만 문법의 설명력은 그리 높지 않고 통사부만 고려하는 협의의 관점을 가졌다고 할 수 있다.

한편 '교착소'의 논의도 명칭 면에서는 새롭게 보이지만 그 내용을 보면 그다지 새로울 것이 없고 '통사적 접사론'의 기본 골격을 그대로 유지하고 있다.37) 사실 엄밀하게 이야기한다면 '교착소'라는 명칭에서도 형태

---

37) 임홍빈(1998)에서는 조사와 어미를 '교착소'라 부르고 다음과 같이 이의 통사적 성격을 강조하고 있다.

<국어의 조사 및 어미기술을 위한 근원적인 가정>

가. 국어에는 교착소(Agglutinative Element)가 있다.

나. 교착소에는 조사 및 선어말형태와 어미(즉, 어말어미)가 포함된다.

다. 교착소는 통사적 구성 뒤에 첨가되어 다시 통사적 구성을 형성한다.

라. 교착소는 일정한 기능 의미적 특성을 가진다. 교착소는 선행성분에 일정한 문법적 의미나 자매항(sister member) 관련 의미 및 양태적 의미를 덧붙인다.

마. 교착소는 크게 "체언구교착소"와 "용언구교착소"로 나뉜다. 체언구교착소는 체언구 뒤에 붙는 교착소를 말하며, 용언구 교착소는 용언구 뒤에 붙는 교착소를 말한다.

바. 조사는 체언구교착소이며, 선어말형태와 어말어미는 용언구교착소이다.

그러나 위의 주장은 고창수(1985)의 주장에 비해 그리 새로울 것이 없다. 고창수(1985: 9-11)에서는 파생접사를 제외한 통사구조에 관계하는 국어의 접미사들을 일괄하여 통사적 접미사로 부르고 다음과 같은 가정을 하고 있다.

가. ① 일련의 접미사들에 의해 선행되고, 어떠한 접미사의 매개 없이 이들 접미사들과 직접 결합할 수 있는 실질형태소들의 문법범주를 체언이라고 한다.

② 이에 해당할 수 있는 접미사들의 목록은, 이른바 조사 또는 격어미 등으로 다루던 것들이다.

③ 이와 같은 일련의 접미사들을 체언접미사라고 부르기로 한다.

나. ① 위의 (가)류와 다른 일련의 접미사들에 선행하고 어떠한 접미사의 매개 없이 이들 접미사들과 직접 결합할 수 있는 실질형태소들의 문법범주를 용언이라고 한다.

② 이에 해당할 수 있는 접미사들의 목록은 이른바 활용어미 등으로 다루던 것들이다.

③ 이와 같은 일련의 접미사들을 용언접미사라고 부르기로 한다.

론적인 면이 고려되고 있다. 가면만 바꾼 셈이다. 따라서 이를 '통사적 접사'로 부르건, '교착소'라 부르건, '첨가소'라 부르건 그다지 차별성이 없는 듯하다. 오히려 명칭만 본다면 '통사소'가 가장 적당할 듯하다.

그럼에도 불구하고 '교착소'가 '통사론적 논리'에 근거하고 있다고 보는 것은, 교착소와 명사나 동사어근과의 결합양상을 통사부에서 배제한다는 점 때문이다. 임홍빈(1998: 26)에서는 통사부에서 동사인상이나 명사인상을 인정하지 않는다. 즉 동사인상의 동기가 형태론적인 데 있다면 문제의 교착소가 형태론적인 요소이어야 하지만 국어의 교착소는 형태론적 존재가 아니고, 구범주를 보어로 선택하는 요소이므로 동사이동과 같은 조치를 취해야 할 아무런 이유도 없다는 것이다. 이러한 관점에서 보면 '교착소'는 철저히 '통사론적 논리'에 서 있는 듯하다. 그러나 임홍빈(1998: 27)의 결론 마지막 문장을 보면 '교착소'가 과연 '통사론적 논리'에 충실한 것인가 하는 점이 다시 의심을 받게 된다.

> "그럼에도 불구하고 용언과 교착소, 체언과 조사는 하나의 단위처럼 행동하는 것으로 인식되는 일이 있다. 이는 교착소 구성을 재구조화하는 절차를 필요로 한다."

위의 문장은 '교착소'의 논의를 다시 '통사적 접사론'으로 환원하는 듯하다. 여기에서 '하나의 단위처럼 행동'하는 것은 무엇이고, '재구조화'란 무엇인가? 이것은 '형태론적 논리'를 포착하고자 하는 시도가 아니고 무엇이겠는가? 앞서 동사인상을 인정하지 않으면서 취했던 논리들은 이곳에 와서 그 설득력을 잃게 된다.

3. 선어말어미의 통사범주론

선어말어미의 통사범주에 대한 논의도 선어말어미의 명칭론과 마찬가지로 서양문법에 의거하여 기술되었다. 따라서 생성문법이 도입된 이래 그 이론의 전개양상에 따라 국어의 선어말어미의 통사범주의 양상도 매우 다양하게 전개되었다. 이를 간략히 살펴보자.

3.1 초기생성문법과 선어말어미의 통사범주

Chomsky(1957, 1965)로 대표되는 초기생성문법에서는 조동사범주(AUX) 속에 굴절요소들이 포함되어 있었다.

(3) 가. S → NP AUX VP

나. AUX → Tense (Modal) (Perfect) (Progressive)

위의 (3)에서처럼 시제, 서법, 상 등의 굴절요소들은 조동사범주에 포함되어 있었고, 중요한 점은 굴절접사가 동사어간과는 분리되어 문장을 구성하는 독립된 절점(node)을 가졌다는 것이다. 이는 굴절접사의 통사적 성격을 반영한 것이며, 주어와 동사의 일치현상을 반영하기 위한 것이기도 하다. 이때 굴절접사들은 '접사이동(Affix Hopping)'이라는[38] 문법적 절차에 의해 동사에 결합되었으므로 엄밀하게 이야기하면 이때의 굴절법은 통사적 절차이다. 이러한 '접사이동'의 문법적 절차는 이후 '핵이동'의 절차에 이르기까지 발전되면서 인구어의 굴절접사는 통사론의 소관이 되었던 것이다.[39]

---

38) 접사이동: 모든 접사는 바로 그 다음에 나타나는 동사로 이동하여 시제나 상을 표현하면서 그 동사의 일부분이 된다.

(가) Mary will have been talking

(나) Mary prs will have en be ing talk

Do 삽입(Do-support)도 이러한 접사이동의 과정에서 자연스럽게 도입된 개념이다.

(다) Do 삽입: 어떤 동사에도 첨가될 수 없는 시제가 홀로 남게 되었을 때, 동사 do를 시제의 바로 왼쪽에 첨가시켜 준다.

39) Chomsky(1995)의 최소주의 이론에서는 핵이동이 통사부의 소관이 아니라 음성형태부

1960년대, 1970년대 국어연구에서도 주로 생성문법에 입각하여 선어말어미의 통사범주에 대한 논의들이 나타나기 시작하였다. 이를 몇 가지 유형으로 나누어 보면 첫째는 Chomsky(1957, 1965)의 기본틀에 기댄 논의, 둘째는 격문법틀에 기댄 논의, 셋째는 전통문법의 틀에 기대어 굴절형 전체를 동사 V에 포함시킨 논의 등이다.

(4) 가. 김민수(1964, 1984) : VP → NP V AUX

나. Park(1967) : VP → ObjeP VStem Ending(Tense-Mood)

다. Song(1967) : S → NP Pred

Pred → Pred Mood

Pred → VP AUX

라. 성광수(1971, 1974)/ Yang(1972) : S → P Modality

위의 (4)의 논의들은 정도의 차이는 있지만 초기생성문법이나 격문법의 틀을 유지하면서 국어의 선어말어미의 통사적 성격을 문장구조에 반영시켰다는 점에서 의의가 있다.

3.2 지배결속이론 이후와 선어말어미의 통사범주

Chomsky(1981)의 지배결속이론 이후에는 AUX의 범주가 INFL로 바뀌게 된다.

의 소관이 된다. 즉 연산체계 속에서 반드시 일어나야 하는 것이 아니라 접사여과(Affix Filter)에 기인하는 접사첨가의 속성을 갖는다고 한다. 이렇게 보면 핵 이동은 다분히 음운론적/형태론적 속성에 기인하는 것으로 이해된다. 그것은 핵이동의 결과가 통사론적 복합체가 아니라 음운론적/형태론적 복합체와 같으며 음성형태부에서의 접사첨가의 결과와 구별되지 않기 때문이다. 따라서 이러한 최근의 견해는 Chomsky(1957)의 접사이동으로 다시 돌아간 느낌이다.

(6) 가. S' → COMP S

나. S → NP INFL VP

이때 특징적인 것은 Chomsky(1957)에서 제시된 AUX 가운데 TENSE, MODAL은 INFL에 남겨놓고 조동사는 본동사에 포함시켰다는 점이다. 조동사에 대한 비판을 받아들여 이를 수정한 것이다. 이후 Chomsky(1986)에서는 3분지 구조를 폐기하고 2분지 구조를 지향하면서 INFL을 하나의 독립된 구로 발전시켜 IP를 형성하게 되었고, Pollock(1989)에 와서는 기능범주 IP가 다시 TP와 AgrP로 세분된다. Chomsky(1988)에는 AgrsP와 AgroP가 도입되고, Belletti(1990)에서는 시상구(AspP)가 도입되기도 하였다. 한편 최근 Chomsky(1995)의 최소주의 이론에 와서는 AGR이 제거되고 I(또는 T)로 복귀하여 기능범주가 다시 한층 단출해졌다. 이러한 굴절요소의 통사범주의 변화는 인구어에서도 굴절요소의 처리가 상당한 고심거리였으며, 문법체계를 좌지우지할 만큼 핵심적인 쟁점사항이었음을 말해 준다.

서양이론의 변화에 따라 국어에서도 지배결속이론 이후부터 선어말어미의 통사범주를 구체적으로 세분화하려는 논의가 잇따랐다. 이를 몇 가지 유형으로 나누어 보면 다음과 같다(홍종선 외 1993).

첫째, Chomsky(1981)에 기댄 논의: 임홍빈(1987), 이광호(1988), 서정목(1988).[40)]

둘째, Chomsky(1986)에 기댄 논의: 최현숙(1985), 한학성(1987), 강명윤(1987), 고창수(1992)

셋째, Fukui & Spease(1986)에 기댄 논의: 김양순(1988), 이윤표(1989)

넷째, Pollock(1989)에 기댄 논의: 안희돈·윤항진(1989), 윤종열(1990), Whitman (1989), 시정곤(1992)

---

40) 이들은 지배결속이론의 X' 이론에 기대어 선어말어미의 통사범주를 INFL로 설정하고 이를 순환적으로 적용하였다.

각각의 논의에서 나타난 선어말어미의 범주를 살펴보면 다음과 같다.

(7) 가. 임홍빈(1987) : S'→S-INFL

나. 최현숙(1985), 강명윤(1988), 고창수(1992) : CP - IP / I [+T,+AGR]

다. 한학성(1987) : CP-TP-IP

라. 김양순(1988) : C'-I'

마. 안희돈・윤항진(1989), 유동석(1993/1995): CP-MP-TP-AGRsP

윤종열(1990): CP-IP-AGRP

Whitman(1989): CP-MP-TP

시정곤(1992ㄱ): MP-TP

위의 예에서도 알 수 있듯이 지배결속이론 이후의 선어말어미의 통사범주는 INFL, T, Aspect, AGR 등으로 설정되었고 철처히 통사적인 요소로 다루어졌다. 그리고 이때에는 선어말어미를 포함한 어미들이 직접 통사부에 삽입되는 절차를 상정했다.[41]

한편, 이후에도 선어말어미의 통사범주에 대한 논의는 더욱더 명세화되기에 이르렀다. 서정목(1993: 14)가 그 대표적인 예인데, 그는 '-시-'를 AGR이 아닌 H1로 설정하고, IP의 교점을 다음과 같이 세분하였다.

(8) 아버지께서 가셨습니다(가-시-었 -습 -느 -니 -이-다)

H1 T H2 M1 M2 H3 C

이처럼 선어말어미의 형태 하나하나가 하나의 독립된 범주를 형성하는 것과[42] 유사한 범주를 묶어 몇 개의 대표적인 범주로 표시하는 방안이

41) 이러한 삽입절차는 최근 Chomsky(1995)의 최소주의 이론에 와서 어휘부에서 어미가 삽입되어 통사부에 결합형이 삽입되는 절차로 바뀌었다.

42) 이러한 세분화 구조에는 구조의 항상성이란 문제와, 지정어 자리의 역할에 대한 문제가 제기될 수 있다(시정곤 1993).

가능하다.[43] 한편, 최근 임홍빈(1998)에서는 용언구 교착소의 통사구조를 다음과 같이 제시하고 있다(필자가 간략히 함).

(9)

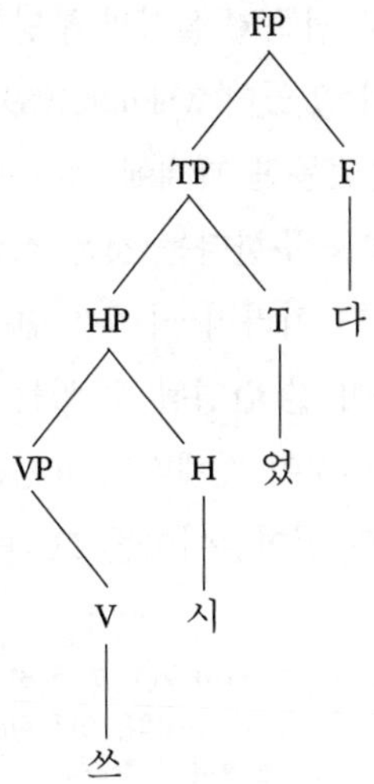

위의 예에서 FP는 문미교착소구를 가리키며, TP는 시제교착소구, HP는 존경교착소구를 말한다. 위의 구조에서 특징은 문법에서 추상적인 이동을 막기 위해서 지정어(SPEC)를 설정하지 않았는데,[44] 이는 교착소의 성격을 철저히 의미적인 것으로 파악하기 때문이라고 한다.[45]

---

43) 예를 들면 시정곤(1993)에서는 크게 MP-TP-HP 등을 설정하였다.

44) 임홍빈(1998)에서는 이러한 매우 특수한 구조가 '엑스-바 도식의 예외인가'라고 반문하고 '엑스-바 도식이 모든 범주에 완전히 부합될 수 있는 기술의 틀을 제공할 수 있다고 믿는 것은 어리석은 일이지만, 그렇다고 엑스-바 도식을 완전히 버리는 것도 바람직하지는 않다'는 모호한 말을 덧붙이고 있다.

45) 이밖에도 이 구조에서는 부정소(Neg) 일치소(AGR)를 상정하지 않았는데 그 이유는 부정소는 교착소가 아니기 때문이며, 일치소의 경우는 '-시-'가 경험주를 존대하는 것이므로 통사부에서 이를 포착할 수 없기 때문이라고 한다. 또한 앞서 언급한 것처럼 이 구조에서는 동사인상이나 명사인상은 인정하지 않으며, 용언의 활용형이란 것을 어휘부에서 완성하여 도입하는 방식을 취하지 않고, 교착소 각각이 통사부에 도입되는 절차를 상정한다.
그러나 '-시-'가 일치소가 아니며 더더구나 주격배당자가 될 수 없다는 주장은 시정

그리고 위의 구조에서 문미교착소의 범주 F는 '문미(文尾)'를 뜻한다고 하는데, 기존의 범주 C를 대체한 것으로 여러 가지 장점이 있다고 하지만,[46] 단지 범주 C를 대체했다는 의미말고는 문법적으로 그리 많은 이점을 주지 못하는 것같다. 기존의 논의에서도 범주 C 설정의 부당함을 제기하고 범주 M을 설정해야 한다는 주장이 있었다(Whitman(1989), 시정곤(1992ㄱ)). 또한 F 범주는 다른 기능범주와 균등한 관계에 서지 못해 바람직한 명칭은 아니다. 범주 F가 '문미(文尾)'를 뜻한다는 것은 소위 교착소의 분포적인 면을 강조한 셈이다. 그렇다면 차라리 나머지 범주들도 이러한 분포적인 기준에 맞춰 '선문미'의 뜻이 잘 반영될 수 있는 범주명칭을(예를 들어 F에 대한 PreF 따위) 붙여주는 것이 전체적인 균형을 위해서도 바람직할 것이다.[47] 이런 점에서 어미와 선어말어미를 그 통사기능에

곤(1992ㄴ)에서 이미 제시한 바 있으므로 위의 주장은 그리 새로울 것이 없다. 다만 새로운 것이라면 임홍빈(1987)에서의 주장을 수정했다는 것이다. 임홍빈(1987)이서는 '-시-'를 INFL로 설정하고 주격과의 관련성을 통사구조에서 포착하려고 시도했었다.

(가)

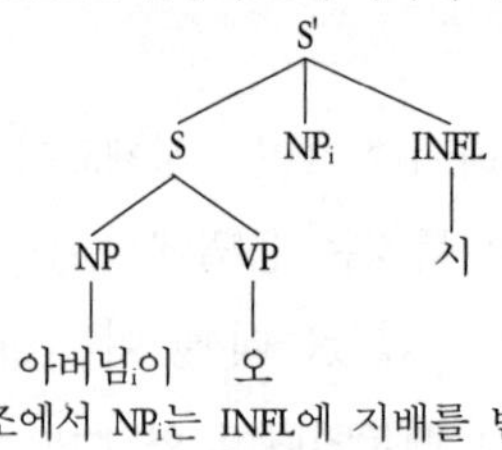

위의 구조에서 NPi는 INFL에 지배를 받고 있는 공범주로 문장 아래에 있는 '아버님'과 동지표됨으로써 '아버님'이 '-시-'의 존대대상이 됨을 나타낼 수 있다고 하였다. 이러한 통사적 시도는 임홍빈(1998)에 와서는 타당성이 없는 것으로 바뀐 셈이다. 또한 이동을 상정하지 않는 점도 '재구조화'를 인정한다면 설득력이 반감된다는 점을 앞서 지적하였다.

그리고 교착소 각각이 통사부에 도입된다는 주장도 통사적 접사의 논의에서 이미 제시된 것이다. 이에 대한 추가 논의는 *Morphosyntax in Generative Grammar*[Procceedings of 1996 SICCOG]에 실린 몇편의 논문을 참조할 수 있다. Sells(1995, 1996)에서는 어휘론자 입장에서 조사와 어미와 같은 통사적 접사는 이미 어휘부에서 어간과 결합되어 통사부에 입력되어야 한다고 주장한 반면, Han(1996)과 Yoon(1996)에서는 Sells(1995)의 주장을 반박하면서 통사적 접사를 통사부에서 처리하여야 함을 주장하였다. Ahn(1996)에서는 통사적 단어형성의 근거에 대해서, Kim(1996)에서는 통사적 단어형성의 음운론적 증거를 제시하였다.

46) 임홍빈(1998)에서는 문미 교착소를 보문자(COMP)로 상정하는 것은 국어의 특질이나 그에 대한 인식에서 보아 자연성이나 전형성을 크게 해친다고 한다.

따라 MP-TP로 설정한 시도는 해당성분의 통사의미를 일관되게 고려한 범주명칭 부여라는 점에서 장점을 갖는다.

선어말어미의 통사기능에 대한 기존연구에서는 주로 선어말어미들이 어떠한 통사기능을 하는가에 관심이 모아졌는데, 그 가운데서도 주로 격배당과 선어말어미의 관계에 초점이 놓였다. 국어에 일치소가 존재하는가의 문제와 격배당을 하는 요소가 무엇인가 하는 것과 관련된 여러 논의들이 있었다. 대부분 영어권의 논의들은 영어이론에 입각하여 국어에 일치소를 설정하고 이러한 일치소가 주격을 배당한다고 가정하였는데,[48] 일치소 설정의 문제가 최근에도 제기되고 있으며,[49] 최근의 문법이론에서는 다시 주격은 시제(T)와 관련이 있다고 주장하는 등, 아직도 선어말어미의 통사적 기능에 대한 논의는 계속되고 있다.

---

47) 이 점에만 국한하여 본다면 이들의 범주명칭은 과거처럼 INFL로 설정하는 편이 더 낫다.

48) 이들 논의는 크게 세 가지로 압축되는데 ① INFL을 영어와 같이 설정하고 INFL안에 '-시-'라는 일치소(이하 AGR)가 있다고 처리하는 것이나(최현숙 1988, 강명윤 1988, 고창수 1992), ② INFL을 다른 범주로 분리하고 AGRP를 설정하여 '-시-'를 AGR로 보는 것이고(윤종열 1990, 윤정미 1990, 안희돈 1991, 유동석 1993, 한학성 1993), ③ INFL을 분리하되 범주자체는 분리하지 않고 INFL(1), INFL(2), INFL(3)으로 구분하여 '-시-'를 INFL(1)로 보는 견해이고(임홍빈 1987), ④ '-시-'를 [+존칭] 자질을 가진 V(동사화접미사)로 보는 견해(시정곤 1992ㄴ), ⑤ '-시-'를 H1(Honoropic)로 설정하는 견해(서정목 1993) 등이다.

49) 최근 존대소 '-시-'에 대한 통사적 연구가 많이 있었는데, 박진호(1994ㄱ), 유동석(1995), 유형선(1995), 임동훈(1996), 유혜원(1997) 등을 들 수 있다. 먼저 박진호(1994ㄱ)은 '-시-'가 통사적 구에 접미되는 것이 아니라 오히려 동사어간에 접미되어야 함을 강조하였다. 유동석(1995)에서는 '-시-'를 국어의 일치소로 인정하고 있는 반면, 나머지 논문에서는 '-시-'에 대한 선행연구 검토와 함께, 일치소 인정여부에 대한 진지한 고찰도 이루어지고 있다. 유형선(1995)에서도 '-시-'가 주어를 보장해 주지 못한다고 지적하였고, 임동훈(1996)에서는 '-시-'의 의미를 상위자에 관여하는 사태를 유표적으로 가리키는 '사회적 지시소'로 규정하고, 문장에서 동사구와 결합하는 것이 일반적이지만, 절과 결합하는 경우도 있음을 지적하고 있다. 유혜원(1997)에서는 통사론에서 '-시-'의 형성과 절차에 초점을 두었는데, 최소주의 이론과 최적성 이론을 바탕으로 하여 '-시-'는 어휘적 접사로서 어휘부에서 형성되지만 그 자질이 통사부에서 점검받는다고 주장하고, '-시-'가 일치소가 아니라는 근거를 제시하였다.

4. 맺음말

이상에서 소위 선어말어미의 형태-통사론적 속성들을 개괄적으로 살펴보았다. 형태소 각각에 대한 검토보다는 전체 문법체계 속에서 선어말어미가 어떻게 다루어져왔고, 또 어떻게 다루어져야 하는가 하는 점을 중점적으로 살펴보았다. 따라서 이 연구는 선어말어미에 대한 연구사가 아닌 관견의 성격을 띤다.

본고에서는 시제, 상, 서법, 존경법 등과 같은 선어말어미에 대한 의미적 기능의 연구도 중요하지만 문법적 지위와 통사범주 문제도 소홀히 다루어서는 안 된다는 시각을 가지고 크게 두 가지로 나누어 선어말어미에 대한 형태-통사론적 논의를 전개하였다. 첫번째로 선어말어미의 명칭론에서는 서양문법을 기준으로 한 선어말어미라는 용어의 부당성을 지적하였고, 선어말어미의 통사적 성격을 강조하였다. 두 번째로 선어말어미의 통사범주론에서는 선어말어미가 통사구조에서 다양한 범주로 불리게 된 동기와 이유를 생성문법의 변천과정에서 찾아보려고 하였으며, 최근에 논의된 통사범주 문제도 간략하나마 함께 다루었다. 이와 더불어 선어말어미의 통사적 기능을 주격배당과 관련하여 언급하였다.

그러나 이 작은 고찰을 통해 선어말어미의 실체가 제대로 드러났다고 보기는 어렵다. 그 이유는 앞서 제기한 대로 선어말어미가 갖고 있는 다양성 때문이다. 즉 형태론과 통사론, 그리고 의미론에 이르기까지 여러 문법영역에 공통으로 걸쳐 있는 중요한 요소이기 때문이다. 앞으로 좀더 다각적으로 이를 검토하여야 그 본령을 제대로 이해할 수 있을 것이다. 이런 점에서 본고는 하나의 출발에 불과하다.

서양문법이 우리 문법에 지대한 영향을 미쳤다는 점은 아무도 부인하지 않는다. 그러나 그 영향이 늘 긍정적이었던 것만은 아니다. 어느 면에서는 국어연구에 활력소를 불어 넣어 준 부분도 없지 않았으나, 또 다른 면에서는 오히려 그렇지 않아 첫 번째 단추를 잘못 끼게 한 부분도 다소 있다. 서양문법의 도래 역사가 어언 백여년에 이르렀다면 이제는 그 옥석을 가려낼 시기가 충분히 무르익었다고 본다. 우리말에 걸맞는 우리 문법체계의 수립을 기대해 본다.

‖ 참고 문헌 ‖

강명윤. 1992.「한국어 통사론의 제문제」, 한신문화사.

강영세. 1986. *Korean Syntax and Universal Grammar*, Harvard University 박사학위논문, 한신문화사.

고영근. 1965. "현대국어의 서법체계에 대한 연구",「국어연구」15.

고영근. 1973. "현대국어의 접미사에 대한 구조적 연구(III)-접미적 파생법의 기술방법을 중심으로",「어학연구」9-1.

고영근. 1989.「국어형태론연구」, 서울대학교 출판부.

고영근. 1993)「우리말의 총체서술과 문법체계」, 일지사.

고영근·남기심. 1985.「표준 국어문법론」, 서울: 탑출판사.

고재설. 1994.「국어 단어형성에서의 형태·통사 원리에 대한 연구」, 서강대 박사학위논문.

고창수. 1985. "어간형성접미사의 설정에 대하여",「한국어학연구」7.

고창수. 1992ㄱ. "국어의 통사적 어형성",「국어학」22.

고창수. 1992ㄴ.「고대국어 구조격 연구」, 고려대 박사학위논문.

고창수. 1996. "형태이론의 점검",「국어학」27.

고창수·시정곤. 1991. "목적어 있는 피동문",「주시경학보」7.

구본관. 1992. "생성문법과 국어 조어법 연구 방법론",「주시경학보」9.

김무림. 1993. "국어의 음운부와 어휘부",「어문논집」(고려대) 32.

김민수. 1954. "국어문법의 유형-국어문법사시고-",「국어국문학」10.

김민수. 1960. "국어문법론연구",「역대한국문법대계」제1부 제37책에 재수록.

김민수. 1961. "늣씨와 Morpheme",「국어국문학」24.

김민수. 1964/1983.「신국어학」, 일조각.

김민수. 1971.「국어문법론」, 일조각.

김양순. 1988. *Licensing Principles and Phrase Structure*, Uni. of Wisconsin 박사학위논문, 한신문화사.

김원경. 1993. 「국어 접사피동의 생성론적 연구」, 고려대 석사학위논문.
김유범. 1998. "근대국어의 선어말어미", 「근대국어 문법의 이해」, 도서출판 박이정.
김창섭. 1984. "형용사 파생 접미사들의 기능과 의미", 「진단학보」 58.
김창섭. 1992. "국어 파생어에 대한 통사론적 해석", 「국어학회 제19회 공동연구회 발표요지」
류구상. 1992. "구조형태론", 「국어학연구백년사」 1, 일조각
박영순. 1997. 「개고판 현대 한국어 통사론」, 집문당.
박진호. 1994ㄱ. "선어말어미 '-시-'의 통사구조상의 위치", 「관악어문」 19.
박진호. 1994ㄴ. "통사적 결합관계와 논항구조", 「국어연구」 123.
서울대 대학원 국어연구회 편. 1990. 「국어연구어디까지 왔나」, 동아출판사.
서정수. 1989. "분석체계와 종합적 설명법의 재검토", 「주시경학보」 4.
서정수. 1996. 「국어문법」, 한양대 출판원.
서태룡. 1988. 「국어활용어미의 형태와 의미」, 국어학총서 13.
서태룡. 1990. "활용어미", 「국어연구어디까지 왔나」, 동아출판사.
성광수. 1971. "부정변형에 대하여", 「국어국문학」 52.
성광수. 1972. "국어 관형격 구성", 「국어국문학」 58-60.
성광수. 1974. "국어 주어 및 목적어의 중출 현상에 대하여", 「문법연구」 1.
성광수. 1979. 「국어 조사의 연구」, 서울: 형설출판사.
성광수. 1982. "국어 중목적어 구문에 대한 검토", 「조규설교수 회갑논문집」
성광수. 1988. "국어형태소의 유형과 의미", 「한국어문교육」(고려대) 3.
성광수. 1993. "어휘부의 형태/통사론적 접근", 「어문논집」 (고려대) 32.
시정곤. 1991. "단어의 정의와 단어형성", 「1991 고려대 국어국문학연구회 발표요지」
시정곤. 1992ㄱ. "국어의 기능범주에 대하여", 「국어학연구백년사」 1, 일조각.
시정곤. 1992ㄴ. " -(으)시-의 통사적 위치에 대하여", 「남사이근수박사 환력기념논총」, 반도출판사.
시정곤. 1992ㄷ. "통사론의 형태정보와 핵 이동", 「국어학」 22.
시정곤. 1993ㄱ. "음운적 단어의 설정을 위한 시고", 「우리어문연구」 6 · 7.
시정곤. 1993ㄴ. "'-이(다)'의 '-이-'가 접사인 몇 가지 이유", 「주시경학보」 11.
시정곤. 1996ㄱ. "형태-통사론의 최근 동향", 「한국어학」(한국어학회) 3.
시정곤. 1996ㄴ. "형태론", 「1996년 국어학연감」, 국립국어연구원.
시정곤. 1998ㄱ. 「수정판 국어의 단어형성 원리」, 한국문화사.

시정곤. 예정. "'X+음'의 정체는 무엇인가?", 「형태론」 1.
신창순. 1979. "국어통사론의 몇가지 기본문제", 「문법연구」 4.
신창순. 1997. "용언토의 분석과 양태범주", 「국어학」 29.
안병희. 1959. "15세기국어의 활용어간에 대한 형태론적 연구", 「국어연구」 7.
안희돈. 1996. "결합현상과 핵이동", 「생성문법연구」(생성문법학회) 6-1.
안희돈 · 윤항진. 1989. "Functional Categories in Korean", *Harvard Studies in Korean Linguistics* lll(Harvard WOKL 1989), 한신문화사.
양동휘 외. 1991. 「지배-결속이론의 기초」, 한신문화사.
양동휘. 1994. 「문법론」, 한국문화사.
양동휘. 1996. 「최소이론의 전망」, 한국문화사.
양인석. 1972. *KOREAN SYNTAX*, 서울: 백합출판사.
양정석. 1997. "재구조화 재고", 「국어국문학회」 118.
우순조. 1997. "국어 어미의 통사적 지위", 「국어학」 30.
유동석. 1993, 1995. 「국어 매개변인 문법」, 신구문화사.
유창돈. 1964. 「이조어 사전」, 연세대 출판부.
유형선. 1995. 「국어의 주격 중출구문에 대한 통사 · 의미론적 연구」, 고려대 박사학위논문.
유혜원. 1997. 「'-시-'에 대한 형태 · 통사적 고찰」, 고려대 석사학위논문.
윤정미. 1991. *THE SYNTAX OF CHAINS*. University of Cornell 박사학위논문, 한신문화사.
윤종열. 1990. *Korean Syntax and Generalized X-bar Theory*, University of Texas at Austin, 박사학위논문, 한신문화사.
윤혜석. 1989. *A RESTRICTIVE THEORY OF MORPHOSYNTACTIC INTERACTION AND ITS CONSEQUENCES*, Univ.of Illinois of Urbana, 박사학위논문, 한신문화사.
이관규. 1992. "서술어와 서술관계", 「주시경학보」 10.
이관규. 1994) "국어의 굴절소에 대한 고찰", 「어문논집」 (안암어문학회) 33.
이기문. 1961. 「국어사개설」, 탑출판사.
이숭녕. 1960. "Volitive form으로서의 prefinal ending '-오/우-'의 개재에 대하여", 「진단학보」 21.
이승욱. 1963. "의문 첨사고", 「국어국문학」 26.
이윤표. 1989. 「국어 공범주의 연구」, 고려대 박사학위논문.
임동훈. 1995. "통사론과 통사단위", 「어학연구」 31-1.
임동훈. 1996. 「현대국어 경어법어미 '-시-'에 대한 연구」, 서울대 박사학위논문.

임홍빈. 1987. 「국어 재귀사 연구」, 신구문화사.

임홍빈. 1989. "통사적 파생에 대하여", 「어학연구」 25-1.

임홍빈. 1997. 「북한의 문법론 연구」, 한국문화사.

임홍빈. 1998. "교착소와 교착법의 정립을 위하여", 「제24회 국어학회공동연구회 발표논문집」.

주시경. 1910. "국어문법", 경성: 박문서관, 「역대문법대계」 1-11 재록.

최현배. 1930. "조선어의 품사분류론", 「조선어문연구」 (연희전문학교문고연구집 제1집) 경성:연희전문학교출판부, 「역대한국문법대계」 제1부 제17책에 재수록.

최현배. 1937. 「우리말본」, 정음문화사.

최현숙. 1988. *Restructuring Parameters and Complex Predicates- Transformational Approch*, MIT 박사학위논문, 한신문화사.

최호철. 1993. 「현대 국어 서술어의 의미 연구」, 고려대 박사학위논문.

한정한. 1993. "선문말어미 연구사", 「현대의 국어연구사」, 서광학술자료사.

한학성. 1987. *The Configurational Structure of the Korean Language*, University of Texas at Austin 박사학위논문, 한신문화사.

한학성. 1993. "한국어의 AgrP와 NegP", 「한국언어학회 1993 겨울발표회 발표요지」

허 웅. 1975. 「우리 옛말본」, 샘문화사.

홍종선. 1983. "명사화 어미 '-음'과 '-기'", 「언어」 8-2.

홍종선. 1986. 「국어체언화구문의 연구」, 고려대 박사학위논문.

홍종선. 1989. "국어 형태론 연구의 흐름", 「국어학」 19.

홍종선 · 고창수 · 시정곤 편역. 1993. 「장벽이후의 생성문법」, 집문당.

황화상. 1996. 「국어 체언서술어의 연구」, 고려대 석사학위논문.

Ahn, H. D. 1996. "A Study of Syntactic Word-Formation", *Morphosyntax in Generative Grammar*[Procceedings of 1996 SICCOG], Hankuk Publishing Co.

Anderson, S. R., 1982. "Where's Morphology?", *Linguistic Inquiry* 13.

Aston, W. G., 1879) "A Comparative Study of the Japanese and Korean Languages", The Journal of Royal Asiatic Society of Great Britain and Ireland Vol. XI, Pt. III. pp.317-364. 「역대한국문법대계」 제2부 제1책에 재수록.

Bloomfield, L. 1933. *Language*, New York: Henry Holt and Co.

Chomsky, N. 1957. *Syntatic Structure*, The Hague: Mouton

Chomsky, N. 1964. *Current Issues in Linguistic Theory*, Janua Linguarum, Series Minor, Nr.38.

The Hague: Mouton.

Chomsky, N. 1965. *Aspects of the Theory of Syntax*, Cambridge Mass:The MIT Press.

Chomsky, N. 1981. *Lectures on Government and Binding*, Foris Publication.

Chomsky, N. 1986. *Barriers*, The MIT Press, Cambridge, Mass.

Chomsky, N. 1988. "Some Notes on Economy of Derivation and Representation", *MIT Working Papers in Lingustics* 10.

Chomsky, N. 1992. "A Minimalist Program for Linguistic Theory", *MIT Occasional Papers in Linguistics* 1, MITWP.

Fillmore, C. 1968. "The Case for Case", in E. Bach and R. Harms(eds) *Universals in Linguistic Theory*, 1-88. Hoit, Reinhart & Winston, New York.

Fukui, N. & M. Speas 1986. "Specifiers and Projection", *MIT Working Papers in Lingustics* 8, MIT Press, Cambridge, Mass.

Han, H. S. 1996. "Syntactic Affixation and the Structure of Korean", *Morphosyntax in Generative Grammar*[Procceedings of 1996 SICCOG], Hankuk Publishing Co.

Jesperson 1924. *The Philosophy of Grammar*, London:George Allen & Unwin. Rpt., New York:Norton, 1965.(이환묵 · 이석무 공역, 1987. 「문법철학」, 한신문화사.)

Kim, H. Y. 1996. "Notes on Morphosyntactic Approach:From Phonological Perspectives", *Morphosyntax in Generative Grammar*[Procceedings of 1996 SICCOG], Hankuk Publishing Co.

MacIntyre. 1882. "Notes on the Corean Language", *The China Review* Vol. Ⅷ. 「역대한국문법대계」 제2부 제1책에 재수록.

Martin,S. 1954. *Korean Morphophonemics*, Baltimore:LSA.

Nida,E. 1946. *Morphology:the Descriptive Analysis of Words*, Ann Arbor:University of Michigan Press.

Park, S-H. 1967. *A Transformational Analysis of Negation in Korean*, Doctoral dissertation, University of Michigan. Kwangmunsa.

Pollock, J. Y. 1989. "Verb Movement, UG and the Structure of IP", *Linguistic Inquiry* 20.

Ramstedt. 1939. *A Korean Grammar*, Helsinky.

Ridel. 1881. *Grammaire Coreenne*, Yokohama Echo du Japan. 「역대한국문법대계」 제2부 제6책에 재수록.

Sells, P. 1995. "Korean and Japanese Morphology from a Lexical Perspective", *Linguistic Inquiry* 26.2.

Sells, P. 1996. "Case, Categories and Projection in Korean and Japanese", *Morphosyntax in*

Generative Morphosyntax in Generative Grammar[Procceedings of 1996 SICCOG], Hankuk Publishing Co.

Song, S. C. 1967. *Some Transformational Rules in Korean*, Dissertation in Indiana Univ.

Underwood, H. G. 1890. *An Introduction to the Korean Spoken Language*, 「한영문법」 전1권 46판, Kelly & Walsh. 「역대한국문법대계」 제2부 제3책에 재수록.

Whitman, J. 1989. "Topic, Modality and IP Struture", *Harvard Studies in Korean Linguistics* lll(Harvard WOKL 1989), 한신문화사.

Yang, I-S. 1972. *KOREAN SYNTAX*, 서울: 백합출판사.

Yokoyama. 1950. *The inflections of 8th century Japanese*, Language Dissertation No. 45, Language Vol. 26.

Yoon, James H. S. 1996. "A Syntactic Account of Categorial-Changing Phrasal Morphology: Nominalizations in English and Korean", *Morphosyntax in Generative Morphosyntax in Generative Grammar*[Procceedings of 1996 SICCOG], Hankuk Publishing Co.

(1998, 「한국어학」 8)

부사화접사 '-이'의 통사적 해석

1. 서론

본고의 목적은 소위 파생접사로 간주되던 부사화접사 '-이'의 통사적 성격을 규명하고, 그 특성을 밝히는 것이다. 부사화에 대한 이제까지의 연구는 단어형성의 형태론적 측면과 어휘·의미론적 측면, 그리고 통사론적 측면 등으로 이루어졌다. 첫번째 방법은 공시적으로 단어형성과정을 기준으로 하여 본래부사와 전성부사로 구분하고 그 형성과정을 파생이나 복합이라는 용어를 써서 설명하는 것이며, 두번째 방법은 부사를 시간, 장소, 상태, 정도, 양상 등으로 분류하는 것이고, 세번째 방법은 단어 수식부사와 문장 수식부사로 나누는 것을 말한다(심재기 1982: 404).

우리는 이러한 방법 가운데 첫번째에 초점을 두기로 한다. 단어형성 측면에서 부사화는 다시 '명사/동사'로부터의 부사화로 구분되는데, 우리는 후자의 경우를 논의 대상으로 한다. 동사로부터의 부사화는 영변화 파생, 반복(중첩)파생, 접미법 파생 등으로 세분되어 논의되었다.

이 가운데서 본고의 관심 대상은 이전에 접미법 파생으로 처리되던 것으로, 특히 파생이라는 범주 속에서 파생접사 '-이'에 의해 부사파생으로 처리되던 것을 다시 검토하여, 파생접사 이외의 통사적 접사 '-이'의 성격을 살펴보고자 한다. 이러한 과정을 통해 '상태동사어근+이'라는 규칙으로 대변되던 접사부사화에서 '동사구+이'라는 구조를 발견할 수 있을 것이며, '명사+동사+이'의 구조를 가진 '거침없이'류의 단어형성의 과정과, 부사화접사 '-이'와 관련된 접사 '-게'와의 상호관계도 고찰할 것이다.

2. '-이'의 통사적 성격

접미사 '-이'에 의한 부사화 가운데 상태동사어근과 결합하여 부사를 형성하는 경우로는 다음과 같은 예들이 있다.

(1) 같이, 고이, 굳이, 길이, 널리, 가까이, 두터이, 가벼이…

(1)의 예들은 모두 '상태동사어근+이'의 구성으로 대부분 파생어로 처리된 것들이다. 이들이 파생어라면 '-이'에 의한 부사형은 하나의 단어가 되는 것이며, 이들이 하나의 단어라는 것은 결합형의 동사어근이 동사의 성격을 상실하고, 그 결합형은 통사적으로 본래부사와 마찬가지의 기능을 수행한다는 것을 뜻한다.

(2) 가. 영자는 매우 예쁘다.
 나. 준이는 아주 빠르다.
 다. 순미는 잘 산다.
(3) 가. 영자는 빨리 간다.
 나. 우리는 같이 산다.
 다. 순미는 많이 먹는다.

(2)에서 본래부사 '매우, 아주, 잘' 등은 동사(서술어)를 수식하는 통사적 기능을 하는데, (3)에서도 '빨리, 같이, 많이' 등은 동사를 수식하므로, 이

점에서는 이들이 본래부사와 같다고 할 수 있다. 그러나 문제는 (3)에서 부사들의 동사어근이 서술어의 기능을 하고 있는가의 여부이다. 우리는 다음과 같은 가정을 할 수 있다. ① 만약 '-이'와 결합한 부사의 동사어근이 서술어의 기능을 하고 있다면, 이들 부사는 어휘적 파생어로 볼 수 없다. ② 이때 상태동사와 결합하는 접사 '-이'는 어휘적 파생접사가 아니라 '동사구+이'의 구조에 참여하는 통사적 접사이다. 먼저 이러한 가정을 검토하기 위해 다음과 같은 예를 살펴보자.

(4) 가. 나는 삼촌과 같이 동물원에 갔다.
　나. 말씀드린 바와 같이 저는 학생입니다.
　다. 그의 목소리는 어린애와 같이 가늘었다.

위의 (4)의 예를 앞서 제기한 가정 ①을 가지고 검토해보자. 만약 '동사어근+이'가 파생부사라면 (4)의 예에서 '같이'는 파생부사이며, '같-'의 서술기능은 상실되어야 한다. 그렇다면 (4)의 문장에서 서술어는 각각 하나씩이며(가다, 이다, 가늘다), 이 서술어와 명사구 사이의 관계에서 명사구에 붙는 접사들이 결정된다고 가정할 수 있다. 먼저 (4가)에서 명사구 '동물원'은 서술어 '가다'의 속성에 의해 접사 '-에'를 취한다. 그러나 명사구 '삼촌'에 붙은 '-과'는 '가다'의 속성과는 아무 관련이 없다. 오히려 '같다'의 속성과 관련이 있는 것이다.

(4나)에서도 명사구 '말씀드린 바'는 '이다'와 관련된 것이 아니고 '같다'와 관련된 것이며, (4다)에서 '어린애'라는 명사구는 '가늘다'와는 아무 관련이 없고 '같다'와 관련을 맺고 있다. 그렇다면 이제 우리는 앞의 가정 ①에 따라 (4)의 '같이'를 어휘적 접사 '-이'에 의한 부사파생으로 볼 수 없다는 결론에 도달하게 된다. 즉 '같이'의 동사어근 '같-'이 접사 '-이'와 결합했음에도 불구하고 통사부에서 서술어 기능을 상실하지 않기 때문이다.

따라서 (4)에서 '같이'의 '-이'는 어휘적 접사가 아니며, 통사적 접사라고 할 수 있으며, 이는 앞에서 제기한 가정 ②를 만족시키는 것이다. 이에 따라 우리는 (4)의 기저구조를 다음 (5)와 같이 상정할 수 있다.

(5) 가. [나]$_i$는 [PRO$_i$ [[[삼촌]$_N$]$_{NP}$과 같]]$_{VP}$이] 동물원에 갔다.
　나. [PRO$_i$ [[말씀드린 [바]$_N$]$_{NP}$와 같]]]$_{VP}$이] [저$_i$]는 학생입니다
　다. [그의 목소리]$_i$는 [PRO$_i$ [[[어린애]$_N$]$_{NP}$와 같]]$_{VP}$이] 가늘었다.

(5)에서 통사적 접사 '-이'는 동사구와 결합하며, 이때 동사구의 핵(head) '같-'은 선행 명사구에 의미역을 배당한다. 따라서 (5)에서 'PRO'와 '삼촌, 말씀드린 바, 어린애' 등은 '같-'에서 의미역을 배당 받으며, 이때 배당받는 의미역은 대상(T)인데, 이는 '같-'이 [T [T__]]라는 논항구조를 가지고 있기 때문이다.[1)]

이에 따라 PRO는 격은 없지만 의미역은 갖게 되며, 나머지 명사구들은 격(어휘격)과 의미역을 모두 가지고 있어 격여과에 걸리지 않는다. 또한 (5)의 구조에서 형태론적 조건에 의한 핵 이동이[2)] 가능한데(같→이), 이는 '같-'이 실사([-접사])의 성질을 그대로 지니고 있기 때문이다. 이러한 핵 이동에 따라 '[같이]'라는 구조가 가능하다.

부사화접사를 통사적 접사로 간주하면 부사가 부사에 의해 수식을 받는다고 가정할 필요는 없다. 전통문법 이래로 부사는 다른 부사를 수식할 수 있다고 가정해 왔다.

---

1) 본고에서는 논항구조의 차이로 '같1-'과 '같2-'를 구분하는데, '같1-'은 1항 술어로 [T__]라는 하위범주화틀을 가지고 있다고 가정하고, '같2-'는 2항 술어이면서 항상 '와/과'를 동반하는 특징이 있으며, 하위범주화틀로 [T [T__]]를 갖는다고 가정한다.

2) 이때 '핵 이동의 형태론적 조건'은 시정곤(1992ㄷ)에서 제시한 것으로 그 내용은 다음과 같다.
<핵 이동의 형태론적 조건>
형태론적인 의존성과 의미론적인 의존성을 동시에 가지는 의존형태소는 [-FF:Free Form] 자질을 가지고 있으며 이 형태소는 [+FF] 형태소(어근)의 핵 이동을 유도한다.

(6) 가. 차가 매우 빨리 간다.
　나. 그는 밥을 아주 많이 먹는다.
　다. 담을 몹시 높이 쌓았다.

본래부사 '매우, 아주, 몹시' 등의 통사적 기능이 서술어를 수식하여 의미를 더해주는 것이라고 가정해보자. 그러면 (6)에서 이들 부사들은 서술어를 수식해야 한다. 이를 알아보기 위해 (6)의 예에서 '매우, 아주, 몹시' 등과 서술어의 관계를 살펴보자.

(7) 가. *차가 매우 간다.
　나. *그는 밥을 아주 먹는다.
　다. *담을 몹시 쌓다.

그러나 (6)에서 본래부사와 서술어를 직접 연결한 (7)의 문장들은 어색하거나 비문이 된다. 이것은 이들 본래부사들이 서술어 '가다, 먹다, 날다'를 수식하는 것이 아니라는 것을 말해준다. 즉 이들은 그 의미적 특성 때문에 동작동사를 수식하지 못하고, 상태동사를 수식하는 부사들이다.[3] 따라서 다음과 같은 (8)의 문장에서는 서술어 수식이 가능하지만 (7)에서와 같이 동작동사를 수식할 때는 비문이 되는 것이다.[4]

(8) 가. 차가 매우 빠르다.
　나. 밥이 아주 많다.
　다. 담이 몹시 높다.

---

3) 그러나 '매우'의 중세국어 형 'ᄆᆡ이(ᄆᆡᆸ-이)'는 다음의 예와 같이 동작동사를 수식하기도 하였다.
　두 손ㅅ가라ᄀᆞ로 귀ᄅᆞᆯ ᄆᆡ이 마ᄀᆞ면 (능엄 3:4)

4) 심재기(1982: 422)에서는 상태동사가 동작동사를 수식할 수는 있지만, 동작동사는 상태동사를 수식할 수 없음을 지적하고 이러한 이유로 '-이'는 상태동사어근에 붙을 수 있다고 하였다.

(8)에서 '매우, 아주, 몹시' 등의 본래부사는 상태동사를 수식하고 있으므로 (8)의 문장은 모두 자연스러운 것이다. 이제 다시 (6)으로 돌아가 보자. (6)에서 '빨리, 많이, 높이' 등의 '-이'를 어휘적 접사로 보지 않고 통사적 접사로 간주한다면, 우리는 '매우, 아주, 몹시' 등의 부사는 오직 서술어만을 수식한다고 말할 수 있다. 즉 더 이상 부사가 다른 부사를 수식해야 한다는 약정이 필요없는 것이다.

이러한 가정에 따라 (6)의 문장들의 기저구조를 그려보면 다음 (9)와 같다.

(9) 가. 차가 [PRO 매우 빠르]$_{VP}$이] 간다.
　나. 그는 밥을 [PRO 아주 많]$_{VP}$이] 먹는다.
　다. 담을 [PRO 몹시 높]$_{VP}$이] 쌓았다.

(9가)에서 동사구(VP) 안에 있는 서술어 '빠르-'는 PRO에 의미역(T)을 배당하며, 부사 '매우'는 서술어 '빠르-'를 수식하고, 통사적 접사 '-이'는 동사구와 결합한다. 이는 부사의 일반적 기능을 만족스럽게 설명한다.

(9나)에서도 '-이'는 통사적 접사로 동사구와 결합하고, 동사구 안에서 부사 '아주'는 서술어 '많-'을 수식하며 '많-'은 PRO에 의미역(T)를 부여한다. (9다)에서도 PRO의 의미역, 부사의 수식 등과 같은 조건들이 만족스럽게 설명된다. 그러므로 접사 '-이'를 통사적 접사로 상정하는 것이 어휘적 접사로 상정하는 것보다 더 많은 설명력을 제공할 수 있다.

남은 문제는 통사적 접사 '-이'의 통사범주를 어떻게 설정하느냐 하는 것이다. 이제까지의 연구에서는 대부분 '-이'의 범주로 'Adv'를 설정하였다. 그러나 중요한 것은 'Adv'가 '-이'의 통사범주로 적절한가 아닌가의 문제가 아니라, 어떤 통사범주를 설정할 때, 통사적 접사 '-이'가 보여주는 여러 양상을 잘 설명할 수 있는가이다. 먼저 이를 검토하기 위해 '-이'와 다른 통사적 접사의 결합양상을 살펴보기로 한다.

(10) 가. 차가 매우 빨리{도/만/는} 간다.
나. 그는 밥을 아주 많이{도/만/는} 먹는다.
다. 담을 몹시 높이{도/만/는} 쌓았다.

(10)에서 통사적 접사 {도/만/는}은 일반적으로 명사구에 접미되는 접사들이다. 따라서 이러한 사실을 고려한다면 접사 '-이'의 범주는 명사(N)이어야 한다. 이렇게 '-이'의 통사범주를 N으로 상정하면, VP와 결합하는 접사 '-이(N)'는 통사부에서 핵이 되어 명사구(NP)를 이룰 것이라고 기대할 수 있으며, 이러한 명사구에 {도/만/는} 등이 붙는 것이라고 설명할 수 있다.

그러나 통사적 접사 '-이'는 일반적인 명사구와는 달리 서술어를 수식하는 기능도 가지고 있다. 이런 특성에 주목하여 전통적으로 'Adv'라는 통사범주를 가정한 것이지만, 'Adv'라는 범주를 택했을 때는 반대로 명사구에 붙는 {도/만/는} 등이 부사구에도 붙을 수 있다는 약정을 상정하지 않으면 안된다.

우리는 접사 '-이'의 두 가지 기능을 만족시킬 수 있도록 범주설정을 해야 한다. 이를 위해서 '-이'의 통사범주는 두 가지 자질(또는 속성)을 가지고 있다고 가정해 보자. 즉 하나는 '-이'가 [+N]의 자질을 가지고 있다고 가정하는 것이다. 이 명사성 자질은 명사구에 접미되는 {도/만/는}이 접미될 수 있는 환경을 제공해 준다. 다른 하나는 [+V]의 자질이다. 즉 '-이'가 명사구를 구성하여도 [+V]라는 동사성 자질에 의해 서술어를 수식할 수 있다고 가정하는 것이다.

이러한 가정이 옳다면 우리는 통사적 접사 '-이'의 통사범주로 명사(N)를 상정하고, 그 자질은 [+N, +V]라고 말할 수 있다. 따라서 똑 같이 명사구를 형성하지만 접사 '-이'는 일반명사(일반명사의 자질은 [+N, -V]이다)와는 달리, 서술어를 수식하는 기능을 갖는 한편, 명사구로서의 기능도 함께 가져, {도/만/는} 등의 통사적 접사와 결합하게 되고, 이를 통해 우리는 {도/만/는} 등의 통사적 접사가 명사구 이외에 부사(또는 부사구)와도 결합할 수 있다는 예외성을 더 이상 상정할 필요가 없게 된다.

3. '거침없이'류의 단어형성

여기서는 '거침없이'(이하 '거침없이'류)와 같은 단어의 형성과정에 대해 주목하고자 한다. 우리는 이러한 단어들이 어휘부에서 형성되는 것이 아니라 통사부에서 핵 이동을 통해 형성되는 것으로 가정한다.

(11) 수없이, 끊임없이, 숨김없이, 끝없이, 한없이, 말없이, 수많이, 배불리, 낯간지러이, 가당찮이, 못지않이, 적잖이

이러한 단어들은 '명사+동사어근+이'의 구조를 가지고 있다. 이들이 통사적 구성에서 핵 이동을 통해 형성된 것으로 가정하는 이유는 첫째, '거침없이'류가 어휘부에서 어휘적 접사에 의해 파생된 단어라면 본래부사의 수식을 받을 수 없어야 한다(이는 위에서 이미 가정했었다). 다음의 예를 보자.

(12) 가. 그는 <u>매우 거침없이</u> 말을 하였다.
　　나. *그는 매우 말을 하였다.
(13) 가. 영이는 어제와 <u>전혀 다름없이</u> 열심이다.
　　나. *영이는 어제와 전혀 열심이다.

(12-13가)는 모두 문법적인 문장이지만, (12-13나)는 모두 비문이다. 이는 (12-13)의 '거침없이, 다름없이'가 어휘부에서 형성된 파생어가 아니라는 것을 말해준다.

'거침없이'류의 단어를 어휘부의 파생어로 볼 수 없는 두번째 이유는 '거침'이라는 명사형 때문이다. '거침없이'의 '거침', '다름없이'의 '다름', '숨김없이'의 '숨김' 등은 어휘부에서 형성되는 명사라고 볼 수 없다. 이들 명사형은 일반명사와 같이 독립적으로 쓰일 수 없으며, 아직 단어로 인식되지 못한 것들이다. 이들이 어휘부에서 어휘적 접사 '-음'에 의해 파생된 것이라면 이러한 비독립성을 설명할 수가 없다.

세번째는 '거침없이'류에서 '명사(형)+동사'가 통사적 구성으로 자유롭게 대체가 가능하다는 점이다. 이는 '명사(형)+동사'의 구성이 본래 통사적 구성임을 암시한다고 할 수 있다.

(14) 가. 거침없이 → 매우 거침이 없다.
　　나. 다름없이 → 전혀 다름이 없다.
　　다. 수많이 → 수가 많다.
　　라. 배불리 → 배가 부르다.

(14)에서 '명사(형)+동사'의 통사적 구성은 모두 '주어-서술어' 관계를 이루며(이는 통사적 접사 '-이'가 상태동사구에 접미되는 것과 관계가 있다), 선행 명사구는 모두 '대상(T)'이라는 의미역을 갖고 있다. 따라서 이러한 구성은 '핵 이동의 의미론적 조건'을[5] 충족시킨다고 할 수 있으며, 이러한 통사적 이동에 의해 '명사(형)+동사'의 구조가 형성된다고 가정할 수 있는 것이다. 다음은 이러한 과정을 구조로 보인 것이다.

(15) 가. 차가 매우 거침없이 달린다.
　　나. [차]$_i$가 [[매우 [[PRO$_i$ 거치]$_{VP}$ ㅁ]$_{NP}$ 없]$_{VP}$ 이] 달린다.

5) 핵 이동의 의미론적 조건은 다음과 같다.
<핵 이동의 의미론적 조건>
핵인 인접 명사의 의미역이 '대상(Theme)'이면, 그 명사는 의미결합을 위해 인접 핵인 동사로 이동할 수 있다.

다. [차]$_i$가 [[매우 [[PRO$_i$ t1]$_{VP}$ t2]$_{NP}$ t3]$_{VP}$ 거침없이] 달린다.

(16) 가. 영자는 밥을 배불리 먹었다.

나. 영자는 밥을 [[배]$_{NP}$ 부르]$_{VP}$ 이] 먹었다.

다. 영자는 밥을 [[t1]$_{NP}$ t2]$_{VP}$ 배부르이] 먹었다.

(17) 가. 순희는 낯간지러이 그런 말을 했다.

나. 순희는 [[낯]$_{NP}$ 간지럽]$_{VP}$ 이] 그런 말을 했다.

다. 순희는 [[t1]$_{NP}$ t2]$_{VP}$ 낯간지럽이] 그런 말을 했다.

(15-17)에서는 형태론적 조건에 의한 핵 이동과 의미론적 조건에 의한 핵 이동이 모두 일어난다. 먼저 (15)에서 '거치'는 [+FF] 자질을 가지며, [-FF] 자질을 가진 핵 'ㅁ'에 의해 유도된다. 즉 형태론적 조건에 의해 핵 이동이 이루어진다. 그리고 의미론적 조건에 의해 '대상(T)'의 의미역을 가진 '거침'이 동사로 이동하게 되어 '거침없'이라는 구조가 형성되고, 형태론적 조건에 의해 다시 접사 '-이'로 핵 이동을 하여 '거침없이'라는 단어가 형성된다고 할 수 있다. 이때 이러한 이동은 핵 이동 제약을[6] 어기지 않는다.

(16)에서도 의미론적 조건에 의해 '배'가 '부르'로 이동하고, 다시 형태론적 조건에 의해 '배부르'가 접사 '-이'로 이동하여 '배부르이'의 구조를 낳는다. 이 구조는 음운부에 가서 '배불리'와 같은 형태를 얻게 된다. (17)에서도 (16)과 같은 이동으로 '간지럽이'가 형성되고 음운부에서 '간지러이'의 형태로 정정된다.

이러한 과정을 통해 형성된 '거침없이'류의 형태는 잠재적 단어의 성격을 띠며, 언중의 잦은 사용으로 인해 하나의 단어로 인식되게 된다.

6) 핵 이동제약은 다음과 같다.
<핵 이동제약(Head Movement Constraint: HMC)>
영계층범주(즉 핵) β의 이동은 β의 최대투사인 Γ를 지배하는 핵 α의 위치로만 가능하다.

4. 통사적 접사 '-이, -게'의 상관관계

접사 '-이'와 '-게'에 대해서는 일반적으로 전자를 파생접사로, 후자를 부사형어미(내포문어미, 체언화어미)로 간주하였다.[7] 이는 전자가 생산성이 적음에 비해 후자는 모든 동사와(동작동사나 상태동사나) 결합할 수 있기 때문이다. 우리는 먼저 '-게'가 내포문을 이룬다는 사실을 받아들이기로 한다. 그리고 앞서 '-이'도 어휘적 접사 이외에 통사적 접사의 성격을 가지고 있음을 밝혔으므로(상태동사와 결합하는 경우) '-이' 또한 내포문을 구성할 수 있다고 가정하겠다.

따라서 이 절에서는 '-이'와 '-게'의 의미특성의 차이보다는 이들이 내포문을 구성할 때, 일어나는 통사적 제약 문제에 초점을 두기로 한다. 먼저 '-이, -게'가 모두 사용될 수 있는 문장을 예로 들어보자.

(18) 가. 차가 아주 빨리 달린다.

나. 차가 매우 빠르게 달린다.

(19) 가. 담을 아주 높이 쌓는다.

나. 담을 매우 높게 쌓는다.

(18-19)에서 {빨리/빠르게}{높이/높게}는 모두 가능하며, 이때 이들의 의미 차이는 거의 없다고 할 수 있다. 우리는 이들의 기저구조를 다음과 같이 상정한다.

(20) 가. 차가 [PRO 아주 빠르]이 달린다.

나. 차가 [PRO 매우 빠르]게 달린다.

7) 홍종선(1987)에서는 '-게'를 체언화어미로 설정하고, 그 기원을 '기+에'로 즉, 체언화 '-기'와 처격 '-에'의 결합으로 상정하고 있다. 또한 '-게'의 의미특성은 [+결과성][+방향성]이라고 하였다.

(21) 가. 담을 [PRO 아주 높]이 쌓는다.

나. 담을 [PRO 매우 높]게 쌓는다.

위에서 '-이, -게'는 모두 통사적 접사로 VP에 접미되는 구조를 가진다. 따라서 동사구의 핵 '빠르-, 높-'은 서술어로서의 기능을 수행하고 있어, PRO에 의미역을 배당하는 한편 부사의 수식도 받을 수 있다. (20-21)의 구조는 '-이, -게'가 통사적으로 서로 차이가 없으며, 모두 내포문을 이루는 동일한 구조를 형성한다고 가정할 수 있다. 여기에서 PRO의 지시는 논리형태(LF)에서 행해진다. 즉 위의 구조는 다음과 같은 의미를 갖고 있다.

(22) 가. 차가 달린다. 그것이(속도) 아주 빠르다.

나. 차가 달린다. 그것이(속도) 매우 빠르다.

(23) 가. 담을 쌓는다. 그것이(정도) 아주 높다.

나. 담을 쌓는다. 그것이(정도) 매우 높다.

(22가)를 논리기호로 표시하면 다음과 같다.

(24) 가. 어떤 차가 있다. → E(x)

나. 그 차는 달린다. → (E(x))y

다. 그 속도가 빠르다. → ((E(x))y)z

라. 그 속도의 빠른 정도가 심하다. → 아주((E(x))y)z

(24)를 통해 '아주((E(x))y)z'에서 PRO가 지시하는 것은 '(E(x))y'이다. 따라서 PRO는 LF에서 (E(x))y와 동지표로 해석된다고 할 수 있다.

그러나 '-이, -게'가 함께 쓰일 수 없는 경우도 있다.

(25) 가. 기차가 멀리 사라져갔다. [심재기(1982: 426)]
　　나. *기차가 멀게 사라져갔다.

(25가)에서 '멀리'는 자연스럽지만, (25나)에서 '멀게'는 부자연스러운 문장을 낳는다. 심재기(1982)에서는 이러한 차이가 '-게'의 '분리성'에 기인한다고 하였다. 즉 (25나)의 문장은 '-게'에 의해 행동주가 분리됨으로써 복문의 성격을 가져야 하는데, 먼 것도 기차이고, 사라져간 것도 기차인 단일 행동주이므로 '-게'에 의해 분리될 것이 없기 때문에 비문이 된다고 한다.[8)]

그러나 이러한 주장은 좀더 검토될 필요가 있다. 다음과 같은 문장을 보자.

(26) 가. 기차가 (아주) 빨리 달린다.
　　나. 기차가 (아주) 빠르게 달린다.

심재기(1982)의 주장대로라면 (26나)의 문장은 비문이 되어야 한다. 그 이유는 빠른 것도 기차이고, 달리는 것도 기차인 단일행동주이므로 '-게'에 의해 분리될 것이 없어야 하기 때문이다. 그러나 (26나)의 문장은 자연스러운 문장이다.[9)] 따라서 '-이'와 '-게'가 자유롭게 교체될 수 없는 까닭은 이들의 의미특성에 기인하는 것이 아니며, 어떤 다른 이유가 있을 것으로 생각된다. 다음의 예들도 '-이' '-게'가 자유롭게 대체될 수 없는 예들이다.

---

8) 이러한 주장을 정리하여 심재기(1982)에서는 파생부사로서의 '이'는 [-대칭성]의 자질을 갖고 있고, 부사형어미로서의 '게'는 [+대칭성]이라는 자질을 갖고 있다고 하였고, 임홍빈(1976)에서는 '이'는 [-대상화]를, '게'는 [+대상화]를 갖는다고 보았다.

9) 홍종선(1987)에서는 '-게'는 내포문을 구성하며, 상위술어가 하는 행동의 목표이고 방향성이 된다고 하였다.

(27) 가. 말없이 {고이/*곱게} 보내 드리 우리다. [송철의(1989)]

나. 그의 이름은 {길이/*길게} 빛날 것이다.

(28) 가. 머리를 {*고이/곱게} 땋아 내렸다.

나. 그림자가 {*길이/길게} 드리워졌다.

(29) 가. 철수는 영이의 말을 {곧이/*곧게} 들었다.

나. 선을 {*곧이/곧게} 그어라.

(30) 가. {굳이/*굳게} 가겠다면 보내주마.

나. 오늘의 맹서를 저바리지 않기로 {*굳이/굳게} 다짐하였다.

(27-30)의 예들은 '-이, -게'가 자유롭게 대체되지 않고 어느 한 쪽만 성립하는 문장들이다. 이러한 차이점은 '-이, -게'의 의미특성의 차이라기보다는 '고이, 길이, 곧이, 굳이'와 '곧게, 길게, 곧게, 굳게' 등의 어휘의미상 차이라고 볼 수 있다(송철의 1989: 194-196).

우리는 '-이, -게'의 통사적 기능과 의미가 같다고 가정한다. 따라서 (26)의 두 문장은 동의문에 가깝다. 이때 '빨리, 빠르게'는 모두 '동사구+이/게'의 구성을 보이며, 동사구의 핵 '빠르다'는 서술기능을 갖고 있다고 가정했다. 그리고 이런 경우 '빠르다'의 의미는 '속도가 빠르다'라는 기본의미를 가지고 있을 것으로 가정한다.

그러나 (27-30)에서의 '-이' 형에서는 이러한 동사의 기본의미를 쉽게 찾을 수 없으며, 이는 의미파생을 통해 '-이'형의 의미가 동사의 기본의미에서 멀어진 것이라고 하겠다. 따라서 (27-30)의 '고이, 길이, 곧이, 굳이'는 상태동사 '곱다, 길다, 곧다, 굳다' 등의 기본의미에서 의미파생을 겪어 어휘화된 것으로, 이들의 의미는 동사의 기본의미에서 멀어진 것이다. 따라서 어휘화된 단어의 기능은 일반적인 '-이'와는 다르게 나타난다.

(31) 가. 말없이 *{아주/매우/몹시} 고이 보내 드리우리다.

나. 그의 이름은 *{아주/매우/몹시} 길이 빛날 것이다.

(32) 가. 머리를 {아주/매우/몹시} 곱게 땋아 내렸다.

나. 그림자가 {아주/매우/몹시} 길게 드리워졌다.

(33) 가. 철수는 영이의 말을 *{아주/매우/몹시} 곧이 들었다.

나. 선을 {아주/매우/몹시} 곧게 그어라.

(34) 가. *{아주/매우/몹시} 굳이 가겠다면 보내주마.

나. 오늘의 맹서를 저버리지 않기로 {아주/매우/몹시} 굳게 다짐하였다.

위에서 어휘화된 '고이, 길이, 곧이, 굳이'는 {아주/매우/몹시} 등의 수식을 허용하지 않는다. 이는 '고이, 길이, 곧이, 굳이' 등의 동사 '곱다, 길다, 곧다, 굳다'가 서술어의 기능을 이미 상실했음을 말해준다. 그러므로 이러한 어휘화된 단어는 내포문을 이루지 못하며, PRO의 설정도 있을 수 없다. 그러나 위에서 '곧게, 길게, 곧게, 굳게' 등은 여전히 {아주/매우/몹시} 등의 수식을 허용하므로 어휘화되지 않은 것이며, 그 동사는 서술어의 기능을 그대로 수행하고 있고, 그 의미는 기본의미를 그대로 지니고 있다고 말할 수 있다. 따라서 '-게'의 구성은 항상 내포문을 이루며 PRO를 상정해야 한다.

이렇게 의미론적으로 어휘화된 단어는 수식할 수 있는 동사의 수가 극히 제한적이라는 특징을 가지고 있다.

(35) 가. 고이--보내다, 잠들다, 간직하다

나. 길이--빛나다, 남다, 기억되다

다. 곧이--듣다, 곧다

라. 굳이--부정의미

(35)의 예들은 제한적인 동사와만 결합하지만 이에 대응하는 중세국어의 단어는 오늘날 '-게'의 기능도 갖고 있었음을 알 수 있다.

(36) 가. 고비(곱-이)

萬物을 고비 일우시논 方 업스시며 (법화 3:33)

고이 히오 조ᄒᆞ니로 그 우희 듧고 (법화 2:11)

나. 기리(길-이)

어딘 버들 맛나아 魔 그므를 기리 그츠며 (월석 9:34)

그려기 올히ᄂᆞᆫ 기리 혜요미 맛당ᄒᆞ니 (長數) (두초 7:9)

다. 고디(곧-이)

고디 셔도 머리 ᄡᅡ해 드리고(直立頭垂地) (금삼 3:22)

라. 구디(굳-이)

門ᄃᆞᆯᄒᆞᆯ 다 구디 잠겨 뒷더시니 (석보 6:2)

뎌 ᄉᆡ리ᄅᆞᆯ 다가 ᄆᆡ기ᄅᆞᆯ 구디 ᄒᆞ라 (박해 중 52)

(36)의 중세국어 예들은 매우 폭넓게 사용되었으며, 오늘날 '곱게, 길게, 곧게, 굳게'가 가지고 있는 의미영역을 모두 포함하고 있었는데, '-게'의 출현과 그 사용영역의 확대로 말미암아 점차 어휘화되어 특수한 의미를 띠게 되었다고 볼 수 있다.[10] 이러한 사실은 '-이'가 중세국어에도 통사적 접사로서 기능하였음을 말해주며, 또한 오늘날에도 '-이'를 단지 어휘부의 어휘적 접사로 처리할 수 없는 중요한 근거가 된다.

이렇게 어휘화된 양상은 '빨리/빠르게'에서도 나타난다.

10) 이러한 단어 이외에도 많은 '-이' 결합형의 단어들이 오늘날보다는 그 사용영역이 넓었다고 볼 수 있다. '두터이, 게을리'의 경우를 보자.

(가) 두터이(두텁-이)

ᄂᆞᆯ을 너무 두터이 말고 (박통 중 상 15)

두 거믄 양의 ᄯᅩᆼ 두터이 ᄇᆞ티면 (구산 6:28)

(나) 게을이(게으르-이)

ᄡᅡ히 幽僻ᄒᆞᆯᄊᆡ 옷ᄀᆞ외 니부믈 게을이 ᄒᆞ노라 (두언 7:4-5)

ᄆᆞᆺ 우흿 두 하ᄂᆞᄅᆞᆫ 너무 게을이 便安ᄒᆞ고 (석보 6:35)

거스리디 말며 게을이 마롤디니라 (소학 2:12)

(37) 가. 사고가 났어. {빨리/*빠르게} 가봐.

나. 보기 싫다. {빨리/*빠르게} 없어져.

(38) 가. 사고가 났어. *{아주/매우/몹시} 빨리 가봐.

나. 보기 싫다. *{아주/매우/몹시} 빨리 없어져.

(37)에서 '빨리'의 의미는 '속도가 빠르다'라기보다는 '냉큼, 지체하지 말고', 정도의 의미로 쓰여 '빠르다'의 기본의미와는 다소 거리가 있다(송철의 1989: 197). 따라서 어휘화된 '빨리'에서는 {아주/매우/몹시} 등의 부사가 수식할 수 없다.[11)]

이러한 관점에서 앞에서 언급한 (25)의 '멀리/멀게'의 차이를 살펴보자.

(39) 가. 기차가 멀리 사라져갔다.

나. *기차가 멀게 사라져갔다.

'멀다'의 기본의미를 '어떤 곳에서 많이 떨어져 있다'로 상정한다면(최호철 1993) 이는 구체적인 거리를 의미한다고 볼 수 있다. 그러나 '멀리'의

11) 송철의(1989)에서는 다음과 같은 구문에서 '-게' 형이 나타날 수 없다고 하였다(임홍빈 1974에서도 같은 견해가 있다).

(가) {다행히, *다행하게}, 인명피해는 없었다.

(나) {확실히, *확실하게}, 그는 밀수를 했어.

그리고 '-게' 형 다음에 '-도'라는 접사가 오면 '-도'가 '-게' 부사형의 통사론적 조건을 완화시켜 주는 기능을 하여 정문이 된다고 하였다.

(다) 다행하게도, 인명 피해는 없었다.

(라) 불행하게도, 그는 일찍 부모를 여의었다.

그러나 필자의 직관으로는 (가)(나)의 '-게' 형도 가능한 문장이며(심재기 1982도 같은 견해다) '-이' 형은 단지 어휘화된 것으로 보고자 한다.

(마) *??{아주/매우} 다행히, 인명피해는 없었다.

(바) {아주/매우} 다행하게, 인명피해는 없었다.

(사) *??{아주/매우} 확실히, 그는 밀수를 했어.

(아) {아주/매우} 확실하게, 그는 밀수를 했어.

'-게' 형은 에 부사 {아주/매우}의 수식을 허용하는 반면, '-이' 형은 이들 부사의 수식을 자유롭게 허용하지 않고 있다.

의미는 구체적인 거리보다는 추상적인 거리를 나타낸다고 할 수 있다.

(40) 가. 두 기둥 사이의 거리를 {멀게/*멀리} 해라.

(41) 가. {멀리/*멀게} 보는 사람이 성공한다.

나. 너무 {멀리/*멀게} 가면 집을 잃는다.

다. 그런 사람은 {멀리/*멀게} 해라.

(40)에서 '멀리'는 가능하지 않고 '멀게'만 가능한 이유는 구체적인 거리를 대상으로 하고 있기 때문이며, (41)에서 '멀게'가 불가능한 이유는 구체적인 거리가 아니라 추상적인 거리를 대상으로 하고 있기 때문이다. 따라서 (41)의 '멀리'는 어휘화된 것이며, {아주/매우/몹시} 등의 부사의 수식도 자연스럽지 못한 것이다.

(42) 가. 두 기둥 사이의 거리를 {아주/매우/몹시} 멀게 해라.

(43) 가. *{아주/매우/몹시} 멀리 보는 사람이 성공한다.

나. 너무 *{아주/매우/몹시} 멀리 가면 집을 잃는다.

다. 그런 사람은 *{아주/매우/몹시} 멀리 해라.

(42-43)에서 어휘화된 단어는 부사의 수식이 어려운 반면, 그렇지 않은 단어는 매우 자유롭다. 이에 따라 (39)의 '멀리/*멀게 사라져갔다'에서 '멀리'는 '멀다'의 기본의미에서 어느 정도 벗어난 추상적인 거리를 나타내고 있다고 할 수 있다. 그러나 '{아주/매우/몹시} 멀리'의 구조가 가능하기 때문에 어휘화된 (41)의 '멀리'와는 조금 차이가 있으므로, 완전히 어휘화된 단어라기보다는 어휘화의 과정에 있는 단어라고 볼 수 있겠다.

그렇다면 왜 '동사+이'는 어휘화되고, '동사+게'는 어휘화되지 않는 것일까? 그것은 어휘적 접사 '-이'의 영향이라고 볼 수 있다. 즉 어휘적 접사 '-이'는 주로 '명사어간+이'의 구조를 형성하여 부사의 기능을 갖게 한다(집집-이, 틈틈-이, 곳곳-이, 일찍-이, 더욱-이, 가뜩-이, 가뿐히[12] 등). 따라서 통사적 접사 '-이'는 어휘적 접사 '-이'에 유추하여 어휘화의 과정을 쉽게 거칠 수 있지만 '-게'는 항상 통사적 접사로만 쓰이므로 어휘화과정을 거치지 않는다고 할 수 있다.

또 하나의 이유는 '-게'의 생산성에 있다. '-게'는 동작동사구나 상태동사구 모두와 결합하지만, '-이'는 상태동사구와만 결합한다. 따라서 원래 두 형의 의미는 같았으나 생산성이 높은 '-게'의 사용영역이 넓어짐에 따라 '-이'의 의미는 본래의미를 상실하고 어휘화된 의미로만 사용되었다고 볼 수도 있다. 이러한 가정은 중세국어에서 '-이'형으로 사용되던 것이 현대국어에서는 '-게'형으로 대체된 예들을 통해 입증된다.

(44) 가. 올히(옳-이) → 옳게
나. ᄇᆞᆯ기(ᄇᆞᆰ-이) → 밝게(바로)
다. 느지(늦-이) → 늦게
라. 둗거이(둗겁-이) → 두껍게
마. 놀라이(놀랍-이) → 놀랍게
바. 어두이(어둡-이) → 어둡게
사. 깃비(깃브-이) → 기쁘게

(44)의 예들은 중세국어에서 '-이'와 결합되었으나 현대국어에서는 '-이' 대신 '-게'로 대체된 경우이다. 이러한 사실은 현대국어의 '-게'의 의미영역이 매우 넓다는 것을 말해 준다.

---

12) 허웅(1975)에서는 중세국어의 '가뿐히'류의 구조를 '가뿐ᄒᆞ+이'로 설정하고 있다.
ᄀᆞᄃᆞ기(ᄀᆞᄃᆞᆨᄒᆞ-이) 번드기(번득ᄒᆞ-이) 축추기(축축ᄒᆞ-이)
다복다보기(다복다복ᄒᆞ-이) ᄆᆞᆯᄀᆞᆺᄆᆞᆯᄀᆞ시(ᄆᆞᆯᄀᆞᆺᄆᆞᆯᄀᆞᆺᄒᆞ-이) 덛더디(덛덛ᄒᆞ-이)
따라서 현대국어의 '가뿐히'류를 '가뿐+히'로 가정할 것인지 '가뿐하+이'로 가정할 것인지는 더 검토되어야 하지만 '-이, -히'가 넘나듦이 심하므로 공시적인 기술에서는 '가뿐+히'의 구조를 상정하는 것이 바람직하다.

5. 결론

이상에서 논급한 내용을 간략히 정리하여 결론을 대신하고자 한다.

1) 상태동사어근과 결합하여 부사를 형성하는 파생접사로 처리되던 부사화접사 '-이'는 통사적 접사로 이해하여야 하며, 구조면에서도 '상태동사 어근+이' 보다는 '상태동사구+이'의 구조를 갖는다. 이것은 접사 '-이'와 결합하는 상태동사어근의 서술성이 그대로 유지되는 경우가 매우 많기 때문이다.

2) 접사화 형성과정을 살펴보면 '동사구+이'라는 통사구성에서 핵 이동을 통해 상태동사어근과 '-이'가 결합하게 되고, 이 결합형이 단어로 굳어진다고 할 수 있다. 따라서 현재 상태동사어근의 서술성을 상실한 어형도 처음에는 이러한 과정을 통해 단어화된 것이며, 이후 의미파생을 겪으면서 어휘화될 수 있다고 본다.

3) 접사 '-이'의 통사범주는 특수조사와의 분포관계를 고려할 때 명사(N)로 설정하고, 그 자질은 [+N, +V]로 설정하는 것이 바람직하다. 이때 [+V] 자질은 서술어와의 관계를 보장하게 된다. 이에 따라 '-이'는 통사적 핵(head)으로 명사구(NP)를 형성하며, 상태동사구를 자매항으로 취하는 통사적 접사이다.

4) '거침없이'류에서 접사 '-이'는 통사적 접사이며, '명사(형)+동사'의 형성과정도 통사적 구성에서 핵이동을 통해 일어난다고 볼 수 있다.

5) 접사 '-이'와 '-게'는 모두 통사적 접사로 그 구조와 기능은 같으나, '-이'에 비해 '-게'의 결합영역이 넓다. 이러한 결합영역의 차이는 상대적으로 '-이'의 기능을 축소시키는 결과를 가져왔으며, 이로 인해 '-이'의 결합형은 점차 어휘화된 의미로 사용된 듯하다. 이러한 사실은 중세국어에서 '-이'의 결합형이 현대국어에서는 '-게' 결합형으로 대체된 경우에서도 입증된다.

부사화접사의 전반적인 고찰을 위해서는 여러 유형의 부사들의 형성 과정과 기능 그리고 이들의 상관성이 점검되어야 하며, 특히 부사화접사의 통시적 변천과정이 논의되어야 한다. 그러나 본고에서는 '상태동사어근'과 결합하는 접사 '-이'의 통사적 성격과 특징을 검토해보고 '-게'와의 상관관계를 간략히 살펴보았을 뿐이다.

따라서 본고는 부사화접사에 대한 본격적인 고찰에 앞선 피상적인 검토 단계의 성격을 띠는 것이며, 논의되지 못한 여러 문제에 대해서는 앞으로의 과제로 삼고자 한다.

‖ 참고 문헌 ‖

고영근 1989. 「국어형태론연구」, 서울대학교 출판부.

고창수. 1985. "어간형성접미사의 설정에 대하여", 「한국어학연구」 7.

고창수. 1992ㄱ. "국어의 통사적 어형성", 「국어학」 22.

고창수. 1992ㄴ. 「고대국어 구조격 연구」, 고려대 박사학위논문.

고창수 · 시정곤. 1991. "목적어 있는 피동문", 「주시경학보」 7.

기주연. 1991. 「근대국어의 파생어 연구」, 한양대 박사학위논문.

김창섭. 1992ㄴ. "국어 파생어에 대한 통사론적 해석", 「국어학회 제19회 공동연구회 발표요지」.

박영순. 1993. 「현대 한국어 통사론」, 집문당.

성광수. 1976ㄴ. "「불완전명사+{하(다), 이(다)}」에 대한 생성론적 분석", 「어문논집」(고려대) 17.

성광수. 1988ㄴ. "국어의 단어와 조어-어휘구조와 어형성규칙(1)-", 「주시경학보」 1.

송철의. 1989. 「국어 파생어 형성 연구」, 서울대 박사학위논문.

시정곤. 1990. "국어의 단어형성에 대한 관견", 「한국어학신연구」 한신문화사.

시정곤. 1991. "북한의 형태론사", 「북한의 조선어연구사」 1, 도서출판 녹진.

시정곤. 1992ㄱ. "국어 논항구조의 성격에 대하여", 「한국어문교육」 6.

시정곤. 1992ㄴ. "통사론의 형태정보와 핵 이동", 「국어학」 22.

시정곤. 1993. "'-이(다)'의 '-이-'가 접사인 몇 가지 이유", 「주시경학보」 11.

심재기. 1982. 「국어어휘론」, 집문당.

양정호. 1991. "중세국어 파생 접미사 연구", 「국어연구」 105.

이관규. 1992. "서술어와 서술관계", 「주시경학보」 10.

조남호. 1988. "현대국어의 파생접미사 연구-생산력이 높은 접미사를 중심으로-", 「국어연구」 85.

최호철. 1993. 「현대 국어 서술어의 의미 연구」, 고려대 박사학위논문.

하치근. 1989. 「국어 파생형태론」, 남명문화사.

허 웅. 1975. 「우리 옛말본」, 샘 문화사.

홍종선. 1990. 「국어체언화구문의 연구」, 고려대학교 민족문화연구소.

홍종선 · 고창수 · 시정곤 편역. 1993. 「장벽이후의 생성문법」, 집문당.

Baker, M. 1988. *Incorporation: A Theory of Grammartical Function Changing*, The University of Chicago Press.

Chapin, P. G. 1967. *On the Syntax of Word-Derivation in English*, Information System Language Studies, No. 16, Bedford, Mass.: MITRE Corporation.

Chomsky, N. 1986. *Barriers*, The MIT Press, Cambrige, Mass.

Chomsky, N. 1988. "Some Notes on Economy of Derivation and Representation", *MIT Working Papers in Linguistics* 10.

Mithun, N. 1984. "The evolution of noun incorperation", *Language* 60.

Pollock, J. Y. 1989. "Verb Movement, UG and the Structure of IP", *Linguistic Inquiry* 20.

Sadock, J. M. 1991. *AUTOLEXICAL SYNTAX*, The Univ. of Chicago Press.

Scalise, S. 1984. *Generative Morphdlogy*, Derdrecht:Foris Publication.

Spencer, A. 1991. *MORPHOLOGICAL THEORY*, Cambridge Univ. Press.

Williams, E. 1980. "Predication", *Linguistic Inquiry* 11.

(1993, 「어문논집」 32)

국어의 형태적 병합과 의미역 배당*

1. 도입

이 논문에서는 국어의 의미역(예를 들어 AGENT, PATIENT 등)이 도출의 과정에서(derivationally) 의미 범주 V에 의해 NP1의 지정어 자리에 배당이 된다고 주장할 것이다. 이때 V는 XP의 핵 X^0와 병합(merge)된다. 먼저 다음 그림을 보자.

(1)

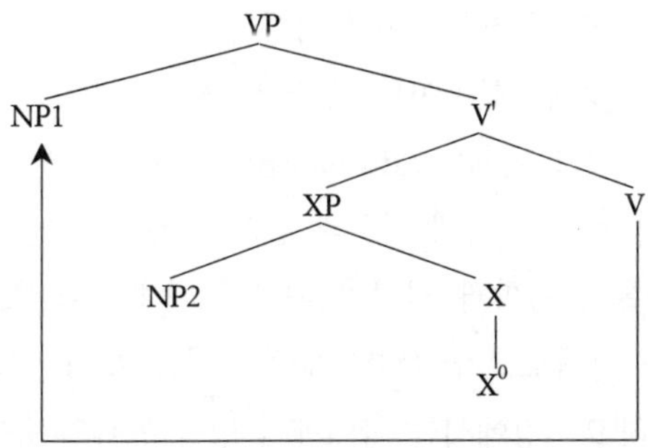

* 이 논문은 1996년에 개최된 서울국제생성문법학회(SICCOG)의 논문집 *Morphosyntax in Generative Grammar*에 실린 영문 논문 "Morphological Merger and Theta-Role Assignment in Korean"을 우리말로 번역한 것이다.

초고에 대한 날카로운 논평을 해주신 성광수, 장영준 선생님께 감사드린다. 특히 장영준 선생님과는 여러 아이디어와 논문의 주제에 대해 심도 있는 논의를 할 수 있었는데 이는 논문 작성에 많은 도움이 되었다. 그러나 물론 이 논문에 나오는 모든 잘못은 필자의 몫이다.

위의 (1)에서 의미범주 V는 사역(CAUSATIVE) (-이/기-), 피동(PASSIVE) (-히-), 행위(ACTIVE) (-이-) 등을 나타내는 것으로, 지정어 NP1에 *causer*, *patient*, *agent/actor* 등의 의미역을 각각 배당한다. 본고는 이러한 도식의 방법에 병합된 몇 가지 동사 유형이 존재한다는 것을 가정하고자 한다.

이 논문은 Chomsky(1981)에 따라 통사론이 어휘부로부터 투사된다는 가정에 기초한다는 것을 미리 밝혀둔다. 그리고 여기서 논항구조(argument structure)는 Hale & Keyser(1994)가 주장하는 LRS(Lexical Relational Structure)나 Marantz(1984)가 주장하는 LSS(Logico-Semantic Structure)와 대동소이한 구조로 가정하고 있다는 것을 밝힌다.[1)]

우리는 형태-통사의 접점(interface), 병합 동사의 유형, 의미역 배당의 절차와 외재주어 등과 같은 언어학적 개념들에 대한 의문을 해결하기 위해 다음과 같은 몇 가지 주장을 개진하려는 것이다. 첫째, 의미 범주 V가 도출이 되는 과정에서 X^0에 병합되지 못한다면 의미역 배당은 없다. 둘째, 외재논항(또는 행위자 agent)는 의미 범주 V(ACTIVE/ CAUSATIVE)에 의해 의미역 배당을 얻는다. 이는 Hale & Keyser(1994)의 주장에 반하는 것인데, 그들은 외재 논항이 D-구조에서 IP의 지정어로서 EPP에 의해 허가된다고 주장하고 있다. 셋째, 한국어와 영어의 사역 구문의 비대칭성(asymmetry)은 의미역 자질의 매개변인(parameters)로 해결될 수 있다.

본고는 원활한 논지 전개를 위해 다음과 같은 전개 순서를 갖고자 한다. 제2장에서는 형태론적 병합과 의미역 배당에 대해 이론적으로 검토해 보고 국어의 예를 살펴보고자 한다. 제3장에서는 투사 원리(mapping principles)에 대해 논의하고, 4장에서는 국어에서 병합 동사의 유형을 제시하고자 한다. 5장에서는 외재 논항과 관련하여 Hale & Keyser(1994)의 주장을 비판하고 새로운 대안을 제시할 것이며, 6장에서는 한국어와 영어의 어휘항목에 드러나는 의미자질의 매개변인에 대해 고찰하는 한편 전체

---

1) 물론 LRS와 LSS가 똑같은 개념은 아니다. 그러나 이 논문에서는 이 둘의 개념을 크게 구분하지 않고 사용하겠다.

내용을 요약하면서 마무리를 할 것이다.

2. 형태론적 병합(Morphological Merger)

이 장에서는 먼저 Marantz(1984: 222)에 기대어 다음 (2)와 같이 논항구조의 원리를 가정하고자 한다.

(2) 원리 : 어휘항목이 의미역을 배당하거나 논항구조를 가지고 있을 때, 그 항목은 어휘개념구조(LRS) 단계에서 하나의 독립적인 성분으로 존재한다. (If a lexical item assigns a semantic role or has an argument structure, it is an independent constituent at LRS.)

이 장에서 언급하고 있는 접사는 논항구조를 가지고 있기 때문에, (2)에 따라 그들은 성분 목록에서 하나의 독립된 항목으로 나타나야 한다. 이러한 원리로부터 두 가지 중요한 결론이 도출될 수 있는데, 하나는 논항구조를 가진 접사는 어휘개념구조에서 독립적이어야 하기 때문에 해당 접사는 궁극적으로 하나의 문장이 도출될 때 어느 시점에서 동사어근이나 어간과 병합되어야만 한다는 것이다. 둘째, 지금 논의하고 있는 병합을 포함한 모든 접사화과정(affixations)은 통사부의 어휘삽입 전단계인 어휘부에서 일어나야 한다. 이러한 가정을 토대로 우리는 모든 의미역 배당이 어휘부에서 도출이 진행되는 동안 일어나야 한다고 주장할 것이다.

좀더 구체적인 설명을 위해 예를 들어 보기로 한다. 다음은 국어 동사 '웃기-'의 예를 보인 것인데, 이때 '웃기-'는 어휘항목의 접사 '-기-'가 동사어근 '웃'에 접사화되어 만들어진 것이다.

(3) 광대-가　　　아이-를　　　　웃-기-었-다
　　[주격]　　　[목적격]　　　어근-CAUSATIVE1-과거-서법

그렇다면 문장 (3)의 어휘개념구조(LRS)는 어떤 모습일까? 이를 위해 우리는 다음 (4)의 구조를 가정하고자 한다.

(4)

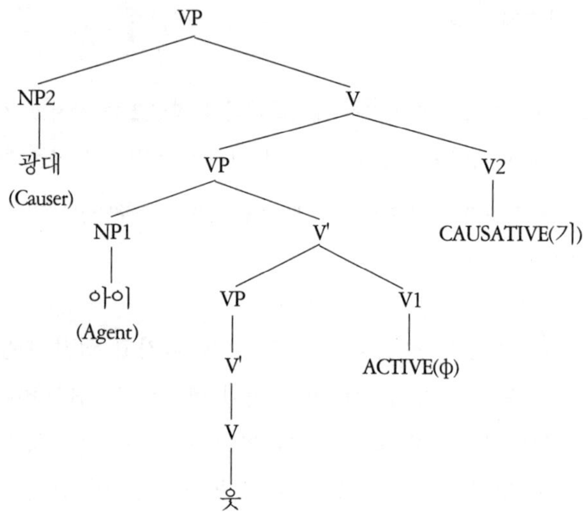

위의 (4)에서 의미 범주 V1(ACTIVE ϕ)는 도출과정에서 동사 V^0 '웃'과 병합되는데, 결국 지정어 '아이'에 *agent/actor* 의미역을 배당하고, V2인 CAUSATIVE(기)는 지정어 자리에 있는 NP2 '광대'에 *causer*라는 의미역을 각각 배당한다. 이러한 도식은 Larson(1988)에서 주장한 영어의 이중목적어 구문에서 동사의 의미역배당의 원리와 유사하다. Larson(1988)의 입장에서 본다면 이러한 도식은 동사의 D-구조, 더 정확히는 D-구조 표상(representations)을 결정하는 어휘논항구조인 셈이다.

3. 투사 원리(Mapping Principles)

통사이론에서 어휘 항목은 문장의 어휘개념구조와 S-구조의 연결을 나타내는 것이 일반적이다. 이때 어휘 내항(lexical entry)은 일련의 자질과 자질명세를 포함한다. 자질 목록에 있는 어떤 자질들은, 예를 들어 의미역이나 논항구조와 같은 자질들은 어휘개념구조와 밀접한 관련을 맺고 있으며, 또 타동성[transitive] 같은 자질의 경우는 S-구조와 관련을 맺는다. 그리고 음운 자질(phonological features)은 표면구조와 관련을 맺기도 한다 (Marantz 1984: 53). 여기서 우리가 관심을 가지고 있는 자질은 첫 번째 자질이다. 나머지 두 자질에 대해서는 이 논문의 범위 밖에 있는 것이므로 여기서 논의하지 않기로 한다.

구체적으로 동사 어근 '먹'과 접사 '-이-'의 어휘 내항에 대해 살펴보기로 하자. 다음 (5)는 '먹'의 어휘내항을 (6)은 접사 '-이-'의 어휘내항을 나타낸 것이다.

(5) 먹-, V, eat [+THEME], [+NP___], [+transitive], /mək/

(6) -이-, Vaf, [+CAUSATIVE1], [+V__], [+transitive], /i/

예 (5)에서 우리는 동사 어근 '먹'이 [+THEME]이라는 의미자질을 가지고 있으며 어휘개념구조에서 보어 NP에 *theme*이라는 의미역을 배당할 것이라 가정한다. 그리고 [+NP___]라는 하위범주 자질과 [+transitive] 자질은 S 구조와 관련을 맺는다.[2] (6)에서 사역 접사 '-이-'의 의미 자질 [+CAUSATIVE1]은 지정어 NP에 *agent*라는 의미역을 배당한다.

---

2) 이때 [+transitive] 자질은 S-구조에서 격자질로 간주되는데, 대격 점검과 같은 격점검(Case checking)에서 중요한 역할을 하게 된다. 다음의 예를 보자.

(i)	아이-가	빵-을	먹-었-다	(S-Structure)
	Nom	Acc	[+trs]-과거-평서	

다음 도식에서 보는 바와 같이 한국어에서는 몇몇 자질이 어휘개념구조와 밀접한 관련을 맺는다.

(7)

자질	형태소	의미역
STATIVE1	-φ-	Experiencer
STATIVE2	-아 지-	Experiencer
ACTIVE1	-φ-/-이-/-아 하-	Agent/Actor
ACTIVE2	-게 하-	Agent/Actor
PASSIVE	-히-	Patient
CAUSATIVE1	-이-	Causer
CAUSATIVE2	-게 하-	Causer

* (위에서 형태소는 대표형이다)[3]

이 논문에서는 사역 구문은 오직 문장 안에 *causer*와 *causee*라는 의미역이 있을 경우만 성립가능하다고 가정한다. 그리고 상태동사의 자질은 CAUSATIVE1, 2가 아닌 ACTIVE1, 2로 간주한다. 좀더 자세한 분석을 위해서는 어휘항목의 자질에 대해 그리고 어휘 자질이 NP에 의미역을 배당하는 방법에 대해서 좀더 고찰해 볼 필요가 있다. 다음 (8)-(10)에서는 어근 동사가 상태동사 '좋-'의 경우이다.[4]

3) 사역과 피동 형태소는 -이-, -히-, -리-, -기- 등과 같이 형태가 동일한 것이 많다.

4) Y-J. Kim(1990: 65)에서는 두 부류 동사의 논항구조와 격표시 패턴을 다음과 같이 상정하고 있다.

(i) Bare-form *coh-* 'befond of' AS: 0 (a (a))
Exp-Nom/Dat Theme-Nom

(ii) *coh-a ha-* 'like' AS: a (a)
Exp-Nom Theme-Nom

(8) a. 철수-가 영희-가 좋-φ-다 (철수=Exp)
철수-Nom 영희-Nom 좋-STATIVE1-평서
b. 철수-가 영희-가 좋-**아 지**-었-다 (철수=Exp)
철수-Nom 영희-Nom 좋-STATIVE2-평서
(9) 철수-가 영희-를 좋-**아 하**-ㄴ-다 (철수=Agent)
철수-Nom 영희-Acc 좋-ACTIVE1-현재-평서

위의 예문 (8)과 (9)에서, 어근 동사 '좋-' 대신에 의미 범주 V(STATIVE1, 2 / ACTIVE1)가 *experiencer*와 *agent*라는 의미역을 '철수'에게 각각 배당한다.[5)]

이번에는 상태동사 '높-'의 예를 보자.

(10) 담-이 높-다
(11) 철수-가 담-을 높-**이**-었-다 (철수=agent)
철수-Nom 담-Acc 높-ACTIVE1-Pas-Dec
(12) 철수-가 담-을 높-**게 하**-었-다 (철수=agent)
철수-Nom 담-Acc 높-ACTIVE2-Pas-Dec

여기서 우리가 주목할 것은, 투사된 통사구조는 이미 D 구조와는 다르다는 점이다. 이들의 중요한 차이점은 (i)에서 *experiencer*가 VP 안에 투사되는 반면, (ii)에서 *experiencer*는 VP 밖에 즉 IP 지정어 자리에 투사된다는 것이다. 이점은 본고의 논의와 차이점이기도 하다.

5) 뿐만 아니라 이들은 서로 다른 격 유형을 가지고 있다. 다음의 문장을 보자.

(i) 철수-**에게** 영희-가 좋-φ-다 (철수=Exp)
철수-Dat 영희-Nom 좋-STATIVE1-Dec
(ii) 철수-**에게** 영희-가 좋-아 지-었-다 (철수=Exp)
철수-Dat 영희-Nom 좋-STATIVE2-Dec
(iii) *철수-**에게** 영희-를 좋-아 하-ㄴ-다 (철수=Agent)
철수-Dat 영희-Acc 좋-ACTIVE1-현재-Dec

위의 예문 (i)과 (ii)에서, 의미역 theme을 갖는 논항은 주격을 배당받으며 experiencer 논항은 여격을 받는다. 반면에 (iii)에서 '철수'가 agent일 때는 이러한 격배당이 불가능하다.

위의 예 (11)(12)에서 의미 범주 V(ACTIVE)는 '철수'라는 논항에 causer 대신에 agent 라는 의미역을 배당한다. 명사구 '담'의 의미역은 causee이 아니라 'theme'이다. 우리는 여기서 ACTIVE2의 동일형태소 '-게 하-' (13)과 같은 사역 구문에서는 'CAUSATIVE2'로서 사용될 수 있다고 가정한다. (12)와 (13)을 비교해 보면 다음과 같다.

(12) 철수-가 담-을 높-**게 하**-었-다 (철수=agent)
철수-Nom 담-Acc 높-ACTIVE2-Pas-Dec

(13) 철수-가 영희-에게 담-을 높-**이**-**게 하**-었-다 (철수=agent)
철수-Nom 영희-Dat 담-Acc 높-ACTIVE1-CAUS2-Pas-Dec

예문 (13)은 국어에서도 매우 복잡한 구성에 속한다. 먼저 의미 범주 V (ACTIVE1)는 명사구 '영희'에게 *causer* 대신에 'agent'라는 의미역을 부여하며, '담'에는 *theme*을 부여한다. 다음으로, 의미 범주 V (CAUSATIVE2)는 '철수'에 *causer*를 부여하고 '영희'의 의미역은 *causee*로 달라지게 된다. 여기서 우리는 명사구 '영희'는 두 개의 의미역을 가지고 있다고 가정할 것이다. 하나는 *agent*, 다른 하나는 *causee*(agent=causee)이다.

다음으로 타동사 '잡'의 경우를 고려해 보자.

(14) 철수-는 도둑-이 경찰-에게 잡-**히**-**게 하**-었-다
철수-Top 도둑-Nom 경찰-By 잡-ACT1-PASS1-CAUS2-Pas-Dec

위의 예 (14)는 예문 (13)보다 더 복잡한 구조에 속한다. 왜냐하면 V-ACTIVE1-PASSIVE1-CAUSATIVE2와 같은 긴 병합 형태를 취하고 있기 때문이다. 우리는 (14)에서 의미역이 배당되는 전체 과정을 다음 (15)와 같이 상정하고자 한다.

(15)

수혜논항 / 배당자	철수	도둑	경찰
1: V		theme	
2: Active1			agent
3: Passive1		patient	
4: Causative2	causer	causee	

위의 (15)에서 의미 범주 V (ACTIVE1, PASSIVE1, CAUSATIVE2)는 NP에 각각 *agent*, *patient*, *causer*를 배당한다. 그리고 이때 '도둑'은 세 개의 의미역을 갖게 된다(theme=patient=causee).

3. 병합 동시의 유형

이제 우리는 한국어의 병합동사 유형을 다음 (16)과 같이 제시하고자 한다.

(16)

	높- [+stat] [−tran]	예쁘- [+stat] [−tran]	가- [−stat] [−tran]	먹- [−stat] [+tran]	잡- [−stat] [+tran]
V-STATIVE1	0	0	*	*	*
V-STATIVE2	0	0	*	*	*
V-ACTIVE1	*	*	0	0	0
V-ACTIVE2	0	0	*	*	*
V-CAUSATIVE1	*	*	*	0	0
V-CAUSATIVE2	*	*	0	0	0
V-PASSIVE	*	*	*	0	0
V-STATIVE-ACTIVE	*	*	*	*	*
V-STATIVE2-CAUSATIVE2	0	0	*	*	*

V-STATIVE-PASSIVE	*	*	*	*	*
V-ACTIVE-STATIVE	*	*	*	*	*
V-ACTIVE1-CAUSATIVE1	*	*	*	0	*
V-ACTIVE1-CAUSATIVE2	*	*	*	0	*
V-ACTIVE1-PASSIVE	*	*	*	0	0
V-CAUSATIVE-STATIVE	*	*	*	*	*
V-CAUSATIVE-ACTIVE	*	*	*	*	*
V-CAUSATIVE-PASSIVE	*	*	*	*	*
V-ACTIVE-PASSIVE-CAUSATIVE	*	*	*	*	*
V-ACTIVE-CAUSATIVE-PASSIVE	*	*	*	*	*
V-CAUSATIVE-ACTIVE-PASSIVE	*	*	*	*	*
V-ACTIVE1-STATIVE2-CAUSATIVE2	*	*	*	*	*
V-CAUSATIVE1-CAUSATIVE2	*	*	*	0	*

정확한 의미역의 계층순서에서는 약간의 차이가 있을 수 있지만, 위의 (16)의 도표에 나타난 결과를 통해 우리는 다음 (17)에서와 같이 한국어의 의미역 계층 순서를 일반화 해보기로 한다.

(17) STATIVE/ACTIVE < PASSIVE < CAUSATIVE

4. 외재 주어(External Subject)는 존재하는가?

우리의 주장에서는 Hale & Keyser(1994)와 달리 *agent*나 *actor*와 같은 외재 논항을 고려하지 않는다. 그 대신에 우리는 그들이 어휘개념구조에서 의미 범주 V(ACTIVE/CAUSATIVE)에 의해 배당된다고 가정한다. 따라서 동사의 어휘개념구조 표상에는 외재주어는 나타나지 않으며 만약 주어가 동사의 어휘개념구조 표상에 없을 경우 동사로부터 의미역을 받을 수 없다는 것이 명백하다.

그렇다면 Hale & Keyser(1994)에서 행위자역(agent)은 어떻게 가능한 것인가? 그들은 EPP와 같은 전통적인 방법에 매달리고 있다. 즉 다음 (18)에서처럼 이들 주어에 agent가 배당된다. (19)는 (18)의 S-구조를 대략적으로 보인 것이다.

(18) The child laughed.

(19)

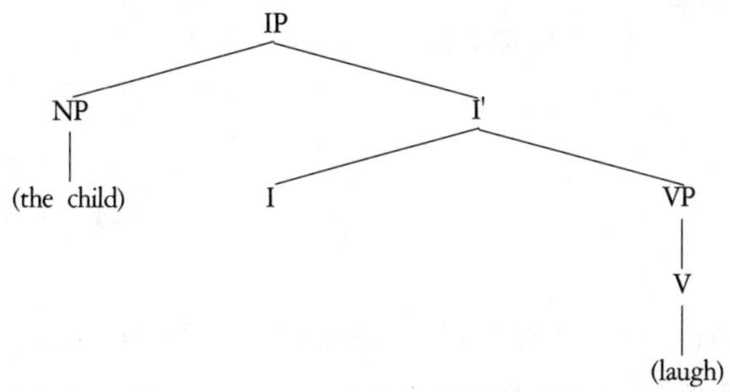

Hale & Keyser(1994)에 따르면 (19)에서 *agent* 'the child'는 필연적으로 외재주어이며 일반적으로 S 구조의 주어는 IP의 지정어 자리이다. Hale & Keyser(1994)는 동사가 통합(incorporation)하게 되는데, 예를 들어 어휘개념구조에서 대상 'laugh'는 전체 구조의 핵인 추상 동사 V에 통합된다. 따라서 표현된 주어는 VP 밖에 놓이게 된다. 또한 Hale & Keyser(1994)에서는 S 구조 단계에서 EPP에 의해 주어가 요구된다고 가정한다.

이 논문에서는 IP의 지정어가 의미역 자리가 아니라 형태적 자질의 점검을 위한 임시 정착지(landing-site) 역할을 한다고 주장함으로써(Chomsky 1993 참조) Hale & Keyser(1994)의 주장을 반박할 것이다. 이러한 고찰을 토대로 우리는 문장 (18)에 대한 새로운 어휘개념구조로서 (20)을 제안하고자 한다.

(20)

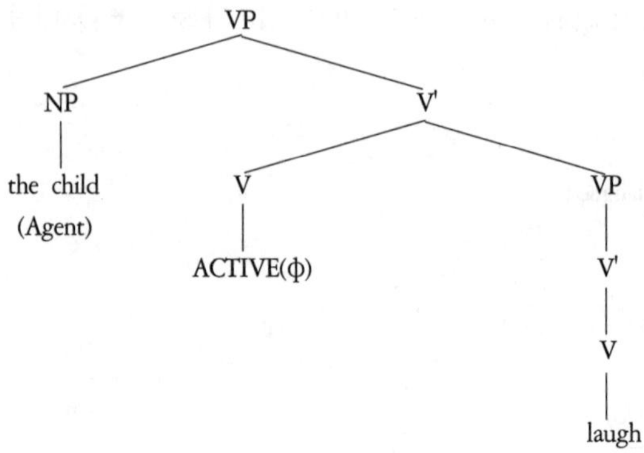

Hale & Keyser(1994)와는 달리 위의 구조에서는 영어에서 새로운 의미자질 ACTIVE를 가정한다. 다시 말하며 의미 범주 V (ACTIVE1)가 VP의 지정어 자리에 있는 'child'에 의미역 *agent*를 배당한다는 말이다. 이를 좀더 일반적인 결론으로 정리하면 다음과 같다.

기능범주의 지정어 자리는 의미역 자리가 아니라 격자질을 점검하기 위한 자리이다. 그리고 의미역은 VP 내에서 결정된다.

5. 의미범주 자질의 매개변인(Parameters)

사역구문에서 한국어와 영어의 불일치가 나타나는데, 이 점에 대해 고찰해보자. 먼저 다음의 예를 살펴보자.

(21) The child laughed.

(22) *The clown laughed the child. (that is, got the child to laugh)

위의 예 (21)은 정문인 반면 (22)는 비문이 된다. 그렇다면 (22)는 왜 비문이 되는가? 이에 대해 Hale & Keyser(1994)에서는 이러한 문장은 영어에서 성립이 불가능할 정도로 복잡성을 띠었기 때문이라고 가정하고 있다. 다음의 예를 보자.

(23)

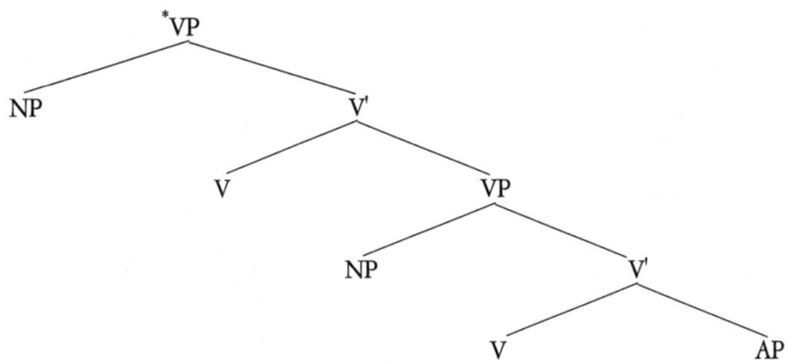

(23)의 구조는 Hale & Keyser(1994)가 고려하고 있는 모든 조건을 만족하고 있으며, 어떤 원리도 그것을 방해하지 않는다. 이 구조에서 Hale & Keyser (1994)는 비능격(unergatives)이 어휘개념구조에서 주어를 갖지 못한다고 주장한다. 왜냐하면 (23)의 구조는 존재할 수 없으며 그렇기 때문에 (23)의 동사들 역시 존재하지 않기 때문이라고 한다. 그러나 이러한 주장은 설명이라기보다는 관찰의 결과에 불과하다.

이 문제를 해결하기 위해 우리는 한국어 사역 구문을 고려하기로 한다. 다음의 예 (24)-(26)을 보자.

(24)	아이-가	웃-었-다	
	아이-Nom	웃-Pas-Dec	
(25)	광대-가	아이-를	웃-**기**-었-다
	광대-Nom	아이-Acc	웃-CAUSATIVE1-Pas-Dec
(26)	광대-가	아이-를	웃-**게 하**-었-다
	광대-Nom	아이-Acc	웃-CAUSATIVE2-Pas-Dec

위의 예 (25)에서 문장이 비록 (22)와 같이 매우 긴 구조를 보이고 있기는 하지만, 그 문장은 (22)와는 달리 완전하게 문법적으로 정문이다. 우리는 (25)의 어휘개념구조를 다음 (27)과 같이 상정하고자 한다.

(27)

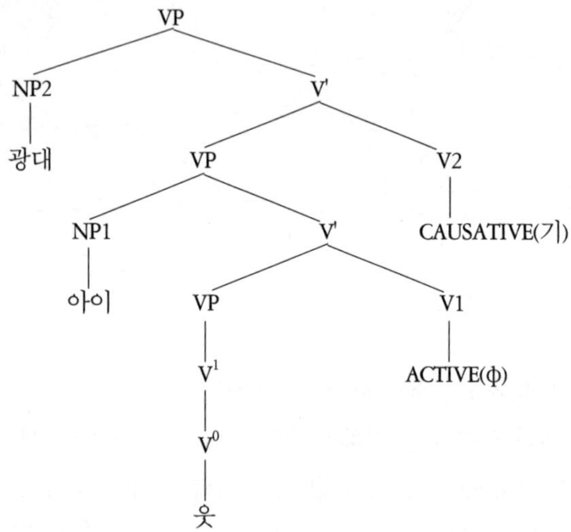

여기서 자질 ACTIVE(ϕ)은 NP1을 허가하고 나중에 동사 V^0와 병합된다. 자질 CAUSATIVE(-기-)는 NP2를 허가한다. 한국어와 영어의 사역 자질의 변인을 고려하면, 이들에서 보이는 불일치를 해결할 수 있는 실마리를 찾을 수 있다. 즉, 한국어에서는 의미범주 V(CAUSATIVE1)가 지정어 자리를 허가할 수 있는 반면, 영어에서는 V (CAUSATIVE1) 자질이 없기 때문에 허가가 불가능하기 때문이다. 그리고 (27)의 S 구조는 다음 (28)과 같이 가정할 수 있다.

(28)

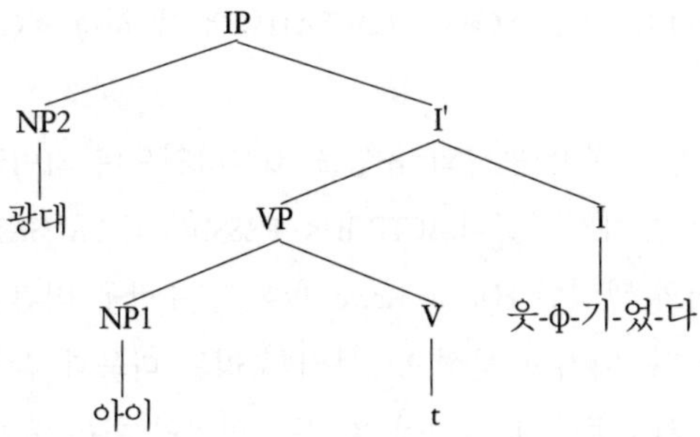

(28)의 구조에서 ACTIVE1과 병합하여 V^0–ACTIVE1가 된 복합형태는 NP '아이'에게 대격을 허가하고 다시 상승하여 V^0–ACTIVE–CAUSATIVE1를 만든다. 그리고 최종적으로 I로 상승하여 긴 복합형태를 구성하는 I(웃–φ–기–었–다)는 NP2 '광대'에 주격을 허가하는 것이다.

5. 결론

이 논문에서 우리는 형태–통사론의 인접영역에서 일어나는 몇 가지 문제에 대해 새로운 분석 방법을 제시하고자 했다. 이를 위해 병합된 동사의 여러 유형을 제시하였으며, 외재 주어에 대한 의미역 배당의 절차에 대해서도 고찰했다. 우리의 분석은 다음과 같은 몇 가지 가정을 이끌어낼 수 있었다: (1) 논항구조를 가진 접사가 어휘개념구조에서 독립적이기 때문에 접사는 도출과정에서 어근이나 어간과 병합해야 한다. (2) 모든 접사화 과정은 어휘 삽입 이전의 형태를 담당하는 어휘부에서 일어난다. (3) 모든 의미역 배당은 어휘부에서 도출과정에서 일어난다. 또한 본고에서 언급한 투사원리에서는 한국어에서 어휘개념구조와 밀접한 관련을 맺는 자질들을 제시하였다. 예를 들어 ACTIVE1(–이–) → Agent/Actor, ACTIVE2(–게 하–) → Agent/Actor, PASSIVE1(–히–) → Patient, PASSIVE2(–아 지–)

→ Patient, CAUSATIVE1(-이-) → Causer, CAUSATIVE2(-게 하-) → Causer 등이 바로 이것이다.

우리는 또한 몇 가지 병합 동사의 유형을 제시하였으며 의미역 자질의 일반적인 계층 순서도 제시하였다(ACTIVE < PASSIVE < CAUSATIVE). 제5장에서는 외재 주어와 관련한 Hale & Keyser(1994)의 주장을 비판하고 새로운 분석을 제시하였다. 이러한 분석으로부터 우리는 다음과 같은 결론을 도출할 수 있었다: 기능범주의 지정어 자리는 의미역 자리가 아니라 격자질 점검을 위한 자리이며 의미역은 VP 안에서 결정된다. 그리고 마지막으로 한국어와 영어에서 보이는 사역구문의 불일치에 대해서도 언급했다. 특히 두 언어에서 사역 자질의 차이가 이러한 결과를 유발한다고 보았다.

‖ 참고 문헌 ‖

시정곤. 1994.「국어의 단어형성 원리」, 국학자료원.

Chomsky, N. 1993. "A Minimalist Program for Linguistic Theory", in *The View from Building 20: Essays in Linguistics in Honor of Sylvain Bromberger*, edited by Kenneth Hale and Samuel Keyser, MIT Press, Cambridge, Mass.

Grimshaw, J. 1990. *Argument Structure*, MIT Press, Cambridge, Mass.

Hale, K. & S. J. Keyser. 1993. "On the Argument Structure and the Lexical Expression of Syntactic Relations", in *The View from Building 20: Essays in Linguistics in Honor of Sylvain Bromberger*, edited by Kenneth Hale and Samuel Keyser, MIT Press, Cambridge, Mass.

Kim, Y-J. 1990. *The Syntax and Semantics of Korean Case: The Interaction Between Lexical and Syntactic Levels of Representation*, the Ph. D. dissertation of Harvard University.

Larson, R. K. 1988. "On the Double Object Construction", *Linguistic Inquiry* 19, 335-392.

Lieber, T. 1983. "Argument linking and compounding in English", *Linguistic Inquiry* 14, 251-86.

Marantz, A. 1984. *On the Nature of Grammatical Relations*, MIT Press, Cambridge, Mass.

Mithun, M. 1984. "The evolution of noun incorporation", *Language* 60-4, 847-894.

Spencer, A. 1991. *Morphological Theory*. Basil Blackwell, Inc., Cambridge, Mass.

(1996, *Morphosyntax in Generative Grammar*, Hankuk Publishing Co.)

이다 구문

'-이다'의 '-이-'가 접사인 몇 가지 이유

1. 문제제기

'-이다'의 '-이-'에 대한 논의는 용언의 어간설과 조사설, 그리고 어미설 등 다각적인 고찰이 있었다. 조사설의 경우 조사가 활용한다는 문제점이 있으므로 본고에서는 일단 제외하고, 최근에 주로 논의된 용언어간설에 대한 문제점을 검토하기로 한다.

김광해(1983)의 계사설과 엄정호(1989)의 용언어간설, 그리고 김창섭(1992)의 의존적 형용사설은 모두 '-이-'가 용언어간이라는 공통점이 있다. 그러나 이러한 견해가 타당성을 얻기 위해서는 다음과 같은 의문들이 선결되어야 한다.

(1) 가. 왜 '-이-'는 선행 명사구에 격을 부여할 수 없는가?
나. 왜 '-이-'와 선행 명사구 사이에 어떠한 요소도 삽입될 수 없는가?
다. 왜 '-이-'는 구개음화의 환경이 되는가?
라. 왜 '-이-'는 음운론적 환경에 의해 생략 가능한가?

(1가)의 경우 용언어간설에서는 형태론적 제약에 의한 것이라고만 언급하고 있는데 도대체 어떠한 형태론적 제약인가? (1나)의 경우 김창섭(1992)에서는 이러한 특징을 인정하여 형태론적으로는 '-이-'를 접사로 인정하

면서도 그 범주는 형용사라고 하고 있다. (1다, 라)의 문제는 용언어간설에서 제기조차 되지 않은 것들이다.

따라서 이러한 선결 문제를 해결하지 않고 '-이-'를 용언어간으로 보는 것은 너무 성급한 견해라 할 수 있다. 본고는 '-이-'를 통사적 접사로 보고자 한다. 이러한 견해는 고창수(1985, 1992)에서 제기된 바 있는데, 본고는 이러한 견해가 (1)의 네 가지 의문점들을 어떻게 해결할 수 있는가에 초점을 두기로 한다.

2. 격 부여 문제

'-이다' 구문의 첫번째 의문은 '-이-'의 선행 명사구에 격표지가 나타나지 않는다는 것이다. 이는 '-이-'가 선행 명사구에 격을 부여할 수 없다는 것을 말한다.

(2) 가. 철수는 학생이다.

나. *철수는 학생{이/을/과/에…} 이다.

(2)에서 '-이-'는 선행 명사구 '학생'에 격을 부여하지 못한다. 그 이유는 무엇일까? 김창섭(1992)에서는 '-이-'의 인접한 논항은 어떠한 격표지도 가지지 않는 특성이 있다고 하며, 엄정호(1989)에서는 형태론적 제약 때문이라고 한다.[1] 그러나 이러한 언급은 문제의 해결이라기보다는 회피에

1) 서정목(1993)에서는 '-이-'를 계사라고 하고, '학생이다'의 기저구조를 타동사 구문과 같다고 하였다.

(가) $[[$학생$]_{NP}$ 이$_{V}]_{V'}$

(나) $[[$밥을$]_{NP}$ 먹$_{V}]_{V'}$

즉 (가)(나)는 모두 동사구의 핵과 그 보충어를 가진 구조라고 하였다. 그러나 여기서도 (1)의 문제가 여전히 풀리지 않는다. 만약 두 구성이 똑같다면 '밥을 먹다'에서는 명사구 '밥'에 격표지가 나타났는데, 왜 '학생이다'에서는 명사구 '학생'에 격표지가

불과하다. 문제의 해결을 위해서는 왜 '-이-'의 인접한 논항이 격을 갖지 못하는가, 그리고 형태론적 제약이라면 그 제약은 왜 생기며, 어떠한 제약인가를 밝혀야 할 것이다. 이에 대한 명확한 설명이 없는 논의는 더 이상 설득력을 가지지 못할 것이다.

만약 '-이-'가 접사라고 가정해보자. 그러면 왜 '-이-'의 인접한 명사구가 격을 갖지 못하는가를 설명할 수 있다. 그 이유는 접사 '-이-'가 선행 명사구의 핵을 유도하기 때문이다. 시정곤(1992)에 따르면 접사 '-이-'는 [-FF] 자질을 갖는다.[2] 그리고 [+FF] 자질을 가진 선행 핵 '학생'을 유도하게 된다. 즉 선행 핵의 이동을 유도한다는 것이다.

(3) 가. 철수는 $[[[$학생$]_N]_{NP}$ 이$]_V]_{VP}$다.

나. 철수는 $[[[\ t_i\ ]_N\ ]_{NP}$ $[$학생$_i$이$]]_V]_{VP}$다.

(3가)는 (2가)의 D-구조를 보인 것이고 (3나)는 S-구조를 보인 것이다. (3나)에서 핵인 '학생'은 [+FF] 자질을 가지며 [-FF] 자질을 가진 '-이-'에 의해 유도되어 이동한다. 이때 이 이동은 핵이동 제약을 어기지 않는다.[3]

국어의 격 부여가 S-구조에서 이루어진다고 가정하면,[4] '-이-'가 인접

나타나지 않는가, 그리고 타동사 구문은 내부확장이 가능하지만 '-이다'구문은 왜 그렇지 않은가에 대한 의문이 먼저 해결되어야 한다.

2) 시정곤(1992)에서 제기된 핵 이동의 조건은 다음과 같다.
<핵 이동의 형태론적 조건>
형태론적인 의존성과 의미론적인 의존성을 동시에 가지는 의존형태소는 [-FF:Free Form] 자질을 가지고 있으며 이 형태소는 [+FF] 형태소(어간)의 핵 이동을 유도한다.

3) 시정곤(1992)에서 제기된 핵 이동제약은 다음과 같다.
<핵 이동제약>
영계층범주(즉 핵) β의 이동은 β의 최대투사인 γ를 지배하는 핵 α의 위치로만 가능하다.

4) 만약 국어에서 격 부여가 D-구조에서 이루어진다고 가정하면 다음과 같은 문장에서 문제가 생긴다.
(가) 나는 [영희가 예쁘다고] 생각한다.
(나) 나는 [영희를 t 예쁘다고] 생각한다.
(나)에서 '영희'는 CP의 지정어자리로 이동하여 상위동사로부터 격을 받는다고 할 수

명사구에 격을 부여할 수 없는 이유는 이와 같이 핵 이동을 통해 설명이 가능하다. 즉 선행 성분이 이동하였으므로 격 부여를 할 수 없는 것이다. 이러한 설명은 '-이-'를 접사로 간주할 때만 가능하다.

이러한 설명은 '-이-'의 부정 '아니다' 구문에서도 매우 유익하다.

(4) 철수는 학생이 아니다.

(2가)의 부정문은 (4)가 된다. 이때 선행 명사구는 격을 부여 받게 된다. 그 이유 역시 핵 이동과 관련이 있다. (4)에서는 핵 '학생'이 접사 '-이-'로 이동하지 못한다. 왜냐하면 중간에 '아니'라는 성분이 있기 때문이다. 만약 중간 성분 '아니'를 뛰어 넘어 이동을 하게 되면 핵 이동제약을 어기게 된다. 또한 '학생'이 '아니다'로도 이동할 수 없다. 왜냐하면 '아니다'는 [+FF] 자질을 가지므로 선행 핵을 유도하지 못하기 때문이다. 따라서 선행 성분 '학생'은 격을 부여 받을 수 있는 것이다.

한편 '아니다'는 '아니+이다'로 분석되는데, 이때 엄정호(1989)에서 지적한 논항수 문제는 야기되지 않는다.[5] 논항은 명사구를 말하는데 (4)에서 '아니'는 논항이 아니기 때문이다. '아니'가 명사구라면 확장가능하여야 하는데 '아니'는 확장 불가능하기 때문이다. 따라서 '아니'는 논항이 아니며 '-이-'의 논항수는 부정문에서도 여전히 두 개이다.

'아니'의 범주문제와 관련하여 서정목(1993)에서는 '아니'는 부사어이며 동사 V에 부가(adjunct)되는 것으로 가정하고, '이'와 통합되어 V에 첨가되

있다(예외적 격표시현상으로). 따라서 D-구조에서 S-구조로의 도출과정에서 이동한 후에 S-구조에서 격을 받는다고 설명할 수 있다. 그러나 만약 다음 (다)와 같은 구조를 가정하여 이동 없이 D-구조에서 격을 받는다고 가정해보자.

(다) 나는 [영희를][e 예쁘다고] 생각한다.

(다)의 구조를 상정할 경우에는 '생각하다'의 논항수가 문제가 된다. 즉 '생각하다'의 논항수는 두 개가 일반적인데, (다)의 구조를 상정하면 세 개를 인정해야 하는 문제가 생기기 때문이다. 따라서 격 부여는 S-구조에서 행해진다고 가정한다.

5) 엄정호(1989)에서는 '이다'가 긍정문일 경우 두 자리 서술어가 되고, 부정문일 경우는 세 자리 서술어가 된다고 하면서 '아니다'에서 '아니'를 명사로 볼 수 없다고 하였다.

는 구조를 제기하였다. 그리고 이러한 절차는 '잘'과 같은 부사가 사용된 구문과 같다고 하였다.

(5) ㄱ.

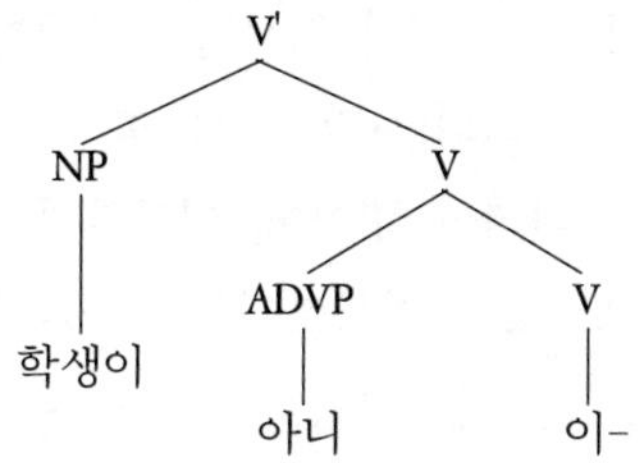

ㄴ.

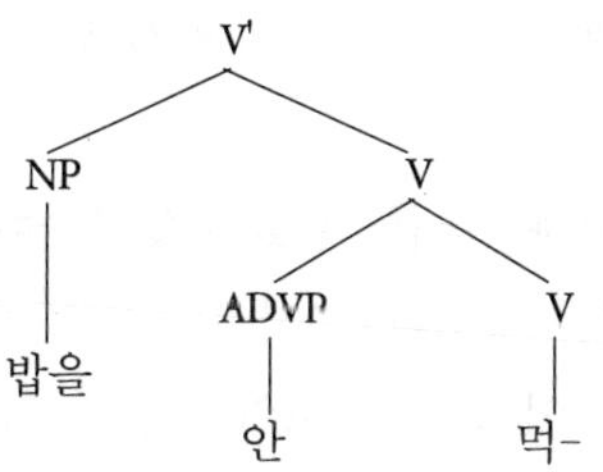

ㄷ.

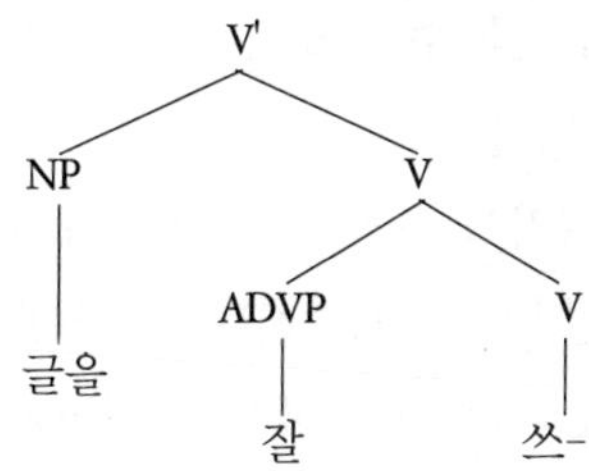

그러나 '아니'와 '잘'의 구문을 동일시 하는 (5)의 구조에는 몇 가지 문제가 있다. 첫째는 최대투사가 핵 범주에 부가될 수 있는가의 문제이다. (5)에서 '아니'와 '잘'이 모두 부사구(ADVP)로 V에 부가되었는데, 핵에 부가될 수 있는 범주는 핵만이 가능하다. 따라서 (5)의 부가는 문제가 되는 것이다. 둘째는 '잘'은 '매우 잘'과 같이 내적 확장이 가능하지만, '아니'는 내적 확장이 불가능하다는 점이다. 따라서 '아니'와 '잘'은 동일 범주 ADVP가 될 수 없다. 셋째는 '잘 쓰다'는 '잘 안 쓰다'로 확장 가능하지만 '안 먹다'는 확장이 불가능하다는 점이다. 그러므로 '안 먹(다)'과 '잘 쓰(다)'를 동일한 범주 V로 상정할 수 없다.

따라서 서정목(1993)에서 논의된 '아니'의 통사범주 설정은 재고되어야 할 것이다. 본고에서는 이에 대한 자세한 논의는 후고로 미루고, 잠정적으로 '아니'를 명사(N)로 상정하고 V에 핵부가되는 것으로 처리하고자 한다.

3. 삽입 불가능과 파생 문제

'-이다' 구문의 두번째 의문은 선행 성분과의 사이에 어떠한 요소도 삽입이 불가능하다는 것이다. 이는 '-이-'가 접사라는 중요한 근거가 된다. 김창섭(1992)에서도 '-이-'는 '-답(다)''-같(다)'와 함께 형태론적으로 자립성이 없이 어기에 의존하여 나타날 뿐이며, 어기와의 사이에 다른 요소들의 개입을 허용하지 않으므로 접미사로 볼 수 있음을 지적하고 있다. 그러나 그는 형태론적으로는 접미사라고 하여도 이들이 단어형성의 기능을 가지지 않는다는 점에서 일반적인 의미에서 파생접미사라고 할 수는 없으므로 이를 파생과는 분리하여 의존적 형용사로 보고 있다.

여기서 우리는 두 가지 개념에 대해 유의할 필요가 있다. 하나는 '단어형성'이고, 다른 하나는 '파생'이라는 것이다. 접사가 부착될 수 있는 요소를 어간이라 하자. 그러면 파생접사 뿐만 아니라 소위 굴절접사의 선행 요소도 어간이라 할 수 있다. 그러나 두 어간에는 차이가 있다. 전자가 X라면 후자는 XP가 된다. 즉 어휘부에서의 접사는 X에 부착되지만 통사부에서의 접사는 XP에 부착된다. XP에 부착되는 접사를 통사적 접사라 하자.

(6) [[영희가 [밥을 먹]었]다]

(6)에서 '-었-, -다'는 통사부에서 XP에 부착되는 통사적 접사다. 그러나 이 둘의 성격은 다르다. '-었-'은 또 다른 접사를 동반할 수 있지만 '-다'는 그러지 못하기 때문이다. 이러한 차이를 고려하여 전자를 어간형성접미사라 하고 후자를 굴절접사라 하자. 어간형성접미사는 굴절하지 못하고 다만 새로운 어간을 만드는 접미사를 말한다.

어간을 만든다는 것이 단어를 만든다는 것은 아니다. 어휘부에서의

'X+접사'는 단어를 만든다. 만약 'XP+접사'를 단어로 볼 수 없다면 '-이-'는 단어형성접사는 아니다. 그러나 중요한 것은 단어형성에 참여하지 않는 접사가 국어에는 있다는 사실이다. 따라서 단어형성에 참여하지 않는다는 이유가 '-이-'를 접사로 볼 수 없는 근거는 되지 못한다. 김창섭(1992)의 주장대로 '-이-'는 파생접미사는 아니다. 그것은 통사적 접사이며, 그 중에서도 어간형성접미사(특히 용언화접미사)이다.

'-이다'와 비교해 볼 때, '-답다'의 선행 요소는 제한적이다. 이러한 차이로 '-답-'을 '파생접사'라 할 수 있는가? 아마도 그 차이는 파생과 비파생의 차이라기보다는 선택제약의 문제라 할 수 있다. '-이-'와 '-답-'은 접사이지만 의미역 격자(theta-grid)를 가지고 있다. 즉 논항을 가지고 있는 접사이다. 일반적으로 논항 선택에 자유로운 동사가 있는 반면, 논항 선택이 제한적인 동사가 있음을 고려한다면 '-이-'와 '-답-'이 논항 선택에서 차이를 보이는 것은 자연스러운 일이라 할 수 있다. 비록 어휘범주에 일련의 접사가 포함되어야 한다는 사실이 부자연스러울지라도 국어에서는 이를 인정해야 하는 것이 중요하다.

4. 구개음화 현상

국어에서 'ㄷ, ㅌ' 구개음화현상은(통시적이든 공시적이든) /i/ 앞에 형태소 경계를 동반할 때 이루어진다(김무림 1992).

(7) 가. 같이: 같-이 → /가치/

나. 닫히(다): 닫-히 → /다치/

(7)에서처럼 /i/ 앞에는 모두 형태소 경계를 가지고 있다. 이와 같이 형태소 경계일 때 구개음화가 일어난다면 다음의 경우는 어떤가.

(8) 가. 밭이 기름지다.

나. 밭이: 밭-이 → /바치/

(9) 가. 이것은 논이고 저것은 밭이다.

나. 밭이(다): 밭 ? 이 → /바치/

(8)은 '밭'이 소위 주격조사 '이'와 결합한 형태인데, 이때 구개음화가 일어나는 것으로 보아 둘 사이의 경계는 '단어'가 아닌 '형태소' 경계라 할 수 있다. 그렇다면 (9)에서 '?'의 경계는 무엇일까? 만약 '-이-'가 독립용언이며 단어라면 '?'는 단어경계가 될 것이다. 그러나 단어경계라면 구개음화가 일어나지 않아야 한다.

(10) 가. 밭이랑에 씨를 뿌렸다.

나. 밭이랑: 밭##이랑 → /반니랑/

다. 머리에 솥 이고 가는 할머니.

라. 솥 이(다): 솥##이 → /손니/

(10)은 /i/ 앞에 단어경계가 있을 때이다. 이러한 경우는 구개음화가 일어나지 않는다. 따라서 (9)에서 '밭이(다)'의 경계는 단어경계가 아닌 형태소 경계라 할 수 있으며, '-이-'를 접사로 볼 수 있는 중요한 근거가 된다.

5. 생략 가능한 '-이-'

'-이-'의 생략은 선행어의 음운론적 환경에 의해 결정된다고 할 수 있다. 즉 선행어의 말음이 자음일 경우는 반드시 나타나지만 모음일 경우는 생략이 가능하다. 이는 '-이-'가 선행어의 음운론적 환경에 영향을 받고 있다는 것이며, 다른 면에서는 '-이-'가 선행어에 가시적이라 할 수 있다.

선행어에 가시적인 요소는 접사이다. 소위 격조사들(가/이, 은/는, 을/를, 으로/로…), 부사형어미 '-아/어', 시제형태소 '-았/었-' 등이 선행어의 음운론적 환경에 영향을 받는 것들이다. 즉 접사라고 일괄할 수 있는 요소들은 선행어의 음운론적 환경에 의해 영향을 받지만, 어간은 그러한 영향을 받지 않는다. '-이-'의 생략 가능성도 이러한 관점에서 살펴보아야 할 것이다.

(11) 가. 이것은 수박이다.
    나. 이것은 사과다.
(12) 가. 수박 이고 가는 처녀
    나. *수박고 가는 처녀

따라서 '-이-'가 독립용언이며 어간이라면 선행어의 음운론적 환경에 영향을 받지 않아야 하며, 어떠한 성분이 선행하더라도 생략이 되지 않아야 한다. 그러나 '-이-'는 선행어의 음운론적 환경에 의해 영향을 받으며, 생략이 가능하다.6) 이러한 사실은 '-이-'를 어간이 아닌 접사라고 가정할 때에만 가능하다.

---

6) 물론 '-이-'가 관형구성에서도 생략가능한 것은 아니다.
(가) 바보인 철수 (나) *바본 철수
이는 서술구성과 관형구성의 통사범주와 관련이 있는 듯하다. 즉 관형구성은 NP를 갖고 있지만 서술구성은 NP를 갖고 있지 않다. (가)의 기저구조가 [[[[바보]$_{NP}$ 이]$_{VP}$ ㄴ]$_{NP}$ [철수]$_{NP}$]와 같다고 가정할 때 '바보인'의 전체 범주가 NP이므로 '-이-'는 그 속성을 보장받지 못해 반드시 나타나야 한다고 할 수 있다. 반면에 '바보다'에서는 VP 위에 NP가 나타나지 않으므로 '-이-'가 VP에 의해 그 속성을 보장받을 수 있어 생략 가능하다고 볼 수 있다.

6. 결론

이상에서 간략하게나마 (1)에서 제기한 문제를 중심으로 '-이-'에 대해 검토해 보았다. '-이다' 구문은 형태, 통사론이 맞물려 있는 국어현상을 가장 잘 보여주는 예라고 할 수 있다. '-이-'의 정확한 위상은 문법의 어느 한 측면에 치우쳐 논의될 성질이 아니라 형태론적, 통사론적, 음운론적 측면을 모두 고려할 때만 가능한 것이다. 만약 동일 대상에 대한 어느 한 부문에서의 결과가 다른 부문의 결과와 상치된다면 그 설명은 타당성을 얻을 수 없는 것이다.

따라서 (1)의 문제를 해결하지 못한 채 '-이-'를 '어간'으로 상정할 수는 없다고 본다. 반대로 '-이-'를 '어간'이 아닌 '접사'(통사적 접사)로 상정했을 때 (1)의 문제가 해결된다면 '-이-'를 '접사'로 상정하는 데에 주저할 필요는 없는 것이다.

‖ 참고 문헌 ‖

고창수. 1985. "어간형성접미사의 설정에 대하여", 「한국어학연구」 7.
고창수. 1992. "국어의 통사적 어형성", 「국어학」 22.
고창수 · 시정곤. 1991. "목적어 있는 피동문", 「주시경학보」 7.
김광해. 1983. "계사론", 「란대 이응백박사 회갑기념론문집」, 보진재.
김무림. 1992. 「국어음운론」, 한신문화사.
김창섭. 1992. "국어 파생어에 대한 통사론적 해석", 「국어학회 제19회 공동연구회 발표요지」
서정목. 1993. "국어의 구절구조와 엑스-바 이론(초고)", 「한국언어학회 1993 겨울발표회 발표요지」
성광수. 1979. 「국어 조사의 연구」, 서울: 형설출판사.
시정곤. 1992ㄱ. "통사론의 형태정보와 핵 이동", 「국어학」 22.
시정곤. 1992ㄴ. "국어 논항구조의 성격에 대하여", 「한국어문교육」 6.

엄정호. 1989. "소위 지정사 구문의 통사구조", 「국어학」 18.

홍종선. 1990. 「국어체언화구문의 연구」, 고려대학교민족문화연구소.

Baker, M. 1988. *Incorporation:A Theory of Grammartical Function Changing*, The University of Chicago Press.

Chomsky, N. 1988. "Some Notes on Economy of Derivation and Representation", *MIT Working Papers in Lingustics* 10.

Scalise, S. 1984. *Generative Morphology*, Derdrecht: Foris Publication.

Sadock, J. M. 1991. *AUTOLEXICAL SYNTAX*, The Univ. of Chicago Press.

(1993, 「주시경학보」 11)

핵이동과 '-이/답/히/같-'의 형태 · 통사론*

1. 서론

본고에서는 국어의 '-이/답/히/같-' 등이 어떤 형태, 통사론적 자질들을 가지고 있는지 검토하고, 이들이 통사부에 어떻게 반영되며 핵이동(head movement)과는 어떤 관계를 맺고 있는지 그리고 더 나아가서 이들이 통사부에서 어떻게 단어형성을 이루는지를 고찰하고자 한다.

우리는 '-이/답/히/같-' 등의 형태, 통사론적 자질들을 고려하여 이들을 '통사적 어휘접사'라는 범주로 설정할 것이다. 이러한 통사적 어휘접사는 통사부에 삽입되어 통사핵으로서 기능하지만, 한편으로는 접사라는 자신의 고유한 형태자질을 그대로 간직하고 있어, 어휘부에서와 마찬가지로 통사부에서도 단어형성을 유도하는 것이다.

이러한 통사부의 단어형성은 핵이동이라는 통사기제로 설명될 수 있다. 통사부에서 운용되는 알파 이동의 종류로는 XP 이동과 X^0 이동을 고려할 수 있는데, 후자를 핵이동이라 부른다. 이와 같이 핵이동은 통사론에서 운용되는 통사 이동규칙이지만 그 자질은 형태론적이라 할 수 있다.

---

* 본고는 1994년 4월 8일에 열린 '생성문법연구회 45회 월례발표회'에서 '어휘부 및 통사부의 단어형성'이라는 제목으로 발표한 논문의 일부를 다듬은 것이다. 초고에 대해 유익한 논평을 해주신 익명의 두 논평자에게 감사를 드린다. 이들의 논평으로 인해 본 논의를 보다 객관적인 시각으로 다시 다듬을 수 있었다. 그러나 논의 가운데 나오는 모든 잘못은 필자에게 있음을 밝혀둔다.

'형태론적 자질'이라는 말은 형태자질에 의해 이동이 유도된다는 것으로, 핵이동은 통사구조에서 핵인 접사(affix)가 또 다른 핵인 어간(stem)을 유도, 통합하려는 현상이라 할 수 있다.

본고에서는 '-이/답/히/같-' 등의 형태, 통사론적 자질들과 핵이동 그리고 통사적 어형성이 어떤 상관관계를 맺고 있는지에 초점을 두기로 한다. 이를 위해 우리는 먼저 핵이동의 개념과 조건, 구조, 그리고 제약에 대해 살펴보고 '-이/답/히/같-'의 형태 · 통사적 자질을 점검하면서 이들의 문법적 범주를 밝혀보는 한편, 이러한 자질들이 핵이동과 어떤 관련성을 맺고 있으며 구체적으로 어떤 방법으로 통사부의 단어형성에 참여하는지를 고찰하고자 한다.

2. 핵이동의 개념과 제약

이 장에서는 통사구조에 잠재되어 있는 형태자질을 통해 어떤 조건에서 핵이동이 일어날 수 있으며, 그 구조는 어떠한 것인지 그리고 그 이동에는 어떠한 제약이 있는지를 알아보고자 한다.

2.1 통사론의 형태정보와 인접조건

통사구조에는 보이지 않는 형태정보가 잠재해 있다고 말할 수 있다. 즉 통사구조에 나타난 통사정보만으로는 문법현상을 만족스럽게 설명할 수 없으며, 이 구조에 잠재되어 있는 형태정보를 이용하여야 할 경우가 많이 있다. 먼저 다음의 예를 보자(시정곤 1992ㅁ 참조).

(1) 가. 영희는 어제 산 시계를 잃어 버렸다.

나. [[[영희$_i$는] [e_i 어제 e_j 사]$_{VP}$ ㄴ]$_{CP}$ 시계$_j$]$_{NP}$를 잃]$_{VP}$어]$_{CP}$ 버리]$_{VP}$ 었]$_{TP}$

다]$_{MP}$

(1)에서 밑줄친 '-는, -ㄴ, -를, -어, -었-, -다' 등의 형태소는 형태적으로 모두 접사이나 통사적으로는 각각 구(phrase)를 자매항(sister node)으로 하는 '통사적 접사'들이다(3.1 참조). 이러한 접사들은 구를 자매항으로 취하면서도 구의 핵(즉 선행어간)에 의해 영향을 받는다는 특징이 있는데, 이를 '통사론에서의 형태적 정보'라 할 수 있다. 이를 위해 이들 접사들이 선행어간의 음운론적 조건에 따라 어떻게 그 이형태가 결정되는지를 살펴보자.

(1가)에서 '-는, -ㄴ, -를, -어, -었-, -다' 등의 이형태는 음운부(PF)에서 결정되는 것으로, 이들 접사들에 선행하는 어간의 음운론적 조건에 따른 것이다.[1] 즉, (1)의 통사적 접사들은 그 기저형이 기저구조에 상정되고 음운부에 가서 이들의 표면형이 결정되는 것으로 보고자 한다.

그러나 통사구조에서 통사적인 정보만 있고 형태정보가 없다면 음운부에서 이러한 통사구조를 어떻게 형태적 구조로 인식할 수 있을까? 이제까지의 통사론자들은 이 부분에 대해서는 구체적인 언급을 하지 않고, 다만 음운부(형태음운부)에서 자동적으로 재구조화되는 절차를 상정하고 있다. 그러나 재구조화도 형태정보가 없다면 불가능하다. 여기에서 형태정보가 통사부에도 필요하다는 것을 알 수 있다. (1)의 통사구조에 잠재해 있는 형태정보를 형태층위를 달리 하여 나타내면 다음과 같다.[2]

1) Halle, M. & A. Marantz(1993)에서도 단어형성으로서의 복합적인 통사핵의 창출은 PF 이전의 모든 문법단계에서 일어나야 한다고 하였다.

2) Sadock(1991)에서는 언어표현이란 많은 차원의 정보들을 동시에 가지고 있는 조직체라 하면서 이러한 혼합성을 효율적으로 설명하기 위해서는 마치 음운론에서 자립분절 음운론이 제시한 것과 같은 자립적 조합(autonomous module)방법을 통사론에도 도입해야 한다고 한다.

(2) 영희{는} e 어제 e 사{은} 시계{를} 잃{어} 버리{었}{다} 통사층위

S af S af S af S af S af af 형태층위

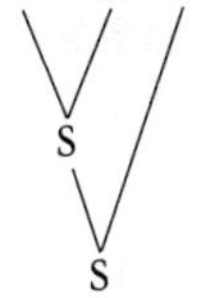

(S=어간, af=접사)

(2)는 통사구조에 잠재되어 있는 형태정보를 표시한 구조인데 '{는}, {은}, {를}, {어}, {었}, {다}'는 기저형을 나타낸다.[3] 이러한 형태정보에 근거하여 음운부에서는 정확한 표면형을 결정하는 것이다. 그러나 이러한 기저형들이 통사구조에 삽입될 때 형태정보를 가지고 삽입된다고 보면, (2)와 같이 통사층위와 형태층위를 달리하는 방법은 잉여적일 수 있다. 우리는 (2)와 같이 층위를 달리하는 방법은 피하고 통사구조에 형태정보가 잠재해 있다고 가정한다.

그러나 우리에게 또 하나의 의문을 갖게 하는 것은 통사구조에 형태정보가 잠재해 있다는 사실만으로 음운부에서 올바른 규칙적용을 할 수 있는가이다. 여기에서 형태구조의 성격을 살펴볼 필요가 있다. 일반적으로 접사는 그 선행어간에 인접해야 하는데, 이는 접사가 바로 인접해 있는 범주만을 볼 수 있다는 것이다. Siegel(1977: 20)에서는 이러한 현상을 다음과 같은 '인접조건(Adjacency Condition)'으로 제안하고 있다.[4]

3) 시정곤(1992ㅁ)에서는 '{는}, {은}, {어}, {었}, {다}' 등에서 { }를 각 형태소들의 자질묶음(feature bundle)으로 파악하였는데, 이러한 견해는 Halle, M. & A. Marantz(1993)에서도 찾아볼 수 있다.

4) Aronoff(1976: 52)에서는 이와 유사한 '선형인접가설(linear contiguity hypothesis)'을 다음과 같이 제안하였다. : <단어형성규칙은 그것이 첨가하는 형태소에 인접한 형태소가 가지고 있는 자질에 대해서만 반응할 것이다.>

(3) 인접조건

X가 접사이고 Y가 X에 인접한 환경에 유일하게 들어 있을 때, 어떠한 어형성규칙도 X와 Y를 포함할 수 없다.

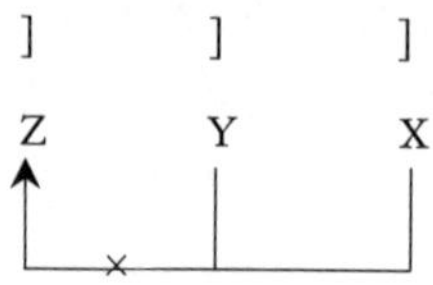

(3)의 인접조건은 접사가 어간과 결합하는 경우라면 어휘부에서나 통사부에서 모두 적용 가능한 것으로, 시정곤(1992ㅁ)에서는 이를 다음과 같은 '인접조건 유지가설'로 설정하였다.

(4) 인접조건 유지가설

어간과 접사는 모든 층위에서 인접조건을 항상 유지해야 한다.

따라서 우리가 (2)의 방법을 지양하고 통사구조에 형태정보가 잠재해 있다고 가정할 때, 통사구조에서의 형태정보들은 (4)의 조건을 만족시켜야 한다. 다음의 예에서 그 만족 여부를 살펴보자.

(5) […[[[영희]$_{N}$]$_{NP}$[는]$_{N}$]$_{NP}$ [[e 어제 e [사]$_{V}$]$_{VP}$ [은]$_{C}$]]]$_{CP}$
[[[시계]$_{N}$]$_{NP}$[를]$_{N}$]]$_{NP}$ [[[잃]$_{V}$]$_{VP}$ [어]$_{C}$]$_{CP}$ [[[버리]$_{V}$]$_{VP}$
[었]$_{T}$]$_{TP}$ [다]$_{M}$]…]$_{MP}$

(5)의 통사구조에는 어간과 접사라는 형태정보가 잠재해 있다. 따라서 이들 형태정보들은 (4)의 조건을 만족시켜야 한다. 그러나 (5)에서 형태정보들은 (3)의 인접조건을 만족시키지 못하고 있다. 왜냐하면 어간과 접사 사이에 또 다른 범주들(X', XP)이 놓여 있기 때문이다. 그렇다면 (3)과 (4)의 조건을 만족시키기 위해서는 어떠한 절차가 필요한가. 우리는 이들 형태

정보들이 (3)(4)의 조건을 충족시키기 위해 통사구조에서 핵이동을 유도한다고 가정한다.

2.2 핵이동의 정의와 조건

핵이동은 통사부에서 알파 이동이 핵에 적용된 경우를 말하는데, 이는 형태론적 자질에 의해 이루어진다. 우리는 Chomsky(1986)에 기대어 다음과 같이 '핵이동'을 정의한다.[5]

(6) 핵이동

통사부에서 영계층(X^o)인 핵 α가 영계층인 핵 β로 이동하는 것.

(6)의 정의에 따르면 영계층 α는 영계층이 아닌 β로는 이동할 수 없고 영계층 범주로만 이동해야 한다. 이것은 그 구조를 보존하기 위해서인데, Emonds(1976)에서는 이를 '구조보존가설(Structure Preservation Hyphoesis)'로 제안하였다.

(7) 구조보존가설

X^o는 다른 X^o로만 이동할 수 있고,

XP는 다른 XP로만 이동할 수 있다.

영어에서 이러한 핵이동이 적용된 경우로는 V에서 I로의 이동과 I에서 C로의 이동을 들 수 있는데, Chomksy(1986: 68-80)에서 제시한 예를 살펴보자.

5) Halle, M. & A. Marantz(1993)에서는 통사부의 단어형성 작용으로 ① 핵이동과 부가 ② 병합(Merger) ③ 융합(Fusion) ④ 형태소 분열(Morpheme fission) 등 네 가지를 제시하고 있으나 우리는 국어의 경우 핵이동만을 상정한다.

(8) 가. [how tall] is John.

나. $[_{CP}\cdots[_{C'}\ C\ [_{IP}\ NP\ [_{I'}I[_{VP}\ V\cdots]]]]]$

(8가)는 표면구조이며 (8나)는 (8가)의 기저구조인데, 그 도출과정을 보면 먼저 V(=be)는 IP의 핵 위치인 I의 위치로 이동하여 I와 결합하게 되고 새로이 형성된 굴절(inflected)요소 V_I는 다시 CP의 핵인 C로 이동하게 된다. V에서 I로의 이동은 필수적인데, 이것은 I가 형태적으로 접사이기 때문이다. 만약 그렇지 않다면 접사가 모체를 결여하게 된다. 따라서 핵이동은 접사와 어간을 결합하게 하는 기제가 되므로, 통사부에서의 단어형성 원리라고 말할 수 있다.[6] 한편 이러한 핵이동은 NP 이동에 비해 매우 국부적(local)인데, 그 이유는 이것이 형태정보에 기인한 이동이고, 따라서 (3)의 인접조건과도 관련되기 때문이라 생각한다.

핵이동에서 야기되는 또 하나의 의문은 '왜 접사가 선행어간을 유도하는가' 하는 것이다. 그 이유는 비록 어간이 접사의 모체 역할을 하지만, 통사구조에서는 접사가 어간보다 상위의 핵이기 때문이다. 즉, 구조상 상위핵이 하위핵을 유도한다고 말할 수 있다. 우리는 이를 Lasnik(1981: 164)의 '여과조건(Filter Condition)'을[7] 이용하여 다음과 같은 '핵이동의 형태론적 조건'을 제시하고자 한다.

(9) <핵이동의 형태론적 조건>

형태론적인 의존성과 의미론적인 의존성을 동시에 가지는 의존형태소는

---

6) 한편 Mithun(1984), Baker(1985, 1988)에서는 명사와 동사가 결합하는 명사통합(Noun Incorporation)현상도 핵이동으로 설명하고 있다. 즉 핵이동이 V에서 I로의 이동과 I에서 C로의 이동, 즉 굴절형태론에만 국한되는 것이 아니라 명사의 동사로의 이동에도 확장될 수 있음을 보인 것이다.

7) Lasnik(1981: 164)의 '여과 조건'은 다음과 같다 :

① 형태론적인 의존성을 가지는 [+affix] 형태소는 [-affix] 형태소(stem)의 핵이동을 유도한다.

② 의미론적인 의존성을 가지는 [-α] 형태소는 [+affix] 자질을 갖게 되면 [+α] 형태소의 핵이동을 유도한다.

[-FF: Free Form] 자질을 가지고 있으며 이 형태소는 [+FF] 형태소(어간)의 핵이동을 유도한다.

(9)의 조건에 따라 (5)에서 핵이동을 상정하면 다음과 같다.

(10) [⋯[[[t_i]$_N$]$_{NP}$ [영희$_i$는]$_N$] [[e_i 어제 e_j [t_k]$_V$]$_{VP}$ [사$_k$은]$_C$]$_{CP}$ [[t_j]$_N$]$_{NP}$ [시계$_j$를]$_N$] [[[t_l]$_V$]$_{VP}$ [t'_l]$_C$]$_{CP}$ [t''_l]$_V$]$_{VP}$ [t'''_l]$_T$]$_{TP}$ [잃어버리었다$_l$]$_M$]⋯]$_{MP}$

(10)에서 핵은 (9)의 조건에 따라 이동하게 되는데, 먼저 [-FF] 자질을 가진 '는'이 [+FF] 자질을 가진 어간 '영희'의 핵이동을 유도한다. 이러한 똑같은 절차를 통해 '영희→는', '사→은'의 이동이 유도되며, '잃어버리었다'의 경우는 먼저 '잃→어'가 된 다음, '잃어→버리'가 되고 '잃어버리→었'이 된 다음, '잃어버리었→다'로 된다

2.3 핵이동의 구조와 제약

이렇게 이동한 핵은 좌측부가의 형태로 이해되어 다음 (11)과 같은 구조를 갖는다(Baker 1988).

(11) 가.

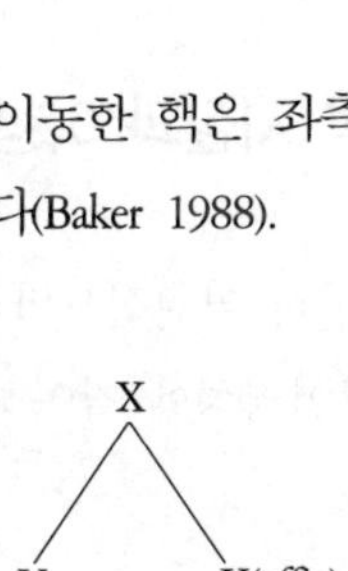

나. [[Y] X]$_X$

(11가)의 부가구조는 형태적으로 (11나)와 같은 구조를 갖으며, 이 구조에서 X, Y는 (3)(4)의 인접조건을 만족한다. 이때 (11가)의 부가(adjoin)는 엄밀순환성(strict cyclicity)에 따라 단계적으로 적용되어 Baker(1985)의 거울원리(Mirror Principle)의 효과를 얻을 수도 있다.[8]

한편 통사부에서 모든 영계층(X^0)인 핵 α가 모든 영계층인 β로 이동이 가능한 것은 아니다. 즉 핵이동은 '지배(govern)'의 개념에 의해 그 가능성이 결정되는데, 우리는 이를 이용하여 다음과 같은 '핵이동제약(Head Movement Constraint: HMC)'을 상정할 수 있다(Travis 1984, Chomksy 1986 참조).

(12) 핵이동 제약: 핵 β의 이동은 β의 최대투사인 r를 지배하는 핵 α의 위치로만 가능하다.

이러한 핵이동 제약은 통사부의 α 이동의 개념으로 이해되어, 공범주원리(ECP)의 범주에 넣을 수 있다. 다시 말하면 좌측 부가구조를 낳는 핵이동은 핵 연쇄(Head Chain)를 이루게 되며, 이러한 핵 연쇄는 Y와 Y의 흔적으로 이루어지고, 이동한 핵과 그 흔적은 공범주원리로 이해되는 핵이동 제약을 어기지 않아야 한다.

3. '-이/답/히/같-'의 형태·통사론적 자질과 어형성

이 장에서는 '-이/답/히/같-'을 중심으로 통사적 어휘접사의 형태, 통사적 성격을 알아보고 핵이동을 통해 이들이 단어형성에 참여하는 과정을 고찰하고자 한다.

---

8) Baker(1985)의 거울원리는 다음과 같다.

(가) Morphological derivations must directly reflect syntactic derivations (and vice versa)

(가)에 의하면 만약 통사부에서 도출된 a-b-c-d의 형태구조가 다음 (나)와 같다면

(나) [[[[a-]b-]c-]d]

(나)는 통사부에서 다음과 같은 도출과정을 반영한다. 즉 (나)의 형태구조는 a가 b로 핵 이동한 후 a-b가 다시 c로 이동한 다음 a-b-c가 d로 이동했다는 것을 나타낸다. 이러한 근거는 Lapointe(1981)의 어휘보존가설(Lexical Integrity hypothesis)에서 찾을 수 있는데, 그에 따르면 [[a-]b]의 구조에서는 a 혹은 b만을 남기고 어느 하나만 핵 이동시킬 수는 없다.

3.1 통사적 어휘접사의 특성

전통적인 개념으로 접사를 분류하면 파생접사(derivational affix)와 굴절접사(inflectional affix)로 구분할 수 있으나, 이러한 개념으로는 다음 (13)의 예들에서 나타난 형태, 통사적 현상을 제대로 설명할 수 없다.

(13) 가. 영희는 [예쁜 소녀]$_{NP}$이다.
나. 영희는 영수에게 [팔을 잡]$_{VP}$히었다.
다. 명수는 [용감한 군인]$_{NP}$답다.
라. 영자는 [멋진 배우]$_{NP}$같다.

(13)에서 '-이-, -답-, -히-, -같-' 등은 어근과 결합하는 것이 아니라 모두 통사부에서 구와 결합하는 접사이다.[9] 이들은 선행하는 구의 통사적 성격을 온전하게 유지하면서 새로운 구를 형성한다는 점에서 파생이나 굴절접사와는 다르다. 이에 따라 본고에서는 전통적인 개념에서 벗어나 접사의 활동범위에 따라 새로운 접사체계를 가정한다(시정곤 1993 참조). 즉 접사는 어휘부에서 어근(Root)과 함께 단어형성에 참여하는 일련의 접사와 통사부에서 구와 결합하여 새로운 구를 형성하는 접사로 양분할 수 있다. 우리는 전자를 '어휘적 접사(lexical affix)', 후자를 '통사적 접사(syntactic affix)'라고 가정하고,[10] 이를 다음과 같이 형식화하기로 한다.

---

9) 이들이 선행어근과 어휘부에서 결합한다고 가정할 수도 있으나, 여기에는 많은 문제가 따른다. 먼저 수식어의 문제이다. 이들이 어근과 결합하여 통사부에 삽입된다면 형용사가 동사를 수식하게 되는 기묘한 구조를 가정해야만 한다. 둘째는 생산성 문제로, '-이/같-' 등은 매우 높은 생산성을 갖고 있으므로 일반적인 파생접사로 분류하기에 어려움이 있다.

10) '통사적 접사'에 대한 논의는 김창섭(1984)에서 접미사 '-답-'에 대한 통사적 성격을 지적한 것을 시작으로 하여, 고창수(1985), 임홍빈(1989), 김창섭(1992)에서 보다 체계적으로 논의 된 바 있다.

(14) 가. 어휘적 접사

(Affix) + X^o + (Affix) → Y^o

(X, Y = N, V)

나. 통사적 접사

XP + Affix → YP

(X, Y = N, V, T, M, C)

위의 형식화에서 우리가 주목해야 할 것은, 어휘적 접사는 X^o를 대상으로 하고, 통사적 접사는 XP를 대상으로 한다는 점이다. 다시 말하면 어휘적 접사는 X^o 층위에서 활동하는 접사인 반면, 통사적 접사는 XP 층위에서 활동하는 접사라는 것이다.[11)]

어휘적 접사는 선행 어간의 통사적 성격을 파괴하고 새로운 성격으로 변화시키는 반면, 통사적 접사는 통사부에 삽입되어 통사핵으로서 다른 삽입요소와 마찬가지로 통사규칙(투사원리)을 준수해야 하므로 선행 구의 통사적 성격은 그대로 유지되며, 따라서 선행 구는 자신의 통사적 성격에 따라 확장이 가능하다.

(14)에 기대어 보면 '-이/답/히/같-' 등은 통사적 접사에 속한다. 그러나 이들 접사들이 다른 통사적 접사와 다른 점은, 형태론적으로는 접사이지만 의미론적으로는 논항구조를 가지고 있다는 것이다. 즉 이들 일군의 접사는 일반 서술어와 마찬가지로 논항구조를 가지고 있으며, 선행 명사구에 논항을 배당한다는 점에서 실질형태소의 역할을 한다.

이에 따라 우리는 통사적 접사 가운데 논항구조를 가진 접사를 그렇지 않은 접사와 구분하기로 하고, 전자를 '통사적 어휘접사(syntactic lexical affix)'로,[12)] 후자를 '통사적 기능접사(syntactic functional affix)'로 명명하기로

11) 어휘적 접사에는 이른바 파생접사가 대부분 포함되며, 통사적 접사에는 위에서 열거한 일부 접사(-이/답/히/같- 등)과 이른바 조사와 어미(선행어미 포함) 등이 포함된다.

12) 이러한 통사적 어휘접사의 범주에는 이들 이외에 '-되(다), -거리(다), -대(다), -지(다)' 등의 접사가 포함된다.

한다. 통사적 어휘접사화를 형식화하면 다음과 같다.

(15) 통사적 어휘접사화

$[[XP]\ [Affix]_{V}]_{VP}$

$[+\alpha]$

$(X = N, V/\ \alpha = \text{논항구조})$

이들 접사들은 통사구조에서 핵으로서 독립된 교점을 가지며, 그 범주는 모두 V이다. V 교점에 삽입되는 이들 접사는 X' 이론을 만족시키면서 VP까지 투사된다. 그리고 자신이 가진 논항을 명사구에 배당하게 된다.

3.2 통사적 어휘접사 '-이-' 형태 · 통사론

이 절에서는 '-이-'의 여러 형태적 자질들을 살펴보고, '-이-' 구문의 기저구조와 핵이동을 통한 '-이-'의 통사적 단어형성에 대하여 고찰하고자 한다.

3.2.1 '-이-' 형태 · 통사론적 특성

'-이다'에 대한 기존논의들은 선행연구들에서 알 수 있듯이 형태소 '-이-'의 문법적 범주가 무엇인가에 집중되어 있었다. 그 결과로 우리는 용언어간설, 비어간설, 계사설, 그리고 통사적 파생접사설 등과 같은 여러 견해들은 얻을 수 있었다.[13)]

본고에서는 먼저 왜 '-이-'를 '통사적 어휘접사'라는 범주로 가정해야

13) 용언어간설은 다시 지정사설과 의존형용사설로, 비어간설은 다시 격어미설, 매개모음설, 접중사설, 서술조사설 그리고 형태부설 등으로 세분할 수 있다(이길록 1974, 고창수 1986 참조).

하는가에 대해 간략히 살펴보고(시정곤 1993ㄱ 참조), 그런 가정이 어떠한 문법적 설명을 제공할 수 있는지에 초점을 두고자 한다. 따라서 '-이-'의 문법 범주 자체보다는 '-이-'와 관련된 형태, 통사적 현상이 어떻게 설명될 수 있는지, 그리고 그 부정 '아니(다)' 구문과의 관련성 및 기저구조 설정에 대해서도 덧붙이기로 한다. 먼저 다음과 같은 의문들로부터 논의를 출발하자.

(16) '-이-'의 선행 명사구에는 격표지가 나타나지 않는다.

(예) *영희는 학생{이/을/과/에…} 이다.

(17) '-이-'와 선행 명사구 사이에 형태소가 삽입될 수 없다.14)

(예) *이것은 꽃{도/은/좀}이다.

*휴식은 한 번{도/은/좀}이다.

(18) '-이-'는 구개음화의 환경이 된다.

(예) 밭이(다) : 밭-이 → [바치]

(19) '-이-'는 음운론적 환경에 의해 생략 가능하다.

(예) 이것은 수박이다. / 이것은 사과다.

(20) '-이-'는 선행 명사구에 논항을 배당한다.

(예) 철수는 학생이다

(T) (T)

'-이-' 구문의 첫번째 자질은 (16)에서 보듯이 선행 명사구에 격표지가 나타나지 않는다는 것인데, 김창섭(1992ㄴ: 3)에서는 '-이-'의 인접한 논항은 어떠한 격표지도 가지지 않는 특성이 있다고 하며, 엄정호(1989: 125)에서는 형태론적 제약 때문이라고 한다. 그러나 문제의 해결을 위해서는 왜 '-이-'의 인접한 논항이 격을 갖지 못하는가, 그리고 형태론적 제약이라

14) 선행 명사구와 '-이-' 사이에 모든 형태소의 삽입이 불가능한 것은 아니다. '학생들이다, 한번만이다, 이번뿐이다' 등과 같이 {들, 만, 뿐} 등은 삽입이 가능하다.

면 그 제약은 왜 생기며, 어떠한 제약인가를 밝혀야 할 것이다.

두 번째 자질은 (17)에서와 같이 '-이-'와 선행 명사구 사이에 {들, 만, 뿐} 등의 몇몇 형태소를 제외한 어떠한 요소도 삽입이 불가능하다는 것이다. 김창섭(1992ㄴ: 3)에서도 '-이-'는 '-답(다), -같(다)'와 함께 형태론적으로 자립성이 없고 어기에 의존하여 나타날 뿐이며, 어기와의 사이에 다른 요소들의 개입을 허용하지 않으므로 접미사로 볼 수 있음을 지적하고 있다.

세 번째 자질은 구개음화 현상이다(18). 국어에서 'ㄷ, ㅌ' 구개음화현상은(통시적이든 공시적이든) /i/ 앞에 형태소 경계를 동반할 때 이루어진다(김무림 1992: 120-121). 예를 들어 '같이: 같-이→[가치], 닫히(다): 닫-히→[다치], 밭이: 밭-이→[바치]' 등에서 볼 수 있듯이 /i/ 앞에는 모두 형태소 경계를 가지고 있다. 만약 형태소 경계가 아닌 단어 경계를 가지고 있다면 같은 음운환경이라도 구개음화는 일어나지 않는다. 예를 들면 '밭이랑: 밭##이랑→[반니랑](*[바치랑]), (머리에) 솥이다: 솥##이다→/손니다/(*[소치다])' 등과 같이 구개음화가 아닌 자음동화를 일으킨다. (18)의 예에서 구개음화가 일어나는 것으로 보아 둘 사이의 경계는 '단어'가 아닌 '형태소' 경계라 할 수 있다.

네 번째 자질은 '-이-'의 생략문제인데, '-이-'는 선행어의 말음이 자음일 경우는 반드시 나타나지만 모음일 경우는 생략이 가능하다.15) 이는 '-이-'가 선행어의 음운론적 환경에 영향을 받고 있다는 것이며, 다른 면

15) 물론 '-이-'가 관형구성에서도 생략 가능한 것은 아니다.

(가) 바보인 철수 (나) *바본 철수

이는 서술구성과 관형구성의 통사범주와 관련이 있는 듯하다. 즉 관형구성은 NP를 갖고 있지만 서술구성은 NP를 갖고 있지 않다. (가)의 기저구조가 [[[[바보]$_{NP}$ 이]$_{VP}$ ㄴ]$_{NP}$ [철수]$_{NP}$]와 같다고 가정할 때 '바보인'의 전체 범주가 NP이므로 '-이-'는 그 속성을 보장받지 못해 반드시 나타나야 한다고 할 수 있다. 반면에 '바보다'에서는 VP 위에 NP가 나타나지 않으므로 '-이-'가 VP에 의해 그 속성을 보장받을 수 있어 생략 가능하다고 볼 수 있다.

에서는 '-이-'가 선행어에 가시적이라 할 수 있다. 선행어에 가시적인 요소는 접사인데, 예를 들면 격접미사들(가/이, 은/는, 을/를, 으로/로 …)이나 부사형어미라 일컫는 '-아/어', 시제형태소 '-았/었-' 등이 선행어의 음운론적 환경에 영향을 받는 것들이다. 그러나 어간은 이러한 접사와는 달리 그러한 음운론적 영향을 받지 않는다. 예를 들어 '수박 이고 가는 처녀'는 가능하지만 '*수박고 가는 처녀'는 불가능하다.

다섯 번째 자질은 '-이-'가 일반 서술어와 마찬가지로 논항구조와 의미구조를 가지고 있으며, 선행 명사구들에 논항을 배당한다는 점이다.16) 우리는 '-이-'의 논항구조로 (T, T)를 설정할 수 있으며, 의미구조로 [[X_i], [BE ([X_i], [Y_i])]]와 같은 구조를 설정할 수 있다. 이때 X와 Y는 동지표된다.

3.2.2 '-이-' 구문의 기저구조와 핵이동

'-이-' 구문의 기저구조와 관련한 주목할 만한 논의로는 성광수(1979)를 들 수 있는데, 그는 다음과 같은 기저구조를 가정하고 있다(성광수 1979: 118).

---

16) 여기서 '-이(다)'를 아무 의미없는 요소로 간주하고 영어에서 do를 삽입하는 것처럼 가정할 수도 있다. 이는 '-이(다)'를 제외한 구성이 나름대로의 서술성을 가질 수 있다는 점에서 더욱 그렇다.

(가) 이것은 책상/ 철수는 학생

물론 (가)에서는 명사구가 나름대로 서술성을 갖는 것으로 보인다. 그러나 본고에서는 '-이-'가 나름대로의 의미를 가지고 있으며 논항을 배당할 수 있다고 가정하겠다. 이러한 가정은 '-이-'를 '-답-, -같-' 등과 동일 선상에서 고찰할 때 가능하다.

(나) 철수는 학생이다/ 철수는 학생답다/ 철수는 학생같다.

위의 예들은 형태, 통사적으로 같은 속성을 지니고 있지만, 의미론적인 면에서는 차이를 보이고 있다. 또한 '학생답다, 학생같다'에서는 '답/같'을 제외하고서는 올바른 의미를 도출해낼 수 없다. 이는 이들이 나름대로의 논항구조와 의미구조를 가지고 있음을 뜻한다. 우리는 '-이(다)'의 경우도 이런 맥락에서 해석하고자 한다.

(21) 철수가 학생이다.

가. [[[철수+K][학생+K][이]cop] [다]]

나. [[[철수+sub M][학생+sub M][이][다]]

다. [[[철수+sub M][학생+이][다]]

(22) 철수가 학생이 아니다

가. [[[철수+K][학생+K][이]cop] [NEG-다]]

나. [[[철수+sub M] [학생+sub M] [NEG-이다]]

다. [[[철수+sub M] [학생+sub M] [아니-이다]]

위의 구조에서 그는 '-이-'를 계사로 보고 이 구문을 이중주어문으로 간주하면서, (21)의 긍정문에서는 제 2주어 '학생'이 계사와 결합하게 되어 주격표지가 삭제된다고 가정하는 한편, (22)에서는 부정소가 계사와 직접 결합하게 되어 제 2주어와 계사의 결합은 부정소에 의해 차단된다고 하였다.

성광수(1979)에서 제시한 기저구조와 변형과정은 '-이(다)' 구문에 대한 많은 설명력을 제공하고 있으며 긍정문과 부정문의 상관관계 및 격표지 삭제여부에 대한 논급은 주목할 만하다. 그러나 여전히 남는 의문은 (21)에서 '학생'과 '이'가 왜 결합하여야 하는지 또 그로 인해 왜 주격표지가 삭제되어야 하는지[17] 그리고 (22)의 부정문에서는 왜 부정소가 '학생'과 '이'의 결합을 차단하는지에 대한 설명이 없다는 점이다. 본고에서는 이 점에 대한 설명력을 제시하고자 한다. 본고에서는 '-이-' 구문의 기저구

17) 서정목(1993: 7)에서도 '-이-'를 계사라고 하고, '학생이다'의 기저구조를 타동사 구성과 같다고 가정하였다.

(가) $[[$학생$]_{NP}$ 이$_{V}]_{V'}$ (나) $[[$밥을$]_{NP}$ 먹$_{V}]_{V'}$

즉 (가)(나)는 모두 동사구의 핵과 그 보충어를 가진 구조라고 하였다. 그러나 여기서도 여전히 풀리지 않는 의문이 남아 있다. 만약 두 구성이 똑같다면 '밥을 먹다'에서는 명사구 '밥'에 격표지가 나타났는데, 왜 '학생이다'에서는 명사구 '학생'에 격표지가 나타나지 않는가에 대한 의문이 먼저 해결되어야 한다.

조를 다음과 같이 상정한다(필요한 부분만).

(23) 영희는 [[착한 [학생]$_{N}$]$_{NP}$ 이]$_{VP}$다.

(23)에서 '-이-'의 형태론적 자질이 '접사'라는 점을 고려하자. 그리고 앞 장에서 제시한 '핵이동의 형태론적 조건'을 상기하면 왜 '-이-'의 인접한 명사구가 격을 갖지 못하는가를 설명할 수 있다. 먼저 이 조건에 따르면 접사 '-이-'는 [-FF] 자질을 가지며 [+FF] 자질을 가진 선행 핵 '학생'을 유도하게 된다. 즉 다음에서 보는 것처럼 선행 핵의 이동을 유도한다는 것이다.

(24) 영희는 [[착한 [t_i]$_{N}$]$_{NP}$ [학생$_{i}$이]$_{V}$]$_{VP}$다.

(24)에서 핵인 '학생'은 [+FF] 자질을 가지며 [-FF] 자질을 가진 '-이-'에 의해 유도되어 이동한다. 이때 이 이동은 핵이동제약을 어기지 않으며, '-이-'의 인접 명사구에는 격표지가 실현되지 못한다. 이것은 격자질을 배당받을 명사구의 핵이 없기 때문이다. 이러한 설명은 성광수(1979)에서 의문으로 남았던 문제에 대한 답을 제공한 셈이다. 또한 (23)-(24)와 같은 기저구조 설정과 핵이동은 '-이-'의 부정 '아니다' 구문에도 설명력을 제공한다.

(25) 가. 영희는 [[착한 [학생]$_{N}$]$_{NP}$ [아니-이]$_{V}$]$_{VP}$다.

나. 영희는 [[[[착한 [학생]$_{N}$]$_{NP}$[+NOM]]$_{NP}$ [아니-이]$_{V}$]$_{VP}$다.

(25)에서 선행 명사구는 격을 배당 받게 된다. 그 이유 역시 핵이동과 관련이 있는데, (25)에서는 핵 '학생'이 접사 '-이-'로 이동하지 못한다. 왜냐하면 중간에 '아니'라는 성분이 있기 때문이다. 만약 중간 성분 '아니'

를 뛰어 넘어 이동을 하게 되면 핵이동제약을 어기게 된다. 또한 '학생'이 '아니다'로도 이동할 수 없다. 왜냐하면 '아니다'는 [+FF] 자질을 가지므로 선행 핵을 유도하지 못하기 때문이다. 따라서 선행 성분 '학생'은 격을 배당 받을 수 있는 것이다.

한편 (25)에서 우리는 '아니다'를 '아니+이다'로 분석하고,[18] '아니'를 [+NEG] 자질을 가진 명사(N)로[19] 상정하고 V에 핵부가되어 기저생성되는 것으로 가정한다.[20] 이러한 가정 하에서는 엄정호(1989:116)에서 지적

---

18) '아니다'를 '아니-이다'로 분석하지 않고 '아니다'를 형용사로 상정할 수도 있다. 그러나 여기에는 몇 가지 문제점이 남는데, 먼저 지적할 수 있는 것이 형용사 '아니다'의 '아니'의 범주문제이다. 이는 용언 앞에 나타나는 부정소 '아니'와는 달리 형용사 '아니다'의 '아니'는 용언으로 설정하는데 이러한 특이성이 우리 문법에서 용인될 수 있을지 의문이다. 그리고 '아니다'를 단순히 형용사로 보면 '-이-'가 명사와 결합한다는 일반성을 적용할 수 없게 된다.

19) '아니'를 명사로 상정할 수 있는 근거는 다음과 같은 중세국어 자료에서 찾을 수 있다.

(가) 보이며 生 아니를 골히ᄂᆞ니 (법화 5:30)
(나) 숁가락과 숁가락 아니예 나ᄆᆞᆫ (出指非指) (능엄 2:61)

위의 예에서 밑줄친 '아니'는 명사로 기능하고 있으며 이러한 통시적인 자료에 근거하여 본고는 '아니'를 명사로 상정한다.

20) '아니-이다'를 어휘부의 단어형성이 아닌 통사부의 기저생성으로 처리하는 이유는 어휘적 부정어와 통사적 부정어를 구별하기 위함이다. 전자는 어휘부에서 생성된 것으로 비록 부정의 의미를 지니고 있으나 통사부에서 부정극어(Negative Polarity Items: NPIs)를 허가할 수 없는 속성을 지니고 있다(안희돈 1991: 224 참조).

(가) ㄱ. 아무도 그 사실을 {*부인했다/부인하지 않았다}
ㄴ. 아무도 {*불행했다/불행하지 않았다}
ㄷ. 아무도 {*몰인정하다/몰인정하지 않다}

특히 이러한 속성은 '아니/못' 등과 결합한 어휘가 굳어져 어휘화된 경우에서도 찾아 볼 수 있다.

(나) ㄱ. 아무도 {*못생겼다/못생기지 않았다}
ㄴ. *안된 사람이 아무도 있다/ 안된 사람이 아무도 없다.(모두 잘되었다)

그러나 다음에서 알 수 있듯이 어휘적 부정어와는 달리 '아니-이다'는 부정극어를 허가한다.

(다) 아무도 학생이 아니다

한 논항수 문제는 야기되지 않는다.[21] 왜냐하면 논항은 명사구를 말하는데 (25)에서 '아니'는 논항이 아니기 때문이다. 따라서 '-이-'의 논항수는 부정문에서도 여전히 두 개이다.

이와 관련하여 서정목(1993: 8-10)에서는 '아니'는 동사 V에 부가(adjunct)되는 부사어로 가정하고, 다음과 같이 '이'와 통합되어 V에 첨가되는 구조를 제기하면서 이러한 절차는 '잘'과 같은 부사가 사용된 구문과 같다고 하였다.

(26) 가.

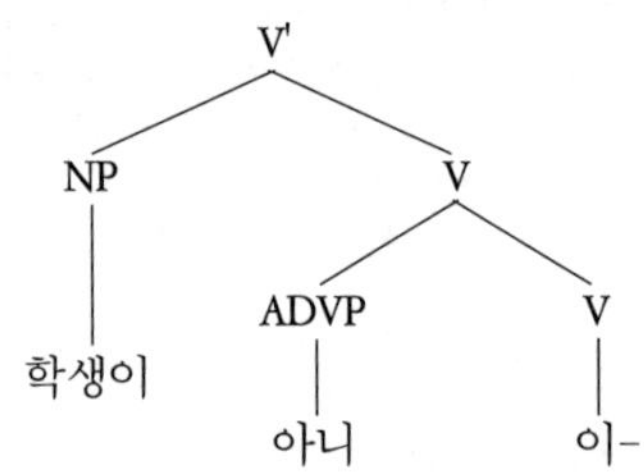

나.

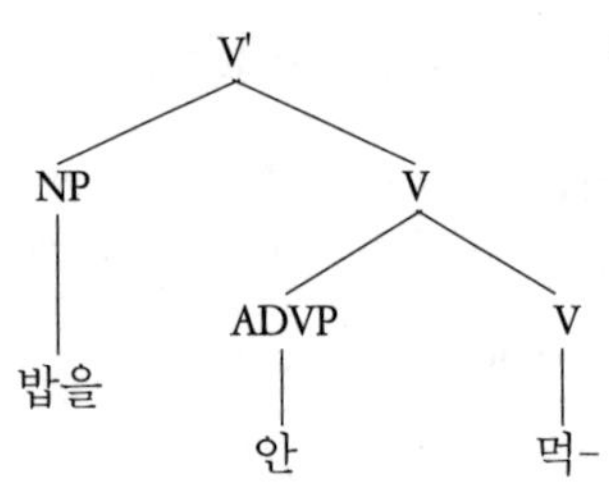

다.

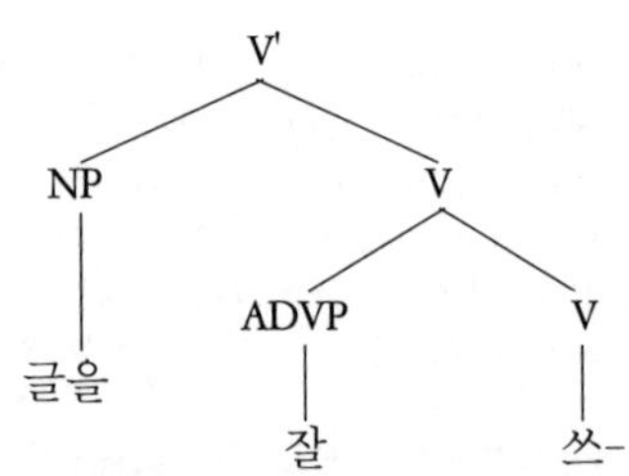

그러나 과연 '아니'와 '잘'의 구문을 동일시할 수 있을까. (26)의 구조에는 몇 가지 문제가 있다. 먼저 지적할 수 있는 것은 최대투사가 핵 범주에 부가될 수 있는가하는 점이다. (26)에서 '아니'와 '잘'이 모두 부사구

따라서 우리는 '아니'는 통사적 부정어라 할 수 있으며, 이러한 속성은 '아니'를 통사부에 기저생성하게 하는 한 이유가 된다.

21) 엄정호(1989: 116)에서는 '이다'가 긍정문일 경우 두 자리 서술어가 되고, 부정문일 경우는 세 자리 서술어가 된다고 하면서 '아니다'에서 '아니'를 명사로 볼 수 없다고 하였다.

(ADVP)로 V에 부가되었는데, 핵에 부가될 수 있는 범주는 핵만이 가능하기 때문이다. 따라서 (26)의 부가는 문제가 되는 것이다. 또 다른 문제는 '잘 쓰다'는 '잘 안 쓰다'로 내적 확장 가능하지만 '아니 이다'는 내적 확장이 불가능하다는 점이다. 그러므로 '아니 이(다)'와 '잘 쓰(다)'를 동일한 범주 V로 상정할 수 없다.

3.3 통사적 어휘접사 '-답-'의 형태 · 통사론

이 절에서는 '-답-'의 여러 문법적 자질들을 살펴보고, '-답-'이 통사적 어휘접사이어야 하며, '-답-'의 단어형성은 핵이동을 통해 설명될 수 있음을 밝히고자 한다.

3.3.1 '-답1-'과 '-답2-'

접사 '-답-'의 기능은 주로 명사와 결합하여 상태동사를 형성하는 것으로 이해되는데, 이러한 어형성이 모두 어휘부에서 일어난다고 볼 수는 없다. 이에 대한 답을 얻기 전에 먼저 다음의 예를 살펴보자.

(27) 가. 부부가 매우 정답다.

나. *부부가 따스한 정답다.

(28) 가. 그는 매우 학자답다.

나. 그는 훌륭한 학자답다.

위의 예 (27-28가)에서 '정답다, 학자답다' 등이 정도부사의 수식을 허용하는 것으로 볼 때, 접사 '-답-'은 전형적인 상태동사화 접사의 기능을 보여주고 있다. 그러나 (27나)와는 달리 (28나)에서는 '학자답다'라는 서술어가 형용사의 수식을 허용하고 있다. 여기에서 우리는 (27나)의 '정답다'

와는 달리 (28나)의 '학자+답'의 구조는 어휘부에서 형성될 수 없다는 것을 알 수 있다. 즉 '학자답'이라는 구조가 어휘부에서 형성되어 상태동사화 되었다면 형용사의 수식을 허용해서는 안 되기 때문이다.

이에 대한 해결책으로 우리는 접사 '-답-'을 '-답1-'과 '-답2-'로 구분하고자 한다. 좀더 자세히 말하면 어휘부에서 명사와 결합하여 상태동사를 형성하는 어휘적 접사 '-답-'을 '-답1-'로 상정하며, 통사부에서 명사구와 결합하는 '-답-'은 '-답2-'로 상정한다. '-답2-'와는 달리 '-답1-'은 '참답다, 정답다, 아름답다' 등의 국한된 예에서 나타나므로 공시적으로는 거의 생산성이 없는 것으로 보인다.

이제 우리는 통사적 어휘접사로 상정한 '-답2-'에 대해서 구체적으로 논의해 보자. 먼저 (28)의 '-답2-'는 다음과 같이 명사구를 보어로 취하는 통사적 접사로 이해된다.

(29) 그는 [[훌륭한 학자]$_{NP}$답]$_{VP}$다.

(29)의 구조에서 '-답-'은 명사와 결합하는 것이 아니라 명사구와 결합하는 통사적 접사로 간주된다. 따라서 '훌륭한'이라는 형용사는 '학자답-'을 수식하는 것이 아니라 '학자'를 수식하는 것이고 '-답2-'는 '학자'와 결합하는 것이 아니라 '훌륭한 학자'와 결합하는 통사핵인 것이다.

3.3.2 '-답-'의 기저구조와 핵이동

이제까지는 통사적 접사로 '-답2-'를 설정해야 하는 이유에 대해 간략히 살펴보았는데, 이제는 '-답2-'가 통사부에 삽입된 후 어떤 자질들을 지니고 있는지 그리고 이 구문의 기저구조는 어떻게 설정될 수 있는지 검토해 보자.

(30) '-답-'의 선행 명사구에는 격표지가 나타나지 않는다.

(예) *그는 학자{이/을/과/에…} 답다.

(31) '-답-'과 선행 명사구 사이에 형태소가 삽입될 수 없다.[22)]

(예) *그는 훌륭한 학자{도/은/만/좀/안/못}답다.

(32) '-답-'은 선행 명사구에 논항을 배당한다.

(예) 그는 학자답다

(T) (T)

위의 (30)-(31)에서 알 수 있듯이 '-답2-'도 앞서 언급한 '-이-'와 같은 형태, 통사적 자질들을 가지고 있다. 또한 '-답2-'도 '-이-'와 같은 논항구조(T, T)를 가지고 있다고 가정할 수 있으나, 의미구조는 다음과 같이 조금 다르다.

(33) $[[X_i], [\text{state BE TOO MUCH}([X_i], [Y_i])]]$

(33)에서 '-답2-'의 의미구조는 'X와 Y가 동지표이면서 X가 Y라는 자질을 많이 가지고 있는 상태'를 말한다. 따라서 '그는 학자답다'라는 예는 '그=학자'이면서 '학자의 자질을 많이 가진 상태'를 의미하게 된다.

이제는 왜 '-답-'의 인접한 명사구가 격을 갖지 못하는가를 설명해보자. 먼저 '-이-'와 유사하게 '-답-'의 기저구조를 다음과 같이 상정한다.

(34) 그는 $[[$훌륭한 $[$학자$]_N]_{NP}$ 답$]_{VP}$다.

(35) 그는 $[[$훌륭한 $[\ t_i\ ]_N\ ]_{NP}$ $[$학자$_i$답$]_V]_{VP}$다.

(34)는 (35)의 D 구조를 보인 것이고 (35)는 S 구조를 보인 것이다. (35)에

22) 이때에도 명사구와 '-답-' 사이에 형태소 {들}의 삽입이 가능하다- '그들은 학생들답다.'

서 명사구의 핵인 '학자'는 [+FF] 자질을 가지며 '-답-'은 [-FF] 형태자질을 가진다. 이때 '-답-'은 '핵이동의 형태론적 조건'에 때라 명사핵 '학자'를 유도하게 된다. 이러한 이동에서 '-답-'의 의해 유도된 명사핵 '학자'는 그 흔적을 '지배'하므로 앞장에서 제시한 핵이동제약을 어기지 않는다.

한편 이러한 핵이동은 '-답2-'가 가지고 있는 선택제약을 설명해 줄 수 있다는 장점도 있다.

(36) ㄱ. 어른답다, 학자답다, 군인답다, 교수답다…
ㄴ. *행복답다, *사랑답다, *용감답다, *성공답다…

위의 (36)에서 알 수 있는 것처럼 '-답2-'는 [+행위성]이나 [+상태성]의 명사류(행복, 용감, 부자연, 문란)과는 결합할 수 없지만 [+실체성](사람, 개, 학교), [+동작성](운동, 식사, 명령), [+과정성](고생, 발전, 죽음) 등의 명사류와는 모두 결합할 수 있다(노대규 1981: 60-65). 우리는 이를 '-답2-'의 선택제약자질([[-행위성]__])로 형식화 시킬 수 있는데, '-답2-'가 명사구와 결합한다는 가정으로는 이러한 제약을 설명하기가 어렵다. 왜냐하면 앞에서 제시한 선택제약자질은 선행 명사구에 대한 제약이 아니라 명사구의 핵인 명사와의 결합제약이기 때문이다. 다음의 예를 보자.

(37) 가. 그녀는 [행복한 사람]답다.
나. 영이는 [사랑받는 여자]답다.
다. 민규는 [용감한 군인]답다.
라. 그 사람은 [성공한 배우]답다.

만약 '-답2-'에 대한 제약의 범위가 명사가 아니라 선행 명사구라면 위의 (37)의 문장들은 이러한 제약조건에 모두 걸리게 된다. 왜냐하면 '-답2-'

의 선행 명사구 안에 [+상태성] 자질을 가진 '행복, 사랑, 용감, 성공' 등의 어휘가 포함되어 있기 때문이다. 그러나 (37)의 문장들은 모두 문법적인 문장이다. 따라서 '-답2-'가 명사구와 결합한 후에 명사구의 핵 명사가 '-답-'으로 이동을 해야 한다. 그래야만 '-답2-'의 제약들을 만족스럽게 설명할 수 있다.

3.4 통사적 어휘접사 '-히-'의 형태 · 통사론

피동접미사의 일반적인 특징 가운데 하나는 타동사를 자동사로 만드는 것이다. 그러나 이러한 특징으로 설명할 수 없는 문장들이 있는데, 소위 목적어 있는 피동문이 바로 여기에 속한다. 이 절에서는 이러한 특정 구문이 '-히-'의 형태, 통사론적 자질과 관련하여 어떻게 설명될 수 있는지를 살펴보고자 한다.

3.4.1 목적어 있는 피동문

다음 예에서 보는 바와 같이 피동사 앞에 목적어가 선행하는 독특한 피동문이 있는데, 이들은 대체로 대응 가능한 능동문이 소위 '대격중출문'인 경우이다.

(38) 가. 영희가 영희를 <u>손을 잡았다.</u>
나. 영희가 철수에게 <u>손을 잡혔다.</u>
(39) 가. 개가 토끼를 <u>다리를 물었다.</u>
나. 토끼가 개에게 <u>다리를 물렸다.</u>

이 논의의 시발은 이상억(1970: 236-248)에서 간접피동으로 처리한 것인데, 성광수(1976)에서는 (38, 39가)의 중목적어문의 성립이 우선적이며 이에 대한 피동문으로 (38, 39나)가 변형으로 도출된다고 하였다. 간접피동에 대해서는 (38, 39나)에서 직접피동, 즉 피동의 초점이 되는 것은 오히려 '주어'인 '영희'와 '토끼'이므로 피동의 직접·간접의 구분은 타당하지 않다고 보았다.

임홍빈(1978)에서는 이러한 피동문에 나타난 목적어를 목적어 아닌 '주제어'라고 주장하였으나 이익섭·임홍빈(1983: 204-205)에서는 이를 '피동주 하나를 부각 시키고 나머지는 그대로 목적어 형식으로 두어 문장의 균형을 유지한 것'으로 보기도 하였다. 이는 간접피동을 변형의 이탈적 현상으로 인정하는 태도라 생각한다.

강영세(1986: 107-108)에서는 지배-결속이론의 격배당원리에 입각하여 피동문에 나타나는 '-을' 후행 명사구를 기술적으로 묘사하고 있다. 즉 국어 피동사의 일부는 상태동사 및 비상태동사의 중의적 성질을 갖게 되는데, 이때 '-을' 후행 명사구는 이러한 중의성 중에서 비상태동사에 의해 배당된 대격조사의 음성실현이라는 것이다.

이에 대한 비판은 이광호(1988: 197-199)에서 구체적으로 논급되었으며, 그는 이에 대한 대안으로 이러한 피동문을 사동문으로 이해하고 있다. 피동사가 목적어를 취할 수 없다는 점은 이광호(1988: 192)에서 다음과 같이 확인된다.

(40) 피동사는 어떤 명사구 논항에도 대격을 취할 수 없다.

(40)과 같은 원칙 아래서 이광호(1988)에서는 (38, 39나)를 설명하기 위해 주어가 [+행위성], [+의도성]을 갖는 문장은 피동문이 될 수 없으므로, 이 구문은 사동문으로 보아야 한다고 하였다. 즉 (38)은 통사론적으로는 사동문이며, 단지 의미론적으로 피동의 해석을 받을 수 있다는 것이다. 그러나 이러한 주장은 사동사가 동일한 구조에서 사동과 피동의 두 가지 의미를 지닐 수 있다는 모순을 야기한다.

이러한 문제를 설명하기 위해 김영주(1990: 219)에서는 '[+행위성] 동사는 자신의 자매인 명사구에 대격을 배당한다'라는 그의 격이론을 확장하여, 동사어간이나 접미사의 [+행위성] 자질이 모두 중요하다고 하면서 동사어간이나 접미사 둘 중에 어느 하나에만 그 자질이 있으면 그 동사의 전체자질은 [+행위성]을 갖게 되고 명사구에 대격을 배당할 수 있다고 한다. 그러나 이러한 제안은 [+행위성] 자질에만 이러한 확장이 적용되어야 하는 약정적인 성격을 갖는다.

김영주(1990)을 비판하면서 홍기선(1991, 1993)에서는 결정자와 피결정자를 이용해 '결정자 논항이 있을 때 피결정자에게 대격이 배당된다'라는 격표지 원리로 (38, 39나)의 문제를 해결하려고 하였으나, 결정자, 피결정자 선정 기준이 문제가 된다.[23)]

3.4.2 '-히'의 기저구조와 핵이동

이러한 문제를 해결하기 위해 본고에서는 '-히-'의 형태, 통사적 자질

23) 홍기선(1993: 6-13)에서 결정자를 선택하는 동사를 고르는 기준은 다음과 같다.
(가) 명령형이나 청유형으로 쓰일 수 있는가?
(나) 주절의 동사가 '강요하다, 설득하다'류의 동사일 때 종속절의 동사로 쓰일 수 있는가?
(다) 주절의 동사가 '노력하다, 애쓰다'류의 동사일 때, 종속절의 동사로 쓰일 수 있는가?
(라) '일부러, 의도적으로'류의 부사와 같이 쓰일 수 있는가?
(마) '-려고'류의 부사절과 같이 쓰일 수 있는가?
(바) '저절로'류의 부사와 같이 쓰일 수 있는가?
또한 피결정자를 선택하는 동사를 가려내는 기준은 다음과 같다.
(가) '(한 시간)에'와 같은 부사구와 같이 쓰일 수 있는가?
(나) 'V-는데 (한 시간) 걸리다'처럼 쓰일 수 있는가?
(다) '완전히'류의 부사와 같이 쓰일 수 있는가?
그러나 이러한 기준으로 보면 다음과 같은 문장은 문제가 된다.
(가) 바람에 꽃이 꺾였다.
여기에서 '바람에 (저절로) 꽃이 꺾였다. 바람에 꽃이 (완전히) 꺾였다.'가 가능하므로 '바람'은 결정자, '꽃'은 피결정자가 되어 '꽃'에 대격이 부여되어야 한다. 그러나 대격이 부여되면 비문이 된다.
(나) *바람에 꽃을 꺾였다.

을 고려하여 이를 통사적 어휘접사로 상정하고자 한다. 이는 문제가 되는 목적어 있는 피동문에 대해서는 '[손 잡]'이라는 동사구가 통사부에서 통사적 어휘접사 '-히-'의 보어가 된다는 것이다(고창수 · 시정곤 1991, 김원경 1993 참조). 이를 형식화하면 다음과 같다.

(41) [$[X]_{VP}$ + $\{$이, 히, 리, 기$\}_{VI}]_{VIP}$

([-N, +V] + [-N, +V]→[-N, +V])

(41)에서 피동접사는 VP를 자매로 선택하게 되는데, (41)의 파생규칙에 따라 (38ㄴ)은 다음과 같은 기저구조를 갖는다.[24)]

(42) [[영희 철수에게$_i$ [pro$_i$ 손 잡$]_{VP}$ 히$_{VI}]_{VIP}$ 었다.

(42)에서 '-히-'는 [+접사]라는 자질을 가지며 '손 잡'까지 지배하는 요소이다. 그리고 '-히-'는 의미역틀([T[(A)__])를 가지고 있어, VP 밖의 '영희(T)'와 '철수(A)'에게 의미역을 배당한다. 따라서 통사적 어휘접사로 상정할 수 있는 것이다.

또한 VP 내부에서는 타동사 '잡-'이 의미역과 격을 배당한다. 즉 '잡-'은 [A[T__]과 같은 의미역틀을 가지고 있으므로 'pro'에 의미역 A를 배당

---

24) 이홍식(1991: 116-117)에서는 피동구문은 '피동주가 주어인 문장'이라 하면서 다음과 같은 문장은 피동문이 아니라고 하였다.

(가) 철수가 작두에 손을 잘렸다.

(가)에서 '철수'는 피동주가 아니고 경험주로 보아야 한다는 것이다. 우리의 관점으로 보면 피동사는 자동사화접사이므로, (가)의 문장은 자동사화 접사 '-리-'가 갖고 있는 논항구조(의미역틀)의 성격으로 처리된다. (가)에서 '-리-'는 [P[(I)__]라는 논항구조를 갖는 것으로 가정할 수 있다. 이때 괄호안의 논항은 부가논항이며 수의적으로 출현한다. 이러한 설명은 다음과 같은 문장에서도 유용하다.

(나) 꽃이 바람에 꺾였다.

(나)에서 자동사화접사 '-이-'는 [T[(I)__]라는 논항구조를 가진 것으로 이해된다. 따라서 '바람에'는 부가논항이므로 생략이 가능하며, (나)의 문장은 피동문의 여부와는 상관없이 자동사문으로 해석된다.

하고, '손'에 의미역 T를 배당한다. 또한 '손'에 대격을 배당하여, pro는 의미역은 있으나 격을 가지지 못해 통제이론에 만족하게 되고 '손'은 의미역과 격을 모두 배당받아 격여과에 걸리지 않는 것이다.

이제는 (42)의 기저구조에서 어떻게 표면구조가 도출되는지를 살펴보자.[25)]

(43) 가. [영희 철수에게$_i$ [pro$_i$ 손 잡]$_{VP}$ 히$_{VI}$]$_{VIP}$ 었$_T$]$_{TP}$ 다$_M$]$_{MP}$

나. [영희 철수에게$_i$ [pro$_i$ 손 t_j]$_{VP}$ t'_j]$_{VIP}$ t''_j]$_{TP}$ 잡히었$_j$다$_M$]$_{MP}$

앞 장에서 제시한 '핵이동의 형태론적 조건'에 따르면 (43)에서 동사 '잡'은 [+FF] 자질을 갖으며, '-히-'는 [-FF] 자질을 갖는다. 이때 동사 '잡'은 먼저 '손'에게 격을 배당하게 되고 인접한 핵 '-히-'에 의해 이동이 유도된다. 그리고 다시 '잡히'는 인접 핵 '었'으로 이동하며, '잡히었'은 핵 '다'로 핵이동하게 된다. 따라서 이러한 핵이동으로 형성된 '잡히었다'는 PF(음성형태)에 가서 '잡혔다'로 되는 것이다.[26)] 한편 (43나)에서 이동한

25) 한편 (43나)에서 유추 가능한 다음의 문장은 성광수(1976)에서는 중목적어문에서 변형으로 도출된 것으로 처리하면서 의미상 '철수의 손'일 경우에 한해서만 가능하다고 하였고, 연재훈(1989: 171-172)에서는 '철수와 손'이 소유-종속관계일 경우에만 국한된다고 하였다.

(가) 영희가 철수에게 손이 잡혔다.

우리는 여기에서 (가)의 기저구조에 대해 몇 가지 가능성만을 제시하고 남은 문제로 삼고자 한다. 첫번째 가능성은 (가)를 다음의 (나)처럼 (43나)의 기저구조에서 강조적 용법에 의해 주제화된 경우로 볼 수 있다. 왜냐하면 (가)와 같은 문장은 (43나)에 비해 생산성이 약하기 때문이다.

(나) [영희 철수에게 [손$_i$ [t_i 잡]]$_{VP}$ 히$_{VI}$]$_{VIP}$었다.

또 하나의 가능성은 다음과 같이 (가)의 '-히-'를 통사적 접사가 아닌 어휘적 접사로 보는 것이다.

(다) [영희$_i$ 철수에게 [t_i 손]$_{VP}$ 잡히$_{VI}$]$_{VIP}$었다.

위의 (다)에서는 '잡히'가 그대로 통사부에 삽입되어 자동사 역할을 하므로 '영희'와 '손'에 주격을 배당할 수 있게 된다.

26) 김원경(1993: 68-70)에서는 본고와 마찬가지로 핵 이동을 상정하지만 Vaf 교점에 '히었다'가 삽입되는 점과, VP가 아닌 V'에 '히었다'가 붙는다는 점이 다르다. 이는 굴절접사가 모두 어휘부에서 어간과 결합하여 통사부에 삽입되고 통사부에서는 이러한 접사를 검색(Checking)만 한다는 것이다. 그러나 다른 동사와는 달리 목적어 있는 피동문의 경우만 동사어간과 '히었다'가 분리되어 삽입되어야 하는 문제가 남아 있다.

요소는 각각 자신의 흔적을 지배하므로 핵이동제약을 어기지 않는다.

3.5 통사적 어휘접사 '-같-'의 형태 · 통사론

앞서 논급한 접사 '-이-, -답-'과 동일한 범주로 접사 '-같-'을 들 수 있다. 다음에서 보는 것과 같이 '-같-'은 명사가 아닌 명사구와 결합한다.

(44) 너도 이제 [훌륭한 어른]같구나.

(44)의 문장에서도 '-같-'은 '-이-, -답-'과 마찬가지로 명사와 결합하는 것이 아니라 명사구와 결합하여 동사구를 형성하는 접미사로 파악할 수 있다. 이제 '-같-'이 통사적 접사로 상정될 수 있는지를 좀더 자세히 알아보자. 먼저 '-같-'과 선행 명사구 사이에 어떤 요소가 개입될 수 있는지를 알아보자.

(45) 가. 너도 이제 [훌륭한 어른]같구나.
나. *너도 이제 [훌륭한 어른]{은/도/안/못…}같구나.
다. *너도 이제 [훌륭한 어른]{이/을/으로/에서…}같구나.

(45)에서 알 수 있듯이 선행 명사구와 '-같-' 사이에는 일반적으로 소위 특수격접미사나 격접미사가 올 수 없다. 김창섭(1992ㄴ: 3)에서도 '추측'을 나타내는 위의 '-같-'은 '-이-''-답-'과 같이 형태론적으로 자립성이 없이 어기에 의존하여 나타날 뿐이며, 어기와의 사이에 다른 요소들의 개입을 허용하지 않는다고 지적한 바 있다. 그러나 전혀 둘 사이에 개입되는 요소가 없는 것은 아니다.

(46) 가. 너(희)도 이제 [다 큰 어른]{(들)만} 같구나.

나. [비가 올 것]{만/도} 같다.

다. [이상한 소리가 나는 것]{만/도} 같아 문을 열어 보았다.

(46가)는 선행 명사구와 '-같-' 사이에 {(들)만}이라는 통사적 접사가 개입할 수 있음을 보인 것이다. 이때도 '-같-'은 '추측'을 의미하고 있다. 또한 (46나, 다)는 {만/도}가 개입된 것인데, 아주 자연스러운 문장이며 이 또한 '추측'을 의미하고 있다. 따라서 이들 사이에 아무런 요소도 개입될 수 없다는 김창섭(1992ㄴ)의 주장은 재고되어야 한다.

또한 의미면에서 보면 (44)에서 '-같-'은 (T(T))라는 논항구조를 갖고 있다는 점은 '-이-, -답-'과 같으나 그 의미구조는 조금 다르다: [[X_i], [state LOOK LIKE ([X_i], [Y_j])]]. 즉 두 논항이 동지표되지 않고 다만 그 자질이나 성질이 서로 닮은 것을 뜻하는 것이다. 우리는 다음에서 추측의 의미를 갖는 '-같-'이 어떤 형태, 통사적 자질들을 가지고 있는지 그리고 접사 '-이-, -답-' 등과 같은 점과 다른 점은 무엇인지 좀더 구체적으로 살펴보기로 한다.

3.5.1 '-같1-, -같2-'

우리는 (44)의 문장을 설명하기 위해 먼저 다음의 예를 통해 '같'의 기본 의미를 파악해보자. 이는 (44)의 기저구조와도 관련된 문제이기 때문이다.

(47) 가. 두 사람은 키가 같다.

나. 창수의 키는 철수와 같다.

(47)에서 '같'은 'A와 B가 서로 한 모양이나 한 성질로 되어 있다'는 하나의 의미를 띠고 있음을 알 수 있다. 그러나 (47가)의 '같'은 (47나)에서와는

달리 공동격접미사 '와'를 취하지 않고 주격접미사 '이/가'만을 취할 수 있다는 점에서, 통사적으로는 (47가, 나)의 '같'을 하나의 '같'으로 보기는 어렵다.[27] 우리는 이를 위해 두 가지 '같'을 상정하고자 한다(「우리말 큰사전」, 한글학회).

(48) 가. 같1: 서로 한 모양이나 한 성질로 되어 있다.

(예) 소리가 같고 뜻이 다른 말 / 무엇이 같으냐?

나. 같2: -와 한 모양이나 한 성질로 되어 있다.

(예) 그 사람의 행동은 원숭이와 같다 / 말소리가 어린애와 같았다

(48)의 '-같1-'은 1항 술어로 [NP__]라는 하위범주화틀을 가지고 있는 반면에 '-같2-'는 2항 술어이면서 항상 '-와/과'를 동반하는 특징이 있으며, 하위범주화틀로 [NP[NP__]]를 갖는다. 여기에서 우리는 '-같-'의 형태적 자질의 흔적을 찾기 위해 다음과 같은 예들을 검토할 필요가 있다.

(49) '같은'의 형으로 접사 없는 명사 다음에 쓰여, '그 종류에 들 만 한'의 뜻을 나타낸다.

(예) 국수나 냉면 같은 음식. / 시골 같은 데서 살고 싶다.

(50) '가장 표준으로 될 만한'의 뜻을 나타낸다.

(예) 말같은 말을 해라. / 사람같은 사람을 만나야지.

(51) 접사 없는 명사 다음에 쓰여 '추측'의 뜻을 나타낸다.

(예) 눈이 올 것 같다. / 저기 오는 분이 박선생님 같지 않니?

---

27) (47나)에서는 다음과 같은 통사적 변형이 가능하다.

(가) 창수의 키는 철수와 같다 ↔ (나) 철수와 창수의 키는 같다.

위의 예에서는 둘 중 어느 한 문장이 다른 문장의 기저구조가 될 수 있을 것같다. 그러나 위의 어떤 문장에서도 (47가)의 문장은 통사적 변형으로 유도될 수 없으며. 반대로 (47가)에서도 위의 문장들을 유도할 수 없다는 점을 근거로 본고에서는 '같'을 두 종류로 구분하고자 한다.

(49-51)에서 '-같-'은 (48)과는 달리 선행명사구에 특정한 격접미사를 반드시 요구하지는 않는 것같다. 그렇다면 이러한 예들은 '-같1-'과 '-같2-' 둘 중 어디에서 도출된 것일까? 이것을 찾아내기 위해서 '-같1-'과 '-같2-'의 문법적 특징인 격접미사를 다시 상정해 보는 방법을 취하기로 한다. 만약 '-같1-'에서 파생된 의미라면 (비록 부자연스러울지라도) '-같-'과 선행 명사구 사이에 격접미사 '-이/가'가 삽입될 수 있을 것이고, '-같2-'에서 의미파생된 것이라면 '-이/가' 대신에 '-와/과'가 삽입 가능할 것이기 때문이다.

(52) 가. 국수나 냉면 같은 음식.

→ *국수나 냉면{이} 같은 음식.

→ 국수나 냉면{과} 같은 음식.

나. 시골 같은 데서 살고 싶다.

→ *시골{이} 같은 데서 살고 싶다.

→ 시골{과} 같은 데서 살고 싶다.

(53) 가. 말 같은 말을 해라

→ *(참다운/진실된) 말{이} 같은 말을 해라.

→ (참다운/진실된) 말{과} 같은 말을 해라.

나. 사람 같은 사람을 만나야지.

→ *(참다운/진실된) 사람{이} 같은 사람을 만나야지.

→ (참다운/진실된) 사람{과} 같은 사람을 만나야지.

(54) 가. 눈이 오는 것 같다.

→ *눈이 오는 것{이} 같다.

→ ?눈이 오는 것{과} 같다.

나. 저기 오는 분이 박선생님 같지 않니?

→ *저기 오는 분이 박선생님{이} 같지 않니?

→ 저기 오는 분이 박선생님{과} 같지 않니?

(55) 가. 내 생각 같아서는 이러하다.

→ *내 생각{이} 같아서는 이러하다.

→ 내 생각{과} 같아서는 이러하다.

나. 십년 전 같아도 할 수 있었겠는데.

→ *십년 전{이} 같아도 할 수 있었겠는데.

→ 십년 전{과} 같아도 할 수 있었겠는데.

위의 (52-55)에서 의미의 차이를 고려하지 않고 보면, {이/가} 삽입은 불가능하지만 {와/과} 삽입은 가능하다는 것을 알 수 있다. 이것은 '-같-'의 의미파생이 주로 2항 술어 '-같2-'에서 나왔다는 것을 말해준다.

이러한 사실은 '같이'에서도 확인된다. '같이'의 의미는 다음과 같다(「우리말큰사전」, 한글학회).

(56) 서로 한 모양으로

(예) 그 얼굴과 같이 그린 초상화. / 물고기와 같이 생긴 짐승.

(57) 서로 함께

(예) 어릴 때 같이 놀던 친구. / 아저씨와 같이 동물원에 갔다.

(58) 다르지 아니하고 바로 그대로

(예) 알린 바와 같이. / 그 말씀과 같이.

(59) 명사 다음에 쓰여, 그것과 '비슷하게' 또는 토씨 '처럼'의 뜻을 나타낸다.

(예) 눈같이 깨끗한 마음. / 너같이 똑똑한 아이는 처음봤다.

(60) 때를 나타내는 몇몇 명사에 붙어, 그 때를 강조한다.

(예) 매일같이. / 새벽같이.

위에서 (56-58)은 모두 '-와/과'를 동반하고 있어 '-같2-'의 성격을 보여주는 예이다. (59-60)에서는 접사가 생략되었지만 이때도 '-같1-'이 아닌 '-같2-'의 성격을 보여준다.

(61) 가. *눈{이} 같이 깨끗한 마음.

눈{과} 같이 깨끗한 마음.

나. *너{가} 같이 똑똑한 아이는 처음봤다.

너{와} 같이 똑똑한 아이는 처음봤다.

(62) 가. *매일{이} 같이.

매일{과} 같이.

나. *새벽{이} 같이.

새벽{과} 같이.

(61–62)에서 '-이/가'의 삽입은 불가능하지만, '-와/과'의 삽입은 가능하다. 따라서 '-같-'은 모두 '-같2-'에서 의미파생되었다고 할 수 있다. 이렇게 동사 '-같2-'에서 의미파생에 의해 생겨난 새로운 동사는 '-와/과' 접사를 의무적으로 요구하지 않게 되며, 이러한 동사가 종국에는 접사화되어 '-와/과'가 삽입되면 어색한 문장을 낳게 되는 것이다.

(63) 가. ??너도 이제 [다 큰 어른]{과} 같구나.

나. ??[비가 올 것]{과} 같다.

다. ??[이상한 소리가 나는 것]{과} 같아 문을 열어 보았다.

(63)에서 '-와/과'가 삽입되면 어색하거나 이상한 문장이 되는 이유는 '-같-'이 실사로서의 본래의 의미, 즉 '-같2-'의 의미를 상실하고 접사화되었기 때문이라고 생각된다.

3.5.2 '-같-'의 기저구조와 핵이동

이러한 접사화의 정도는 핵이동과 밀접한 연관을 맺는다. 좀더 구체적으로 말하면 접사화의 정도가 강한 '-같-'이 선행 명사구에서 그 핵인 명사를 유도해내는 힘이 강하다는 것이다.

(64) 가. 너도 이제 [[다 큰 [어른]$_{N}$]$_{NP}$ 같]$_{VP}$구나.

나. 너도 이제 [[다 큰 [t_i]$_{N}$]$_{NP}$ [어른$_i$같]$_{V}$]$_{VP}$구나.

(65) 가. 비가 [[e 올 [것]$_{N}$]$_{NP}$ 같]$_{VP}$다.

나. 비가 [[e 올 [t_i]$_{N}$]$_{NP}$ [것$_i$같]$_{V}$]$_{VP}$다.

(66) 가. [[시골]$_{N}$]$_{NP}$ 같]$_{VP}$은 데서 살고 싶다.

나. [[t_i]$_{N}$]$_{NP}$ [시골$_i$같]$_{V}$]$_{VP}$은 데서 살고 싶다.

(67) 가. [[말]$_{N}$]$_{NP}$ 같]$_{VP}$은 말을 해라.

나. [[t_i]$_{N}$]$_{NP}$ [말$_i$같]$_{V}$]$_{VP}$은 말을 해라.

(64-67)에서 통사적 어휘접사 '-같-'은 [-FF] 자질을 갖고 있어 선행 핵 '어른, 것, 시골, 말' 등을 의무적으로 유도해야 한다. 그러나 실사의 성질이 그대로 남아 있거나 어느 정도 유지되는 '-같-'의 경우는 [+/-FF] 자질을 모두 갖고 있는 과도기적 형태를 띠고 있어, 다음에서 보는 것처럼 선행 명사구의 핵을 유도하지 않거나 유도한다 해도 수의적일 가능성이 높다.

(68) 가. [[[아저씨]$_{N}$]$_{NP}$와 같]$_{VP}$이 동물원에 갔다.

나. *[[[t_i]$_{N}$]$_{NP}$ [아저씨$_i$같]$_{V}$]$_{VP}$이 동물원에 갔다.

(69) 가. [[알린 [바]$_{N}$]$_{NP}$와 같]$_{VP}$이.

나. ??[[알린 [t_i]$_{N}$]$_{NP}$ [바$_i$같]$_{V}$]$_{VP}$이.

(70) 가. 말소리가 [[[어린애]$_{N}$]$_{NP}$와 같]$_{VP}$았다.

나. 말소리가 [[[t_i]$_{N}$]$_{NP}$ [어린애$_i$같]$_{V}$]$_{VP}$았다.

(68)은 핵이동을 하면 오히려 비문이 되는 경우이다. 이는 '-같-'이 실사의 성질을 그대로 지니고 있기 때문이다. 즉 이때 '-같-'은 [-FF] 자질보

다 [+FF]의 자질을 더 많이 가진 것으로 볼 수 있다. (69)는 핵이동을 하면 조금 어색한 문장이 되는 경우이다. 이때 '-같-'은 아직도 실사의 성질을 많이 가지고 있다고 할 수 있다. (70)의 경우는 둘 다 가능한데, 이것은 '-같-'이 실사와 접사의 성질을 모두 가지고 있기 때문이라 할 수 있다. 즉 [+FF][-FF]의 자질을 공유하고 있다고 볼 수 있다. 따라서 [-FF] 자질을 가진 핵이 [+FF] 자질을 가진 인접핵을 유도한다는 '핵이동의 형태론적 조건'에 의하면 (68)-(70)에 나타난 '-같-'은 인접핵을 유도할 만큼 충분한 '접사'의 자질을 가졌다고 볼 수 없으며 그 과도기에 놓여 있다고 할 수 있으며, 따라서 인접핵 유도는 수의적이거나 미약할 수밖에 없는 것이다.

4. 결론

이제까지 본고에서는 '-이/답/히/같-' 등을 '통사적 어휘접사'라는 문법범주로 설정하고 이들을 중심으로 형태론적 정보들이 통사부에서 어떻게 핵이동을 유도하고 또 이를 통해 어떻게 통사적 단어를 형성하는지를 고찰해 보았다. 이상 논급한 내용을 간추리면 다음과 같다.

1) 핵이동은 '핵이동의 형태론적 조건', 즉 접사(의존형태)가 그 모체인 어간을 유도하여 결합하려는 현상으로 통사부에서 일어나지만 형태론적인 자질에 의해 이루어진다. 이때 이동은 '핵이동 제약: HMC'를 지켜야 하며, 핵이동한 구조는 좌측부가구조([[Y] X $]_X$)인데, 이는 Emonds(1976)에서 제안한 구조보존가설(Structure Preservation Hypothesis)을 충족하는 한편, Siegel(1977: 20)에서 제안한 '인접조건'을 어휘부와 통사부 그리고 음운부에서 모두 유지할 수 있는 효과를 낳는다.

2) 국어의 접사는 전통적인 개념(파생과 굴절)에서 벗어나 그 활동범위에 따라 새롭게 분류할 수 있는데, 즉 어휘부(Lexicon)에서 어간(Root)(X^0)과

함께 단어형성에 참여하는 일련의 접사와 통사부에서 구(XP)와 결합하여 새로운 구(XP)를 형성하는 접사로 양분할 수 있다. 우리는 전자를 '어휘적 접사(lexical affix)'로, 후자를 '통사적 접사(syntactic affix)'로 부를 수 있다. 그리고 통사적 접사 가운데 논항구조를 가진 접사를 다른 접사와 구분하여 '통사적 어휘접사(syntactic lexical affix)'라고 하고, 나머지 통사적 접사를 '통사적 기능접사(syntactic functional affix)'라고 한다. 전자는 통사적 접사이면서 동시에 일반 동사와 같이 의미역 배당과 같은 기능을 수행하지만, 후자는 그런 기능이 없다.

3) '-이-'는 다음과 같은 형태·통사론적 자질들을 지니고 있다: ① 선행 명사구에 격표지가 나타나지 않는다, ② 선행 성분과의 사이에 형태소 삽입이 불가능하다, ③ 구개음화 현상의 환경이다, ④ 생략 가능하다, ⑤ 논항구조를 갖는다. 이러한 자질을 토대로 '-이-'를 통사적 어휘접사로 상정하였다. 여기서 '명사+이'의 결합은 '핵이동의 형태론적 조건'에 의해 이루어지는데, 통사적 어휘접사 '-이-'는 [-FF] 자질을 가지며 [+FF] 자질을 가진 선행 핵을 유도한다. 그러나 '아니다' 구문에서는 선행 명사구가 격을 배당 받게 되는데, 그 이유는 선행 명사핵이 중간 성분 '아니'를 뛰어 넘어 '-이-'로 이동할 수 없기 때문이다.

4) 통사부에서 XP를 자매항으로 취하는 '-답-'도 ① 선행 명사구에 격표지가 나타나지 않는다, ② 선행 성분과의 사이에 어떠한 요소도 삽입이 불가능하다, ③ 논항구조를 갖는다 등의 자질들때문에 '-이-'와 마찬가지로 통사적 어휘접사의 범주에 넣을 수 있다. '-답-'의 인접한 명사구가 격을 갖지 못하는 이유도 '-이-'와 마찬가지로 '-답-'이 선행 명사구의 핵을 유도하기 때문이다.

5) 목적어 있는 피동문은 피동접사를 통사적 어휘접사로 가정할 때 자연스럽게 해결될 수 있다. 이때 피동접사는 [+접사]라는 자질을 가지며 VP까지 지배하는 요소이며, 의미역틀([T[(A)__])를 가지고 있어, VP 밖의 명사구에게 의미역을 배당한다.

6) '-같-'은 1항 술어 '-같1-'과 2항 술어 '-같2-'로 구분되는데, '-같2-'는 선행 명사구와의 사이에 일반적으로 특수격접미사나 격접미사가 올 수 없고, 논항구조를 갖고 있다는 점으로 보아 통사적 어휘접사로 설정할 수 있다. 그러나 '-같2-'는 '-이/답/히-'와 같이 완전한 통사적 어휘접사라고 볼 수는 없으며, '실사'의 성격을 조금은 가진 채 통사적 접사화의 과정을 밟고 있는 것으로 볼 수 있다. '-같2-'가 인접핵을 유도하지 않고 인접 명사구에 격을 할당하는 경우가 있기 때문이다. 한편 이러한 접사화의 정도는 핵이동과 밀접한 연관을 맺는다. 즉 통사적 어휘접사가 선행 명사구에서 그 핵인 명사를 유도해내는 힘은 접사화의 정도에 비례한다는 것이다.

이상에서 우리는 통사적 어휘접사의 형태 · 통사론적 자질들과 이를 통한 통사적 어형성에 대해 간략히 논급하였다. 그러나 통사적 어휘접사라는 범주설정이 보다 타당성을 갖기 위해서는 본고에서 제시한 것들 이외에 보다 많은 어휘항목들을 점검해야 할 것이며(-되다, -지다, -거리다, -대다 등) 이들에서 나타나는 형태 · 통사론적인 현상들이 어떻게 설명될 수 있는지에 초점이 놓여야 할 것이다. 이러한 작업을 앞으로의 남은 과제로 삼으면서 보다 많은 연구들을 기대해 본다.

‖ 참고 문헌 ‖

강명윤. 1992.「한국어 통사론의 제문제」, 한신문화사.

강영세. 1986. *Korean Syntax and Universal Grammar*, Harvard University 박사학위논문, 한신문화사.

고영근. 1974.「국어 접미사의 연구」, 광문사.

고영근. 1989.「국어형태론연구」, 서울대학교 출판부.

고창수. 1985. "어간형성접미사의 설정에 대하여",「한국어학연구」 7.

고창수. 1992ㄱ. "국어의 통사적 어형성",「국어학」 22.

고창수. 1992ㄴ.「고대국어 구조격 연구」, 고려대 박사학위논문.

고창수 · 시정곤. 1991. "목적어 있는 피동문", 「주시경학보」 7.

구본관. 1992. "생성문법과 국어 조어법 연구 방법론", 「주시경학보」 9.

권재일. 1987. "의존구문의 역사성-통사론에서 형태론으로-", 「말」 12.

김광해. 1983. "계사론", 「난대 이응백박사 회갑기념론문집」, 보진재.

김무림. 1992. 「국어음운론」, 한신문화사.

김민수. 1964/1983. 「신국어학」, 일조각.

김민수. 1971. 「국어문법론」, 일조각.

김영주. 1990. *The Syntax and Semantics of Korean Case: the Interaction between Lexical and Syntactic Levels of Representation*, Harvard Univ., 박사학위논문, 한신문화사.

김원경. 1993. 「국어 접사피동의 생성론적 연구」, 고려대 석사학위논문.

김창섭. 1992. "국어 파생어에 대한 통사론적 해석", 「국어학회 제19회 공동연구회 발표요지」

김형엽. 1990. *VOICING AND TENSIFICATION IN KOREAN:A MULTI-FACE APPROACH*. Univ.of Illinois of Urbana, 박사학위논문, 한신문화사.

노대규. 1981. "국어 접미사 '답'의 의미연구", 「한글」 172.

박연미. 1991. *HEAD MOVEMENT:INFLECTIONAL MORPHOLOGY AND COMPLEX PREDICATES IN KOREAN*, Univ.of WISCONSIN, 박사학위논문, 한신문화사.

박영순. 1993. 「현대 한국어 통사론」, 집문당.

배희임. 1988. 「국어피동연구」, 고려대 민족문화연구소.

서정목. 1993. "국어의 구절구조와 엑스-바 이론(초고)", 「한국언어학회 1993 겨울발표회 발표요지」

성광수. 1976. "「불완전명사 + {하(다), 이(다)}」에 대한 생성론적 분석", 「어문논집」(고려대) 17.

성광수. 1979ㄱ. 「국어 조사의 연구」, 서울: 형설출판사.

성광수. 1979ㄴ. "「-하다」동사의 피동과 사동", 「여천 서병국박사 화갑기념논문집」, 서울: 형설출판사.

성광수. 1982. "국어 중목적어 구문에 대한 검토", 「조규설교수 회갑논문집」

성광수. 1990. "국어 중목적어구성에 대한 재검", 「한국어문교육」 (고려대) 4.

송철의. 1989. 「국어 파생어 형성 연구」, 서울대 박사학위논문.

시정곤. 1991ㄱ. "국어 관형구성의 형태 · 통사적 양면성", 「어문논집」(고려대) 30.

시정곤. 1992ㄴ. "국어의 기능범주에 대하여", 「국어학연구백년사」 1, 일조각.

시정곤. 1992ㄷ. "핵이동과 단어형성", 「1992 한국언어학회 겨울연구회 발표요지」

시정곤. 1992ㄹ. "국어 논항구조의 성격에 대하여", 「한국어문교육」(고려대) 6.

시정곤. 1992ㅁ. "통사론의 형태정보와 핵이동", 「국어학」 22.

시정곤. 1993ㄱ. "'-이(다)'의 '-이-'가 접사인 몇 가지 이유", 「주시경학보」 11.

시정곤. 1993ㄴ. "부사화접사 '-이'의 통사적 해석", 「어문논집」(고려대) 32.

시정곤. 1993ㄷ. 「국어의 단어형성 원리」, 고려대 박사학위논문.

심재기. 1982. 「국어어휘론」, 집문당.

안희돈. 1991. *LIGHT VERBS, VP-MOVEMENT, NEGATION AND CLAUSAL ARCHITECTURE IN KOREAN AND ENGLISH*, WISCONSIN University, 박사학위논문, 한국문화사.

안희돈 · 윤항진. 1989. "Functional Categories in Korean", *Harvard Studies in Korean Linguistics* lll(Harvard WOKL 1989), 한신문화사.

양동휘 외. 1991. 「지배-결속이론의 기초」, 한신문화사.

엄정호. 1989. "소위 지정사 구문의 통사구조", 「국어학」 18.

연재훈. 1989. "국어 중립 동사 구문에 대하여", 「한글」 203.

윤종열. 1990. *Korean Syntax and Generalized X-bar Theory*, University of Texas at Austin, 박사학위논문, 한신문화사.

윤혜석. 1989. *A RESTRICTIVE THEORY OF MORPHOSYNTACTIC INTERACTION AND ITS CONSEQUENCES*, Univ.of Illinois of Urbana, 박사학위논문, 한신문화사.

이광호. 1988. "국어 격조사 '을/를'의 연구", 「국어학총서」 12.

이상억. 1970. "국어의 사동 · 피동구문 연구", 「국어연구」 26.

이선우. 1991. "NegP and AgrP in Korean", 서울대 어학연구소 주최 「국제 학술대회 발표요지」.

이홍식. 1991. "피동과 피동구문", 「주시경학보」 8.

임홍빈. 1978. "국어 피동화의 의미", 「진단학보」 45.

임홍빈. 1979. "용언의 어간분리 현상에 대하여", 「언어」 4-2.

임홍빈. 1989. "통사적 파생에 대하여", 「어학연구」 25-1.

임홍빈 · 이익섭. 1983. 「국어 문법론」, 학연사.

최은영. 1991. *Postlexical Phonology in Korean*, University of Washington 박사학위논문, 한신문화사.

최현숙. 1988. *Restructuring Parameters and Complex Predicates-Transformational Approch*, MIT 박사학위논문, 한신문화사.

최현숙. 1991. "재구성과 굴절현상", 「영어영문학」(영남대) 7.

한글학회. 1991. 「우리말큰사전」, 어문각.

한학성. 1993. “한국어의 AgrP와 NegP”, 「한국언어학회 1993 겨울발표회 발표요지」.

허 웅. 1975. 「우리 옛말본」, 샘 문화사.

홍기선. 1991. *Argument Selection and Case Marking in Korean*, Stanford University 박사학위 논문.

홍기선. 1993. “한국어 대격의 의미”, 「1993 한국언어학회 여름연구회 발표요지」.

홍종선. 1990. 「국어체언화구문의 연구」, 고려대학교 민족문화연구소.

홍종선 · 고창수 · 시정곤 편역. 1993. 「장벽이후의 생성문법」, 집문당.

Anderson, S. R. 1982. “Where's Morphology?”, *Linguistic Inquiry* 13.

Aronoff, M. 1976. *Word Formation in Generative Grammar*, Cambridge, Mass: MIT Press.

Baker, M. 1985. “The mirror principle and morphosytactic explanation”, *Linguistic Inquiry* 16.

Baker, M. 1988. *Incorporation:A Theory of Grammartical Function Changing*, The University of Chicago Press.

Chomsky, N. 1970. “Remarks on Nominalization”, *Readings in English Transformational Grammar*(Jacobs & Rosenbaum eds), Ginn and co, Waltham (Mass.

Chomsky, N. 1981. *Lectures on Government and Binding*, Foris Publication.

Chomsky, N. 1986. *Barriers*, The MIT Press, Cambridge, Mass.

Chomsky, N. 1988. “Some Notes on Economy of Derivation and Representation”, *MIT Working Papers in Linguistics* 10.

Di Sciullo & Williams, E. 1987. *On the Definition of Word*, MIT Press, Cambridge, Mass.

Emonds, J. E. 1976. *A Transformational Approach to English Syntax:Root, Structure-Preserving and Local Transformations*, New York: Academic Press.

Fukui, N. & M. Speas 1986. “Specifiers and Projection”, *MIT Working Papers in Linguistics* 8, MIT Press, Cambridge, Mass.

Gleason. H. 1958. *An Introduction to Descriptive Linguistics*, New York: Holt, Rinehart and Winston.

Halle, M. & A. Marantz 1993) “Distributed morphology and the pieces of inflection”, *In The view from Building 20: Essays in Linguistics honor of Sylvain Bromberger*, ed K. Hale and S. J. Keyser. Cambridge, Mass.: MIT Press.

Lardon, R. 1988. “On the Double Object Constructions”, *Linguistic Inquiry* 19-3.

Lasnik, H. 1981. “Restricting the Theory of Trasformations: A Case Study”, in N. Hornstein and D. Lightfoot, eds., *Explanation in Linguistics*, Longman, London.

Mithun, N. 1984. “The evolution of noun incorperation”, *Language* 60.

Pollock, J. Y. 1989. "Verb Movement, UG and the Structure of IP", *Linguistic Inquiry* 20.

Sadock, J. M. 1991. *AUTOLEXICAL SYNTAX*, The Univ. of Chicago Press.

Scalise, S. 1984. *Generative Morphology*, Derdrecht: Foris Publication.

Siegel, D. 1977. "The Adjacency Condition and the Theory of Morphology", *NELS*.

Spencer, A. 1991. *MORPHOLOGICAL THEORY*, Cambridge Univ. Press.

Travis, L. 1984. *Parameters and Effects of Word Order Variation*, Ph.D dissertation, MIT, Cambridge, Mass.

Williams, E. 1981. "Argument Structure and Morphology", *The Linguistic Review* 1.

(1995, 「생성문법연구」 5-2)

양정석(2000) "'이다'의 문법범주와 의미"에 대한 토론

'이다' 구문에 대한 연구는 국어 문법 연구에서 가장 논란이 많이 되었던 주제 가운데 하나이다. 이것은 '이다' 구문이 음운, 형태, 통사, 의미, 화용에 이르기까지 국어 문법의 전반에 걸쳐 있는 문제이기 때문이다. 따라서 '이다' 구문의 문제는 '이다' 자체의 문제를 해결하려는 미시적인 관점보다는 국어 문법체계 속에서 '이다'의 문제를 해결하려는 거시적인 관점이 더 요구되기도 한다. '이다'에 대한 논의는 '이다'가 가지고 있는 속성이 무엇인가 하는 점과 이러한 '이다'를 무엇이라고 불러야 하는가의 문제로 압축될 수 있다. 즉, 전자는 '이다'의 의미적 성격을 구명하는 것이고, 후자는 '이다'의 문법적 위치를 구명하는 것이다. 발표자의 논의는 이 두 가지 측면에 대해 체계적으로 조망한 것이어서 의의가 크다고 하겠다. 특히 앞선 연구들이 주로 '이다'의 문법적의 지위를 파악하는 데 치중한 반면, 발표자는 의미적인 면에도 상당한 무게를 두어 이 둘을 균형 있게 다루고자 하였다는 점에서 의의가 있다. 앞으로의 과제는 이 둘의 상관관계를 구명하는 쪽으로 나아가야 할 것이라 생각하며, 발표 논의에 대한 질의와 논평을 간략히 덧붙이고자 한다.

(1) 발표자는 '이다' 구문에 대한 앞선 연구들을 몇 가지 부류로 나누어 비판적으로 검토하고, 재구조화에 의한 접근방법을 최종적으로 제시하고 있다. 그러나 토론자의 생각으로는 여러 학설이 서로 정면으로 대립되는

개념이 아니라고 생각한다. 제 학설들은 나름대로의 타당성을 갖고 있으며, '이다' 구문을 바라보는 관점이 서로 다르다는 점을 인식하는 것이 중요하다.

예를 들어, 통사적 접사설의 경우 '이'의 형태론적 특성과(구개음화, 생략현상 등), '이다' 구문이 보이는 통사적 특성(선행명사의 격표지 비실현)을 한꺼번에 설명하기 위한 관점이라면, 삽입설은 '이'를 '하'와 대립시켜 형식동사(더 정확히는 형식형용사)로 인정하려는 관점이고, 조응설은 '이'의 담화 · 화용론적 관점을 강조한 것이며, 소절설은 '이다' 구문의 [NP1 NP2]가 문장을 이루는가 아닌가에 초점을 두고 있다. 그리고 재구조화설은 '이'에는 두 가지 성격이 있음을 강조하고 속성적 의미를 가지는 '이다' 구문은 서술어가 재구조화를 겪는다는 점을 강조하고 있다. 발표 논문에서는 언급하지 않았으나 조사설은 '이'가 체언에 붙어 일정한 문법적 역할을 하는 요소라는 점을 강조하고 있다. 용언에 붙는 것은 어미, 체언에 붙는 것은 조사라는 두 가지 원칙에 입각한 것이라 생각한다.

따라서 여러 학설 가운데 어느 하나만이 문제를 완전히 해결해 줄 수 있는 정답이 되는 것은 아니라고 생각한다. 그보다는 어느 학설이 국어 문법체계 내에서 가장 매끄럽고도 설명력 있게 '이다'와 관련된 여리 현상들을 해결할 수 있느냐 하는 것이 초점이 되어야 할 것이다.

(2) '이다'의 통사적 성격과 의미적 성격을 구명하기 위해서는 '이다'와 '아니다' 구문을 동등하게 놓고 처리하여야 한다고 생각한다. 국어문법에서 '아니다' 구문은 '이다' 구문의 특수성(격표지 실현문제와 서술어 자릿수 문제 등)의 이면을 밝혀줄 수 있는 열쇠를 가지고 있을 수도 있기 때문이다. 그러나 발표자의 논문에서는 '아니다'에 대한 논의가 보조적인 자료로만 드러나 있어 아쉬움이 남는다.

(3) 통사적 접사설에 대하여: ① 발표자의 견해는 '이-'가 통사적 접사가 아닌 용언이며, 용언 중에서도 2자리 서술어로서 어휘적 의미를 지니는 요소라는 것이다. 여기서도 통사적 접사를 용언이라는 개념과 대립관

계로 파악하고 있는 것으로 보인다. 그러나 통사적 접사는 용언에 대립하는 개념이 아니다. 시정곤(1993, 1994)에서도 통사적 접사 '이'의 통사범주는 동사(V)이며, 통사구조에서도 동사(V)라는 독립된 교점에 삽입된다. 여기서 문제는 '이'의 형태적 범주가 어간에 속하는 것인가 아니면 접사에 속하는 것인가 하는 점이었다. 그리고 이를 위해 '이'가 접사의 성격을 가질 수 있다는 몇 가지 문법적 증거를 제시하였다. 음운론적으로 구개음화현상이 일어난다거나(밭이다→바치다), 생략이 가능하다는 점이(순자다) 바로 그것이다. 이에 대해 접사는 형태, 음운론적으로 선행어간에 의존적이고 영향을 받는다는 점을 고려하여(철수가/영숙이, 집으로/학교로, 밥을/과자를 등) '이'의 형태적 성격도 접사에 가깝다고 본 것이다. 만약 '이'가 용언의 어간이라면 이러한 현상을 설명하기 어렵다는 것이 시정곤(1993)의 주장이었다. 그리고 '통사적'이라는 말은 '이'를 어휘부보다는(생산성 때문에) 통사부에서 기능하는 요소로 간주했기 때문에 붙여진 것이며, '이'의 형태적 의존성이 핵 이동을 유발하고, 이로 인해 선행명사구의 핵 명사와 결합하는 과정을 겪게 된다는 것이다. 이 핵 이동 장치는 선행명사에 격표지가 실현될 수 없다는 것을 설명해 줄 뿐 아니라, '[철수는 [착한 학생]이다]'와 같이 '학생이다'의 구성이 관형어의 수식을 받을 수 있다는 점도 해결할 수 있으며, '아니다' 구문에서는 왜 선행명사구에 격표지가 실현될 수 있는가 하는 점도 설명해 줄 수 있다는 장점이 있다.

통사적 접사설에 대해 이남순(1999: 38-39)에서는 "'이'가 어간으로서의 성격을 지니면서도 어미의 성격도 유지할 수 있도록 '이'의 위치를 분포상으로 보장하는 방법"이라고 언급한 바 있다. 이와 더불어 이남순(1999: 39)에서는 통사적 접사설이 '이'의 생략현상을 합리적으로 설명하기 어렵다는 문제를 제기하고 있다. 즉 '그는 소매치기이-다.'에서 '이'를 파생접사로 간주하고, 이때 '소매치기이-'가 파생어라면 접사 '이'는 생략될 수 없으므로(국어에서 파생접사는 생략되지 않으므로) 문제가 된다는 것이다. 그러나 이 부분은 안명철(1995)의 견해에 대한 비판인 듯 싶다. 시정곤(1993, 1994)에서는 통사적 접사를 파생접사로 보지 않기 때문이다.

② 격조사제약과 관련하여 발표자는 이남순(1999)의 부정격 논의를 도입하여 "이미 주어져 있는 격 이론의 실행 방법으로도, 어떤 명사구에 추상격의 할당이 행해졌으면서도 형태적으로는 실현되지 않은 것으로 설명할 가능성이 배제되지는 않는다"고 하였다. 그러나 토론자의 생각으로는 이러한 방법이 격표지 비실현의 문제를 궁극적으로 설명하지는 못하는 것 같다. 왜냐하면 부정격의 논의를 받아들인다고 해도 왜 '이다' 바로 앞의 이 자리에만 부정격이 실현되어야 하는가 하는 문제가 해결되어야 하기 때문이다. 그리고 더 나아가 '이다' 구문과 유사한 '아니다' 구문에서는 왜 같은 자리에 부정격이 적용되지 않는가(즉 격표지가 실현되는가) 하는 점도 해결되어야 하기 때문이다.

또한 발표자는 '시작하다'류의 '-이/가' 조사제약을 언급하면서 "'이다' 문장에서 격조사가 제약되는 것은 이 위치가 본질적으로 '속성'을 표현하기 위해 있는 것이므로 담화화용상의 특정정보의 부각 또는 환기 등을 본질적 기능으로 가지는 '이/가', '을/를', 또는 그밖의 보조사들이 이 자리에서 제약되는 것으로 생각된다."고 하였다. 이것은 격조사제약을 의미론적 관점으로 설명하려는 것으로 보이는데, 만약 이 가정이 설득력이 있으려면 '아니다'의 경우도 이와 같은 현상이 나타나야 하지 않을까 싶다. 발표자의 논의에서도 나타난 것처럼 '이다'와 '아니다'의 어휘의미구조가 'NOT'이라는 자질을 제외하고는 서로 똑같기 때문이다(예 (50)(51) 참조).

$[BE_{Ident}([\quad], AT([\quad]))]$ (예문 50)
$[BE_{Ident}([\quad], AT([\quad]))]$ (예문 51)
NOT

③ 발표자는 "나는 경애가 최고다"((6가))와 같은 문장은 통사적 접사설

에서는 이동 전의 기저구조 설정에 어려움이 있다고 지적하고 있다. 이 부분은 소절 부분에서 다시 언급하겠지만, '최고'를 서술성명사로 간주한다면 설명의 가능성은 충분하다고 본다. 또한 다음과 같은 문장에서 이동의 제약 문제는 발표자의 말대로 기술적인 문제일 가능성이 있다.

(1) [[우리가 그 때 주목했던 것은 [[$_{CP}$[모든 현상이 [[다른 모든 현상과 t]$_{?}$ t]$_{VP}$ t]$_{IP}$ t]$_{CP}$ t]$_{VP}$ t]$_{IP}$ 상관적이었음이었다]$_{CP}$ [양정석 발표문 (8)]

발표자는 위의 구조에서 명사구들은 내부의 CP를 넘어가지 못하는데, '상관적이-'와 같은 형태는 내부 CP의 경계를 벗어나 이동하고 있으므로 문제가 된다고 하였다. 그러나 핵이동은 XP 이동과는 성격이 다르기 때문에 설명의 가능성은 없지 않다고 본다. 문제는 문법현상이지 이론이 먼저는 아니라는 점이다. 이론은 현상을 통해 언제든지 바뀔 수 있기 때문이다. 사실 이동의 제약만을 놓고 본다면 '철수는 착한 학생이다'라는 구문에서 이미 일반적인 이동과는 다른 양상이 나타난다. '[착한 학생]NP' 이라는 구조에서 '학생'이 이동했다면, 이것은 수식어를 놓아두고 피수식어가 이동한 경우이므로 일반적인 이동의 이론과는 동떨어진 경우일 수 있다. 문제는 이러한 설명이 일반이론의 이동규칙에 부합하느냐의 여부보다는 과연 국어문법에서 얼마나 설득력이 있는가 하는 점이다. 만약 이 설명이 설득력이 있다면 국어현상에 맞는 새로운 이동이론을 만들면 되는 것이다.

(4) 삽입 및 조응설에 대하여: 삽입설에서는 '이'를 형식동사로 간주하므로 '이'는 실질적 의미가 없다고 본다. 여기서는 '이'를 형식동사로 파악하고 있어 형식동사 '하'와 같은 맥락을 유지할 수 있다는 것이 장점이라 할 수 있다. 그리고 '이'의 조응적 기능은 가능성이 없지 않으나 조응적 공술어에서 조응적 공사태에까지 논의가 전개된 부분은 '이'의 조응적 기능이 통사론의 차원이 아니라 담화화용론적 차원으로까지 확대될 수

있음을 보인 것이라 할 수 있다. 그러나 생각해 볼 문제는 왜 이러한 조응적 기능을 다름 아닌 '이'가 맡아야 하는가 하는 점이다. 이러한 점에서 보면 과연 '이'가 사태표지를 표시하기 위해 단순히 도입되는 형식요소인가 하는 점이 재검토될 필요가 있다. 또한 '이'가 실질적 의미가 있다고 보려는 논의에서는 '이'를 '하'가 아닌 '답, 같' 등과 같은 맥락으로 보려고 한다. 이것은 '이'의 의미적 속성과 관련된 중요한 문제이므로 앞으로도 계속 주요 쟁점이 될 것으로 보인다.

(5) 소절설에 대하여: ① '이다' 구문에서 선행 명사구 구문을 소절로 보려는 견해는 '이다'가 한 자리 서술어인가 두 자리 서술어인가와 관련된 문제로, 토론자는 발표자와는 달리 소절설도 어느 정도는 가능성이 있다고 본다. 발표자는 '이다'의 선행 명사구를 소절로 볼 수 없는 이유를 다음과 같이 제시하고 있다. 첫째, 다음과 같은 문장들은 설명하기가 어렵다는 것이다.

(2) 가. 나는 [경애가 [최고]$_N$]$_?$다. [양정석 발표문 (28)]

나. 앞선 현상은 [뒤따르는 현상과 [상관적]$_N$]$_?$이다.

다. 그는 [부모에게 [의존적]$_N$]$_?$이다.

'최고'와 '상관적' 앞에는 두 개의 논항이 놓이는데, 서술화 원리에 의해 해석되기 위해서는 '경애가 최고'와 '뒤따르는 현상과 상관적'은 구를 이루어야 하지만, 이때 ?가 최대투사인 NP를 이룬다고 보기는 어렵다는 것이다. 그리고 그 증거로 다음과 같이 '-의'에 의한 명사구의 확대를 허용하지 않는다는 점을 들고 있다.

(3) 가. *나는 경애의 최고다. [양정석 발표문 (29)]

나. *앞선 현상은 뒤따르는 현상과의 상관적이다.

다. *그는 부모에게의 의존적이다.

그러나 여기서 '-의'에 의한 명사구의 확대 여부가 소절 여부를 판가름할 수 있는 결정적인 근거는 될 수 없는 것이 아닌가 한다. 왜냐하면 발표자가 명사로 간주한 '최고'와 '상관적'은 '최고이다', '상관적이다' 구문 이외에 다른 어떤 구문에서도 'X-의 최고', 또는 'X-의 상관적'이라는 구성을 이룰 수 없기 때문이다. 따라서 이것은 (3)과 같은 '이다' 구문의 특성이라기보다는 '최고'와 '상관적'이라는 어휘자체가 갖고 있는 문제일 가능성이 있다. 토론자는 과연 이들이 일반적인 자립명사와 똑같은 의미적 속성을 가지고 있는가에 대해 의문이 든다.

또한 (2)의 문장에서 (나, 다)의 구조는 다음과 같이 가정할 가능성도 있지 않을까 한다. ((가)의 문장은 선행하는 명사구 '나는'이 논항인가 주제어인가의 여부가 여전히 문제로 남아 있으므로 제외한다)

(4) 나. 앞선 현상은 [뒤따르는 현상과 [상관적]$_N$]$_?$이다.

→ [[앞선 현상은 뒤따르는 현상과 상관]적]이다.

다. 그는 [부모에게 [의존적]$_N$]$_?$이다.

→ [[그는 부모에게 의존]적]이다.

토론자가 이러한 구조를 가정해보는 것은 위의 문장에서 '뒤따르는 현상과', '부모에게' 등의 논항이 각각 명사 '상관, 의존'과 관련을 맺고 있다고 보기 때문이다. 이러한 가능성은 발표문의 (31)과 같은 '우리 일에 협조적, 산란지로 회귀적' 등의 예에서도 마찬가지이다. 이렇게 가정하면 '상관, 의존, 협조, 회귀' 등은 서술성명사가 되고 각각의 의미역은 이들이 담당하게 된다. 만약 발표자의 주장을 따른다면 'X{-과, -에게, -에, -로}' 등은 모두 '이다'가 결정해 주는 것으로 보아야 하는데, 과연 '이'가 이러한 의미를 별도로 갖고 있는지는 의문이다.

② 그보다는 Rothstein(1995)에서 제기한 것처럼 영어와 마찬가지로 국어에도 의미상 두 가지 유형의 '이'가 존재하는지 검토해보고, 소절을 설정할

때의 장점을 고려해 보는 것도 한 방법이라 할 수 있다. 실제로 다음과 같은 예에서는 '이'가 두 가지 유형(동일성(identity)을 나타내는 '이'와 서술성(predication)을 나타내는 '이')이 있다고 가정할 수도 있지 않을까 한다.

(5) 가. 나는 그를 바보로 {간주한다/생각한다/믿는다}
　나. 나는 그를 바보라고 {간주한다/생각한다/믿는다}
(6) 가. 나는 그를 김철수로 {??간주한다/??생각한다/*믿는다}
　나. 나는 그를 김철수라고 {간주한다/생각한다/믿는다}

위의 문장에서는 내포문에 나타난 후행 명사구의 속성에 따라 문법성이 달라지는 것 같다. 이러한 가정이 가능하다면 (5가)의 내포 명사구들을 소절로 볼 수도 있을 것이다.

(6) 재구조화설에 대하여: ① 발표자는 두 가지 유형의 '이다' 구문이 존재한다고 가정한다. 하나는 "지시적 의미+속성적 의미"를 가진 유형이고((32)(33) 두루미가 학이다/철수는 구두쇠이다), 다른 하나는 "속성적 의미"를 가진 유형이다.((34) 나는 경애가 최고다) 그리고 이때 두 번째 유형에는 공시적인 어휘부의 재구조화 규칙이 적용된다는 것이다. 재구조화 규칙이란 "[최고]N+[이]V"의 구조를 "[최고이]V"로 만드는 과정이라고 할 수 있다.

그러나 재구조화 규칙이 설득력이 있는가 하는 점이 여전히 의문이다. 다음과 같은 '아니다' 구문을 가정해보자.

(7) 가. 나는 경애가 최고다/나는 경애가 최고가 아니다.
　나. 앞선 현상은 뒤따르는 현상과 상관적이다/
　　앞선 현상은 뒤따르는 현상과 상관적이 아니다.

발표자에 따르면 '아니다'의 경우에는 재구조화 규칙을 통해 '최고가+아니다', '상관적이+아니다'가 하나의 동사가 되어 통사구조에 삽입되어야 하는데 이러한 과정이 얼마나 합당한가 하는 점이다. 이때 '최고가'와 '상관적이'에 격표지가 부여되어 있는데, 이를 위해서는 어휘부에서 격부여를 인정해야 하는 문제가 있으며, '최고가+아니다'와 '상관적이+아니다'가 하나의 동사가 된다는 점도 납득하기가 어렵다. 그리고 '이다'와 '아니다'의 논항 자릿수도 문제다. 만약 '아니다'가 3자리 서술어가 된다면 2자리 서술어라는 '이다'와의 형평성이 어긋나게 되고, 만약 2자리 서술어라면 '최고가'와 '상관적이'가 문제가 된다. 국어에서 격표지가 붙는 요소를 명사구(논항)라고 한다면, 이들의 정체는 무엇인지가 다시 설명되어야 하기 때문이다. 따라서 이러한 재구조화 규칙 없이도 문제를 해결할 수 있는 방법을 더 모색해 보는 것도 필요하리라고 본다. 예를 들어 앞서 언급한 것처럼 '최고, 상관' 등을 서술성명사로 간주하는 것도 한 방법이 될 수 있겠다.

② 발표자의 초점은 두 가지 유형의 '이' 가운데 속성적 의미를 가진 유형에 있는 것으로 보인다. (32)(33)과 같은 첫 번째 유형의 문장구조에 대한 논의는 상대적으로 부족하다. '철수는 착한 학생이다', '철수는 지독한 구두쇠다'와 같은 일반적인 '이다' 구문의 구조는 어떻게 가정하고 있는지 제대로 드러나 있지 않다.

③ 발표자는 '이-'가 2자리 서술어로서 어휘적 의미를 지니는 용언이라고 하면서 이때 '이-'의 생략이나 '이-'가 어미 요소와 함께 삭제되는 현상은 음성형태 부문의 처리로 넘길 수 있다고 한다. 그러나 이러한 처리는 문제의 본질적인 해결은 될 수 없다. 음성형태부문에서도 이들이 생략되거나 삭제되는 이유를 설명해야 하기 때문이다.

④ '이다' 구문의 의미에 대해서 발표자는 (50)과 같은 "$[BE_{Ident}([\quad], [AT([\quad])])]$" 기본구조를 가정하고 이 구조에 의하여 촉발되는 세 가지 추론 규칙을 제시하고 있다. 그리고 보충해석 규칙(construal rule)이라는 담화·화용론적 의미규칙을 설정하여 은유 표현 및 담화 상황에서 여러 가

지 의미로 해석되는 '이다'의 의미를 포착하려고 하고 있다. 그리고 이 점이 옳다면 이것은 '이-'가 어휘의미를 가지고 있다는 증거라고 발표자는 주장한다. 이러한 시도는 의미구조와 의미해석의 관련성을 일관되게 설명하려는 의미 있는 작업이라고 생각한다. 다만 이들 세 부류의 의미규칙들이 문법의 어느 부문에서 서로 어떻게 연결되는지, 담화・화용론적 의미규칙이 구체적으로 어떠한 모습을 띠는지는 앞으로 좀 더 연구가 진행되어야 할 것으로 보인다. 또한 이러한 어휘의미구조의 설정이 '이-'가 어휘의미를 가지고 있다는 증거가 될 수 있는지도 앞으로 더 논의되어야 할 것이다. '이다' 구문에서 대칭적/반대칭적 의미나 지시적/속성적 의미라는 것이 두 명사구의 속성 및 이들의 상관성과 아무 관계가 없고 '이'에 의해 결정된다는 증거는 찾을 수 없기 때문이다. 토론자는 오히려 이들의 의미는 두 명사구의 속성에 기인하는 것이 아닌가 생각한다.

이상에서 발표자의 논의에 대해 간략한 논평과 질의를 해보았다. 대부분 통사적인 면에 대해 내용 검토가 이루어졌고, 의미적인 면에 대해서는 보다 세심히 다루지 못했다. 또한 발표 내용을 곡해하거나 제대로 이해하지 못해 잘못된 진단을 내린 부분도 없지 않으리라 본다. 이에 대한 모든 문제는 토론자의 몫임을 밝혀두며, 이번 발표와 토론으로 '이다' 구문에 대한 논의가 더욱 활발히 전개되기를 바란다.

‖참고 문헌‖

고창수. 1985. "어간형성접미사에 대하여", 「한국어학연구」 7, 홍문각.

김창섭. 1992. "국어 파생어에 대한 통사론적 해석", 「국어학회 제19회 공동연구회 발표요지」

성광수. 1976. "「불완전명사 + {하(다), 이(다)}」에 대한 생성론적 분석", 「어문논집」(고려대) 17.

시정곤. 1993. "'이다'의 '-이'가 접사인 몇 가지 이유", 「주시경학보」 11, 탑출판사.

시정곤. 1994. 「국어의 단어형성 원리」, 국학자료원.

시정곤. 2000. "국어 수량사구의 통사구조", 「언어」 25-1.

안명철. 1995. "'이'의 문법적 성격 재고찰", 「국어학」 25. 국어학회.

양정석. 1986. "'이다'의 의미와 통사", 「연세어문학」 19, 연세대.

양정석. 1996. "'이다' 구문의 의미 해석", 「동방학지」 91, 연세대 국학연구원.

이승재. 1994. "'-이-'의 삭제와 생략", 「주시경학보」 13, 탑출판사.

이현희. 1994. "계사 '-이-'에 대한 통시적 고찰", 「주시경학보」 13, 탑출판사.

이희자. 1994. "'-이다'와 발화문", 「주시경학보」 13, 탑출판사.

임홍빈. 1989. "통사적 파생에 대하여", 「어학연구」 25-1, 서울대 어학연구소.

빈지상행. 1994. "기능문법의 관점에서 본 '-이다'", 「주시경학보」 13, 탑출판사.

Rothstein, S. 1995. "Small clauses and copular constructions", A. Cardimaletti & M. Guasti (eds.), *Syntax and Semantics* 28. Academic Press.

(2001, 「국어학」 37)

최기용(2001)에 나타난 몇 가지 의문들

1. 들어가기

이 글은 '이다' 구문의 문법적 규명과 관련하여 최근 지상토론란을 통해 논의를 제기한 최기용(2001)에 대한 공개 질의의 성격을 갖는다. 물론 최기용(2001)은 엄정호(2000)에 대한 답변의 형식을 띤 것이었으므로, 본고는 최기용(2001)에 대한 1차적인 논쟁 상대의 자격이 될 수 없음은 당연하다. 이러한 이유 때문에 지난 호에 이에 대한 반론을 기다리고 있었으나, 아무 반응이 나오지 않아 이렇게 본고가 제3자의 입장에서 공개 질의를 하게 된 것이다.

필자도 이미 시정곤(1993)에서 '이다' 구문에 대해 나름대로의 견해를 제시한 바 있으나 이에 대한 변론은 접어두고, 여기서는 최기용(1993가, 2001)의 주장만을 논의 대상으로 삼고 그 이론 내적인 문제에 초점을 맞추고자 한다. 최기용(1993가)를 논의 대상에 포함시킨 이유는 최기용(2001)의 논의가 대부분 이에 기댄 것이기 때문이다. 먼저 최기용(1993가, 2001)에 나타난 핵심 내용을 정리하면 다음과 같다.

(1) 가. '이다' 구문의 '이'는 주격조사이다.

나. '이다' 구문에는 서술어가 따로 없고 두 번째 명사구가 서술 명사구로서 서술어 역할을 한다.

다. [서술명사N-주격] 구성은 인접한 기능범주(어미)로 이동하여 [N-주격-다]의 구성을 이루어 결과적으로는 [N이다]로 실현된다.

'이다' 구문에 대해서는 이제까지 여러 주장이 제기되었고, 주장마다 저마다의 논리적 근거를 제시하고 있다. 여기서 중요한 것은 어느 주장이 국어의 문법 체계 내에서 보다 많은 이론적 설명력을 갖고 있느냐 하는 것이 아닐까 생각한다. 필자는 다음과 같은 세 가지 측면을 모두 고려한 상태에서 '이다' 구문의 문제를 풀어가는 것이 문법 체계 내에서 이론적 설명력을 높일 수 있는 방법이라고 생각한다.

(2) 가. '이다' 구문이 갖고 있는 음운, 형태, 통사적 특성들을 이론적으로 매끄럽게 설명할 수 있어야 한다.

나. 긍정문(이다)와 부정문(아니다)를 동시에 설명할 수 있어야 한다.

다. '이다' 구문과 같은 문법적 양상을 보이는 '답다, 같다' 구문을 아울러 설명할 수 있어야 한다.

(2가)에 대해서는 이미 시정곤(1993)에서 네 가지 의문을 제기한 바 있다.[1] (2나)는 '이다' 구문을 논의할 때 단순히 'NP가 NP이다'라는 긍정문만을 가지고 논의해서는 안 되고 'NP가 NP가 아니다'라는 부정문을 함께 설명할 수 있는 해결책을 찾아야 한다는 것이다. 그리고 (2다)는 국어 문법에서 '이다' 구문과 유사한 형태·통사적 양상을 보이는 유형을 함께 묶어 설명할 수 있어야 한다는 점이다. 따라서 이와 같이 좀더 거시적인 관점에서 '이다' 구문의 문제를 바라볼 때, 보다 설득력 있는 대안에 접근할

1) 시정곤(1993)에서 제기한 '이다' 구문의 문법적 특성들은 다음과 같다.
① 왜 '-이-'는 선행 명사구에 격을 부여할 수 없는가?
② 왜 '-이-'와 선행 명사구 사이에 어떠한 요소도 삽입될 수 없는가?
③ 왜 '-이-'는 구개음화의 환경이 되는가?
④ 왜 '-이-'는 음운론적 환경에 의해 생략 가능한가?

수 있을 것으로 본다. 본고에서는 이러한 관점을 견지하면서 최기용(1993가, 2001)의 논의를 다시 점검해 보기로 한다.

2. 의문 1: '이'와 '가'의 문제에 대하여

최기용(1993가, 2001)에서는 주격조사설을 뒷받침하기 위해 주격조사 '이'와 '이다'의 '이'가 여러 가지 유사점이 있다고 주장하였다. 그러한 주장은 일견 타당성이 없는 것이 아니다. 그러나 '이'를 주격조사로 간주하면 주격조사 '가'와의 형평성 문제를 어떤 식으로든 해결해야 한다는 문제가 있다. 먼저 다음의 예를 보자.

(3) 가. 철수가 바보이다.
　　나. *철수가 바보가다.

만약 최기용(1993가, 2001)의 견해대로 (3가)에서 밑줄친 부분이 주격조사라면 음운론적 환경에 의해 (3나)와 같이 조사 '가'가 출현해야 하지만 항상 '이'만이 출현한다는 문제가 있다. 최기용(2001: 109)에서도 이 점을 인정하고 이를 주격조사가 갖는 유일한 약점이라고 말하고 있다. 그러면서도 '-이'가 보이는 다양한 주격조사적 성격을 감안할 때 이점 하나만으로 조사설을 폐기할 수는 없다고 항변하고 있다. 그러면서 최기용(2001)은 이 문제를 해결하기 위해 주격조사와 계사(이는 최기용(1993가, 2001)의 용어이다)의 이질성을 언급하고 있다. 즉, 주격조사의 음성적 실현 환경이 단어의 끝이라면, 계사의 음성적 실현의 환경은 단어의 내부이기 때문에 조사가 '가'로 출현하지 않는다는 것이다.

우리는 여기에서 몇 가지 문제를 다시 제기할 필요가 있다. 하나는 어떤 주장이 타당한가 아닌가를 결정할 때, 제시된 근거의 개수가 중요한 것이 아니라, 그 주장이 얼마나 치명적인 문제를 내포하고 있느냐 하는 점이 더 중요한 것이라고 본다.[2] 따라서 주격조사설에 대한 유일한 약점이 치명적일 때는 장점이 아무리 많다고 하더라도 그 주장은 설득력을 잃을 수밖에 없다.

또 하나는 계사 자리에 '가'가 출현하지 못하는 문제에 대한 최기용(1993가, 2001)의 견해가 그리 설득력이 없다는 점이다. 최기용(1993가: 예문 (15))에서는 주격조사와 계사의 차이에 대해서 다음과 같이 설명하고 있다. 주격을 배당받은 명사 N이 기능범주로 이동하여 [N-NOM-다]X^0와 같은 X^0 구성을 이룰 때는 주격자질이 항상 '이'로만 실현된다. 그러나 NP의 핵 N이 X^0 구성을 이루지 않을 경우에는 주격자질이 일반적인 방법으로 실현된다. 사실 이러한 말은 현상 자체에 대한 관찰의 수준이지 설명의 수준이라고 보기는 어렵다. 문제는 왜 X^0 구성을 이루면 항상 '이'만이 실현되어야 하는가에 대한 아무런 답변이 없기 때문이다.

또한 다음과 같은 '아니다' 구문을 고려해 보아도 이러한 가정은 여전히 문제로 남아 있다.

(4) 가. 철수가 <u>바보이</u>다.
　　나. 철수가 <u>바보가</u> 아니다.

최기용(1993가, 2001)의 주장을 받아들인다면 위의 두 문장에서 밑줄친 부분은 기저구조 상에서 똑같은 문법적 지위를 갖는다. 앞의 (1다)에서 말한 대로 (4가)의 경우 '바보-주격'이 '다'로 이동하여 '바보이다'가 된 것이기 때문에 이동 여부만 다르지 (4나)의 '바보-가'는 기저구조 상에서의 위치는 똑같은 것이다. 그리고 이때 '이'와 '가'로 실현된 조사들은 기저구조

---

2) 이것은 필자의 개인적인 견해라기보다는 여러 학문에서 보편적으로 인정하는 개념이다. 예를 들어 유전자 알고리듬이나 최적이론 등에서 최적의 후보자를 선택할 때도 약점의 개수보다는 약점의 강도가 더 중요한 기준이 된다.

에서 주격자질[+NOM]이라는 똑같은 자질을 부여받게 된다. 그러나 문제는 긍정문에서는 주격조사가 '이'로 나타난 반면(4가), 부정문에서는 '가'로 실현된다는 점이다(4나). 선행요소가 똑같은 어휘임에도 불구하고 그 뒤에 실현되는 조사의 형태는 '이'와 '가'로 각각 달라진다. 왜 이러한 차이가 생기는 것일까? 최기용(1993가)에서는 전자가 X^0 구성을 이루기 때문이라고 하지만, 이것은 왜 X^0 구성을 이루면 이와 같은 문제가 발생해야 하는가 하는 문제를 또다시 낳을 뿐이다.

3. 의문 2: 활용 문제에 대하여

이제까지 조사설에 대한 주된 비판의 근거는 "조사는 활용할 수 없다"는 말이었다. 그러나 최기용(2001)에서 지적한 대로 왜 조사가 활용할 수 없는지에 대해서는 이론적 설명이 뒷받침되지 못한 것이 사실이다. 최기용(2001: 107-109)에서는 다음과 같이 활용을 정의하면서 '이다' 구문에서 조사 다음에 어미가 출현하는 이유를 이론적으로 설명하고 있다.

(5) 조사는 명사 및 명사 상당어 뒤에 나타나며, 어미는 서술어 뒤에 나타난다(최기용 2001: 예문(6)).

(6)

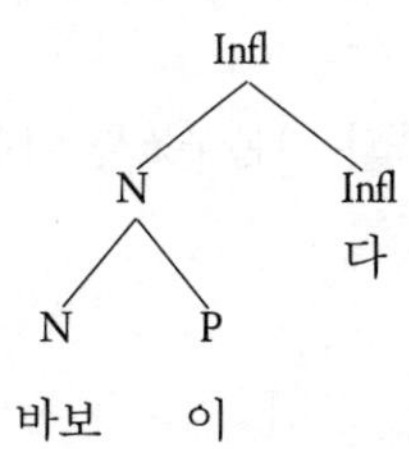

따라서 [명사+주격]의 구성이 접사(어미)의 좌초를 막기 위해 이동하여 결과적으로 [[명사-주격]어미]([바보-이-다])의 배열 순서를 이룬 것이며,

이때 명사구가 서술어로 쓰이므로 서술어 뒤에 어미가 나타난다는 (5)의 원칙에도 별 문제가 없다는 것이다. 이러한 설명은 조사의 활용 현상을 이론적으로 접근했다는 점에서 의미가 있다고 본다. 다만 최기용(1993가, 2001)의 이러한 설명이 더 설득력을 얻으려면 다음과 같은 문제를 해결해야 할 것이다. 먼저 이와 유사한 현상이 국어 문법 체계 내에서 더 발견되어야 할 것이다. 만약 이와 같은 '조사-어미'의 양상이 오직 '이다' 구문에서만 발견된다면 설득력이 약해질 수밖에 없다. 그러나 필자는 다른 구문에서 이와 같은 양상을 발견할 수 없었다.

또한 원칙 (5)와 관련하여 '아니다' 구성에서 문제가 생길 수 있다. 최기용(2001)에서 제기한 원칙 (5)에 따르면 어미는 서술어 뒤에서 나타난다는 것이었는데, 긍정문에서는 이것이 유효하지만 정작 '아니다'와 같은 부정문에서는 이러한 원칙이 유지되지 않는다. 즉, 최기용(2001)에서는 '아니다'의 경우 '아니'가 어미로 이동하여 [아니φ다]C가 만들어지기 때문에 어미는 서술어가 아닌 부정부사 '아니' 뒤에 놓이기 때문이다(아래 예문 (7) 참조). 그렇다면 (5)의 활용의 원칙은 보편성을 상실하게 되는 셈이다.

4. 의문 3: 이동을 통한 형태소배열의 문제에 대하여

최기용(1993가)에서는 '이다' 구문의 부정문의 기본구조를 아래와 같이 상정하고 있다.

(7) 철수가 바보가 아니다. (최기용 1993: 예문(17))

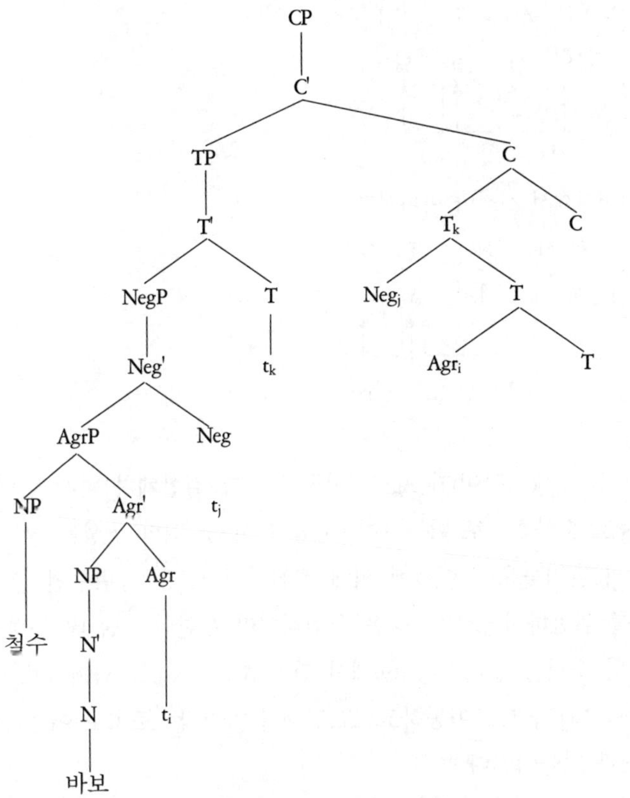

여기서 이동 순서와 이동 제약이 중요한 요소로 간주되므로, 이를 좀더 자세히 살펴보기로 한다. 설명의 편의를 위해 긍정문과 부정문의 이동 부분만을 간략히 표로 보이면 다음과 같다.(기저구조에 삽입되는 어휘는 필자가 바꾸었고 편의상 주격에 조사 '이'를 미리 삽입하였다).

(8) 아버지께서 사장이시다.

[N-이 Agr T C]

사장-이 시 ϕ 다

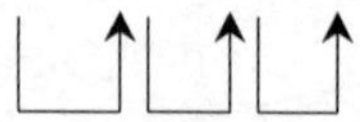

① ② ③

(9) 아버지께서 사장이 아니시다.

[N-이 Agr Neg T C]

사장이 시 아니 ϕ 다

① ② ③

(8)에서는 [N-이](사장이)가 Agr로 이동하고 그 결합체가 다시 나머지 기능범주들로 순차적으로 이동하여 [사장이-시-ϕ-다]의 구성을 낳는데, 이때 각각의 흔적들은 선행사에 의해 적절지배되므로 공범주원리(ECP: 이하 ECP)를 위반하지 않아 이동은 합법적이라고 한다. 그런데 부정문에서는 이동의 순서가 달라진다. (9)에서 먼저 Agr은 Neg를 넘어 T로 이동한다. 다음에 Neg가 T로 이동하고, 그 전체가 마지막으로 C로 이동하여 [아니시ϕ다]가 만들어진다.[3]

이러한 설명에는 몇 가지 문제가 있다. 첫째, 부정문에서 Agr이 Neg를 넘어 이동할 때 생길 수 있는 문제이다. 최기용(1993가: 411)에서는 이때 이 이동이 ECP를 위반할 수 있지만 Agr의 흔적이 삭제된다고 가정하면

3) 최기용(1993가)에서는 Agr에 주체존대소 '시'를, Neg에는 부정소 '아니(안)'를 대응시키고 있는데, AgrP와 NegP의 위치가 국어에 어느 정도 타당성이 있을지는 별도의 검토를 요한다. 그 이유는 최기용(1993가)의 구조는 영어를 위주로 한 촘스키(Chomsky 1988)에 기댄 것이기 때문이다. 다만 AgrP의 경우 일반적으로 국어에서 주어와 '시'가 서로 호응하고 있다는 점을 포착하고, NegP의 경우 소위 국어의 장형부정과 단형부정 모두를 설명하기 위해 취한 방편이 아닐까 생각해 본다. 따라서 기능범주의 위치에 대해서는 일단 논의를 접어두고 본고에서는 최기용(1993가)의 가정을 토대로 하여 논의를 진행하기로 한다.

문제가 없다는 것이다. '아니시다'와 같은 형태소 배열 순서를 위해서는 Agr이 반드시 Neg를 넘어 먼저 T로 이동해야 하고, 이를 적절한 이동으로 만들기 위해서 Agr의 흔적이 삭제된다고 가정한 것이다. 그러나 이것이 이론적으로 문제가 없다고 하더라도 이론의 설명력을 떨어뜨리는 것은 사실이다.

둘째, 명사 이동과 관련한 문제이다. 긍정문에서는 [N-이](사장이)가 Agr로 이동하지만, (9)와 같이 부정문에서는 명사가 이동하지 못한다. 왜 이러한 차이가 생길까? 최기용(1993가: 405)에서는 명사가 이동하는 이유로 접사 좌초를 막기 위해서라고 말하고 있다. 그리고 부정문에서는 Neg가 이동하여 접사들의 좌초를 막아주기 때문에 굳이 명사는 이동할 필요가 없다고 한다. 그러나 다음과 같은 이동에서는 어떠한 설명이 가능할지 의문이다.

(10) *아버지께서 사장이시 아니다.

[N-이 Agr Neg T C]

사장이 시 아니 ψ 다

위의 예문은 비문이지만 최기용(1993가)의 견해로는 왜 비문이 되는지를 설명할 수 없다. 즉, [N-이]가 Agr로 이동하여 Agr의 접사 좌초를 막고, Neg가 나머지 접사들로 이동하여 이들의 좌초를 막는 방법이 가능하기 때문이다. 이때 이들의 이동은 ECP를 위반하지도 않고 모든 접사들은 어간과 결합하였으므로 좌초되지도 않기 때문에 이 문장은 정문이 되어야 하지만 실제 문장은 비문이 된다.

셋째, 보다 더 중요한 문제는 부정소의 이동에 관한 문제이다. 최기용(1993가)는 부정문에서 부정소가 어미로 이동하여 접사 좌초를 막아 주기 때문에 명사가 이동할 필요가 없다고 설명한다. 그러나 이러한 설명은 다음과 같은 장형부정문에서는 유효한 것 같지 않다.

(11) 가. 철수가 예쁘지가 않다.
 나. *철수가 예쁘지가 아니다.

(11가)는 장형 부정문의 올바른 예이고, (11나)는 우리가 기대하는 장형부정문이다. 그러나 (11나)는 비문이 되고 만다. 최기용(1993나)에서는 '예쁘지가'의 '가'를 굴절소(Infl)이 부여하는 주격조사로 간주하고 있다. 따라서 최기용(1993가)의 견해대로라면 주격 부여는 Infl이 담당하고, 부정소 '아니'는 어미의 좌초를 막아주므로 (11나)는 별문제가 없어야 하는데, 실제로는 비문이 되고 만다. 왜 (11나)는 모든 조건을 충족시키고도 비문이 되어야 하는 것일까? 만약 (11나)를 최기용의 주장으로 설명할 수 없다면 '이다' 구문의 기본 가정도 달라져야 하지 않을까?

넷째, '이다' 구문에서의 명사 이동은 다음과 같이 서술 명사구 대신에 그 자리에 동사가 있을 때는 사정이 달라진다는 점도 문제가 아닐 수 없다. 다음의 예를 보자.

(12) 선생님이 안 가신다.
 [V Agr Neg T C]
 가 시 안 ㄴ 다

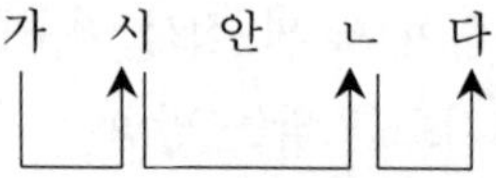

위의 이동에서는 다음과 같은 문제에 대해 설득력 있는 설명이 있어야 할 것이다. 'NP가 NP가 아니시다'와 같은 구문과는 달리 왜 동사 [가]V가 Agr로 이동하는가? [가-시]의 형태가 다시 Neg를 넘어 T로 이동해야 하는데, 이 이동은 왜 ECP를 위반하지 않는가? 그리고 왜 이때는 Neg가 이동하여 접사들의 좌초를 막지 않는가? 최기용(1993가: 411)에서는 이를 명사

와 동사의 형태적 자립성의 차이에 기인한다고 설명하고 있다. 즉 앞의 (9)에서와 같이 명사의 경우 자립성이 있어서 이동하지 않았으나, 동사의 경우 (12)처럼 동사어간 자체가 비자립적이므로 Neg를 넘어 이동했다는 것이다.

그러나 이러한 주장은 두 가지 점에서 설득력이 약하다. 하나는 최기용(1993가)의 견해를 받아들인다고 하더라도 'NP가 NP이다'와 같은 긍정문에서는 명사가 형태적 자립성을 유지함에도 반드시 이동해야 하기 때문에 여전히 문제가 된다는 점이고, 다른 하나는 전체 논의에서 이동을 ECP라는 기준으로 일관되게 설명하다가 이 부분에 와서 명사와 동사의 형태적 차이라는 또다른 기준으로 이동을 설명한다면, 그것은 논의의 설명력을 떨어뜨리는 것이라는 점이다.

5. 의문 4: '이', '답', '같'의 관계에 대해

'이다'의 '이'가 주격조사라고 할 때, 문제가 되는 또 다른 문제는 '답, 같'과 같은 유사한 유형을 한 데 묶어 논의할 수 없다는 점이나. 즉, '이, 답, 같'이 보이는 문법적 양상이 서로 유사한데, 만약 '이'를 주격조사로 간주한다면 이들 간의 공통점을 전혀 포착할 수 없다는 점이다.

(13) 가. 그는 [나의 의사]**이**다.
나. 그는 [훌륭한 의사]**이**다.

(14) 가. 그는 [대한민국의 군인]**답**다.
나. 그는 [훌륭한 군인]**답**다.

(15) 가. 그는 [나의 아버지]**같**다.
나. 그는 [믿을 만한 사람]**같**다.

위에서 볼 수 있는 것처럼 '이다' 구문은 '답다, 같다' 구문과 같은 문법적 현상을 보여주고 있으며, 따라서 '이'의 정체를 무엇으로 보든 그것은 이들 '이, 답, 같'의 유형을 함께 매끄럽게 설명해 줄 수 있어야 한다. 의존 용언설이든 통사적 접사설이든 모두 이러한 점을 고려하여 논의를 진행하였다. 그러나 '이'를 주격조사로 간주한다면 이들의 유사성에 대해 아무런 실마리도 제공해 줄 수 없다는 문제가 있다. '답'과 '같'을 조사로 볼 수는 없기 때문이다. 또한 최기용(1993가)의 주장을 받아들인다고 하더라도 (14)-(15)는 여전히 문제가 된다. 즉 두 문장에서 꺾쇠 친 부분은 속격이나 관형 구성이므로 명사구가 되고 격을 부여받게 된다.

이러한 가정이 가능하다면 주격조사설은 다시 다음과 같은 문제를 해결해야 할 것이다. 첫째, (14)-(15)에서 꺾쇠 친 명사구는 어떤 격을 어떻게 부여받는가? 둘째, 격을 부여받는다면 '이다' 구문과는 달리 그 격이 왜 실현되지 않는가? 셋째, 만약 그 격이 주격일 경우에 앞서 제기한 주격조사의 실현 조건(주격을 배당받은 명사가 [N-NOM-다]X^0와 같은 X^0 구성을 이룰 때는 주격이 항상 '이'로만 실현된다)를 왜 따르지 않는가?[4] 만약 이들에 대한 합당한 설명이 없다면 분명 주격조사설은 이 부분에서 또 하나의 커다란 약점을 가지고 있는 셈이다.

이상으로 최기용(1993가, 2001)에 나타난 몇 가지 의문점들을 제기해 보았다. 그야말로 논의를 따라가면서 이론 내적으로 느낀 의문들이다. 이러한 의문들이 매끄럽게 해결될 때 주격조사설도 설득력을 더 얻을 수 있을 것이라 믿으며 이에 대한 합리적인 답변을 기대해 본다.

---

4) 최기용(2001)에서는 '답', '같'의 구문을 어떻게 처리할지 모르지만, 필자의 견해는 이 때도 명사구의 핵 N이 이동하여 '군인답다' '사람같다'의 구성을 만들 것이라 예상한다. 만약 그렇지 않고 처음부터 '군인답다', '사람같다'의 구성을 만들어 삽입한다면 명사를 수식하는 수식어를 적절히 설명할 수 없기 때문이다. 따라서 우리의 가정이 그럴 듯하다면 '군인답다'와 '사람같다'의 구성도 [군인이다]X^0와 같이 복합 X^0 구성을 이룰 것이고 그렇게 되면 '군인답다', '사람같다'의 구성도 주격 실현의 조건에 해당한다고 보는 것이다.

‖ 참고 문헌 ‖

시정곤. 1993. "'-이(다)'의 '-이-'가 접사인 몇 가지 이유", 「주시경학보」 11: 143-50.

엄정호. 2000. "'-이다'의 '이'는 조사인가?", 「형태론」 2-2, 333-343.

최기용(Choi, Kiyong. 1993가). "On the so-called copular construction in Korean", 「언어학」 15: 397-413.

최기용. 1993나. "한국어 장형부정구문의 구조", 「생성문법연구」 3-1, 25-78.

최기용. 2001. "'-이다'의 '-이'는 주격 조사이다", 「형태론」 3-1, 101-112.

(2002, 「형태론」 4-2)

‘이다’ 구문과 통사적 접사설을 다시 논의함*

1. 도입

본고에서는 ‘이다’ 구문을 통사적 접사의 관점에서 이해한 논의를 중심으로 그 경험적, 이론적 배경과 타당성을 살펴보는 것을 목적으로 한다. 이와 더불어 그동안 통사적 접사설을 비판한 논의에 대해 나름대로 해명과 반론을 제시하는 한편, 통사적 접사설이 안고 있는 한계와 문제에 대해서도 언급하기로 한다.

‘이다’ 구문에 대한 논의는 국어 문법 연구에서 가장 대표적인 논쟁거리이다. 이것은 ‘이다’ 구문이 국어 문법의 전반에 걸쳐 관련이 되어 있는 문제이기 때문이다. 따라서 ‘이다’ 구문의 문제는 ‘이다’ 자체의 문제보다는 국어 문법체계 속에서 ‘이다’의 문제를 해결하려는 거시적인 관점이 필요하다.

좀더 효율적인 논의를 위해 본고에서는 다음과 같은 순서로 논의를 전개하고자 한다. 먼저 2장에서는 논의를 위한 기본 전제 조건 3가지를 제

* 초고에 대해 날카로운 논평을 해주신 세 분의 심사자께 감사드린다. 이 논평으로 인해 논의를 좀더 객관적인 시각으로 다시 다듬을 수 있었다. 이 논문은 21세기 세종계획 전자사전분과와 서울대 언어교육원이 공동 주최한(서울대학교 2005.5.6) 특별워크숍(주제: 한국어 계사 ‘-이(다)’의 쟁점)에서 “이다 구문과 통사적 접사”라는 제목으로 발표한 것을 다시 다듬은 것이다. 워크숍때 좋은 질의와 논평을 해주신 참석자들께도 감사드린다.

시하고자 한다. '이다' 구문에 대한 연구의 다양성과 통사적 접사설의 유형, 그리고 문법적 설명력을 높이기 위한 기본 조건 등을 제시할 것이다. 이후 3장에서 8장까지는 6가지 항목으로 나누어 통사적 접사설의 타당성을 검토하고 비판에 대한 반론을 펴고자 한다. 3장에서는 격표지 문제, 4장에서는 삽입 불가능의 문제, 5장에서는 구개음화현상의 문제, 6장에서는 생략가능성의 문제, 7장에서는 '이다'와 '아니다'의 상관성, 8장에서는 '이다, 답다, 같다' 구문의 유사성에 대해 논의할 것이다. 마지막 장에서는 논의를 간략히 요약하고 정리하기로 한다.

2. 전제 조건

2.1 접근방법과 관점이 다양하다

'이다'에 대한 논의는 '이다' 구문의 문법적 성격을 밝히는 문제와 '이다' 구문이 가지고 있는 속성이 무엇인가 하는 점으로 압축될 수 있다. 즉, 전자는 '이다'의 문법적 접근이고 후자는 '이다' 구문의 의미적 접근이라고 할 수 있겠다. 전자는 다시 두 가지로 구분할 수 있는데, 하나는 '이다' 구문이 보여주는 문법적 현상을 어떻게 설명할 것인가에 초점을 둔 것과, 다른 하나는 '이다' 구문에서 '이다'의 문법적 지위를 무엇이라고 할 것인가에 초점을 둔 것이다. 물론 이 두 가지는 결코 무관한 것이 아니지만 대부분의 연구에서는 '이다'의 명칭 문제에 초점을 더 둔 것이 아닌가 한다.

후자의 의미적 접근도 두 가지 유형이 있을 수 있는데, 하나는 '이다' 자체의 의미적 성격을 구명하는 것과 '이다'가 선택하는 논항의 의미제약을 통해 구문의 의미적 유형을 살펴보려는 시도로 나눌 수 있다. 예를 들어 전자의 경우는 '이다'가 어휘적 의미가 있는가, 아니면 논항구조나 의미역을 부여할 수 있는가 등에 초점을 맞춘 경우이고, 후자의 경우는 남길임(2004)에서와 같이 '이다' 구문을 의미적으로 분류한 예이다.[1] 물론 이 두 가지도 서로 관련이 되어 있다.

이 접근 방법 가운데 본고의 통사적 접사설은 전자의 첫 번째 접근방법, 즉, '이다' 구문이 보여주는 문법적 현상을 어떻게 효과적으로 설명할 것인가에 초점을 두고 있다고 할 수 있다. 이렇게 미리 통사적 접사설의 유형과 다양한 접근방법을 밝힌 이유는, 통사적 접사에 대한 비판(또는 오해)의 상당 부분이 이 문제와 관련이 있다고 보기 때문이다. 즉, 통사적 접사설이 '이다' 구문이 갖고 있는 네 가지 접근 방법의 결과를 모두 만족시켜야 한다고 가정할 수 있기 때문이다. 그러나 필자의 생각은 그렇지 않다는 것이고, 이것은 비단 통사적 접사설에 국한된 문제는 아닐 것이다.

2.2 통사적 접사설의 유형도 다양하다

'이다' 구문을 통사적 접사로 설정한 대표적인 연구를 보면, 고창수(1985, 1992), 시정곤(1993, 1994, 1995), 안명철(1995), 황화상(1996, 2005) 등을 들 수 있는데, 사실 그 주장을 가만히 들여다보면 접근방법과 관점에서 다소간의 차이점이 있다는 것을 발견할 수 있다. 여기서는 이에 대해 간략히 정리할 것인데, 그것은 뒤에 언급할 통사적 접사설에 대한 비판 문제와도 관련이 있다. 먼저 고창수(1985, 1992)에서는 '이다'의 '이'를 통사적 파생접미사(용언화접미사)로 처리하고, '이'가 통사부에서 NP를 용언으로 바꾸어주는 기능을 한다고 설명했다. 이때 [NP+이]는 통사적 파생관계에 있기 때문에 선행 NP에 격표지가 실현되지 않는다는 주장이다.

---

1) 남길임(2004)에서는 '이다' 구문을 명제적 구문(지시적 구문, 중의적 구문, 속성적 구문), 양상적 구문(양태적 구문, 상적 구문), 기타 구문(관용구문, 상화의존적 구문, 현장 발화적 구문) 등으로 구분하고 있는데, 바로 이러한 입장이 그것이다.

시정곤(1993, 1994, 1995)에서는 고창수(1985)의 통사적 접사의 기본개념을 받아들이면서, '이다' 구문이 보이는 다양한 형태, 통사적 현상을 제시하고 통사적 접사와 핵이동이라는 개념이 이 현상들을 어떻게 설명할 수 있는지에 초점을 둔 것이다. 이에 대해서는 다음 장에서 자세히 언급하기로 한다.

안명철(1995)에서는 '이다' 구문의 문법적 현상을 설명하기보다는 '이'가 통사적 성격뿐만 아니라 어휘적 파생의 성격도 함께 가지고 있다는 점을 지적한 것이다. 즉, '이다'의 '이'가 어기로 단어나 어근을 취하기도 하고, 구를 어기로 취하기도 한다는 것이다. 안명철(1995)에서 어휘적 파생으로 구분한 예로는 "걱정이다, 다행이다, 엉망이다, 최고이다, 최악이다 등"이 있으며 다음과 같이 통사적 접사와는 다른 통사적 특징을 보인다고 한다.

(1) 가. *이 방은 우리가 만든 엉망이다.(안명철(1995)예문 (24))
　나. 이 방은 매우 엉망이다.(안명철(1995)예문 (25))
　다. ?이 방은 엉망이 아니다.(안명철(1995)예문 (30))

위에서 (1가)는 관형 수식이 불가능하고, (1나)는 오히려 부사의 수식이 가능하며, (1다)에서는 '-이 아니다'의 부정문이 어색하다는 것이다. 물론 이러한 특징이 '학생이다'류와는 차이점을 보이는 것은 사실이다. 그러나 이러한 특성만으로 '걱정이다'류를 어휘적 파생으로 기술하기에는 문제가 있다고 본다. 먼저, '걱정이다'류가 어휘적 파생이라면 어휘부에서 '걱정+이다'와 같은 과정을 거쳐 파생어가 되었다는 것을 의미하는데, '걱정들이다, 최고들이다' 등이 성립하는 것으로 보아 이러한 파생과정에 여러 가지 의문점이 생기기 때문이다.

양정석(2001)에서도 두 가지 유형의 '이다' 구문을 가정한다는 점에서 공통점이 있다. 즉, 하나는 '지시적 의미+속성적 의미'를 가진 유형이고

(두루미가 학이다/철수는 구두쇠이다), 다른 하나는 '속성적 의미'를 가진 유형이다.(나는 경애가 최고다). 그리고 이때 두 번째 유형에는 공시적인 어휘부의 재구조화 규칙이 적용되어, '[최고]$_N$+[이]$_V$'의 구조가 '[최고이]$_V$'가 된다는 것이다. 안명철(1995)에서 어휘적 파생법으로 처리하던 것을 양정석(2001)에서는 재구조화규칙으로 처리하고 있다는 점만 다를 뿐이다.

그러나 어휘적 파생과 마찬가지로 재구조화 규칙의 타당성도 여전히 의문이다. 남길임(2004: 24)에서도 지적한 바와 같이 재구조화의 조건이 되는 '속성적' 명사에 대한 정확한 정의가 없고 어느 범위까지 재구조화를 해야 하는지가 불분명하다는 문제가 있으며, 또한 '걱정들이다, 최고들이다'와 같이 통사적 구에 접미하는 '들'과 같은 요소의 삽입 문제를 어떻게 처리해야 할지도 문제이다. 그리고 단지 속성적 의미에 의해 '최고이다'가 재구조화 되어야 한다면, '최고가 아니다'도 재구조화 되어야 한다는 논리가 성립되는데, 이 또한 문제가 아닐 수 없다.

오히려 본고는 '걱정이다'류가 보이는 특이성은 선행어근의 의미적 속성(서술성명사의 가능성)과 '이다' 구문의 통시적 변천과정에 기인할 수도 있다는 가능성을 제시하고자 한다. 황화상(1996)에서도 체언서술어의 어휘화라는 개념을 언급한 바 있는데, 통시적 변천과정이라 함은 이와 같은 맥락이다. 먼저 어근의 의미적 속성을 가정한다면 '걱정이다'류의 구조는 일단 다음과 같이 상정할 수 있을 것이다.

(2) 가. [[이 방은 매우 엉망]이다]

나. [[그 사람의 재주는 진짜 최고]이다]

이러한 구조에서 핵이동을 통해 형성된 '엉망+이다'와 같은 구조가 통시적으로 빈번하게 사용되면서 하나의 단어로 굳어져 가고 있는 것이라고 가정할 수 있겠다. '걱정이다'의 경우 '무슨 걱정이냐?'가 성립되는 것으로 보아 이 단어는 아직도 통사적 성격과 어휘적 성격을 모두 가지고 있다고 볼 수 있다. 또한 안명철(1995)에서는 '걱정이다'류가 특정 구문과만 호응관계를 보인다고 지적하고 있는데, 이점도 오히려 서술성 명사의 의미와 통시적 절차를 통한 어휘화라는 우리의 가정을 뒷받침한다고 할 수 있다.

(3) 가. 이 약은 감기에 최고이다.
나. 철수는 그 일로 자랑이다.
다. 철수는 서양 문화에 적대적이다.

위의 예처럼 '최고이다'와 '자랑이다', '적대적이다'가 [NP1이 NP2에 V]와 [NP1이 NP2로 V]와 같은 특정 구문과 관계를 맺는 이유도 '최고, 자랑, 적대' 등이 서술성명사로서 그 의미가 특정 구문을 선택하고 있다고 보는 것이 더 합리적일 수 있기 때문이다. 여기서는 이에 대해 자세히 언급하지 않는다.

이제 황화상(1996, 2005)의 통사적 접사설을 살펴보자. 그는 선행어간과 통사적 접사 '이'의 결합이 어휘부에서 일어나야 한다는 주장이다. 결합 방법으로 핵이동을 가정하고 있으므로, 결합장소가 어휘부라는 점을 제외하면 일단 시정곤(1993)을 토대로 하고 있다. 다른 점이라면 명사, 동사 자질을 가지고 문법현상을 설명한다는 점이다. 예를 들어 어휘부에서 '명사+이'의 결합체는 명사와 동사의 자질을 공유한 [+N, +V] 자질을 갖게 되는데, 이때 [+N] 때문에 선행명사가 관형어의 수식이 가능하며, [+V] 때문에 서술어 기능을 수행한다는 것이다. 그러나 이선웅(2000)에서도 지적한 바와 같이 만약 '명사+이'의 결합체가 [+N, +V] 자질을 가지고 있다면 부사의 수식도 가능해야 하는데, 그렇지 못하다는 문제를 안고 있다.(*철수는 훌륭히 학생이다). 또한 접사의 결합은 본질적으로 형태론적 과정이기 때문에 결합을 어휘부에서 해야 한다면, 그 결합형태 또한 통사부에 입력된 후에는 더 이상 통사적 운용에 관여하지 않는 것이 논리적 일관성이 있다고 할 수 있다.[2] 그러나 '명사+이'의 결합체는 통사부에 입력된 후에도 통사적 운용에 관여한다. 즉, [+N] 자질은 관형어 수식을 위해 통사부에서도 기능을 하고 있어 문제가 된다.

2.3 기본 조건을 충족해야 한다

앞서 우리는 통사적 접사설은 '이다' 구문이 보여주는 다양한 문법 현상을 효과적으로 설명하는 데 초점을 두었다고 하였다. 이를 위해 본고는 다음과 같은 세 가지 측면을 모두 고려한 상태에서 '이다' 구문의 문제를 풀어가는 것이 문법 체계 내에서 이론적 설명력을 높일 수 있는 방법이라고 생각한다.

(4) 가. '이다' 구문이 갖고 있는 음운, 형태, 통사적 특성들을 이론적으로 매끄럽게 설명할 수 있어야 한다.
① 왜 '-이-'의 선행 명사구에는 격표지가 나타날 수 없는가?
② 왜 '-이-'와 선행 명사구 사이에 어떠한 요소도 삽입될 수 없는가?
③ 왜 '-이-'는 구개음화의 환경이 되는가?
④ 왜 '-이-'는 음운론적 환경에 의해 생략 가능한가?
나. 긍정문(이다)와 부정문(아니다)를 동시에 설명할 수 있어야 한다.
다. '이다' 구문과 같은 문법적 양상을 보이는 '답다, 같다' 구문을 아울러 설명할 수 있어야 한다.

(4가)는 '이다' 구문이 보이는 음운적, 형태적, 통사적 특이 현상에 대해서 언급한 것이며, (4나) 또한 '이다' 구문을 논의할 때 단순히 'NP가 NP이

2) 예를 들어 통합어휘론적 가설에 따르면 어떤 통사규칙도 형태론적 자질과 범주를 언급할 수 없어야 한다.

다'라는 긍정문만을 가지고 논의해서는 안 되고 'NP가 NP가 아니다'라는 부정문을 함께 설명할 수 있는 해결책을 찾아야 한다는 것이다. 그리고 (4다)는 국어 문법에서 '이다' 구문과 유사한 형태·통사적 양상을 보이는 유형을 함께 묶어 설명할 수 있어야 한다는 점이다. 따라서 이와 같이 좀 더 거시적인 관점에서 '이다' 구문의 문제를 바라볼 때, 보다 설득력 있는 대안에 접근할 수 있을 것으로 본다. 시정곤(1993, 1994, 1995)에서 제기한 통사적 접사 논의는 바로 위와 같은 전제 조건을 토대로 하여 이루어진 것이다. 본고에서는 이러한 관점을 견지하면서 '이다' 구문과 통사적 접사설에 대해 하나씩 그 타당성을 다시 검토해 보기로 한다.

3. 격표지 문제

'-이다' 구문의 첫번째 의문은 '-이-'의 선행 명사구에 격표지가 나타나지 않는다는 것이다. 이 문제는 가장 대표적인 '이다' 구문의 문법적 특이현상으로 여러 학설에서 다각도의 해결책을 제시한 바 있다. 다음의 예를 보자.

(5) 가. 철수는 학생이다.

나. *철수는 학생{이/을/과/에…} 이다.

위에서 '-이-'의 선행 명사구 '학생'에는 격표지가 붙을 수 없다. 그 이유는 무엇일까? 이에 대해 통사적 접사설에서는 '이'를 통사적 접사로 가정하면 이 문제를 이론적으로 설명할 수 있다는 것이다. 시정곤(1992, 1993)에 기대에 이를 좀더 자세히 설명하면 다음과 같다. 통사적 접사 '-이-'는 [-FF] 자질을 가져 [+FF] 자질을 가진 선행 핵 '학생'을 유도하게 된다는 것이다.

(6) 가. 철수는 $[[[$학생$]_{N}]_{NP}$ 이$_{V}]_{VP}$다.

나. 철수는 $[[[\ t_i\ ]_{N}\ ]_{NP}$ $[$학생$_i$이$]_{V}]_{VP}$다.

(6가)는 (5가)의 D-구조를 보인 것이고 (6나)은 S-구조를 보인 것이다. (6나)에서 핵인 '학생'은 [+FF] 자질을 가지며 [-FF] 자질을 가진 '-이-'에 의해 유도되어 이동한다. 국어의 격 부여가 S-구조에서 이루어진다고 가정하면, '-이-'가 인접 명사구에 격을 부여할 수 없는 이유는 이와 같이 핵 이동을 통해 설명이 가능하다는 것이다. 이 핵 이동 장치는 선행명사에 격표지가 실현될 수 없다는 것을 설명해 줄 뿐 아니라, '[철수는 [착한 학생]이다]'와 같이 '학생이다'의 구성이 관형어의 수식을 받을 수 있다는 점도 해결할 수 있으며, '아니다' 구문에서는 왜 선행명사구에 격표지가 실현될 수 있는가 하는 점도 설명해 줄 수 있다는 장점이 있다.

이러한 통사적 접사설의 견해에 대해 그간 여러 비판이 제시되었다. 김정남(1998)[3]과 양정석(2004)에서는 부정격 논의를 들어 위의 문제를 부정하려고 했다. 양정석(2004)에서는 격조사제약과 관련하여 "이미 주어져 있는 격 이론의 실행 방법으로도, 어떤 명사구에 추상격의 할당이 행해졌으면서도 형태적으로는 실현되지 않은 것으로 설명할 가능성이 배제되지는 않는다"고 하였다. 물론 이러한 언급은 통사적 접사설의 문제를 지적한 것이 아니라 대안을 제시한 것으로 해석된다. 그러나 이러한 대안이 격표지 비실현의 문제를 궁극적으로 설명해 주지는 못한다. 왜냐하면 '이다' 바로 앞 자리에만 부정격이 실현되어야 하기 때문이다. 그리고 '이다' 구문과 유사한 '아니다' 구문에서는 왜 같은 자리에 부정격이 적용되지 않는가(격표지가 실현되는가) 하는 점도 해결되어야 하기 때문이다.

양정석(2004)에서는 핵이동에 대해 문제를 제기한 바 있는데, "나는 경애가 최고다"와 같은 문장이 바로 그것이다. 통사적 접사설에서는 이 같

3) 김정남(1998)에서 통사적 접사에 대한 비판이 제기되었는데, 이에 대한 재비판은 이선웅(2000)을 참조할 수 있다.

은 분장의 기저구조 설정에 어려움이 있다는 것이다. 앞서 지적한 것처럼, 통사적 접사설은 '이다'의 모든 구문을 설명할 수 있는 것은 아니다. '최고이다'류는 어쩌면 '명사+이다'가 하나의 어휘로 굳어져 가는 과정에 있는 단어라고 볼 수 있다(2.2 참조). 따라서 이 부분을 공시적인 핵이동과 같은 절차로 설명하는 것이 어려울 수도 있다. 만약 관용적으로 굳어진 '이다' 구문의 경우(지금 고향에 가는 길입니다)는 더욱 어려울 수도 있다. 문제는 그렇다고 해서 일반적인 '이다' 구문의 예에 적용된 방법이 문제가 있다고 해서는 곤란하다는 것이다.[4] 다만, 본고는 이러한 사실을 직시하면서 속성적 의미가 강한 '걱정이다'류도 서술성명사의 가능성과 통시성을 고려해 보면 '학생이다'류와 비슷한 기저구조를 가정할 수 있다고 생각한다.

또한 양정석(2004)에서는 다음과 같은 문장에서 이동의 제약 문제가 생길 수 있다고 제시하였다.

(7) [[우리가 그 때 주목했던 것은 [[$_{\text{CP}}$[모든 현상이 [[다른 모든 현상과 t]$_{P}$ t]$_{\text{VP}}$ t]$_{\text{IP}}$ t]$_{\text{CP}}$ t]$_{\text{VP}}$ t]$_{\text{IP}}$ 상관적이었음이었다]$_{\text{CP}}$ [양정석(2001)(7)]

명사구들은 내부의 CP를 넘어가지 못하는데, 위의 구조에서 '상관적이-'와 같은 형태는 내부 CP의 경계를 벗어나 이동하여 문제가 된다는 것이다. 그러나 핵이동은 XP 이동과는 본래 성격이 다르기 때문에 (7)의 문제 제기에 대한 설명의 가능성은 찾을 수 있다고 본다. 문법현상이 문제이지 이론 자체가 먼저는 아니기 때문이다. 이론은 현상을 통해 언제든지 바뀔 수 있는 것이다.[5]

4) 만약 동사 '가다' 구문을 [NP가 NP에/로 가다]로 해석하려고 할 때, '저승에 가다'나 '맛이 가다'라는 예를 들어 이러한 해석이 불가능하다고 해서는 안 된다는 말이다.

5) 사실 이동의 제약만을 고려한다면 '철수는 착한 학생이다'라는 구문에서 이미 일반적인 이동과는 다른 양상을 찾아볼 수 있다. [착한 학생]$_{\text{NP}}$이라는 구조에서 '학생'이 이동했다면, 이것은 명사구 안에서 수식어를 놓아두고 피수식어가 이동한 경우이므

한편 이선웅(2000: 77)에서는 "접미사설 자체에 문제가 있는 것이 아니라 접미사설을 주장하는 연구가 택하고 있는 문법 모형이 비경제적"이라고 지적하면서, "박진호(1994)와 임홍빈(1997)에서 제기한 '의존성'과 '재구조화'라는 개념으로 충분히 설명이 가능한 것을 통사적 접사의 핵이동이라는 것을 상정하여 공연히 문법을 방만하게 할 필요가 없다"고 지적한 바 있다. 이는 설명력은 인정하되, 너무 문제가 커진다는 뜻으로 해석된다. 어차피 필자의 통사적 접사설은 비단 '이다' 구문에 국한된 것이 아니고, 국어 문법 전반에 걸친 시도였다는 점에서 일견 이러한 지적을 당연히 받아야 할지도 모른다.

그러나 통사적 접사라는 개념 설정이 국어 문법 모형에 얼마나 적합한 것인가 그렇지 않은가의 문제는 일단 논외로 한다. 다만 여기서는 과연 '의존성+재구조화'가 '통사적 접사+핵이동'과 일치하는 개념인가 하는 문제에 대해 언급하기로 한다. 필자의 견해로는 두 개념은 한편으로는 유사하고 다른 한편으로는 서로 차이를 보인다. 즉, '이'가 자립성이 없고, 선행명사와 결합한다는 점에서는 공통되지만, 차이가 있다면 전자는 문법적 기술의 측면이 강한 반면, 후자는 문법적 설명에 더 무게를 두고 있다고 말하고 싶다. 즉, 후자는 '이'가 의존성을 띠고 재구조화를 겪는다는 사실에 관심이 있는 것이 아니라, 왜 '이'가 의존적이며, 어떻게 의존적인가, 그리고 '재구조화'란 왜 일어나며 또 구체적으로 어떤 과정으로 일어나는가에 대해 관심을 갖는다는 말이다.[6]

로 일반적인 이동의 이론과는 차이가 날 수 있다. 이를 위해 이동 후에 흔적을 삭제하여 구조를 변형시킨다든지, 아니면 나중에 흔적을 복구하여 의미해석을 시도한다든지 하는 세부적이고도 기술적인 방법들이 상정될 수 있을 것이다. 그러나 문제는 이러한 설명이 일반이론의 이동규칙에 부합하느냐의 여부보다는 과연 국어문법에서 얼마나 설득력 있게 받아들여지는가 하는 점이다. 만약 이 설명이 설득력이 있다면 국어현상에 맞는 새로운 이동이론을 만들면 되는 것이 아닐까.

6) 심사자는 이에 대해 '의존성'과 '재구조화'에 비해 '통사적 접사+핵이동'이 왜 문법적 설명에 더 무게를 둔 것인지에 대해 근거를 밝히라고 지적하고 있다. 필자의 설명력은 그리 심오한 개념이 아니다. 예를 들어 재구조화는 어떤 특정 구조가 A→B로 재구조화 되었다는 식으로 언급된다. 필자가 이에 대해 설명이 아닌 기술의 측면

남길임(2004: 25)에서는 선행 명사구의 격표지 비실현 문제가 '이다'가 접사라는 데 대한 실질적인 증거가 되지 못한다고 하면서, 이 현상을 조사 '이'와 '이다'의 어휘 의미적 유사성과 의미적 잉여성에 의한 것이라고 했다. 즉, 조사 '이'와 '이다'가 '지정'이라는 의미를 갖고 있으며 이러한 잉여성 때문에 조사 '이'가 나타나지 않는다는 것이다. 물론 이러한 주장도 통사적 접사설의 논리적 문제를 지적한 것은 아니며, 다른 대안을 제시한 것이라고 할 수 있다. 우리는 여기서 두 가지 문제를 지적하고자 한다. 첫째, 남길임(2004)에서는 마치 시정곤(1993)에서[7] 선행 명사구의 격표지가 실현되지 않았기 때문에 '이다'를 접사로 간주했다고 주장하면서(김의수(2003)에서도 이러한 시각이 엿보인다), 격표지 비실현 문제가 다른 곳에도 일어나고 있으니 그럼 그것을 모두 접사라고 해야 하느냐고 반문하고 있다.

그러나 시정곤(1993)에서는 그렇게 주장한 것이 아니다. 즉, 시정곤(1993)에서는 '이다'를 통사적 접사로 간주한다면 격표지 비실현 현상을 설명할 수 있다는 논리이지 그 역도 모두 참이라는 것은 아니다. 둘째, 남길임(2004)에서 제시한 의미적 잉여성이라는 대안은 그리 설득력이 없다는 것이다. 왜냐하면 격표지 비실현은 [지정]의 의미만을 보이는 '이다' 구문에 국한된 것이 아니라, '이다'의 모든 유형의 구문에서 똑같이 나타나기 때문이다.

실제로 남길임(2004)에서는 스스로 '이다' 구문을 여러 유형으로 분류

이 강하다고 한 것은 첫째, 이러한 재구조화가 일반성을 획득하지 못했기 때문이다. 즉, 특수한 구조에서 특수한 목적으로만 이용된다. 둘째, A→B로 재구조화 되었다는 것은 그 이유나 과정에 대해서는 아무런 설명을 해주지 못한다는 점이다. 셋째, 재구조화가 공시적인 규칙인가 하는 점도 의문이다. 필자의 견해는 재구조화는 공시적이라기보다는 통시적 절차에 의한 구조변화를 공시적으로 언급할 때 사용할 수 있는 개념이라고 생각하기 때문이다. 이러한 점에서 핵이동은 '이다' 구문에 국한되지 않으며, 이동의 과정과 이유를 언급할 수 있으며, 공시적인 규칙으로 가능하다는 점에서 더 설명력이 있다는 것을 강조한 말이다.

7) 남길임에서는 시정곤(1993)을 직접 인용하면서 통사적 접사설에 대해 비판하고 있으므로 이렇게 말한다.

하면서, 양상적 의미를 가진 '이다' 구문과 [감탄], [제시], [알림] 등의 의미를 가진 기타 구문도 제시한 바 있다. 그렇다면 남길임(2004)의 견해가 타당성을 확보하려면 [지정]의 의미를 가지지 않은 '이다' 구문에서는 격표지가 실현되어야 할 것이다. 의미적 잉여성이 생기지 않기 때문에. 그러나 과연 그런가?

또한 남길임(2004)의 주장에 기댄다면 '철수가 학생이다'는 [지정]의 의미를 갖지만, 그 부정문인 '철수가 학생이 아니다'는 결코 [지정]의 의미를 가질 수 없어야 한다. 왜냐하면 부정문에서는 격표지가 실현되었기 때문이다. 그러나 과연 부정문에서는 [지정]의 의미가 없는가? 여기서는 이에 대해 더 이상 자세히 언급하지 않겠다.

4. 삽입 불가능 문제

'-이다' 구문의 두번째 의문은 선행 성분과의 사이에 어떠한 요소도 삽입이 불가능하다는 것이다. 시정곤(1993)에서는 이 같은 특성이 '-이-'를 통사적 접사로 볼 수 있는 중요한 근거가 된다고 하였다.[8] 이에 대해서는 이와 같은 삽입 불가능 현상은 의존명사나 의존용언 구문에서도 나타나는 문제이기 때문에 타당한 근거가 되지 못한다는 비판이 제기된 바 있다(이선웅 2000). 그러나 엄밀히 본다면 '이다' 구문의 삽입 불가능 현상과 의존 명사나 의존 용언의 그것은 차이가 있다. 전자의 경우 '이다'는 거의 대부분의 명사와 결합하지만(즉 제약이 별로 없지만) 후자의 경우는 특정한 형태를 취하는 경우가 대부분이므로 매우 제약적이기 때문

8) 김창섭(1992)에서는 '-이-'는 '-답(다)' '-같(다)'와 함께 형태론적으로 자립성이 없이 어기에 의존하여 나타날 뿐이며, 어기와의 사이에 다른 요소들의 개입을 허용하지 않으므로 형태론적으로는 접미사라고 할 수 있지만 이들이 단어형성의 기능을 가지지 않는다는 점에서 일반적인 의미에서 파생접미사라고 할 수는 없으므로 이를 파생과는 분리하여 의존적 형용사로 보고 있다.

이다.

또한 '들, 만, 뿐'과 같은 보조사는 삽입이 가능하므로 시정곤(1993)의 주장에 문제가 있다고 주장하는 논의도 있다(김의수 2003, 최규수 2003). 그러나 이미 시정곤(1995)에서도 언급했다시피 보조사의 삽입 가능성은 필자도 인정한 바이다. 정작 시정곤(1993)에서의 핵심은 '이다'가 본용언이라면 다른 용언이 그러하듯이 선행성분과의 사이에 수식어를 취할 수 있어야 하는데(철수가 밥을 많이 먹었다/철수가 대학생이 드디어 되었다), 그렇지 못하다는 점에서 '이다'는 본용언과는 구분된다는 것을 강조하고자 한 것이지, 삽입 불가능 자체에 초점을 둔 것이 아니다.

5. 구개음화 현상의 문제

시정곤(1993)에서는 '이다'가 선행명사와 결합할 때, 구개음화현상이 일어나는 것도 특이한 현상 가운데 하나라는 주장이다.

(8) 이것은 논이고 저것은 밭이다.[바치다/*바티다]

국어에서 'ㄷ, ㅌ' 구개음화현상은(통시적이든 공시적이든) /i/ 앞에 형태소 경계를 동반할 때 이루어지므로(같-이→[가치], 닫-히-(다)→[다치]/, 밭-이(주격조사)→[바치]), 만약 '밭이다→[바치다]'의 구개음화현상을 겪는다면, '밭'과 '이'의 경계는 형태소 경계가 되어야 한다. 만약 '-이-'가 독립용언이며 따라서 단어라면 '밭'과 '이'의 경계는 단어경계가 될 것이고, 그렇다면 아래와 같이 구개음화가 일어나지 않아야 한다.

(9) 가. 밭이랑에 씨를 뿌렸다.
　　나. 밭이랑: 밭##이랑 → [반니랑]

다. 머리에 솥 이고 가는 할머니.

라. 솥 이(다): 솥##이 → [손니]

(9)는 /i/ 앞에 단어경계가 있을 때이다. 이러한 경우는 구개음화가 일어나지 않는다. 따라서 (8)에서 '밭이(다)'의 경계는 단어경계가 아닌 형태소 경계라 할 수 있으며, '-이-'를 접사로 볼 수 있는 중요한 근거가 된다.[9] 통사적 접사설에 대해 비판을 하고 있는 논의들도 이점에 대해서는 대부분 인정하고 있다(이선웅 2000, 최규수 2003, 황화상 2005).

양정석(2001: 392)에서는 '팥입니다'가 /파침니다/로 발음되기도 하지만 /팥#임니다/로 발음되기도 한다는 사실을 들어 '이다'의 음운론적 의존성이 접사의 그것과는 다른 것이라고 지적했다. 그러나 이러한 논리가 성립하려면 '밭을'의 경우 /바츨/ 또는 /바틀/로 발음된다고 해서 '을'을 접

9) 심사자는 이 부분을 음운론적 사실(형태소경계)과 통사론적 사실(단어경계)로 구분하여 처리하면 된다는 견해를 밝혔다. 이 말은 구개음화현상이 '이'가 형태소경계라는 것에 대한 증거는 되지만 그렇다고 통사적 접사의 설정을 위한 결정적 증거는 되지 못한다는 뜻으로 해석된다. 필자도 이 지적에 동감하면서 구개음화현상이 '이'를 접사로 볼 수 있다는 근거로 제시했다는 점을 밝혀둔다.
심사자의 지적과 관련하여 몇 가지 문제를 지적하고자 한다. 첫째, 필자의 견해는 통사론적 측면에서도 '이'를 단어로 볼 수 없다는 것이고, 둘째, 그럼에도 불구하고 필자가 '통사적 접사'라는 개념을 도입한 이유는 소위 형태음운론적 정보라는 것이 그 차원에서만 끝나지 않고 통사층위에서 통사적 성격에 영향을 미치고 있다고 보았기 때문이다. 예를 들어 격배당이나 수식의 문제 등은 전형적인 통사론적인 문제인데, 이들의 속성에 '이'의 형태적 속성이 관여하고 있다고 생각했기 때문이다. 이론적으로 볼 때 이러한 주장은 형태론과 통사론의 상호작용이 중요시되던 80년대 언어이론의 영향이기도 하다. 셋째, 심사자는 두 층위를 구분하면 문제가 해결되는 것처럼 언급하였지만 그것은 기술의 편의성이지 문제의 해결이 아니라고 본다. 왜냐하면 이러한 가정을 받아들인다고 하더라도 음운론적 사실(형태소경계)과 통사론적 사실(단어경계)이 왜 '이다' 구문에서는 달라져야 하는가 하는 것은 여전히 문제로 남기 때문이다.
이와 유사한 견해로 오미라(1991), 엄정호(1993) 등의 접어(clitics)설을 들 수 있는데, 여기서는 '이다'를 통사론적으로는 하나의 단어이지만 형태(음소)론적으로는 의존성을 띤 접어라고 봄으로써 구개음화 현상을 설명한 바 있다. 이에 대한 비판은 고창수·김원경(1998)에 잘 나타나 있는데, 여기서는 '이다'가 활용되거나 생략될 수 있기 때문에 접어로 인정하기 힘들다고 보았다. 한국어에서 접어 설정의 타당성 문제는 김원경(2000)을 참조하기 바란다.

사로 볼 수 없다고 주장할 수 있어야 하지 않을까. 설령 그의 주장을 받아들인다고 해도 /파침니다/로 발음되는 현상은 어차피 설명해야 하는 부담은 있다.

김의수(2003)에서도 이 부분에 대한 비판이 나온다. 그는 '이'를 형식동사로 간주하면서도 의미가 없기 때문에 LF와 PF에 가서 LF-접사와 PF-접사로 변하게 되고, 이로 인해 구개음화가 일어난다고 말하고 있다. 이것은 그 이론적 타당성은 차지하고라도 일단 선행어와 '이'의 경계가 형태소 경계라는 본고의 주장을 오히려 더 뒷받침해 주고 있는 것이 아닌가 한다.

6. 생략 가능성의 문제

'-이-'의 생략은 선행어의 음운론적 환경에 의해 결정된다고 할 수 있다. 즉 선행어의 말음이 자음일 경우는 반드시 나타나지만(학생이다/*학생다) 모음일 경우는 생략이 가능하다(바보이다/바보다). 이는 '-이-'가 선행어의 음운론적 환경에 영향을 받고 있다는 것이며, 다른 면에서는 '-이-'가 선행어에 가시적이라 할 수 있다.

선행어에 가시적인 요소는 접사이다. 소위 격조사들(가/이, 은/는, 을/를, 으로/로 …), 부사형어미 '-아/어', 시제형태소 '-았/었-' 등이 선행어의 음운론적 환경에 영향을 받는 것들이다. 즉 접사라고 일괄할 수 있는 요소들은 선행어의 음운론적 환경에 의해 영향을 받지만, 어간은 그러한 영향을 받지 않는다. '-이-'의 생략 가능성도 이러한 관점에서 살펴보아야 할 것이다.

이 부분에 대해서는 여러 연구에서 비판이 제기된 바 있다. 그 비판을 대략 정리하면 다음과 같다. 첫째, '이' 생략현상이 그리 규칙적이지 않으며, 둘째, 음운론적으로도 설명할 수 없는 것이고, 셋째, '하'와 같이 다른 용언에서도 생략이 나타나기 때문에 문제가 있다는 것이다. 필자의 생각으로는 이러한 비판은 우리의 핵심에서 벗어나 있는 것이다. 통사적 접사설의 의도는 그것이 아니기 때문이다. 이제 비판의 내용을 좀더 자세히 살펴보자.

남길임(2004: 28)에서는 '이'의 수의적 생략현상이 '이다'가 용언이라는 견해에 대한 직접적인 반론이 될 수 없다고 주장하면서 몇 가지 근거를 제시하고 있다. 먼저 '이'의 생략은 필수적 굴곡접사의 생략현상과 다르며, 음운규칙으로 설명할 수 없는 현상이라는 것이다. (세부적인 내용은 차이를 보이겠지만 이승재(1994), 하치근(1996), 송정근(2001), 김의수(2003), 최규수(2003) 등도 비슷한 주장을 하고 있다.)

(10) 가. {*포도이나/포도나} 먹어라.
　　나. {떡이나/*떡나} 먹어라.
(11) 가. 그것은 맛이 신 {포도이나/*포도나}, 먹을 수 있지. (이승재 1994)
　　나. 김 선생은 근본이 학자{이어서/*어서}, 돈과는 거리가 멀다.
(12) 가. 그가 (천재임이/*천잼이) 밝혀졌다. (송정근 2001)
　　나. 그가 (천재임에/*천잼에) 틀림없다.

물론 이 지적대로 '이'의 생략은 필수적인 것이 아니다. 또 동일환경을 갖는 내포문에서는 '이'를 생략할 수 없다.[10] 그러나 문제의 초점은 '이'의 생략이 필수적인가 그렇지 않은가 또 모든 구문에서 일어나는가 그렇지 않은가에 있는 것이 아니라, 왜 (수의적이든 국부적이든) '이'의 생략 현상이 음운론적인 환경에 영향을 받는가 하는 점이다.

또한 용언도 생략이 될 수 있다는 논지도 가능하다. 실제로 '이'의 생략을 '하'의 생략과 비교하는 논의도 있다(하치근 1996, 이선웅 2000,[11] 송

10) 관형구성에서의 '이'의 생략불가능과 명사화 문제는 이미 시정곤(1993)에서 언급한 바 있다.

정근 2001, 남길임 2004)[12)]

(13) 가. 너도 공부 좀 해야 {하/φ}겠다.

나. 당장은 공부를 해야 {하/*φ}니, 나중에 이야기 하도록 하자.

'이'와 '하'가 형식동사의 관점에서 보면 서로 일맥상통하는 점이 있을 가능성은 있다. 그리고 이런 토대 위해서 이들의 생략 가능성을 함께 묶어 논의할 수도 있다. 그러나 여기서도 '하'는 특정 구문에서 생략 가능한 것이지, 그것이 음운론적 환경에 영향을 받는 것이 아니라는 점이다. 국어에서 용언어간이 선행어의 음운론적 환경에 따라 (수의적이든 국부적이든) 생략되는 경우가 있는가? 통사적 접사설의 초점은 바로 여기에 있다.

7. '이다'와 '아니다' 문제

'이다'의 통사적 성격과 의미적 성격을 구명하기 위해서는 '이다'와 '아니다' 구문을 동등하게 놓고 처리하여야 한다고 생각한다. 국어문법에서 '아니다' 구문은 '이다' 구문의 특수성(격표지 실현문제와 서술어 자릿수 문제 등)의 이면을 밝혀줄 수 있는 열쇠를 가지고 있을 수도 있기 때문이다. 통사적 접사설에서는 '-이-'의 속성이 그 부정문인 '아니다' 구문에서도 설득력이 있다는 것을 주장한 것이다.

---

11) 이선웅(2000)에서도 비슷한 지적이 있다. 일부 의존적 단어에서 수의적인 생략이나 축약이 일어나는 일이 있다고 주장하면서(밥이 <u>먹고프다</u>, 집에 <u>가야겠다</u>, 하라면 <u>해야지</u>)

12) 김의수(2003)과 최규수(2003)에서는 '이'를 형식동사 또는 의존용언으로 간주하고 '하다'와 함께 처리하고 있다. 그런데 최규수(2003)에서는 시정곤(1994)의 통사적 접사를 파생접사로 간주하고 논의를 전개하고 있어 근본적인 문제가 있다. 이에 대해서는 다른 논의에서 자세히 다루기로 한다.

(14) 철수는 학생이 아니다.

위의 '아니다' 구문에서는 '이다' 구문과는 달리 선행 명사구에 격표지가 실현된다. 시정곤(1993)에서는 그 이유를 핵 이동으로 설명하려는 시도였다. 즉, '아니다' 구문에서는 '이'가 '아니'에 의해 의존성이 해결되어, 선행 명사구에서 핵 '학생'이 접사 '-이-'로 이동할 필요가 없다는 것이다. 그렇기 때문에 선행명사구에 격이 부여된다는 설명이다. '이'의 의존성과 핵이동이라는 기제로 '이다'와 '아니다' 구문의 문법적 현상을 일관되게 설명하려는 시도이다. 과연 다른 논의에서 이러한 시도가 가능한가? 또한 이러한 가정은 두 구문이 보이는 논항구조나 의미적인 면의 동일성도 자연스럽게 포착할 수 있다는 장점이 있다.

이에 대해서도 직접적인 비판은 그리 많지 않다. 오히려 '아니다'를 어떻게 처리할 것인가에 대한 논의가 대부분이라고 생각한다. 즉, 공시적으로 '아니다'를 '아니+이다'로 분석할 수 있는가의 여부에 더 많은 관심이 있었다. 그러나 이는 통사적 접사설의 주된 관심은 아니다.

이선웅(2000: 83)에서는 어휘화된 '아니다'를 공시적으로 '아니+이다'로 분석하는 것은 문제라는 지적이다. 김의수(2003)과 황화상(2005)에서는 '아니다' 구문이 부정극어 양상을 보인다는 점에서(누구도 학생이 아니다) '아니다'는 공시적으로도 '아니+이다'로 분석되어야 한다고 한다. 이 점은 시정곤(1995)에서도 언급한 바 있다.

8. '이', '답', '같'의 문제

'이다' 구문의 문법적 지위를 논의할 때, 고려되어야 할 또 다른 문제는 '이다' 구문과 유사한 현상을 보이는 '답다, 같다' 구문을 한 데 묶어 논의해야 한다는 점이다.

(15) 가. 그는 [나의 의사]이다.
　　나. 그는 [훌륭한 의사]이다.
(16) 가. 그는 [대한민국의 군인]답다.
　　나. 그는 [훌륭한 군인]답다.
(17) 가. 그는 [나의 아버지]같다.
　　나. 그는 [믿을 만한 사람]같다.

위에서 '이다' 구문은 '답다, 같다' 구문과 같은 문법적 현상을 보여주고 있다. 따라서 '이'의 정체를 밝힐 때는 '이, 답, 같'의 유형을 함께 매끄럽게 설명해 줄 수 있어야 한다는 것이다.

그러나 이에 대해 다음과 같은 비판이 있었다. 하치근(1996)과 최기용(2001)에서는 '이다'와 '답다'가 보이는 부정의 양상이 서로 다르기 때문에 이들을 한 데 묶어 처리할 수 없다는 것이다.

(18) 가. 철수가 학생이다.
　　나. 철수가 학생이 아니다.
(19) 가. 그가 사람답다.
　　나. 그가 사람답지 않다.

물론 이 지적은 의미 있는 것이며, 이들의 부정문의 양상이 왜 서로 다른가 하는 문제는 앞으로 검토를 필요로 한다. 또한 과연 이 차이의 정도가 이들을 서로 다른 범주에 포함시켜야 할 것이냐의 문제도 검토할 필요가 있다. 그러나 이러한 지적은 마찬가지로 핵심에서 벗어난 것이다. 통사적 접사설의 핵심은 이들을 한 범주에 묶을 것인가 아닌가 하는 점보다는 공통점을 보이는 부분에 대해 어떻게 일관성 있게 설명할 수 있는가 하는 것이다. 설령 하치근(1996)과 최기용(2001)의 의견을 받아들여 '이다'와 '답다'를 분리해서 처리한다고 하자. 그래서 해결된 것은 무엇인가? 결국

'답다'가 보이는 현상에 대해서는 다시 설명해야 하지 않은가? 이런 점에서 이런 식의 비판은 핵심에서 벗어나 있다는 것이다.

한편, 통사적 접사설 뿐만 아니라 의존 용언설 또한 '이', '답', '같'의 문법적 유사성 문제를 고려하고 있는 것으로 보인다.13) 이 대목에서는 우리는 김창섭(1992)의 결론에 주목할 필요가 있다. 여기에서도 위의 세 구문의 유사성을 포착하고 "'-이(다)' '-답(다)' '-같(다)'는 형태론적으로 자립성이 없이 어기에 의존하여 나타날 뿐이며, 어기와의 사이에 다른 요소들의 개입을 허용하지 않으므로 접미사"라고 하여야 할 것이지만, "형태론적으로는 접미사라고 하여도 이들이 단어형성의 기능을 가지지 않는다는 점에서 일반적인 의미에서 파생접미사라고 할 수는 없으므로 파생과는 분리하여 의존적 형용사"로 보고 있다. 그리고 "어느 부류의 형용사는 어떠한 격표지도 가지지 않는 논항을 가지며, 그 논항에 형태론적으로 접미한다는 사실을 지금까지의 문법체계를 어떻게 수정하여 수용하느냐 하는 것인데, 이 문제는 이제 통사론의 문제가 되어 본고의 범위를 벗어난다고 하겠다."고 지적한 바 있다.

우리는 김창섭(1992)의 견해를 다음과 같이 다시 정리하고자 한다. 첫째, '-이(다)' '-답(다)' '-같(다)'를 한 데 묶어 고려했다는 점, 둘째, 형태적으로 이들을 접미사로 간주했다는 점, 셋째, 파생접미사로 볼 수 없으므로 의존적 형용사로 처리했다는 점, 넷째, 격표지 비실현 문제와 통사부에서 논항에 접미하는 문제를 해결하지 못했으며, 다섯째, 기존 문법체계로서 이 현상을 설명하기 어렵다는 점 등이다. 본고의 관점에서 보면 흥미롭게도 바로 이러한 문제들이 통사적 접사설에서 모두 자연스럽게 설명될 수 있다는 점이다.14)

---

13) 그러나 '이'를 주격조사로 간주한다면 이들의 유사성에 대해 아무런 실마리도 제공해 줄 수 없다는 문제가 있을 듯하다. '답'과 '같'을 조사로 볼 수는 없기 때문이다.

14) 심사자는 '이다'의 '이'를 통사적 접미사라고 주장하는 것이 '이다'의 정체를 밝히는 데 있어 매우 협소한 부분적인 측면밖에 건드리지 않는 것임을 인식해야 한다고 지적하면서, 통사적 접미사 주장은 '이'의 통사적 범주(품사)에 대해서는 아무 말도 하

9. 결론

이상에서 간략하게나마 '이다' 구문과 통사적 접사설에 대해 재검토해 보았다. 통사적 접사설의 주된 의도는 '이다'의 '이'의 정체가 무엇이냐보다는 그에 앞서 '이다' 구문이 보여주는 다양한 문법 현상을 어떻게 설명하고 만족시킬 것인가에 먼저 초점을 맞춰야 한다는 것이었다. 이런 가정에서 '이다'를 통사적 접사로 가정한다면 이와 같은 문제를 일관되게 그리고 설명력 있게 해결할 수 있다는 것이었다.

또한 통사적 접사설을 주장하는 견해에도 차이가 있으며, 각자 이론적 토대가 다를 수 있다는 점을 언급하였다. 또한 '이다' 구문에 대한 여러 가지 접근방법이 있음을 전제하고 통사적 접사는 그 가운데 문법적 현상을 설명하려는 데 관심이 있다는 것을 언급하였다. 그리고 문법적 현상을 제대로 설명하려면 '이다' 구문이 보이는 다양한 현상을 일관성 있고 설득력 있게 모두 만족시킬 수 있어야 한다고 가정했다.

본고에서는 그간 통사적 접사설에 대해 비판한 논의를 부분부분 재검토해 보았는데, 그 가운데서는 의미 있는 비판도 없지 않으나, 대부분의 비판은 그 핵심에서 벗어나 있는 것이 많다는 생각이다. 이것은 앞서 언급한 기본 전제를 오해하여 생긴 것도 있고, 개별적인 문제를 전체적인 문제로 확대 해석하여 생긴 것도 있으며, 논리적 오류를 범해 생긴 것도 있다.

본고의 견해는 앞에서도 언급하였듯이 통사적 접사설이 '이다' 구문이라는 커다란 산의 모든 정체를 한꺼번에 다 밝혀줄 수 있다고는 생각하

지 않는 것과 마찬가지이며, '의존 형용사'설은, 사실에 대한 인식에 있어서는 투고자와 비슷한 점이 있으나, 바로 이 문제에 주목한 것이라고 언급한 바 있다. 이 지적은 한편으로는 옳고 한편으로는 옳지 않다. '이'의 품사가 무엇이냐를 언급하지 않았다는 점에서는 심사자의 지적이 옳지만, 품사를 언급하지 못한 것이 아니라 '이'를 품사로, 즉 단어로 볼 수 없다는 것이 필자의 주장이므로 이 면에서는 지적이 옳지 않다. 이런 의미에서 필자의 통사적 접미사는 새로운 통사적 범주이며, '이'를 비롯하여 조사 어미 등이 여기에 속한다는 것이 필자의 주장이다.

지 않는다. 그럴 수도 없으며, 어쩌면 그래서도 안 된다. 그리고 통사적 접사설이 제시한 주장에 대한 논리적 비판과 이론적 타당성에 대한 검토가 이루어진다면 그리고 이를 통해 구체적인 대안이 제기된다면 기쁜 마음으로 이를 겸허히 받아들이고자 한다. 다만 드러난 현상을 해결하려는 시도는 하지 않은 채, 특이한 예나 현상을 들어 논의 자체가 무의미하다는 식으로 비판하는 것은 엄밀한 의미에서 비판이라고 하기에 어렵지 않은가 한다. 그것은 핵심적인 문제를 해결하려는 시도로 해석되기 어렵기 때문이다.

'이다' 구문에 대한 논의는 끝이 아니라 지금부터가 시작인지도 모른다. 초심으로 돌아가 하나씩 차근차근 요리조리 따져보고 곰곰이 생각해 볼 때다. 많은 이의 관심을 기대해 본다.

‖ 참고 문헌 ‖

고창수. 1985. "어간형성접미사에 대하여", 「한국어학연구」 7. 홍문각.
고창수. 1992. "국어의 통사적 어형성", 「국어학」 22.
고창수·김원경. 1998. "'이다'는 동사인가?", 「한성어문학」 17.
김광해. 1983. "계사론", 「이응백박사 회갑기념론문집」, 보진재.
김성규. 2001. "'이-'의 음운론적 특성", 「국어학」 37.
김원경. 2000. 「한국어 격 정보와 자질연산 문법」, 고려대 박사학위논문.
김의수. 2003. 「국어의 격과 의미역 연구」, 고려대 박사학위논문.
김정남. 1998. 「국어 형용사의 연구」, 서울대 박사학위논문.
김창섭. 1992. "국어 파생어에 대한 통사론적 해석", 「국어학회 제19회 공동연구회발표요지」.
남길임. 2004. 「현대국어 '이다' 구문 연구」, 한국문화사.
박진호. 1994. "통사적 결합관계와 논항구조", 「국어연구」 123.
서정목. 1993. "국어의 구절구조와 엑스-바 이론(草稿)", 「한국언어학회 1993 겨울발표회 발표요지」.
성광수. 1979. 「국어 조사의 연구」, 형설출판사.

송정근. 2001. "'이다'의 형태론적 특징과 문법적 지위", 「국어학논집」(서울대학교 국어국문학과) 5, 도서출판 역락.

시정곤. 1992. "통사론의 형태정보와 핵 이동", 「국어학」 22.

시정곤. 1993. "'-이(다)'의 '-이-'가 접사인 몇 가지 이유", 「주시경학보」 11, 143-50.

시정곤. 1994/1998. 「국어의 단어형성 원리」(수정판), 한국문화사.

시정곤. 1995. "핵이동과 '-이/답/히/같-'의 단어형성", 「생성문법연구」(생성문법학회) 5-2.

시정곤. 2001. "양정석(2001)에 대한 토론문", 「국어학」 37.

시정곤. 2002. "최기용(2001)에 나타난 몇 가지 의문들", 「형태론」 4-2.

시정곤. 2005. "이다 구문과 통사적 접사", 「한국어 계사 '-이(다)'의 쟁점 워크숍 발표집」, 서울대학교 언어교육원/세종전자사전개발연구단.

안명철. 1995. "'이'의 문법적 성격 재고찰", 「국어학」 25.

양정석. 1986. "'이다'의 의미와 통사", 「연세어문학」 19.

양정석. 2001. "'이다'의 문법범주와 의미", 「국어학」 37.

엄정호. 1989. "소위 지정사 구문의 통사구조", 「국어학」 18.

이선웅. 2000. "현대국어 '(-)이-'의 품사 분류와 자릿수에 대한 연구사적 고찰", 「국어학논집」(서울대학교 국어국문학과) 4, 도서출판 역락.

이승재. 1994. "'-이-'의 삭제와 생략", 「주시경학보」 13, 탑출판사.

이현희. 1994. "계사 '-이-'에 대한 통시적 고찰", 「주시경학보」 13, 탑출판사.

임홍빈. 1989. "통사적 파생에 대하여", 「어학연구」 25-1, 서울대 어학연구소.

임홍빈. 1997. "국어 굴절의 원리적 성격과 재구조화", 「관악어문연구」 22.

최규수. 2003. "한국어 통어적 가지에 대한 몇가지 문제", 「한민족문화」21, 부산대학교 한국민족문화연구소.

최기용. 2001. "'-이다'의 '-이'는 주격 조사이다", 「형태론」 3.1.

하치근. 1996. "국어 통사적 접사의 수용 범위 설정에 관한 연구", 「한글」 231.

황화상. 1996. 「국어 체언서술어의 연구」, 고려대 석사학위논문.

황화상. 2005. "'이다'의 문법범주 재검토", 「형태론」 7-1.

(2005, 「한국어학」 28)

부정 구문

부정어와 부정문

1. 도입: 긍정과 부정

긍정과 부정은 다양한 의미로 해석될 수 있으므로 올바로 그 정의를 내리기가 매우 어렵다. 따라서 이를 토대로 한 긍정문과 부정문을 제대로 정의하는 것도 여간 여러운 일이 아니다. 이제까지 부정문을 논의하면서 대부분의 연구에서는 긍정문에 대응되는 개념으로서 부정문을 논의하였다. 본고에서는 이러한 긍정문-부정문의 대응이 설득력이 약하고 오히려 많은 혼란을 가져올 수 있음을 지적하고 부정과 부정문의 타당한 정의와 범위를 제시하고자 한다. 이를 위해 본고에서는 예스페르슨(Jespersen)(1924)에 기대어 부정의 종류를 대화적 부정, 수학적 부정, 언어적 부정 등으로 크게 분류하고자 한다.

1.1. 대화적 부정

부정의 종류 가운데 첫 번째로 검토해야 할 것은 대화에 나타나는 부정이다. 이러한 대화적 부정은 부정의 사전적 정의와 가장 부합되는 것이다. 사전에는(『우리말 큰사전』) 긍정(肯定)을 '그러하거나 옳다고 인정함'으로, 부정(否定)은 '그렇지 않거나 옳지 않다고 인정함'으로 정의하고 있다. 따라서 대화적 부정은 '예'와 대응하는 '아니오'로 시작하는 문장을 말한다.[1] 먼저 다음의 예를 보자.

(1) A: 형은 키가 크니?
B: 예, 형은 키가 커요.
C: 아니오, 형은 키가 작아요.
D: 아니오, 형은 보통이예요.
E: 아니오, 형은 키가 안 커요.

위의 (1A)에 대한 여러 유형의 대답 가운데, (1B)는 긍정으로, 나머지 (1C–E)는 모두 부정으로 간주할 수 있을 듯하다. 왜냐하면 (1B)는 '예'라고 대답하여 질문의 내용에 그러하다고 동의를 표시한 것인 반면, 나머지 셋은 모두 '아니오'라는 대답으로 질문 내용에 대해 그렇지 않음을 표시하고 있기 때문이다. 그렇다면 이러한 성격을 토대로 이들 문장을 긍정문과 부정문으로 간주할 수 있는가? 물론 그럴 수도 있지만, 그렇게 되면 (1C–E)를 구분할 수 없게 된다. 본고에서는 '예/아니오' 문장을 긍정문/부정문의 성격보다는 '인정문/불인정문'의 성격을 띤다고 생각하여, 본 논의에서는 제외한다.[2]

1.2 수학적 부정

수학에서의 부정은 '+' 부호에 대한 '–' 부호로 나타난다. '–4'와 '+4'를 비교해보자. '–4'는 '+4' 이외의 모든 것을 의미하는 것이 아니라, 4가 0 위에 있는 만큼의 0 밑에 있는 점을 의미한다. 따라서 –4와 +4 사이에 여러 수가 존재할 수 있는 것이다. 이러한 수학적 부정은 다음과 같은 예

1) 신원재(1987)에서는 대화적 부정을 수사부정으로 다루고 있다.
2) 박정규(1996: 34–35)에서도 긍정과 부정의 개념을 통사적 층위뿐만 아니라 화용적 층위에서도 논의되어야 한다고 지적하고, 이때 긍정은 '수긍(agreement)'의 개념까지를 포함하고 부정은 '부인(denial)'의 개념까지 포괄하는 넓은 개념이 된다고 하였다.

에서도 발견할 수 있다.

(2) 가. 형은 키가 크다.
　　나. 형은 키가 작다.

위의 두 문장에서 '크다-작다'의 관계는 '+4'와 '-4'의 관계와 비슷하다. 즉 '크다'는 일정한 기준(수학적으로 말하면 0)에서 얼마만큼 위에 있는 점을 말하고, 반대로 '작다'는 기준에서 얼마만큼 밑에 있는 점을 말한다고 할 수 있다. '+4'와 '-4' 사이에 여러 수들이 존재할 수 있는 것처럼, '크다-작다' 사이에도 여러 어휘가 존재할 수 있다는 특징이 있다. 예스페르슨(1924)에서는 이러한 유형을 '반의어(contrary term)'이라고 가정하고 'white : black'이나 'rich : poor' 등 중간어(middle term)이 한두 개 존재한다고 하였다. 이러한 수학적 부정 관계를 그림으로 나타내면 다음과 같다.

(3)

P1	~P1 ~P2	P2

위에서 '크다' '작다'의 개념 사이에 여러 개념이 더 존재할 수 있으므로 두 개념이 더해지더라도 하나의 의미체[키의 크기]를 이룰 수 없다는 특징이 있다. 따라서 이들은 '긍정-부정'의 관계라기보다는 '반의' 또는 '대립'의 관계를 띤다고 볼 수 있으며, 두 문장을 긍정문과 부정문으로 부르기보다는 '반의문' 또는 '대립문'으로 부르는 것이 더 낫다. 본고에서는 이러한 부류의 문장도 논의에서 제외하기로 한다.

1.3 언어적 부정

긍정과 부정의 관계에서 마지막으로 검토해야 할 관계는 다음과 같은 유형의 문장이다.

(3) 가. 형은 키가 크다.

나. 형은 키가 안 크다.

위의 문장은 부정소 '안'의 유무만 차이가 날 뿐 똑 같은 문장이다. '크다', '안 크다'의 관계는 중간에 다른 어휘가 존재할 수 없다는 점에서 '반의' 관계라기보다는 모순관계에 속한다. 이를 그림으로 보이면 다음과 같다.[3)]

(4)

P1	~P1

위에서 P1과 ~P1은 둘 사이에 어떠한 다른 개념도 존재하지 않으므로 모

---

3) 김동식(1980)에서도 이와 같은 언어적 부정에 대해 다음과 같이 정의하고 있다. "긍정과 부정은 서로 대립하여 모순되는 의미를 나타내고 있는 것으로서, 긍정/부정이 합해져서 상위에 있는 한 의미체를 세우고 있는 것이다. 이때 상위의 의미체는 그 안에 긍정/부정의 의미소를 포함하고 있으나 그 자신으로서는 의미중립적인 것이다."
서정수(1996)에서는 "부정문은 긍정문을 전제로 하며 양자는 서로 모순(contradiction) 관계에 있다. 논리학에서 A와 ~A는 동시에 성립할 수 없다."고 한다.
임홍빈(1973: 3-4)에서는 부정법(negation)의 개념 문제를 "어떤 한 개념의 부정은 필연적으로 다른 개념으로 향하고 있기 때문에 부정이란 또 다른 긍정으로 이해된다"고 주장한다.
신원재(1987)에서는 긍정과 부정의 관계를 모순관계로 파악한 바 있으며, 박정규(1996: 36-37)에서는 '반의관계'를 '모순, 대조의 관계'와 '반대의 관계'로 구분하고 긍정문과 부정문은 다음 예처럼 '동시에 참도 될 수 없고, 거짓도 될 수 없기 때문에' 전자에 속한다고 하였다. 다음의 예를 보자.
(가) a. *순이가 사과를 먹었기도 하고 안 먹었기/ 먹지 않았기도 하다.
b. *하늘이 푸르기도 하고 안 푸르기/ 푸르지 않기도 하다.
c. *영이가 학생이기도 하고 학생이 아니기/ 학생이지 않기도 하다.
그는 위와 같이 문장이 비문법적인 이유는 밑줄 친 부분이 서로 모순관계에 놓여, '동시에 참도 될 수 없고, 거짓도 될 수 없기 때문에 긍정문과 부정문의 반의관계를 입증한다고 하였다. 본고의 개념으로 보면 위의 '모순, 대조의 관계'는 언어적 부정에 속하고, '반대의 관계'는 수학적 부정에 속한다.

순관계를 나타낸다고 할 수 있으며, 이들이 모여 하나의 의미체[키의 크기]를 이룰 수 있다는 점에서 수학적 부정과 차이를 보인다.[4] 예스페르슨(1924)에서는 수학적 부정과 더불어 이러한 유형의 부정을 언어적 부정이라고 하면서 다음과 같이 정의하고 있다.

(5) 이론적으로 어떤 용어(term)를 모순어(contradictory term)로 바꾼다.

예스페르슨(1924)는 모순어를 'white : not-white'나 'rich : not-rich'와 같이 중간어가 없는 경우를 말하면서, 이러한 모순사항을 표시하는 세 가지 방법을 제시하였다.[5]

(6) 가. 접사파생 = unhappy, impossible
　나. 부사 not의 합성표현 = not-white
　다. 별개의 어근 = young : old

---

4) 라이온즈(John Lyons)(1977: 143)에서도 부정(negation)을 "진술 P가 참이면 ~P는 거짓이고, ~P가 참이면 P가 거짓인 명제"라고 정의하고 다음과 같이 그림으로 보이고 있다.

Negation	
P	~P
T	F
F	T

5) 김석득(1971)에서도 이와 유사한 세 가지 부정의 유형을 제시하고 있다. ① 주개념의 어근 자체의 부정(non-S is P) : 고유어 부정접두사 '선-, 날-'(선-무당, 날-고기), 한자어 부정접두사 '非, 無, 不, 否, 未, 沒, 勿' 등. ② 술부개념에서의 부정(S is non-P): 이 유형은 다시 S는 P가 아니다, S는 P-ㄹ 수 없다, S는 P-지 {아니하다, 못하다}. ③ 주부개념에 대한 술부개념부정(S is not P): 생물이 있다-생물이 없다. 이러한 유형을 본고의 부정어를 기준으로 하면 첫 번째 유형은 어휘적 부정어에 해당되고, 두 번째 유형과 세 번째는 통사적 부정어에 해당된다. 한편 부정의 범위와 관련하여 위의 두 번째 유형에서는 부정의 범위를 술부에 국한시키고 이를 다시 부정문으로 가정하고 있어 흥미롭다(S is non-P → S is [X is not P]/ [[사람은] [동물이다]] → [[사람은] [[동물이] [아니다]]]). 이 경우 본고에서는 부정의 범위를 S is non-P → [[S is P] not]과 같이 가정한다. 따라서 '사람은 동물이 아니다'의 구조는 김석득(1971)과는 달리 [[[사람은] [동물이다]] [아니]]로 가정한다.

본고에서 관심을 갖고 연구대상으로 삼고자 하는 유형은 바로 세 번째 유형인 언어적 부정이다. 만약 이 모순관계를 보이는 단어를 '모순어'라고 부른다면, 모순어가 들어 있는 문장은 '모순문'이 될 것이다. 그렇다면 엄밀한 의미에서 부정문은 모순문의 하위개념이 된다. 따라서 이러한 모순관계를 고려해 본다면, 긍정문–부정문의 관계보다는 '비부정문–부정문'(또는 일반문–비일반문)의 관계가 더 합리적이라 할 수 있다. 왜냐하면 '긍정–부정'이라는 개념에서는 모순관계가 잘 드러나지 않으며, 오히려 수학적 부정이 쉽게 연상되기 때문이다.

2. 부정문

부정소와 부정어의 정의에 앞서 이 장에서는 먼저 부정문의 정의를 살펴보고자 한다. 그 이유는 첫째 이들에 대해 정의와 범위에 대한 논의가 매우 광범위하게 진행되어 왔기 때문이고[6] 둘째는 부정문의 정의에 따라 부정소나 부정어의 정의가 달라질 수 있기 때문이기도 하다.

어디까지를 부정문으로 볼 것인가에 대한 견해가 연구자들마다 다르기 때문에 부정문의 정의를 내리기는 쉽지 않다. 이제까지 부정법 논의에서 부정문으로 간주된 문장들을 유형별로 정리해 보면 다음과 같다(임홍빈 1987: 77, 김동식 1990: 453–4 참조).

(7) 가. 부정소 '아니, 못' 등이 쓰이고 부정의 의미를 가진 문장
나. 부정소 '아니, 못' 등이 쓰였으나 부정의 의미가 없는 문장
다. 부정극어와 공기 관계를 보이고 부정의 의미가 있는 문장
라. 부정극어와의 공기 관계를 보이지 않으나, 서술어가 어휘적인 부정

6) 부정문의 종류와 선행연구에 대해서는 박정규(1996)의 2장과 신원재(1987)을 참조할 것.

접두사를 가지는 문장

마. 부정의 문제와는 다른 의미론적인 특징을 가지는 문장

위의 (7)에서 (가)는 '아니, 못'과 결합하는 부정 서술어(단형이나 장형)이 포함된 문장이고, (나)는 확인문이나 의문문 그리고 '아니, 못'과 결합된 어형이지만 어휘화된 서술어(안됐다, 못생겼다 등)을 가진 문장이다. (다)는 '아니, 못'과는 결합하지 않지만 어휘 자체가 부정의 의미를 띠어 부정극어와 호응을 이루는 서술어(말-, 없-, 모르- 등)을 가진 문장이며, (라)는 '부/불(不)-, 비(非)-, 무(無)-, 몰(沒)-' 등과 같은 한자어 부정접두사와 결합한 서술어를 가진 문장이다. 마지막으로 (마)는 '다르-, 반대하-, 거역하-, 거절하-' 등을 서술어로 가진 문장을 말한다. 본고에서는 (가), (다)를 부정문의 대상으로 삼고자 한다. 이에 따라 본고에서는 부정극어의 관련성 여부를 기준으로 다음과 같이 부정문을 정의하고자 한다.[7]

(8) 부정문: 어떤 문장이 부정극어를 허가할 수 있는 부정어를 갖고 있을 때, 그 문장은 부정문이다.

이 정의의 뜻은 문장 안에 부정어가 존재하더라도 그것이 부정극어를 허가할 수 없다면 그 문장은 부정문이 될 수 없는 것이다. 이러한 주장은 얼핏보면 순환논리에 빠져 있는 것처럼 보인다. 순차적으로 보면 어떤 문장이 부정문이기 때문에 그 특성상 부정극어를 허가할 수 있는 것이지, 부정극어를 허가한다고 해서 그것이 부정문이 되는 것은 아니기 때문이다. 그러나 이것은 본질적인 문제라기보다는 정의를 내리는 방법의 차이

7) 본고의 정의는 임홍빈(1987: 78)에서 제기한 정의와 그 맥을 같이 하고 있다. 그의 부정문 형성 조건은 다음과 같다.
<부정문 형성 조건> : 부정극성을 띤 성분과의 공기 현상을 보이지 않는 한, 국어의 부정문은 부정소 '아니'나 '못' 혹은 부정 서술어 '아니하-'나 '못하-' 또는 '말-'과 같은 요소가 쓰인 문장을 말한다.

일 뿐이다. 즉, 연역적인 방법이냐 귀납적인 방법이냐의 차이이므로 문제될 것은 없다. 다만 우리가 강조하고자 하는 것은 부정문을 연역적으로 정의하기란 매우 힘든 것이며, 귀납적으로 볼 때, 부정극어의 허가조건이 타당한 기준으로 작용할 수 있다는 점이다.

한편, 박정규(1996)에서는 이러한 부정극어를 중심으로 한 부정문의 정의를 비판하면서, 다음과 같은 '국어 부정문의 형식적 요건'을 제시하고 있다.

(9) 국어 부정문의 형식적 요건: 국어의 부정문은 부정사 '아니'나 '못' 혹은 부정서술어 '아니 하-'나 '못하-' 또는 '말-'과 같은 요소가 쓰인 문장을 말하는 것으로, 이들은 부정극성을 띤 성분들과 공기관계에 놓일 수 있다.

본고와 박정규(1996)의 차이점은 부정극어와의 공기제약의 필요성 정도이다. 본고는 이를 필수조건으로 삼고 있는 반면, 그는 수의적 조건으로 간주하고 있다. 그리고 그 결과 본고에서는 '없다, 모르다'를 부정문으로 간주한 반면, 박정규(1996)에서는 이들을 제외하게 된다. 그렇다면 박정규(1996: 116-121)에서 제시한 근거들이 얼마나 설득력이 있는지를 살펴보자. 그는 부정극어와의 공기관계가 부정문을 결정하는 조건이라면 다음과 같은 문장을 모두 부정문으로 처리하는 모순을 지닌다고 하였다.

(10) 가. 나는 돈이 없다. [박정규 1996: 46-51]

나. 나는 그 사실을 모른다.

(11) 가. 나는 돈이 결코 없다.

나. 나는 그 사실을 결코 모른다.

(12) 가. 아무도 없다.

나. 아무도 그 사실을 모른다.

본고는 (11)의 문장을 부정문으로 간주하고 있는 반면, 박정규(1996)은 기본적으로 (11)을 부정문으로 보고 있지 않다는 중대한 차이점이 있다. 본고의 근거는 위의 부정문의 정의대로 (12)에서처럼 부정극어 '아무도'와 서술어가 호응하므로 부정문으로 본다는 것이다. 그러나 박정규(1996)에서는 이에 대한 타당한 근거를 제시하지 못하고 있다. 다만 (11)의 문장이 부정문이라면 이들 서술어에 부정사 '안'이 통합된 다음과 같은 문은 '긍정문'이 되어야 하는데, 이것이 문제라는 것이다.

(13) 가. 나는 돈이 없지 않다.
나. 나는 그 사실을 모르지 않다.

위에서 '없지 않다→있다'이고 '모르지 않다'는 '안다'이므로 긍정문이 되어야 하지만, 실제로는 부정사 '안'이 통합되었으므로 부정문의 형식적 요건에 따라 부정문이 된다는 것이다. 그러나 이러한 설명은 '없다, 모르다'에 국한되는 문제가 아니라 모든 이중부정문에 다 해당될 수 있으므로 설득력이 없다. 또한 박정규(1996)에서는 (11)을 의미상으로는 '부정'이지만 문의 형식은 '긍정문'으로 처리하고 있는데, 이 주장에도 몇 가지 문제가 있다. 첫째는, (11)이 긍정문이라면 부정극어가 긍정문에 쓰여야 한다고 가정해야 하는 문제가 생긴다. 왜 부정극어가 다른 경우와는 달리 긍정문에 쓰여야 하는가에 대한 설득력 있는 설명이 필요하다. 둘째, 부정극어가 의미상의 '부정'과 호응할 수 있다면, 왜 '부정'의 의미를 띠고 있는 다른 어휘들과는 부정극어가 어울리지 못하는지를 어떻게 설명할 수 있는가 하는 문제이다. 셋째, 박정규(1996)에서는 부정극어와 공기되는 서술어의 분석에서 오류를 범하고 있다. 다음의 예를 보자.

(14) 가. 나는 돈이 결코 없지 않다. [박정규 1996: 52-53]
나. 나는 그 사실을 결코 모르지 않는다.

(15) 가. 아무도 돈이 없지 않다.

나. 아무도 그 사실을 모르지 않는다.

박정규(1996)에서는 위의 예에서 부정극어인 '결코', '아무도'가 '없다', '모르다'가 아니라 '없지 않다'와 '모르지 않다'와 공기한다고 하면서, 그렇다면 '없지 않다'는 '있다'라는 '긍정'의 뜻이고, '모르지 않다'는 '알다'라는 긍정의 뜻이므로 결과적으로 이들 부정극어는 '긍정서술어'와 공기할 수 있다는 그릇된 결론이 유도된다고 주장하였다. 그러나 만약 위와 같은 박정규(1996)의 지적이 맞다고 한다면 더 큰 문제가 생긴다는 점이다. 즉, 그의 주장대로라면 (14-15)의 문장은 부정극어가 '긍정서술어'와 공기하게 되는데, 이때에도 문장은 비문이 아니고 정문이라는 점이다. 이것을 어떻게 설명할 수 있는가? 그의 주장이 설득력이 있으려면 위의 문장이 비문이 되어야 하고, 위의 문장이 정문이 되려면 그의 기본분석(부정극어가 '없지 않다'와 '모르지 않다'와 공기한다는 생각)을 수정하여야 할 것이다. 자가당착에 빠진 셈이다.

본고의 견해는 부정극어가 '없지 않다'와 '모르지 않다'와 공기하는 것이 아니라 '없다', '모르다'와 공기하며, 따라서 부정극어는 긍정서술어가 아닌 부정서술어와 공기한다는 것이다. 다음의 예를 보자.

(16) 가. 그는 아무것도 없지 않다.

나. 그는 아무것도 모르지 않는다.

위와 같은 문장에서는 '아무것도'가 내포문의 서술어와 호응한다는 것이 더욱 명확해진다. 또한 다음과 같은 관형구성에서도 부정극어가 내포문의 서술어와 공기된다는 것을 알 수 있다.

(17) 가. 그는 [아무것도 없는] 빈털털이가 아니다.

나. 그는 [아무것도 모르는] 바보가 아니다.

따라서 부정문에서 '없다, 모르다'를 제외하려는 박정규(1996)의 시도는 더 많은 부분을 설명해야 하는 부담을 안고 있다. 문제는 어떤 분석이 옳으냐보다는 어떤 분석이 문법현상을 더욱 매끄럽게 설명해 줄 수 있느냐 하는 것이다.

이제 다시 앞서 제시한 본고의 부정문의 성립요건으로 되돌아가 보자. 다음의 예문에서 부정극어의 허가 유무를 기준으로 부정문의 성립여부를 보다 자세히 살펴보자.

(18) 가. 아무도 집에 {못 갔다/*갔다}.

나. 아무도 집에 {가지 않았다/*갔다}.

(19) 가. 영희는 집에 갔잖니?

나. *아무도 집에 갔잖니?

(20) 가. 영희가 집에 가지 않은 것은 아니다

나. 아무도 집에 가지 않은 것은 아니다

(18)은 부정문의 성립조건을 만족시키므로 부정문으로 간주되지만 (19나)의 확인문은 '갔잖니(갔지 않니)' 속에 비록 부정소가 내포되어 있으나 부정극어 '아무도'를 허가하지 못하므로 부정문이 될 수 없다. 그리고 (20나)의 예는 이른바 이중부정의 경우인데 이때에는 부정극어 '아무도'를 부정어가 허가하므로 본고에서는 이를 부정문의 범위에 포함시킨다. 이제는 부정접두사가 내포된 다음의 예들을 살펴보자.

(21) 가. 아무도 그 사실을 {*부인했다/부인하지 않았다}

나. 아무도 {*불편했다/불편하지 않았다}

다. 아무도 {*몰염치하다/몰염치하지 않다}

위의 예 (21)은 서술어가 부정소를 갖고 있지만 부정어 {부인하다, 불편하다, 몰염치하다} 등이 부정극어 '아무도'를 허가하지 못하므로(우리는 이를 어휘적 부정어라 부른다) 통사적으로 부정문이라고 할 수 없다.[8)]

다음으로 부정의 의미를 가지고 있지만 부정소가 없는 어휘들을 살펴보자.

(22) 가. 아무도 그 제안을 {*거절했다 / 거절하지 않았다}.
　　나. 아무도 그 주장에 {*반대했다 / 반대하지 않았다}.

위에서 '반대하다, 거절하다' 등도 부정의 의미를 가지고 있으나 부정극어를 허가하지 않으므로 본고에서는 이들 문장도 부정문에서 제외한다.

3. 부정어와 부정소

한 문장에서 부정어가 부정극어와 호응할 때, 이를 부정문이라고 정의한다면, 이때 부정어는 다시 다음과 같이 정의될 수 있다.

(23) 부정어: 부정소와 결합하여 이루어진 단어

그렇다면 '부정소'란 무엇인가? 우리는 위의 부정어 정의를 바탕으로 하여 부정소(negative element)를 다음과 같이 정의한다.

(24) 부정소: 부정의 의미를 가진 형태소
　　아니, 못, 부정 접두 한자어[9)] '부(不)-, 비(非)-, 무(無)-, 몰(沒)-' 등

8) Park, S. H.(1967: 36-39)를 비롯하여 Ahn, H. D.(1991: 224) 그리고 Lee, R. K.(1993: 398) 등에서도 이에 대해 언급한 바 있다.

여기에서 주목해야 할 것은 부정문에 나타난 부정어는 통사적 부정어라는 점이고(즉, 부정극어를 허가하는 부정어), 이러한 통사적 부정어에 나타난 부정소는 다시 통사적 부정소가 된다는 점이다. 따라서 부정의 의미를 띤 형태소는 모두 부정소가 될 수 있겠지만,[10] 본고에서 대상으로 삼고자 하는 부정소는 통사부에서 작용하는 '아니, 못'과 같은 부정소이다. 따라서 부정소도 통사적 부정소와 어휘적 부정소로 나뉠 수 있다. 그

---

9) 부정의 의미를 띤 한자형태소를 접두사로 보느냐 아니면 어근으로 보느냐 하는 문제는 쉽게 결정할 수 있는 성질이 아니다. 노명희(1998: 39-44)에서는 한자 접두사와 어근을 몇 가지 기준으로 구분하고 있다. ①의미굴절여부: 의미적 기준으로 접두사는 원단어와의 의미적 유연성을 상실한 경우가 대부분이다. 그러나 한자어에서 의미적 유연성의 범위를 어디까지 잡을 것인가는 문제이다. 재개발, 재건축 등은 원의미에서 특별히 변화를 겪지 않았으므로 접사성이 있는 어근으로 본다. ② 생산성: 생산성이 높을수록 접두사일 가능성이 높다. 생산성의 기준도 정하기 어렵지만 상대적으로 더 생산적이라면 어근보다는 접두사에 가깝다고 본다. 맹공격, 맹연습 등은 생산성이 많아 접사성으로 보이지만 의미변화면에서는 어근의 가능성이 많고, 건포도, 건어물 등의 '건'은 생산성이 별로 없어 어근성이 많은 접두한자어로 본다. ③고유어와의 결합 가능성: 접두한자어가 고유어와 결합할 수 있다면 접두사에 가깝다. 생고기, 생고무마의 '생' 등은 고유어와 결합이 생산적이고, 대응 고유어가 접두사 '날-'이라는 점에서 접두사로 볼 수 있는 반면, 본바탕, 본뜻의 '본'은 비록 고유어와 결합할 수 있지만 생산적이지 못해 어근으로 본다. ④ 대응고유어의 접사성: 해당 접두한자어에 대응하는 고유어가 접두사라면 그 접두한자어는 접두사로 발달할 가능성이 많다. 위의 '생'의 예 참조. ⑤ 어기의 범주변화: 어기의 범주적 특성을 변화시키면 접두사의 특성으로 본다. 무기력하다, 무질서하다의 '무'는 원래 '하다' 결합이 불가능한 명사에(*기력하다, *질서하다) 결합하여 '하다' 결합이 가능한 'Adjectival Nouns'으로 그 범주적 특성을 변화시킬 수 있으므로 접두사적 성격이 강하다.
이러한 다섯 가지 기준을 부정의미가 있는 한자형태소에 적용해 보면 어기범주변화를 제외한 나머지 네 항목에서 접두사보다는 어근의 가능성이 많은 것으로 나타난다. 본고는 이를 받아들여 부정의 의미가 있는 한자형태소를 접두사가 아닌 부정 접두한자어로 간주하기로 한다.

10) 김민수(1981/1985: 131)에서는 간접적으로 부정의 의미를 띤 서술어를 다음과 같이 제시하고 있다.
(가) 부정함의술어(negative implicative predicate): 함의술어와 정반대되는 주문술어. (예) 막는다, 실패하다 등.
(나) 부정반함술어(negative If-predicate): 주문이 긍정일 때에만 보문이 위(僞)인 술어. (예) 단념하다, 피하다 등.
(다) 부정부분함의술어(negative only- if predicate): 주문이 부정일 때에만 보문이 위인 술어로 보문이 진(眞)인 주문술어. (예) 주저하다, 의심하다 등.
그러나 본고의 입장에서 위의 예들은 부정극어와 호응을 이루지 못하므로 크게는 어휘적 부정어에 포함된다.

러므로 위의 정의에 따르면 '아니, 못' 등은 부정소(통사적 부정소)이자 부정어(통사적 부정어)가 되며, 부정 접두사들은 부정소(어휘적 부정소)이고 이들과 결합된 단어가 부정어(어휘적 부정어)가 된다. 문제는 부정의 의미를 띠고 있으면서 통사적으로도 부정극어와 호응을 이루고 있는 '말-, 모르-, 없-' 등의 단어를 어떻게 통사적 부정어로 설정하는가 하는 점이다. 다시 말하면, 이들 어휘에서 과연 통사적 부정소를 어떻게 추출할 수 있으며, 그리고 그것이 가능하다면 그 부정소는 어떤 형태로 내포하고 있는가 하는 문제이다. 이 문제는 후고에서 자세히 논의하기로 한다.

4. 부정극어

앞서 언급한 것처럼 문장에서 부정어는 부정극어와 호응하여야 하는데, 본고에서는 이러한 특성을 토대로 부정극어를 다음과 같이 정의하고자 한다.

(25) 부정극어(Negative Polarity Items: NPI)

[+Neg] 자질을 가지고 있는 극성어로 통사적 부정어에 의해 그 자질이 허가(확인)되어야 하는 요소 : 아무도, 아무것도 등

위의 정의는 '아니, 못'과 같은 통사적 부정어에 의해 허가되는 성분 즉, '아무도, 아무것도, 조금도, 결코' 등이 부정극어가 된다는 것이다. 여기에서 '허가'라는 말은 통사적으로는 '자질 점검'쯤으로 생각할 수 있겠다. 즉 만약 통사부에서 부정어가 [+Neg] 자질을 가지고 있다면 부정극어도 이와 똑같은 자질 [+Neg]가 있어야 하고 이 두 자질이 만나 자질을 서로 확인할 경우에만 허가의 절차가 성립될 수 있다고 가정한다. 다음의 예문에서 그 과정을 좀더 구체적으로 살펴보자.

(26) 가. 철수는 **아무것도** 먹을 것이 {**없다**/*있다}

나. 집에는 **아무도** {**없다**/*있다}

다. 철수는 {**전혀**/**결코**} {공부하지 **않**았다/*공부했다}

(26)에서 '아무것도, 아무도, 전혀/결코' 등은 부정어 '없다, 아니' 등에 의해 그 자질 [+Neg]가 점검되어서 올바른 문장이 되지만, '있다, 공부하다' 등의 경우에는 부정어가 없어서 부정극어를 허가하지 못하므로 비문이 된다.

5. 결론

이제까지 본고에서는 부정과 부정문, 그리고 부정소와 부정극어에 대한 기본적 개념을 고찰해 보았다. 이를 간략히 정리하면 다음과 같다. 먼저 부정의 개념은 늘 긍정의 개념과 대립되어 논의되었으나 이러한 긍정문–부정문의 대립이 문법 설명에 바람직하지 않다는 점을 지적하였다. 본고에서는 언어학적으로 의미 있는 부정의 개념을 성립하기 위해 민지 부정의 개념을 대화적 부정, 수학적 부정, 언어적 부정 등으로 크게 분류했다. 예를 들어 '예/아니오'와 같은 문장은 긍정문–부정문의 성격보다는 '인정문–불인정문'의 성격을 띠고 있다고 보았으며 이를 대화적 부정이라 불렀다.

그리고 수학적 부정은 '크다' '작다'의 대립적 관계에서처럼 개념 사이에 다른 중간 개념이 더 존재할 수 있는 부정으로 이들도 '긍정–부정'의 관계라기보다는 '반의' 또는 '대립'의 관계로 파악하는 것이 합리적이라고 생각한다. 이러한 두 가지 부정의 개념과는 달리 언어적 부정은 예스페르슨(1924)에서 언급한 것처럼 "이론적으로 어떤 용어(term)를 모순어(contradictory term)로 바꾸는" 관계를 뜻한다고 했다. 'white : not–white'나

'rich : not-rich'와 같이 중간어가 없는 예가 여기에 속한다. 이 모순관계를 보이는 단어를 '모순어'라고 부르고 모순어가 들어 있는 문장을 '모순문'이라 부른다면 언어적 부정문은 모순문의 하위 개념이 될 것이다.

부정문의 정의에서는 '없다, 모르다'를 제외하려는 박정규(1996)의 주장을 반박하고 부정극어의 관련성 여부를 기준으로 정의하였다.(어떤 문장이 부정극어를 허가할 수 있는 부정어를 갖고 있을 때, 그 문장은 부정문이다.). 나아가 이러한 관점에서 부정어는 "부정소와 결합하여 이루어진 단어"로 부정소는 "부정의 의미를 가진 형태소"로, 부정극어는 "[+Neg] 자질을 가지고 있는 극성어로 통사적 부정어에 의해 그 자질이 허가(확인)되어야 하는 요소"로 규정하였다.

‖ 참고 문헌 ‖

김동식. 1980. "현대국어 부정법 연구", 「국어연구」 42.

김민수. 1964/1983. 「신국어학」, 일조각.

김민수. 1981/1985. 「국어의미론」, 일조각.

김석득. 1971. "한국어 부정법에 대하여", 「국어국문학」 53.

노명희. 1998. 「현대국어 한자어의 단어구조 연구」, 서울대 박사학위논문.

박정규. 1996. 「국어 부정문 연구」, 서울:보고사.

서정수. 1996. 「국어문법」, 서울: 한양대출판원.

성광수. 1971. "부정 변형에 대하여", 「국어국문학」 52, 국어국문학회.

시정곤. 1997ㄱ. "국어의 부정극어에 대한 연구", 「국어국문학」 121, 국어국문학회.

시정곤. 1997ㄴ. "국어의 부정극어 허가조건", 「언어」 22-3, 한국언어학회.

시정곤. 1997ㄷ. "'밖에'의 형태-통사론", 「국어학」 30, 국어학회.

시정곤. 1998ㄱ. "국어의 부정어와 어휘분해", 「한국어학」 7.

시정곤. 1998ㄴ. 수정판 「국어의 단어형성 원리」, 서울: 한국문화사.

신원재. 1987. 「현대국어 부정표현에 관한 연구」, 서울대 사대 석사학위논문.

오숙화. 1994. "현대국어 부정문 연구", 「국어연구」 127.

이익환. 1995. 「의미론 개론」, 서울: 한신문화사.

이정식. 1994. 「국어 부정문의 기저구조와 의미해석」, 고려대 석사학위논문.

임홍빈. 1987. "국어 부정문의 통사와 의미", 「국어생활」 10, 72-99.

Park, S-H. 1967. *A Transformational Analysis of Negation in Korean*, Doctoral dissertation, University of Michigan. Kwangmunsa.

Sohn, K-W. 1996. *Negative Polarity Items, Scope, and Economy*, Doctoral dissertation, University of Connecticut. Thaehaksa.

Ahn, H. D. 1991. *LIGHT VERBS, VP-MOVEMENT, NEGATION AND CLAUSAL ARCHITECTURE IN KOREAN AND ENGLISH*, Doctoral dissertation of Univ., of Wisconsin. Hanshin Publishing Co.

Choi, H. S. 1988. *Restructuring Parameters and Complex Predicates; A Transformational Approach*, Doctoral dissertation of MIT. Hanshin Publishing Co.

Choi, K. Y. 1991. *A Theory of Syntactic X^0-subcategorization*, Doctoral dissertation of University of Washington. Thaehaksa.

Chomsky, N. 1993. "A Minimalist Program for Linguistic Theory", *The View from Building* 20, MIT Press, 1-52.

Jang, Y. J. 1995. "Floated Quantifiers, NPIs, and Move-F Theory", ms at Harvard University.

Jespersen, O. 1924. *The Philosophy of Grammar*, London: George Allen & Unwin. 이환묵 · 이석무 옮김. 1987. 「문법철학」, 한신문화사.

Kim, S-W. 1995. "The Negative Polarity Item Licensing in Korean: An Alternative to NegP", *Studies in Generative Grammar*. Vol. 5. No. 1, 239-63.

Kuno, S. 1994a. "Negative Polarity Items in Japanese and English", ms. at Harvard University.

Laka, I. 1990. *Negation in Syntax.:On the Nature of Functional Categories and Projections*, Doctoral dissertation, MIT.

Lee, Chung-Min 1973/1994. *Abstract Syntax and Koren with Reference to English*. Thaehaksa.

Lee, K. R. 1993. "NPI Licensing and the Domain of A-Movement", *HARVARD STUDIES IN KOREAN LINGUISTICS V*, Hanshin publishing, 389-400.

Lyons, J. 1977. *Semantics*, 2 vols, London: Cambridge Univ. Press.

Martin, S. 1954. *Korean Morphophonemics*, LSA. Baltimore.

Sohn, K-W. 1996. *Negative Polarity Items, Scope, and Economy*, Doctoral dissertation, University of Connecticut. Thaehaksa.

Suh, J-H. 1990. *Scope Phenomena and Aspects of Korean Syntax*, Doctoral dissertation, University of Southern California.

(1998, 수고본)

국어의 부정극어에 대한 연구*

1. 문제제기

본 연구는 국어의 부정어(negative word)와 부정극어(negative polrarity item)의 정의와 종류를 살펴보고, 부정극어가 부정어에 의해 어떤 형태·통사적인 조건에서 허가되는가를 고찰하는 데 그 목적이 있다. 먼저 다음의 예를 보자.

(1) 가. 영희는 **아무것도 못** 먹었다
  나. *영희는 **아무것도** 먹었다
(2) 가. 영희는 **아무도** 좋아하지 **않**는다
  나. *영희는 **아무도** 좋아한다

위의 예문 (1)-(2)는 이른바 부정어와 부정극어를 단적으로 보여줄 수 있는 대표적인 예들이다. 즉 (1가)와 (2가)는 좋은 문장이지만 (1나)와 (2나)는 비문법적인 문장이다. 이들의 차이점은 전자의 경우 '아무것도, 아무도'가 '못, 않'과 서로 관계를 맺고 있지만 후자의 경우에서는 '아무것도, 아

---

* 본고는 창원대학교에서 열린 제39회 국어국문학회 전국학술발표대회(1996.6.1-2)에서 '국어의 부정극어에 대하여'라는 제목으로 발표한 것을 깁고 다듬은 것이다. 발표내용에 대해 논평을 해주신 성광수, 윤평현 교수님을 비롯한 참석자들께 감사를 드린다. 그러나 본고에서 드러나는 모든 잘못은 필자의 몫임을 밝혀둔다.

무도'만 존재하고 이와 연결될 수 있는 '안, 못'과 같은 부정의 의미를 가진 요소가 없기 때문이다.

본고에서는 먼저 이러한 통사적인 현상에 기대어 부정어와 부정극어를 정의하고자 한다. 위의 예문에서 '안, 못' 등의 요소는 부정어라 할 수 있는데, 이들은 해당 문장을 부정문으로 만들어 줄 뿐만 아니라 '아무것도, 아무도' 등의 소위 부정극어를 통제하는 역할도 한다. 만약 부정극어가 이러한 부정어에 의해 통제되지 못한다면 올바른 문장이 성립될 수 없다. 반면 '아무것도, 아무도' 등의 요소는 극성(Polarity)을 띠고 있는 요소로 부정어와만 어울린다는 특성 때문에 부정극어라고 불린다. 본고에서는 이들에 대해 먼저 고찰하고자 한다.

다음의 예는 이러한 부정어와 부정극어가 어떠한 조건하에서 관련을 맺게 되는가를 보여주는 것이다.

(3) 가. 철수는 [영희가 **아무것도 안** 먹었다]고 생각한다
  나. *철수는 [영희가 **아무것도** 먹었다]고 생각한다
(4) 가. 철수는 [영희가 **아무도** 좋아하지 **않**는다]고 생각한다
  나. ??/*철수는 [영희가 **아무도** 좋아한다]고 생각하지 **않**는다

(3가)와 (4가)는 올바른 문장인데, 이들 문장에서는 공통적으로 부정극어 '아무것도, 아무도'와 이들을 통제하는 부정어 '안'이 존재한다. 따라서 (3나)에서처럼 부정극어는 있지만 통제할 부정어가 없는 경우는 비문이 됨을 알 수 있다. 그러나 (4나)에서는 부정극어가 있고 비록 상위절이지만 부정어가 있음에도 통제 관계가 성립하지 않아 어색하거나 비문이 된 경우이다. 우리는 이러한 예문들을 통해 어떠한 조건에서 부정극어가 부정어에 의해 통제되는지를 고찰하고자 한다.

본고에서 필자가 주목하고자 하는 대상은 크게 두 가지이다. 하나는 부정어와 부정극어의 범위와 종류를 어떻게 설정할 수 있는지를 알아보

는 것이고, 다른 하나는 이들의 상호관계가 어떠한가 하는 점이다. 이 글에서는 주로 두 번째 문제에 초점을 두고자 하며 첫 번째 문제는 이를 위한 예비적인 절차로 간주하고자 한다. 따라서 글의 전개 순서는 먼저 부정어와 부정극어의 정의 및 종류를 살펴보고 2장에서는 부정극어의 허가조건에 대해 논의하기로 한다. 여기에서는 구체적으로 기본가정과 추가조건의 설정, 부정극어 뒤섞기 구문에서의 허가조건, 복사이론과 허가조건, 논리형식(Logical Form: LF)에서의 재구조화와 허가조건, 그리고 예외적 격표시 현상과 허가조건의 상관성에 대해 고찰하고자 한다.

1. 부정어와 부정극어

1.1 부정문

부정소와 부정어의 정의를 살펴보기에 앞서 본고에서는 먼저 부정문의 정의를 간략하게나마 가정하고자 한다. 그 이유는 먼저 부정소나 부정어 그리고 부정문의 정의와 그 범위에 대한 견해가 매우 폭넓게 진행되어 왔기 때문이고[1)] 다른 하나는 부정문의 정의에 따라 부정소나 부정

1) 부정문의 정의는 학자마다 매우 다양하다. 왜냐하면 어디까지를 부정문으로 볼 것인가에 대한 견해가 학자들마다 다르기 때문이다. 이제까지 부정법을 논의하면서 부정문으로 간주된 문장들을 유형별로 정리해 보면 다음과 같다(임홍빈 1987: 77, 김동식 1990: 453-4 참조).

i. 부정소 '아니, 못' 등이 쓰이고 부정의 의미를 가진 문장
ii. 부정소 '아니, 못' 등이 쓰였으나 부정의 의미가 없는 문장
iii. 부정극어와 공기 관계를 보이고 부정의 의미가 있는 문장
iv. 부정극어와의 공기 관계를 보이지 않으나, 서술어가 어휘적인 부정접두사를 가지는 문장
v. 부정의 문제와는 다른 의미론적인 특징을 가지는 문장

위의 분류에서 i은 부정소 '아니, 못'과 결합하는 부정 서술어(단형이나 장형)을 가진 문장이고, ii의 경우는 확인문이나 의문문 그리고 '아니, 못'과 결합된 어형이지만 어휘화된 서술어(뒤에서 논의할 것임)을 가진 문장이다. iii은 부정소 '아니, 못'과는 결합하지 않았지만 어휘 자체로 부정의 의미를 띠어 부정극어와 호응을 이루는 서술

어의 정의를 설정하는 것이 더욱 용이하기 때문이기도 하다. 본고에서는 부정극어의 관련성 여부를 기준으로 다음과 같이 부정문을 정의하고자 한다.2)

(5) 부정문:
어떤 문장이 부정극어를 허가할 수 있는 부정어를 갖고 있을 때, 그 문장은 부정문이다.

이 정의는 매우 통사적인 것으로 문장 안에 부정어가 존재하더라도 그것이 부정극어를 허가할 수 없는 부정어라면 그 문장은 부정문이 될 수 없는 것이다. 따라서 부정문의 성립요건으로 부정극어의 허가 여부를 고려하고 있다. 다음의 예문에서 이를 보다 자세히 살펴보자.

(6) 가. **아무도** 학교에 {**못** 갔다/*갔다}.
나. **아무도** 학교에 {가지 **않**았다/*갔다}.
(7) 가. 영희는 학교에 갔**잖**니?
나. ***아무도** 학교에 갔**잖**니?

어(말-, 없-, 모르- 등)을 가진 문장이며, iv의 경우는 한자어 부정접두사 '부/불(不)-, 비(非)-, 무(無)-, 몰(沒)-' 등과 결합한 서술어를 가진 문장이다. 마지막으로 v는 '다르-, 반대하-, 거역하-, 거절하-' 등을 서술어로 가진 문장을 말한다. 본고에서는 i, iii을 부정문의 범위 대상으로 삼고자 한다.

2) 본고의 이러한 통사론적 정의는 임홍빈(1987: 78)에서 제기한 정의와 그 맥을 같이 하고 있다. 그의 부정문 형성 조건은 다음과 같다.

<부정문 형성 조건> : 부정극성을 띤 성분과의 공기 현상을 보이지 않는 한, 국어의 부정문은 부정소 '아니'나 '못' 혹은 부정 서술어 '아니하-'나 '못하-' 또는 '말-'과 같은 요소가 쓰인 문장을 말한다.

위의 정의에 따르면 '말-, 없-, 모르-' 등의 요소도 부정문을 이루는 조건에 모두 포함된다.

(8) 가. 영희가 학교에 가지 **않**은 것은 **아니**다
　　나. **아무도** 학교에 가지 **않**은 것은 **아니**다

(6)은 부정문의 성립조건을 만족시키므로 부정문이지만 (7나)의 확인문은 비록 부정소가 내포된 형태를 가지고 있으나 부정극어 '아무도'를 허가하지 못하므로 부정문이 될 수 없다. 한편 (8)의 예는 이른바 이중부정의 경우인데 이때에는 부정극어를 허가하므로 본고에서는 이를 이중부정문으로 부르고 부정문의 범위에 포함시킨다. 그렇다면 부정접두사가 내포된 다음의 예들은 어떠한가.

(9) 가. 아무도 그 사실을 {*부인했다/부인하지 않았다}
　　나. 아무도 {*불행했다/불행하지 않았다}
　　다. 아무도 {*몰인정하다/몰인정하지 않다}

위의 예문에서는 서술어가 비록 부정소를 내포하고 있지만 각각의 부정어 {부인하다, 불행하다, 몰인정하다} 등이 부정극어 '아무도'를 허가하지 못하므로 (5)의 정의에 기대어 통사적으로 부정문이라고 할 수 없다.[3] 또한 부정소는 없지만 부정의 의미를 가지고 있는 듯한 어휘들은 어떠한가. 다음의 예를 보자.

(10) 가. 아무도 그 제안을 {*거부했다/거부하지 않았다}.
　　나. 아무도 그 제안을 {*반대했다/반대하지 않았다}.

위에서 '반대하다, 거부하다' 등도 부정의 의미를 가지고 있으나 부정극어와의 관련성이 없으므로 이들 문장들도 부정문으로 볼 수 없다.

---

3) 이에 대해서는 Park, S. H.(1967: 36-39)를 비롯하여 Ahn, H. D.(1991: 224) 그리고 Lee, R. K.(1993: 398) 등에서 언급한 바 있다.

1.2 어휘적 부정어와 통사적 부정어

이 절에서는 앞의 부정문 성립 조건을 바탕으로 하여 부정어를 분류해 보고자 한다. 하나는 통사적으로 부정문을 형성하는 부정어이고 다른 하나는 그렇지 못한 부정어이다. 본고에서는 전자를 통사적 부정어(syntactic negative word)로, 후자는 어휘적 부정어(lexical negative word)로 부르고 다음과 같이 정의하고자 한다.

(11) 부정어: 부정소와 결합하여 이루어진 단어[4)]

가. 어휘적 부정어:

① 어휘부(Lexicon)에서 형성되며 통사부에서는 통사규칙에 영향을 받지 않는 부정어

② [+Negative] 자질이 없어 통사부에서 부정극어를 허가할 수 없음.

③ 예: 부인하다, 부자연스럽다, 불만족스럽다, 불행하다, 비현실적, 비인간적, 무정하다 등

나. 통사적 부정어:

① 통사부에서 형성되어 통사규칙에 영향을 받는 부정어

② [+Neg] 자질을 갖고 있어 적절한 조건에서 부정극어를 허가함.

③ 예: 아니, 못, 말-, 없-, 모르- 등

이 두 부정어의 차이는 전자는 어휘부에서 형성되고 부정극어를 허가하는 자질([+Negative](이후부터는 [+Neg]))이 없는 반면, 후자는 통사부에서 형성되고 그러한 자질을 가지고 있다는 점이다. 한편 우리는 위의 부정

4) Park, S. H.(1967: 36-39)에서는 부정을 부정소의 통사적 위치에 따라 문부정(sentence negation)과 성분부정(constituent negation)으로 구분하고, 전자의 통사적 구조는 '{아니/못}+서술어 어간'으로 상정하고 후자는 '부정접두사+명사(명사구)'로 상정하고 있어 기본 틀은 본고와 커다란 차이가 없다.

어 정의를 토대로 하여 부정소(negative element)를 다음과 같이 정의하고자 한다.

(12) 부정소: 부정의 의미를 가진 형태소
아니, 못, 부정 접두사 '부(不)-, 비(非)-, 무(無)-, 몰(沒)-' 등

위의 정의에 따르면 '아니, 못' 등은 부정소이자 통사적 부정어가 되며, 부정 접두사들은 부정소이고 이들과 결합된 단어가 어휘적 부정어가 된다. 그러나 여기에서 한 가지 의문은 통사적 부정어에 속하는 '말-, 모르-, 없-' 등이 과연 부정소를 내포하고 있는가, 그리고 그렇다면 어떤 형태로 내포하고 있는가 하는 문제이다. 이 문제는 다음 절에서 자세히 살펴보기로 한다.

1.3 '말다, 없다, 모르다'

우리는 앞에서 '말다, 없다, 모르다'의 단어를 이미 통사적 부정어로 분류한 바 있다. 그 이유는 이들이 부정의 의미를 갖고 있으며 부정극어를 허가하고 있기 때문이다. 먼저 다음의 예를 보자.

(13) 가. 아무도 학교에 {가지 말아라/*가라}.
나. 방안에는 아무도 {없다/*있다}
다. 영희는 아무것도 {모른다/*안다}

위의 예 (13)에서 알 수 있듯이 '말다, 없다, 모르다'는 각각 부정극어 '아무도, 아무것도'를 허가해 주고 있다. 따라서 이들은 모두 통사적 부정어라 할 수 있다. 그러나 앞절 마지막에서 언급했듯이 문제는 이들이 통사적 부정어로 분류되었음에도 불구하고 형태적으로는 하나의 어휘이므로

다른 통사적 부정어와는 달리 부정소를 찾아내기가 어렵다는 점이다. 우리의 정의에 따르면 통사적 부정어는 부정어를, 그리고 부정어는 부정소를 내포해야 하므로 부정소가 추출되지 않은 상태에서는 어떤 단어를 통사적 부정어로 보기는 곤란하다. 또한 통사적 부정어의 가장 커다란 특징이 [+Neg] 자질을 가지고 있다는 점이라는 것을 고려하면 과연 이들 단어들이 구체적으로 어떻게 이 자질을 갖고 있는가도 문제가 아닐 수 없다.

하나의 대안으로 본고에서는 이들 '말다, 없다, 모르다' 등이 모두 부정소 '아니'나 '못'을 내포하고 있다고 가정한다. 일단 이렇게 가정하면 이들 어휘는 [+Neg] 자질을 가지고 있는 통사적 부정어가 되어 부정극어를 허가하는 문제가 해결될 수 있다. 다만 남은 문제는 이들이 어떤 형태로 부정소를 내포하고 있는가 하는 것이다. 이를 위해 본고에서는 Park, S. H.(1967)의 가정에 기대어 이들 어휘가 다음과 같이 재분석될 수 있다고 가정한다.[5)]

(14) 가. [말] → [아니 + 하]
나. [없] → [아니 + 있]
다. [모르] → [못 + 알]

여기에서 '아니/못' 등을 고딕체로 표시한 것은 이들이 실제 어휘가 아니라 추상적인 부정소임을 보이기 위한 것이다. 더 정확하게 말하면 이들 고딕체 '아니/못'은 추상적인 부정소 'NEG'를 지칭하는 것이며, 본고에서는 논의의 이해를 돕기 위해 그냥 '아니/못'으로 표기한다.[6)] 먼저 (14가)에

5) 본고에서는 이들 세 어휘가 어휘분해 될 수 있는 가능성만을 개괄적으로 언급하기로 한다. 어휘분해의 이론적 타당성이나 세 어휘들의 어휘분해시 야기되는 여러 가지 형태, 통사적인 문제에 대해서는 후고에서 좀더 자세히 다루기로 한다.

6) '아니/못'을 [NEG]로 표시할 경우 '아니'와 '못'을 구별하기 위한 추가 자질이 요구된다. 이에 대해서는 후고에서 자세히 다루기 한다.

서 '말다'는 '아니+하'로 재분석된다고 하였는데, 이러한 가정이 얼마나 타당성이 있는지 다음 명령문과 제안문의 예들을 통해 검토해 보자(Park, S. H. 1967: 78-85).

(15) 가. *너는 학교에 {안/못} 가-아라

나. *너는 학교에 가지 {안/못}-아라

(16) 가. *우리는 학교에 {안/못} 가-자

나. *우리는 학교에 가지 {안/못} 하-자

위의 예에서 우리는 부정소 '안, 못'이 다른 문에서와는 달리 왜 명령문과 제안문에서 동사 앞에 올 수 없는지에 대한 의문이 생긴다. 이러한 의문은 일반적으로 '말다'가 명령문과 제안문에서만 출현할 수 있다는 점과 일치한다.7) 또한 다음의 예에서 볼 수 있듯이 '말다' 앞에 {아니/못}의 부정소가 올 수 없는데, 이는 부정소가 두 개 이상 겹쳐 나올 수 없다는 일반적인 '부정소 겹침제약'과도 그 맥을 같이 하고 있다.

(17) 가. *너는 학교에 가지 {아니/못} 말-아라

나. *우리는 학교에 가지 {아니/못} 말-자

(18) 가. *나는 학교에 안 안 갔다

나. *나는 학교에 가지 못 못했다

---

7) 물론 '말다'의 일반적인 성격이 명령문과 제안문에 출현하는 것이지만 이들 이외의 문에서도 '말다'의 형태가 전혀 나타날 수 없는 것은 아니다.

(i) 가. 나는 너말고 영희를 좋아해. / *아무도 너말고 영희를 좋아해.

나. 너말고 누가 이 비밀을 알겠니? / *너말고 누가 아무것도 알겠니?

그러나 이들 예에서 '-말고'는 서술어라기보다는 하나의 보조사처럼 기능하고 있다. 따라서 부정극어를 허가하지 못한다.

(ii) 내일 시험인데 나는 자고 말았다. / *내일 시험인데 아무도 자고 말았다.

이 경우도 일반적인 '말-'과 달리 어미 '-고'와 결합하여 '-고 말-'이 하나의 단어로 굳어져 관용어처럼 사용되는 듯하다.

위의 예문을 통해 우리는 '말다'에 이미 {아니/못} 등의 부정소가 포함되어 있다는 간접적인 증거를 확보할 수 있다. 본고에서는 이러한 현상들을 설명하기 위해 Park, S. H.(1967)에 따라 이들 특정한 구문에서는 '말-'이 '아니 하'를 대체한다고 가정하겠다. 이를 보다 구체적으로 살펴보기 위해 다음의 예문을 참조하자.

(19) 가. 너는 학교에 가지 아니 하-았다
　　나. *너는 학교에 가지 말-았다
　　다. 너는 학교에 가지 말-아라
(20) 가. 우리는 학교에 가지 아니 하-았다
　　나. *우리는 학교에 가지 말-았다
　　다. 우리는 학교에 가지 말-자

위의 예에서 (19, 20가)의 평서문에서는 '아니'이 잘 어울리지만 (19, 20나)에서는 평서문에 '말-'이 어울리지 못함을 알 수 있다. 그리고 (19, 20다)에서는 '말-'이 명령문이나 제안문과 잘 호응하고 있다. 이러한 자료를 토대로 우리는 '말-'로 표현된 부정명령문과 부정제안문의 기저구조(D구조)를 다음과 같이 설정하고자 한다.

(21) 가. 너는 학교에 가지 아니 하-아라 (기저구조)
　　나. 우리는 학교에 가지 아니 하-자 (기저구조)

위와 같은 기저구조를 가정할 때 만약 부정극어가 나타나면 그것은 부정소 {아니/못}에 의해 허가 받을 수 있게 된다. 그 과정을 보이면 다음과 같다.

(22) 가. 아무도 학교에 가지 아니 하-아라
[+Neg] [+Neg]

나. 우리는 아무데도 가지 아니 하-자
[+Neg] [+Neg]

한편 이때 몇 가지 가정이 필요한데, 첫째 명령문과 제안문의 기저구조에 나타나는 '아니+하'는 실제 어휘가 아니라 추상적인 어휘라는 것과, 이 구조는 (23)과 같이 음운형식(PF)에서 '말-'로 어휘 대체된다는 것이다. 이러한 과정을 거치면 표면구조에서는 올바른 문장을 유도할 수 있다.

(23) 어휘대체 규칙 : 아니 하 → 말 / 지______ {명령문/제안문}

위의 (23)규칙을 통해 유도된 (21)의 표면구조는 다음과 같다.

(24) 가. 아무도 학교에 가지 말-아라 (표면구조)
나. 우리는 아무데도 가지 말-자 (표면구조)

이러한 '말-'의 재분석을 근거로 우리는 '없다'의 경우도 '안+있다'로 재분석할 수 있다(Park, S. H. 1967: 92-114).

(25) 가. 아버지는 돈이 많이 있지 않다.
나. *아버지는 돈이 많이 안 있다.
다. 아버지는 돈이 많이 없다.

위의 예 (25가)에서 '있지 않다'는 가능하지만, (25나)의 '*안+있'은 불가능하다. 우리는 여기에서 '*안 있'이 '없-'의 재분석형이라고 가정한다.[8] 이러한 가정은 '없-'도 '부정소 겹침제약'을 지키고 있다는 사실에서 그 타당성을 엿볼 수 있을 것이다. 즉 다음의 예에서처럼 '없-' 앞에는 {안/못} 등의 부정소가 나타나지 못한다.

(26) *아버지는 돈이 많이 {안/못} 없다.

그리고 '모르-'의 경우는 '못+알다'로 재분석될 수 있다(Park, S. H. 1967: 88-92).

(27) 가. *나는 그 사실을 안 안다.
　　나. *나는 그 사실을 알지 않는다.
(28) 가. *나는 그 사실을 못 안다.
　　나. 나는 그 사실을 알지 못한다.

위의 예 (27)에서 '*아니 알다' '*알지 아니 한다'는 둘다 성립하지 않고, (28나)의 '알지 못한다'는 성립하지만 (28가)의 '*못 알다'는 그렇지 않다.[9] 이러한 재분석의 가능성은 '말-, 없-'의 경우와 마찬가지로 '모르-'에서도 '부정소 겹침제약'이 유효하다는 점에서 타당성이 있다. 이는 '모르-'에 이미 [+Neg] 자질이 내재해 있음을 말해주는 것이다.[10]

---

8) 물론 임홍빈(1987: 75)에서 언급한 대로 모든 '없-'이 '안 있-'으로 재분석될 수 있는 것은 아니다. '존재성'이 아니라 '소재성'을 문제삼을 때에는 '없-'보다는 '안 있-'의 쓰임이 가능한 것으로 보인다.(철수는 내가 말 한 장소에 {안 있고/??없고}, 다른 곳에 있었다.

9) 15세기 국어의 '모ᄅᆞ다'도 '몰+알다'의 결합형태에서 발전된 것이라 한다. '못+알다→모르다'의 가능성에 대해서는 이미 Martin(1954)의 'Korean Morphophonemics'와 이희승 「국어사전」(민중서관, 1961)에서도 언급된 바 있다.

10) 임홍빈(1987: 75)에서는 '모르-'가 '못 알-'로 재분석될 수 없는 경우로 다음과 같은 예를 들고 있다.
　(가) 철수는 영희의 속 마음을 못 알아 내었다.

(29) 가. *나는 그 사실을 안 모른다.

나. *나는 그 사실을 못 모른다.

'없-'과 '모르-'에서도 재분석이 가능하다면 이들은 '말-'과 마찬가지로 어휘적 부정어라기보다는 통사적 부정어이다. 그것은 이들 구문에서 부정극어의 허가가 가능해지기 때문이다. 즉 이들의 재분석구조에 내재해 있는 부정소 {아니/못}이 부정극어를 허가한다고 할 수 있기 때문이다. 그 과정을 보이면 다음과 같다.

(30) 가. 아버지는 돈이 조금도 아니 있-다

[+Neg] [+Neg]

나. 아무도 그 사실을 못 알-ㄴ다

[+Neg] [+Neg]

위의 예 (30가, 나)에서 부정극어 '조금도, 아무도'는 각각 부정소 '아니, 못'에 의해 [+Neg] 자질을 점검 받게 되고, 이 재분석된 형태는 음성형태부에 가서 '없-'과 '모르-'의 형으로 대체된다.

1.4 통사적 부정어의 어휘화

한편 부정소 '아니, 못'과 결합한 형이 모두 통사적 부정어로 기능할

(나) *철수는 영희의 속 마음을 몰라 내었다.

그러나 위의 예에서 서술구의 구조가 '[[못 알]+[내다]]'라면 그의 주장이 설득력을 가질 수 있으나 필자의 견해로는 '[못+[알아내다]]'의 구조를 띠고 있다고 생각되므로 이러한 구조에서 '못 알-'을 한 데 묶어 '모르-'와 대응시키는 것은 문제가 있다고 생각한다.

수 있는 것은 아니다. 일반적으로 '아니/못+X' 형은 통사적 부정어를 형성하여 부정극어를 허가하지만 이러한 결합형이 어휘화되어 굳어졌을 때는 통사적으로 부정극어를 허가하는 기능이 상실된다. 즉 [+Neg] 자질을 상실하여 통사적 부정어가 아닌 어휘적 부정어로 간주된다. (못생기다, 못되다, 안되다 등)

(31) 가. 영희는 아무것도 못 한다.
    나. 영희는 아무것도 안 한다.
(32) 가. 아무도 {*못생기었다/못생기지 않았다}
    나. 아무도 {*못났다/못나지 않았다}

(31)에서 부정소 '못, 안'은 부정극어 '아무것도'를 허가하므로 통사적 부정어라 할 수 있지만, (32)에서는 부정소 '못'이 부정극어 '아무도'를 통제하지 못하고 오히려 '않-'의 '아니'가 '아무도'를 통제하고 있다. 여기에서 우리는 몇 가지 의문을 갖게 된다.

(33) ① (32)의 '못생기다'류도 부정소와 동사가 통사부에서 결합한 어형인가?
    ② 이들 어형은 공시적으로 생산성이 있는가 아니면 어휘화되었는가? 그리고 어휘화되었다면 어느 부문에서 형성되어 어휘화되었을까?

먼저 첫번째 의문을 고려해보자. 물론 이들은 부정극어를 통제하지 못하므로 통사적 부정어가 될 수는 없다. 그러나 곧 이 말이 이들의 어형이 통사부에서 이루어지지 않고 어휘부에서 이루어졌음을 의미하는 것은 아니다. 통사적 부정어가 아니더라도 이들이 통사부에서 형성될 수 있는 가능성은 있다. 만약 '못'이 부정의 의미를 상실한, 즉 일반적인 부정소 '못'과는 다른 의미를 가진 형태소 '못'('못2'라고 가정해보자)이라고 가정해 볼 수 있기 때문이다. 다음의 예를 보자.

(34) 가. 철수가 {*못생긴다/*못생길 것이다}
나. 철수가 {*못난다/*못날 것이다}

그러나 위의 예에서처럼 이들 어형은 시제형태소의 결합에서 제약을 보인다. 즉 '못생겼다, 못났다' 등과 같이 과거시제로는 자연스럽지만 현재나 미래와는 어울리지 못하는 제약을 가지고 있다. 이는 이들 어형이 공시적으로 통사부에서 형성되지 않았음을 말해주는 것이다.

두번째 '어휘화'에 대한 의문의 답은 몇 가지 측면에서 살펴볼 수 있다. 하나는 {못, 안} 등의 의미가 변했을 가능성과 다른 하나는 이들의 의미는 그대로 남아 있지만 이들과 결합한 어형 전체의 의미가 특별한 제3의 의미로 변했을 가능성이다. 먼저 첫번째 가능성은 그리 높지 않은 것 같다. (32)에서의 '못'은 부정의 의미를 상실한 특이한 '못'으로 보기가 어렵기 때문이다. '못생기다, 못나다' 등의 어휘에서 우리는 '잘 생기지 않다'나 '잘 나지 않다' 등의 부정의 의미를 쉽게 찾을 수 있다.

그러면 두번째의 가능성으로 가보자. 이때는 부정소 '못'이 그대로 부정의 의미를 지니지만 이와 결합한 '못생기다, 못나다' 등의 어휘가 더 이상 통사적 부정어의 기능을 갖지 못하고 어휘화되어 특별한 제3의 의미를 갖게 되었을 가능성이다. 후자의 가능성은 위의 (34)에서 보여주는 통사적 제약의 설명력을 더욱 높여주는 것이라 할 수 있다. 즉 '못'이 원래는 통사부에서 통사적 부정어를 형성하였는데 어느 시기에 와서 그 결합형 가운데 과거형만이 하나로 굳어져 어휘화되었다고 볼 수 있다. 이로 인해 그 의미는 비록 부정의 의미는 가지고 있지만 원래 의미와는 다른 제3의 의미로 변한 것으로 보인다.

이러한 가정을 통해 본고에서는 '못생기다'류의 어형을 공시적으로는 생산성이 없는 어휘적 부정어로 간주한다. 즉 이들이 처음에는 통사부에서 형성되었겠지만 시간이 가면서 어휘화되어 지금은 하나의 단어로 굳어져 관용어처럼 어휘부에 저장된 것으로 처리한다.

1.5 부정극어

앞서 언급한 것처럼 부정어는 부정극어의 통제 여부에 따라 두 가지로 나누어질 수 있는데, 본고에서는 이러한 특성에 기대어 부정극어를 다음과 같이 정의하고자 한다.

(35) 부정극어(Negative Polarity Items: NPI)
[+Neg] 자질을 가지고 있는 극성어로 통사적 부정어에 의해 그 자질이 허가(확인)되어야 하는 요소 : 아무도, 아무것도 등

위의 정의는 통사적 부정어에 의해 허가되는 요소가 부정극어가 된다는 것인데, 여기에서 '허가'라는 말은 '확인, 통제'와 같은 의미를 가지며, 통사적으로는 '자질의 점검'으로 이해된다. 즉 만약 통사적 부정어가 [+Neg] 자질을 가지고 있다면 부정극어도 이와 똑같은 자질 [+Neg]가 있어 이 두 자질이 서로 만나 동일시 되었다고 점검될 경우만 허가의 과정이 성립될 수 있는 것이다. 다음의 예문을 보면서 좀더 구체적으로 고찰해보자.

(36) 가. 영희는 아무것도 먹을 것이 {없다/*있다}
나. 학교에는 아무도 {없다/*있다}
다. 영희는 {전혀/결코} {공부하지 않았다/*공부했다}

(36)에서 '아무것도, 아무도, 전혀/결코' 등은 통사적 부정어 '없다, 아니' 등에 의해 허가될 때는 (그 자질이 점검되어서) 올바른 문장이 되지만, '있다, 공부하다' 등의 경우에는 부정극어를 허가하지 못해 비문이 된다. 한편 이 부정극어는 그 구성에 따라 다음과 같이 분류할 수 있다.

(37) 가. 단어형 부정극어: 공시적으로 하나의 단어로 이루어진 부정극어
-전혀, 결코,
나. 구형 부정극어: 하나의 구를 형성할 수 있는 부정극어-명사(구)+도[11)]

단어형 부정극어는 그 단어 자체로 부정극어가 되는 경우이다. 즉 분리할 수 없는 하나의 어휘를 말한다. 이들도 물론 이전 시기에는 분리 가능하였으리라 생각되지만 공시적으로 하나의 덩어리로 굳어진 형태를 이른다. 구형 부정극어는 이와는 달리 공시적으로도 분리 가능한 구성을 말하는데 주로 '명사(구) + 도'의 형식을 취한다.

(38) 가. 영희는 {아무/누구}-도 {사랑하지 않는다/*사랑한다}
나. 나는 그녀를 [한 번]-도 만난 적이 {없다/*있다}
다. 나는 [조금]-도 {양보하지 않았다/*양보했다}
다. [더 말할 필요]-도 {없다/*있다}
라. [매일 열심히 공부해]-도 성적이 {오르지 않는다/*오른다}

---

11) 구형 부정극어에 '명사(구)+도' 이외에 '명사(구)+밖에'를 설정한 논의도 있다. 그러한 근거는 다음과 같은 예에서 찾아 볼 수 있다.
(가) 나는 [어제 읽은 책]-밖에 기억이 {나지 않는다/*난다}
그러나 본고에서는 '명사(구)+밖에'의 기저구조를 잠정적으로 [명사(구)+밖에+pro]로 가정하고, 이때 pro는 '아무도, 아무것도' 등과 같은 '명사(구)+도'의 구조를 상정한다. 다음의 예에서 그 타당성을 찾아 볼 수 있다.
(나) 나는 [어제 읽은 책]밖에 아무것도 기억이 나지 않는다.
(나)는 (가)의 문장에 '아무것도'를 삽입한 경우인데 매우 자연스럽다. 이 자리에 pro를 설정할 근거가 여기에 있다. 다음의 예를 보자.
(다) *너밖에 오지 마라.
(라) *너는 사람밖에 아니다.
(다)(라)는 명령문과 소위 지정사 구문인데, 이때 '-밖에'의 출현은 자연스럽지 못하다. 그러나 다음의 문장에서 '-밖에' 뒤에 pro를 상정하고 여기에 '아무도, 아무것도' 등을 삽입하면 문장이 좋아진다.
(마) 너밖에 아무도 오지 마라 / ?너는 사람밖에 아무것도 아니다(너는 사람밖에는 아무것도 아니다)
그 이유는 무엇일까? 본고에서는 이러한 현상을 통해 [명사구+밖에+pro] 구조의 상정 가능성만을 언급하고 좀더 자세한 논의는 추후로 미루고자 한다.

이러한 구형 부정극어에서 '도'는 [+Neg] 자질을 갖고 있는 것으로 가정한다.[12] 따라서 이들 구성에서 '도'가 구성의 핵이므로 [+Neg] 자질이 전체 구성으로 삼투되고 전체구조는 자연히 이 자질을 갖게 되므로 전체가 하나의 부정극어를 이루게 되어 부정어에 의해 허가를 받게 된다.

2. 부정극어의 허가조건

2.1 기본가정과 추가조건

여기에서는 앞서 설정한 통사적 부정어와 부정극어가 어떠한 환경에서 서로 연관될 수 있는지, 즉 허가조건이 성립할 수 있는지에 대해 살펴보기로 한다. 먼저 다음의 기본적인 예에서 논의를 출발하고자 한다.[13]

---

12) 극성를 띠는 요소로는 '-도' 이외에도 '-까지, -마저' 등을 들 수 있는데, 먼저 다음의 예를 보자.

(가) 그는 나를 좋은 직장에{까지/*마저} 취직시켜 주었다.

(나) 그는 나를 하찮은 직장에{*까지/마저} 취직시켜 주지 않았다.

(가)에서 '-까지'는 긍정극성을, (나)에서 '-마저'는 부정극성을 보여준다. 이러한 특성에 대해서는 성광수(1979)와 홍사만(1983)을 참조할 수 있다. 한편 윤평현 교수가 (발표회에서) 지적한 '-도'의 이중 극성 문제를 간략히 살펴보자.

(다) 내가 풀어도 그 문제를 풀 수 {있다/없다}

(다)에서 '-도'가 '있다'와 만나면 '그 문제는 (실력없는 내가 풀 수 있을 정도로) 매우 쉽다'로 해석되고, '없다'와 만나면 '그 문제는 (실력있는 나도 풀 수 없을 정도로) 매우 어렵다'로 해석될 수 있어 '-도'가 부정과 긍정의 양극성을 띠고 있다고 할 수도 있겠다. 그러나 본고의 부정극어 '-도'는 주로 명사(구)와 결합하는데 비해 (다)의 '-도'는 주로 '-어도(-아도)'의 형태로 쓰여 동사와만 결합하는 차이점이 있고, '-어도'의 의미가 '-도'와 얼마나 연관성이 있는지도 의문이므로, 본고에서는 이러한 연관 가능성만을 지적하고 이에 대한 자세한 고찰은 추후로 미루기로 한다.

13) 본고에서는 부정극어의 허가조건에 대한 개괄적인 논의만을 언급하고자 한다. 즉 부정극어가 단문과 복문 또는 뒤섞기 구문이나 예외적 격표시 구문 등의 통사적 현상과 어떤 관련성을 보이고 있는가에 초점을 둘 것이다. 따라서 부정극어 허가조건의 이론적 고찰은 후고를 통해 이루어질 것이다(졸고(예정) "국어 부정극어의 허가조건"을 참조 바람. 여기에서는 최근 생성문법을 바탕으로 하여 부정극어의 허가조건에 대해 다룬 연구를 대상으로 그 문제점 지적과 새로운 대안을 제시하고 있다).

(39) 가. 영희는 아무것도 못 먹었다

[+Neg] [+Neg]

나. *영희는 아무것도 먹었다

[+Neg]

다. *나는 [영희밖에 빵을 먹었다고] 생각한다.

[+Neg]

위의 예에서 (39가)는 부정극어 '아무것도'가 부정어 '못'에 의해 허가되므로 좋은 문장이지만 (39나, 다)에서는 부정극어는 있지만 이를 허가해야 하는 부정어가 없어 비문이 된 예들이다. 우리는 이들 예문을 통해 다음과 같은 기본적인 가정을 상정할 수 있다.

(40) 기본가정(1) : [+Neg] 자질을 갖고 있는 부정극어는 [+Neg] 자질을 갖고 있는 부정어에 의해 허가되어야 한다.

이러한 기본가정에 기대면 (39나, 다)는 이 가정에 위배되어 비문이 된 것이라 설명할 수 있다. 그러나 이 기본가정이 모든 부정극어 문장을 설명할 수 있는 것은 아니다. 다음의 예를 보자.

(41) 가. 철수는 [영희가 아무것도 안 먹었다고] 생각한다

[+Neg] [+Neg]

나. *철수는 [영희가 아무것도 먹었다고] 생각하지 않는다

[+Neg] [+Neg]

다. *아무도 [영희가 빵을 안 먹었다고] 생각한다

[+Neg] [+Neg]

위의 예에서 알 수 있듯이 부정극어와 부정어가 [+Neg] 자질을 모두 갖

고 있다 하더라도 기본가정(1)의 허가조건이 성립하는 것은 아니다. (41가)에서는 부정어 '안'이 부정극어 '아무것도'를 허가하므로 좋은 문장이 되었으나, (41나, 다)의 경우는 앞의 부정어와 부정극어가 있음에도 기본가정(1)을 만족시키지 못하고 비문이 된 예들이다. 그렇다면 (41가)와 (41나, 다)의 차이점은 무엇일까? 이들에서 우리가 추출할 수 있는 조건은 같은 절 안에 부정극어와 부정어가 있는가의 여부이다. (41가)에서는 부정극어 '아무것도'가 부정어 '안'에 의해 같은 절 안에서 허가되지만 (41나, 다)에서는 부정극어와 부정어가 서로 다른 절에 있는 경우이다. 우리는 이들을 위해 기본가정(1)을 다음과 같이 수정하고자 한다.

(42) 기본가정(2): [+Neg] 자질을 갖고 있는 부정극어는 같은 절 안에서 [+Neg] 자질을 갖고 있는 부정어에 의해 허가되어야 한다.(Choi, H. S. 1988 참조)

이러한 수정된 기본가정(2)에 따르면 (41나, 다)의 문장들이 왜 나쁜지가 설명될 수 있다. 한편 부정극어나 부정어가 하나 이상이 있을 경우가 있는데 이 때에는 좋은 문장이 위의 기본가정(2)를 위배하지 않는지를 알아보자.

(43) 가. 철수는 [영희가 아무것도 안 먹었다고] 생각하지 않는다
　　　　　　　　　　[+Neg] [+Neg]　　　　　　[+Neg]

　　나. 나는 [영희가 빵밖에 안 먹었다고] 생각하지 않는다.
　　　　　　　　　[+Neg] [+Neg]　　　　　　[+Neg]

(43)의 예들은 부정극어는 '아무것도, 빵밖에' 등 하나씩이지만 부정어는 내포절과 상위절에 두 개씩인 경우인데 이들 모두 정문이다. 이때는 두 개의 부정어가 모두 하나의 부정극어를 허가한다고 볼 수는 없으며, 부

정극어를 포함한 절 안에 있는 부정어가 우선권을 갖는다고 볼 수 있다. 우리는 이를 다음과 같은 추가조건으로 설정하고자 한다.

(44) 추가조건(1): 부정어가 둘 이상일 경우는 같은 절 안에 있는 것이 우선한다.

이러한 추가조건(1)은 다음의 예에서도 설득력을 갖는다.

(45) 가. [아무도 [영희가 아무것도 안 먹었다고] 생각하지 않는다]
$[+\mathrm{Neg}]_i$ $[+\mathrm{Neg}]_j$ $[+\mathrm{Neg}]_j$ $[+\mathrm{Neg}]_i$
나. [아무도 [영희가 빵밖에 안 먹었다고] 생각하지 않는다]
$[+\mathrm{Neg}]_i$ $[+\mathrm{Neg}]_j$ $[+\mathrm{Neg}]_j$ $[+\mathrm{Neg}]_i$

(45)의 예들에서는 부정극어와 부정어가 각각 두 개씩 있는 문장으로 내포절의 부정극어는 내포절의 부정어에 의해, 상위절의 부정극어는 각각 상위절의 부정어에 의해 허가 받아 기본가정(2)와 추가조건(1)을 준수하여 정문이 된다.

이번에는 부정극어는 둘인데 부정어는 하나인 경우를 살펴보자.

(46) 가. [철수는 [아무도 아무것도 안 먹었다고] 생각한다]
[+Neg] [+Neg] [+Neg]
나. [철수는 [아무도 아무것도 안 먹었다고] 생각하지 않는다]
[+Neg] [+Neg] [+Neg] [+Neg]

위의 예 (46)은 같은 절 안에 '아무도, 아무것도' 등 두 개의 부정극어가 있지만 부정어는 하나만 있는 경우인데, 이때도 문장은 좋은 문장이 된다. 이는 하나의 부정어가 두 개의 부정극어를 허가할 수 있음을 보인 것이다. 우리는 이를 다음과 같은 추가조건으로 상정할 수 있다.

(47) 추가조건(2): 같은 절 안에서 하나의 부정어는 두 개 이상의 부정극어를 허가 할 수 있다.

2.2 부정극어 뒤섞기와 허가조건

앞에서 우리는 부정극어가 같은 절 안에 있는 부정어에 의해 허가되어야 한다는 것을 알았다. 여기에서는 D 구조(D-structure)에서 같은 절 안에 있던 부정극어가 문장의 맨 앞으로 이동한 경우(뒤섞기)에서는 허가조건이 성립하는지 알아보자.

(48) 가. 나는 [인수가 아무것도 알지 못한다]고 생각한다.
나. 아무것도$_i$ 나는 [인수가 t_i 알지 못한다]고 생각한다.
[+Neg] [+Neg]
다. ??/*아무것도$_i$ 나는 [인수가 t_i 안다]고 생각하지 않는다.
[+Neg] [+Neg]

(49) 가. 나는 [인수가 누구에게도 그 비밀을 누설하지 않았다]고 생각한다.
나. 누구에게도$_i$ 나는 [인수가 t_i 그 비밀을 누설하지 않았다]고 생각한다.
[+Neg] [+Neg]
다. ??/*누구에게도$_i$ 나는 [인수가 t_i 그 비밀을 누설했다]고 생각하지 않는다.
[+Neg] [+Neg]

위의 (48, 49가)에서는 부정극어 '아무것도, 누구에게도'가 같은 절 안에 있는 부정어 '못, 아니' 등에 의해 각각 허가되므로 기본가정(2)를 만족시켜 정문이 된다. 그러나 (48, 49나)에서는 기본가정(2)가 만족되지 않음에도 정문이다. 즉 S 구조에서 (이동한 흔적이 남아 있는 구조에서) 부정극어 '아무것도, 누구에게도'는 이동하여 위치한 절(상위절)에 부정어가 없음에도 정문인 것이다. 이것은 기본가정(2)를 위배하게 된다. 반면에 (48, 49다)에서는 기본가정(2)를 지키고 있음에도, 즉 부정극어와 부정어가 같은 절(상위절) 안에 있음에도 비문이 되는 경우이다. 그렇다면 기본가정(2)와 (48-49나, 다)의 상반된 현상을 어떻게 설명할 수 있을까? 이를 위해 우리는 다음과 같은 세 번째 기본가정을 상정하기로 한다.

(50) 기본가정(3): 절 밖으로 이동한 부정극어도 원래의 절 안에 있는 부정어에 의해 허가되어야 한다.

이러한 정의는 자칫 내포절의 부정어가 절 경계를 넘어 상위절로 이동한 부정극어를 허가할 수 있다는 것으로 해석될 수 있어 기본가정(2)와 상치되는 것 같으나 꼭 그렇게 생각할 필요는 없다. 우리는 기본가정(2)를 유지하면서 기본가정(3)을 만족시킬 수 있는 방안을 강구할 것이다.

여기에는 두 가지 가능성을 생각해 볼 수 있을 것이다. 하나는 허가조건의 적용위치를 제약하는 것이고, 다른 하나는 기본가정(2)를 유지하기 위해 논리형태(LF)에서 흔적의 복사(copy)나 재구조화(reconstruction)를 고려하는 것이다. 전자의 경우 우리는 부정어의 부정극어 허가를 D 구조에서만 허용하는 방안을 모색해 볼 수 있다. 그렇게 하면 (48, 49나)에서 어떻게 부정극어가 허가 받는지, 그리고 (48, 49다)에서는 부정극어가 왜 허가 받지 못하는지를 밝힐 수 있다.

그러나 이 방안은 (48)-(49)와 같은 뒤섞기 구문에서는 설명력을 가져다 주지만 앞으로 우리가 다루게 될 재구조화가 필요한 구문이나 예외적 격표시 현상과 같은 구문에서는 설명력이 약화될 수밖에 없다. 왜냐하면 이들 구문은 D 구조상에서 부정어와 부정극어가 서로 다른 절에 있음에도 허가조건이 성립하여 정문이 되기 때문이다. 이에 대해서는 뒤에서 다시 언급하기로 한다. 따라서 우리는 첫번째 가정을 버리고 두번째 가정을 택하기로 한다. 그것은 이동한 부정극어의 흔적을 논리형태(LF)에서 복구하여 그 자질을 부정어가 허가하는 방안이다. 이러한 방안을 위해서 우리는 다음과 같은 조건을 추가할 수 있다.

(51) 추가조건(2): LF에서 흔적은 선행사의 자질이 그대로 복사된다.

따라서 위의 조건에 기대어 보면 기본가정(2)를 준수하면서 뒤섞기에서의 부정극어 이동 구문을 설명할 수 있다.

(52) 가. 아무것도$_i$ 나는 [인수가 아무것도$_i$ 알지 못한다]고 생각한다. (LF)
[+Neg] [+Neg] [+Neg]
나. *아무것도$_i$ 나는 [인수가 아무것도$_i$ 안다]고 생각하지 않는다. (LF)
[+Neg] [+Neg] [+Neg]
(53) 가. 누구에게도$_i$ 나는 [인수가 누구에게도$_i$ 그 비밀을 누설하지 않았나]고
[+Neg] [+Neg] [+Neg]
생각한다. (LF)
나. *누구에게도$_i$ 나는 [인수가 누구에게도$_i$ 그 비밀을 누설했다]고 생각
[+Neg] [+Neg]
하지 않는다. (LF)
[+Neg]

(52-53가)에서 문장의 맨 앞으로 이동한 부정극어 '아무것도, 누구에게도'는 내포절에 흔적을 남기게 되고 그 흔적은 논리형태에 가서 다시 복원되게 된다. 이때 이동한 요소의 자질도 그대로 복사하게 되어 내포절 안의 부정어에 의해 그 자질이 점검 받게 된다. 이때 이 점검은 기본가정(2)를 충족하게 되므로 이들 문장은 정문이 된다. 그러나 (52-53나)에서는 내포문에 복원된 부정극어 '아무것도, 누구에게도'를 허가해야 하는 부정어가

존재하지 않으므로 그 자질이 점검받지 못해 비문이 된다고 할 수 있다.

2.3 LF 재구조화와 허가조건

앞에서 허가조건의 적용에 제약을 두자는 방안이 왜 좋지 않은가에 대해 간략히 언급했었는데, 다음의 예들이 바로 그러한 구체적인 것들이다. 즉 예문 (54)–(55)에서는 D 구조에서는 부정극어와 부정어가 서로 다른 절에 속해 있으면서도 모두 정문인 경우이다.

(54) 가. ??/*철수는 [pro[pro[pro 장에서 아무것도 살] 수] 있다고] 믿지 않았다
[+Neg] [+Neg]

나. 철수는 [pro 장에서 아무것도 사려고] 하지 않았다
[+Neg] [+Neg]

다. [[[[철수는 [pro [pro 장에서 아무것도 사고] 싶어] 하지 않았다]]]]
[+Neg] [+Neg]

라. [철수는 [pro [pro 장에서 아무것도 살] 것] 같지 않다]
[+Neg] [+Neg]

(55) 가. [아무도$_i$ 매리에게는 [t_i 똑똑하지 않은 것] 같다]
[+Neg] [+Neg]

나. [아무도$_i$ 매리에게는 [t_i 똑똑한 것] 같지] 않다]
[+Neg] [+Neg]

(54가)의 경우 비문이 된 것은 기본가정(2)를 위배했기 때문이라고 말할 수 있다. 즉 부정극어 '아무것도'는 같은 절 안에 부정어를 갖고 있지 못하고 맨 상위절에 부정어 '아니'를 갖고 있다. 이때 상위절의 부정어는 내포절의 부정극어를 허가할 수 없다. 둘 사이에 많은 절 경계가 놓여 있어 장벽 역할을 하기 때문이다. 이를 인접조건 위배라고 할 수도 있고 장

벽이론에 의해 둘 사이에 하나 이상의 장벽이 존재하기 때문에 비문이 된다고 할 수도 있다. 모두 같은 맥락이다. 그러나 (54나-라)와 (55가, 나)에서는 이러한 기본가정(2) (또는 인접조건, 장벽조건)이 적용되지 않는다. 즉 D 구조 위치에서 부정극어가 같은 절 안에 부정어를 갖지 못해도 정문이 되는 것이다. 다시 말하여 이 경우에는 기본가정(2)를 위배하지만 부정어와 부정극어 사이에 허가조건이 성립한다고 말할 수 있다. 그렇다면 이것이야 말로 정말로 기본가정(2)를 위반하는 것일까? 그렇지 않다. 우리는 이들 구문에서도 기본가정(2)가 유지될 수 있다고 가정하고 이를 위해 다음과 같은 추가조건을 상정한다.

(56) 추가조건(3): 보조동사 구문에서 서술어는 LF에서 하나의 절로 재구조화 된다.[14)]

이러한 추가조건은 특히 보조동사 구문에서 일어나는데 이때 여러 서술어들은 비록 D 구조에서 서로 다른 절을 이루지만 LF에서는 하나의 절을 이루게 뒤다. 즉 이것은 '본동사+보조동사'의 구성(XP)이 하나의 단어층위(X^0)로 인식되는 것을 의미한다.[15)] 이러한 구성을 이루는 것들로는 다음과 같은 예들이 있다.

14) Choi, H. S.(1988: 215-20), Ahn, H. D.(1991)에서도 정도의 차이는 있지만 이러한 구성이 논리형태(LF)에서 단문으로 재구조화되는 것으로 처리하고 부정극어도 같은 절 안의 허가조건으로 해결하고 있다.

15) Choi, K. Y.(1991: 224-27)에서의 논의는 본고와는 조금 차이를 보인다. 그는 보조동사 구성의 기저구조를 복문이 아닌 단문으로 처리하고 있다. 즉 본고는 이 구성이 기저구조에서는 복문이지만 논리형태부에 가서는 단문으로 재구조화되는 것으로 처리하고 있으나, Choi, K. Y.(1991)에서는 이를 처음부터 단문으로 처리하고 있는 것이다. 본고에서는 기조구조가 복문이라는 가정하에 논의를 전개하기로 하고 이에 대한 구체적인 논의는 추후로 미루고자 한다. 그 이유는 과연 보조동사 구문이 단문인가 복문인가 하는 문제는 이들 구성의 기조구조를 어떻게 상정하느냐, 그리고 보조동사가 논항구조를 갖고 있느냐 등의 여러 문제를 고려해보아야 하기 때문이다.

(57) V1+N(C) V2

V1+N(C)	V2
V+지	않다
V+게	하다
V+아/어	하다
V+도록	하다
V+려고	하다
V+고	싶다
V+고	-하다
V+거나	-하다
V+ㄹ 수	있다/없다
V+ㄹ 것	같다

위의 예들이 하나의 단어처럼 인식될 수 있는 통사적인 이유로 다음과 같은 예를 들 수 있다.[16](이관규 1986, Choi, K. Y. 1991 참조)

(58) 시제는 V1이 아니라 V2에 나타난다.

가. 나는 집에 [가지 않았다].

나. *나는 집에 [갔지 않{는/았}다].

(59) 부정소가 두 동사 사이에 나타나지 않는다.(V1 앞이나 (단형부정) V2에 나타난다(장형부정))

가. 나는 집에 {안 가고 싶다/ 가고 싶지 않다}.

나. *나는 집에 가고 안 싶다.

16) (57)에서 열거한 모든 어휘들이 세 가지 통사적 현상을 다 만족시키는 것은 아니다. '-게 하다, -도록 하다, -려고 하다' 등은 좀 어색하기는 하지만 V1과 V2 사이에 부정소가 들어 갈 수도 있으며(그는 밥을 먹으려고 안 했다/나는 그가 밥을 먹도록 안 했다), 주어가 V1과 V2에 다르게 나올 수도 있다(나는 그가 집에 가게 했다).

(60) V1+V2의 주어는 같다.

가. 나는 집에 갈 수 있다.

나. *나는 [영희가 집에 갈] 수 있다.

위의 (58)-(60)에서 제시한 근거를 통해 '본동사+보조동사'의 구성은 하나의 단어처럼 행동할 수 있음을 알 수 있다. 한편 이러한 특징은 '-고, -거나' 등의 대등소로 이루어진 대등구조에서도 엿볼 수 있다.

(61) 가. 아무도 [밥을 먹고 치우]지 않았다. (Yoon, J. H. 1994: 257-260)

나. *[아무도 밥을 먹었]고 [pro 치우지 않았다].

다. 아무도 [밥을 하거나 설겆이를 하]지 않았다.

라. *[아무도 밥을 했]거나 [pro 설겆이를 하지 않았다].

(61가, 다)에서는 부정극어 '아무도'가 부정어 '아니'에 의해 허가되지만 (61나, 라)에서는 그렇지 못해 비문이 된 경우이다. 이때에도 시제요소의 개입여부에 따라 대등소 '고, 거나' 앞뒤에 나타나는 동사들이 하나의 구에 속하기도 하고 서로 다른 절을 이루기도 한다. 하나로 묶어지는 경우는 전체 문장이 하나의 문장이 되어 부정어와 부정극어가 같은 절 안에 놓이게 되지만(61가, 다), 그렇지 않고 서로 다른 절을 이루게 될 경우는 이들이 서로 다른 절에 놓이게 되어 허가조건이 성립하지 않아 비문이 된다(61나, 라).

2.4 예외적 격표시 현상과 허가조건

재구조화 현상 이외에도 (62)의 예외적 격표시 현상과 같은 다음의 예들도 기본가정(2)를 위배하는 듯하다.

(62) 가. 철수는 [아무도 안 예쁘다고] 생각한다
[+Neg][+Neg]
나. 철수는 [아무도 예쁘다고] 생각하지 않는다
[+Neg] [+Neg]

위의 (62가)는 기본가정(2)를 지키므로 정문이 되지만 (62나)는 기본가정(2)를 지키지 못하는데도, 즉 부정극어 '아무도'가 부정어 '아니'에 의해 같은 절 안에서 허가 받을 수 없는 구조인데도 정문이 된다. 그리고 이들은 보조동사구문도 아니어서 앞서 언급한 추가조건(3)도 적용되지 못한다. 그렇다면 이러한 현상을 어떻게 설명할 수 있을까? 우리는 예외적 격표시 현상이라는 구문의 특성에서 실마리를 찾고자 한다.

(63) 가. 철수는 [영희가 예쁘다고] 생각한다
나. 철수는 [영희를 예쁘다고] 생각한다

위의 구문은 예외적 격표시 현상을 가장 잘 보여주는 예들인데, 이때 (63나)에서 내포절에 있는 '영희를'은 상위절의 동사 '생각한다'로부터 격을 받는다고 볼 수 있다. 이러한 가정을 고려해보면 앞의 (63나)에서 부정극어 '아무도'는 상위절의 부정어 '아니'에 의해 허가 받을 수 있다고 가정할 수 있다. 이러한 가정은 다음의 예에서 설득력을 갖는 듯하다.

(64) 가. 철수는 [아무도 학교에 안 간다고] 생각한다
[+Neg] [+Neg]
나. ??철수는 [아무도 학교에 간다고] 생각하지 않는다
[+Neg] [+Neg]
(65) 가. 철수는 [영희밖에 밥을 안 먹었다고] 말했다
[+Neg] [+Neg]

나. *철수는 [영희밖에 밥을 먹었다고] 말하지 않았다
[+Neg] [+Neg]

(64-65나)에서는 부정극어 '아무도, 영희밖에'가 상위절의 부정어 '아니'에 의해 허가 받지 못하는 것 같다. 이것은 이와 같은 구조에서 예외적 격표시 현상이 성립되지 않는 것과 관련이 있어 보인다.

(66) 가. 철수는 [영희가 학교에 간다고] 생각한다
나. ??철수는 [영희를 학교에 간다고] 생각한다
(67) 가. 철수는 [영희가 밥을 먹었다고] 말했다
나. *철수는 [영희를 밥을 먹었다고] 말했다

(64-65나)에서 어색하거나 비문인 예들은 (66-67)의 예외적 격표시 구문에서도 똑같은 문법성의 정도를 보여준다. 이들에서 예외적 격표시 현상과 부정극어의 허가 현상이 일맥상통하고 있음을 알 수 있다. 즉 국어에서 이 현상은 내포문 동사가 [+/-상태성]에 의해 영향을 받는데, 동사가 [+상태성]일 때는 가능하지만, (66)-(67)에서처럼 [-상태성]을 가진 경우에는 내포문의 주어가 상위문의 서술어와 연결되지 못한다. 이러한 특성은 내포문의 주어가 부정극어일 때도 마찬가지로 적용된다고 할 수 있다.

3. 결론

이제까지 본고에서는 부정소, 부정어, 그리고 부정극어의 정의와 종류를 살펴보았으며, 이를 통해 부정극어가 부정어에 의해 어떤 형태, 통사적인 조건에서 허가되는가를 고찰하였다. 이를 요약하여 결론으로 삼고자 한다.

1) 부정소는 '부정의 의미를 가진 형태소'로 '아니, 못' 등과 부정 접두사 '부(不)-, 비(非)-, 무(無)-, 몰(沒)-' 등이 있다. 부정어는 '부정소와 결합하여 이루어진 단어'로 '어휘적 부정어'와 '통사적 부정어'로 구분되는데, 전자는 ① 어휘부(lexicon)에서 형성되며 통사부에서는 통사규칙에 영향을 받지 않고 ② [+Neg] 자질이 없어 통사부에서 부정극어를 허가할 수 없는 특성을 가진 것으로 '부인하다, 불행하다, 비인간적, 무정하다, 몰인정하다' 등을 들 수 있으며, 후자는 ① 통사부에서 형성되어 통사규칙에 영향을 받고 ② [+Neg] 자질을 갖고 있어 적절한 조건에서 부정극어를 허가하는 것으로 '아니, 못, 말-, 없-, 모르-' 등을 들 수 있다. 그리고 부정문은 '부정극어를 허가할 수 있는 부정어를 갖고 있는 문장'으로 정의하였다.

2) 한편 '말-, 없-, 모르-' 등의 부정어는 각각 '말-→아니+하', '없 -→아니+있', '모르-→못+알'로 재분석되며, 이들은 부정소를 갖는 통사적 부정어로 분류된다. 또한 '못생기다, 못되다, 안되다' 등의 어휘는 통사적 부정어의 형태를 띠었으나 부정극어를 허가하지 못하므로 통사적 부정어가 하나의 단어로 굳어져 어휘화된 어휘적 부정어로 간주된다.

3) 부정극어는 '[+Neg] 자질을 가지고 있어 통사적 부정어에 의해 그 자질이 허가되어야 하는 요소'로 정의하고, '단어형 부정극어'(공시적으로 하나의 단어로 이루어진 부정극어: 전혀, 결코 등)과 '구형 부정극어'(하나의 구를 형성할 수 있는 부정극어: 명사(구)+{도/밖에})로 구분하였다.

4) 부정극어의 허가조건으로는 기본가정과 추가조건 등을 설정하였는데, 먼저 기본가정으로는 기본가정(1): [+Neg] 자질을 갖고 있는 부정극어는 [+Neg] 자질을 갖고 있는 부정어에 의해 허가되어야 한다, 기본가정(2): [+Neg] 자질을 갖고 있는 부정극어는 같은 절 안에서 [+Neg] 자질을 갖고 있는 부정어에 의해 허가되어야 한다, 기본가정(3): 절 밖으로 이동한 부정극어도 원래의 절 안에 있는 부정어에 의해 허가되어야 한다 등의 3가지 조건을 제시하였다. 한편 추가조건으로는 4가지를 제시하였는

데 추가조건(1): 부정어가 둘 이상일 경우는 같은 절 안에 있는 것이 우선한다, 추가조건(2): 같은 절 안에서 하나의 부정어는 두 개의 부정극어를 허가할 수 있다, 추가조건(3): LF에서 흔적은 선행사의 자질이 그대로 복사된다, 추가조건(4): 보조동사 구문에서 서술어는 LF에서 하나의 절로 재구조화 된다 등이다.

부정어와 부정극어의 상관성 논의는 이상에서 고찰한 것처럼 매우 광범위하고 형태, 통사적 현상이 서로 얽혀 있는 문법 현상이라고 생각한다. 본고에서는 무엇보다도 이러한 논의의 기본적인 방향 설정과 전체적인 윤곽을 설정하는 데에 초점을 두었기 때문에 세부항목에 대한 자세하고도 구체적인 논의를 펴지 못했다. 앞으로 이러한 구체적인 주제에 대한 많은 논의를 기대해본다.

‖ 참고 문헌 ‖

박영순. 1993. 「현대 한국어 통사론」, 집문당.
성광수. 1979. 「국어 조사 연구」, 형설출판사.
시정곤. 1992. "국어의 기능범주에 대하여", 「국어학연구백년사」 1, 일조각.
시정곤. 1994. 「국어의 단어형성 원리」, 국학자료원.
이관규. 1986. "국어 보조동사 연구", 「한국어학연구」 7.
임홍빈. 1988. "국어 부정문의 통사와 의미", 「국어생활」 10.
홍사만. 1983. 「국어특수조사론」, 학문사.
Ahn, H. D. 1991. *LIGHT VERBS, VP-MOVEMENT, NEGATION AND CLAUSAL ARCHITECTURE IN KOREAN AND ENGLISH*, Doctoral dissertation of Univ., of Wisconsin. Hanshin Publishing Co.
Choi, H. S. 1988. *Restructuring Parameters and Complex Predicates; A Transformational Approach*, Doctoral dissertation of MIT. Hanshin Publishing Co.
Choi, K. Y. 1991. *A Theory of Syntactic* X^0*-subcategorization*, Doctoral dissertation of University of Washington. Thaehaksa.

Chomsky, N. 1993. "A Minimalist Program for Linguistic Theory", *The View from Building* 20, MIT Press.

James H. Yoon. 1994. "Korean Verbal Inflection and Checking Theory", *MITWP in Linguistics Volume* 22.

Kuno, S. 1994a. "Negative Polarity Items in Japanese and English", Preliminary Draft.

Kuno, S. 1994b. "Negative Polarity Items in Korean and English", paper in Korean workshop at SOAS.

Laka, I. 1990. *Negation in Syntax.:On the Nature of Functional Categories and Projections*, Doctoral dissertation, MIT.

Lee, K. R. 1993. "NPI Licensing and the Domain of A-Movement", *HARVARD STUDIES IN KOREAN LINGUISTICS V*, Hanshin publishing.

Martin, S. 1954. *Korean Morphophonemics*, LSA. Baltimore.

(1997, 「국어국문학」 119)

국어의 부정극어 허가조건*

1. 문제제기

본고의 목적은 국어에서 부정극어(Negative Polarity Item: NPI)가 어떤 조건에서 부정어에 의해 허가되는지를 고찰하는 데 있다. 먼저 다음의 예들을 보자

(1) 가. **아무도** 철수를 **안** 만났다
    나. *__아무도__ 철수를 만났다
(2) 가. 철수는 **아무것도** 먹지 **않**았다
    나. *철수는 **아무것도** 먹었다

(1)-(2)의 예문에서 (1-2가)는 정문이지만 (1-2나)는 비문이다. 그 차이점은 (1-2가)에서는 부정어와 부정극어가 함께 있지만 (1-2나)에서는 부정극어 '아무도'만 있고 부정어는 없다. 여기서 우리는 부정극어는 부정어와 함

---

* 본 논문은 한국어학회에서(중부지회 제1차 발표회(1996.12.4) 및 102차 연구발표회(1996.12.21)) 발표한 것을 다시 깁고 다듬은 것이다. 발표회 때 많은 논평을 해주신 회원들과 필요한 자료를 보내주신 손근원 교수, 이정식 학형에게도 감사를 드린다. 또한 초고에 대해 유익한 논평을 해주신 익명의 논평자에게 감사를 드린다. 이 논평으로 인해 본 논의를 보다 객관적인 시각으로 다시 다듬을 수 있었다. 그러나 논의 가운데 나오는 모든 잘못은 필자에게 있음을 밝혀둔다.

께 어울려야만 한다는 것을 알 수 있다.[1] 그렇다면 다음 문장은 어떠한가.

(3) 가. 철수는 [**아무도** 영희를 **안** 만났다고] 생각한다
　나. *철수는 [**아무도** 영희를 만났다고] 생각하지 **않**는다

(4) 가. 철수는 [영희가 **아무것도** 먹지 **않**았다고] 말했다
　나. ?/*철수는 [영희가 **아무것도** 먹었다고] 말하지 **않**았다

위의 예 (3-4)는 모두 부정극어와 부정어를 갖고 있음에도, (3-4가)는 좋은 문장이고 (3-4나)는 좋지 않은 문장이 된다. 이들의 차이는 부정극어와 부정어가 멀리 떨어져 있느냐 아니면 인접해 있느냐 하는 점이다.

이러한 부정극어의 허가조건에 대해서는 이제까지 많은 연구가 있었는데, 특히 생성문법에 기댄 연구는 최근의 최소이론을 기준으로 하여 크게 두 가지 방향으로 나누어 살펴볼 수 있다. 첫째는 최소이론 이전의 연구로 주로 지배(Government)개념을 이용하여 허가조건을 제시한 것이고, 둘째는 최소이론 이후의 연구로 주로 점검이론(Checking Theory)을 이용하여 허가조건을 제시한 것이다.

본고에서는 지배이론 방식과 점검이론 방식으로 나누어 선행연구를 검토하고 이들 문제점을 극복할 수 있는 방안을 제안해 보고자 한다. 논의의 전개순서는 먼저 2장에서 지배이론 방식의 연구와 문제점을, 3장에서는 점검이론에서의 연구와 문제점을 살펴보고, 4장에서는 양화사구와 부정극어의 관련성을 고찰하며, 5장에서는 새로운 가능성을 제시하고, 마지막 6장에서는 남은 문제로 예외적 격표시 구문과 부정극어의 허가조건을 논의한다.

---

1) 부정어와 부정극어의 정의와 종류, 그리고 이들의 형태, 통사적 특성들에 대해서는 시정곤(1997)을 참조하기 바람.

2. 지배개념과 허가조건

2.1 선행연구

지배개념을 이용하여 부정극어의 허가조건을 제시한 주목할 만한 연구로는 Choe(1988), Suh(1990), Kato(1991), Ahn(1991), Laka(1990), Kuno(1994b) 등을 들 수 있다.[2] 이들 연구는 정도의 차이는 있으나 직접, 간접으로 한국어에 대해 언급한 것이므로 이들이 제시한 조건들을 다음과 같이 한데 묶어 다루고자 한다.

(5) 가. Choe(1988): [+Neg] 자질을 갖고 있는 부정극어는 같은 절 안에서 [+Neg] 자질을 갖고 있는 부정어에 의해 허가되어야 한다.

나. Suh(1990),[3] Kato(1991): 부정극어나 그 흔적은 S구조에서 부정어에 의해 지배되어야 한다.

다. Kuno(1994b): 부정극어나 그 흔적은 S구조에서 같은 절 안에 있는 부정어에 의해 허가되어야 한다.[4]

라. Ahn(1991): ①부정극어는 S구조에서 부정소에 의해 성분통어(c-command) 되어야 한다.

②부정극어는 LF에서 국부영역 안에 허가자와 함께 있어야 한다.

마. Laka(1990): 한국어의 경우 NegP가 IP 위에 위치하여 NegP가 IP를 관할하게 되어 부정극어를 허가한다.

---

2) 이에 대한 자세한 논의는 Sohn(1996)을 참조할 수 있다.

3) Suh(1990)에서는 VP내부 주어가설에 따라 주어와 목적어가 VP 안에 있어 V에 부가되어 있는 Neg에 의해 지배받을 수 있다.

4) Kuno(1994b)에서 제시한 부정극어 허가조건은 다음과 같다.
<Neg-NPI Clause Mate Constraint in Korean>
An NPI or its trace must be licenced by a clause mate Neg at s-s.

위의 정의들은 대부분 Choe(1988)을 모태로 하여 조금씩 그 내용을 달리하고 있다. 앞서 제기한 예 (1-4)는 Choe(1988)의 정의로 설명될 수 있다. 이제는 앞의 예보다 조금 복잡한 구조를 가정해 보자. 즉 D구조(D-structure)에서 같은 절 안에 있던 부정극어가 문장의 맨 앞으로 이동한 경우(뒤섞기)에 Choe(1988)의 허가조건이 성립하는지 알아보자.

(6) 가. **아무것도**$_i$ 나는 [영희가 t_i 알지 **못**한다]고 생각한다
나. ?/***아무것도**$_i$ 나는 [영희가 t_i 안다]고 생각하지 **않**는다

(7) 가. **누구에게도**$_i$ 나는 [영희가 t_i 그 사실을 말하지 **않**았다]고 믿는다
나. ?/***누구에게도**$_i$ 나는 [영희가 t_i 그 사실을 말했다]고 믿지 **않**는다

위의 (6-7가)에서는 부정극어 '아무것도, 누구에게도'가 절 밖으로 이동하여 절 안에 있는 부정어 '못, 아니' 등과 떨어져 있음에도 정문이지만, (6-7나)에서는 부정극어가 절 밖으로 이동하여 상위절에서 부정어 '못, 아니' 등과 함께 있으나 비문이다. (5)의 정의에서 Choe(1988)을 제외한 나머지 허가조건들은 위의 (6-7)의 예를 설명하기 위해 몇 가지 추가조건을 제시하고 있는 셈이다. 먼저 (5나, 다)의 경우는 허가조건의 적용위치를 제약하는 것이고, (5라)는 Choe(1988)의 정의를 유지하기 위해 논리형태(LF)에서 흔적의 복사(copy)나 재구조화(reconstruction)를 고려한 것이다.

전자의 경우 S구조에서 부정극어와 그 흔적에 허가조건을 적용하면 (6-7)과 같은 뒤섞기 구문을 설명할 수 있지만, 다음과 같이 재구조화가 필요한 구문에서는 설명력이 약화될 수밖에 없다.

(8) 가. ?/*철수는 [pro[pro[pro 장에서 **아무것도** 살]수]있다고] 믿지 **않**았다
나. 철수는 [pro 장에서 **아무것도** 사려고] 하지 **않**았다
다. [[[[철수는 [pro[pro 장에서 **아무것도** 사고] 싶어] 하지 **않**았다]]]]
라. [[[[철수는 [pro[pro 장에서 **아무것도** 살] 것] 같지 **않**다]]]]

왜냐하면 이들 구문은 D구조나 S구조 상에서 부정어와 부정극어가 서로 다른 절에 있음에도 허가조건이 성립하여 정문이 되기 때문이다. 이를 위해 (5라)의 견해처럼 논리형태(Logical Form: 이하 LF)에서 허가조건을 적용해야 할 필요가 있다. 즉 이동한 부정극어의 흔적을 LF에서 복구하여 그 자질을 부정어가 허가하거나 복문의 문장을 LF에서 단문으로 재구조화하여 허가조건을 적용하는 방안이다.[5)]

2.2 선행연구의 문제점

지배개념을 이용한 논의에 문제가 없는 것은 아니다. 먼저 Kato(1991)의 기저구조에서는[6)] Neg가 I'에 부가되어 있어 주어자리는 지배할 수 있지만 목적어자리는 지배하지 못하므로, 목적어자리에 부정극어가 올 경우는 허가받지 못한다[Sohn(1996) 참조].

Laka(1990)에서는 영어와 달리 국어의 경우는 NegP가 IP 밖에 있으므로 주어자리에 부정극어가 올 수 있다고 하였다(한국어 $[_{NegP}$ Neg IP], 영어 $[_{IP}$ I NegP]. 그렇다면 국어에서 부정극어가 NegP 밖에 있는 (6-7가)의 예문은 비문이 되어야 하지만 모두 정문이다. 그리고 그의 보다 근본적인 문제는 NegP의 위치이다. 즉 왜 한국어와 영어에서 부정구의 위치가 달라야 하는가에 대한 경험적, 이론적 근거가 없다.

선행연구의 또 다른 문제점은 이들 모두 부정극어를 주어나 목적어자리에 위치하는 명사구(논항)으로 간주하고 있다는 점이다. 그러나 이러한

---

5) LF에서 단문으로 재구조화를 거치면 다음과 같은 구조가 된다.
   (가) [철수는 장에서 아무것도 사려고 하지 않았다]
   (나) [철수는 장에서 아무것도 사고 싶어 하지 않았다]
   (다) [철수는 장에서 아무것도 살 것 같지 않다]
이러한 재구조화는 주로 보조동사 구문에서 이루어지는데, 본동사와 보조동사가 LF에서 하나의 서술어로 재구조화되어 단문이 되는 것이다. 이에 대한 자세한 논의는 Ahn(1991), Yoon, J. H.(1994: 257-260)과 시정곤(1997)을 참조할 것.

6) Kato(1991)의 기저구조는 다음과 같다. $[_{IP}$ Sub $[_{I'}$ $[_{I'}$ $[_{VP}$ $[_{V'}$ Obj V] Neg] I]]]

가정은 다음과 같은 구문을 효과적으로 설명할 수가 없다.

(9) (사람들이) **아무도** 차를 **안** 샀다

뒤에서도 자세히 논의하겠지만 (9)에서 '아무도'는 주어의 기능을 하는 것이 아니며, 오히려 선행명사구 '사람들이'가 문장의 주어로 기능하고 있다.[7] (9)에서 부정어가 부정극어를 지배하므로 허가조건에는 아무 문제가 없지만 부정극어를 어떤 범주로 설정하느냐에 따라 격과 이동 등 여러 가지 문제가 야기된다.[8]

3. 점검이론과 허가조건

최소이론이 등장한 이후에 점검이론을 이용하여 부정극어의 허가조건을 제시한 논의들이 있었다. 그 가운데 주목할 만한 논의로는 Kawashima & Kitahara(1992: 이하 K-K(1992)), Lee(1993), Kim(1995), Jang(1995), Sohn(1996) 등을 들 수 있다. 이들 대부분의 주장은 부정극어의 부정자질이 부정어에 의해 점검되어야 한다는 것이다. 이 절에서는 Lee(1993), Kim(1995), Sohn(1996)의 주장과 K-K(1992), Jang(1995)의 주장을 나누어 살펴보고자 한다. 그 이유는 전자가 부정극어를 명사구로 인정한 반면, 후자에서는 부정극어를 양화사구로 인정하고 있기 때문이다.

---

7) 다만 부정극어의 통사범주 문제는 지배개념을 이용한 논의에 국한된 문제는 아니다. 이 문제는 뒤에 논의할 점검이론을 이용한 논의에도 적용되는 것이므로 지배개념 자체의 이론적 문제로 볼 수는 없다.

8) 지배개념을 이용한 논의에서 몇 가지 문제가 드러나기는 하였으나 이러한 문제들이 최소이론에서 모두 해결된 것은 아니다. 그보다는 새로운 이론이 도입되면서 새로운 개념들로 같은 현상을 새롭게 설명해 보려는 시도로 생각할 수 있다. 즉 최소이론에서는 지배개념이 핵-지정어의 점검영역으로 대치됨에 따라 새로운 틀로 부정극어 허가조건을 다시 설명해 보고자 한 것이다.

3.1 Lee(1993)의 문제점

Lee(1993)에서는 영어와 한국어의 경우 NegP 지정어자리의 성격이 다르기 때문에 부정극어가 서로 다른 양상을 보인다고 한다. 즉 영어의 경우 NegP의 지정어자리는 비논항자리(A'-position)이지만 국어의 경우는 논항자리(A-position)이며, 이 차이가 성분이동의 적절성을 판별해주는 연쇄일률성(The Uniformity of Chain) 조건에 영향을 미친다는 것이다. 다음의 예를 보자.

(10) **아무도** 촘스키를 **안** 만났다

(11) 촘스키가 **아무도** **안** 만났다

Lee(1993)에서는 영어와는 달리 국어의 NegP 지정어자리를 논항자리로 상정하고 다음과 같은 점검과정을 가정한다.[9)]

(12) [$_{AGRsP}$아무도$_1$ [$_{TP}$[$_{NegP}$ t'$_1$ [$_{AGRoP}$촘스키를$_2$ [t$_1$ t$_2$ 안 만났다]]]]]

(13) [$_{AGRsP}$ 촘스키가$_1$ [$_{TP}$[$_{NegP}$ 아무도$_2$ [$_{AGRoP}$ t'$_2$ [t$_1$ t$_2$ 안 만났다]]]]]

(14) (NPI , t' , ... , t)
A A (Neg spec) A

9) Lee(1993)에서는 영어의 경우 다음과 같이 설명하고 있다.
(가) a. **Anyone* did *not* meet Chomsky.
b. Chomsky did *not* meet *anyone*.
(나) *(NPI , t' , ... , t)
A A' (Neg spec) A
(다) (NPI , t' , ... , t)
A' (Neg spec) A A
위의 (가a)에서 부정극어 anyone은 논항자리에서 비논항자리(NegP지정어)로, 그리고 다시 논항자리(AGRsP지정어)로 이동한 것이어서 연쇄의 일률성조건을 어기므로 부적절한 이동이 되어 (가a)는 비문이 된다. (가b)는 부정극어 anyone이 논항자리에서 논항자리(AGRoP의 지정어)로, 다시 비논항자리(NegP의 지정어)로 이동하므로 적절한 이동이며, (가b)는 정문이 된다는 것이다.

(15) (NPI , t' , ... , t)
A (Neg spec) A A

(12)에서 부정극어 '아무도'는 논항자리(NegP 지정어)로 먼저 이동하여 부정자질을 점검받고, 다시 논항자리(AGRsP 지정어)로 이동하여 주격자질을 점검받는다. (13)의 경우 '아무도'는 논항자리(AGRoP 지정어)로, 다시 논항자리(NegP 지정어)로 이동하여 자질을 점검받는다. 따라서 이들의 이동은 모두 적절한 이동이므로 정문이 된다는 것이다.

그러나 Lee(1993)의 문제는 Sohn(1996)에서 지적하고 있듯이 왜 NegP 지정어자리가 매개변인(논항/비논항자리)을 이루는가에 대한 경험적, 이론적 근거를 제시하지 못한다는 점이다. 또한 Jang(1995)에서도 영어의 허사 there 구문에서 Lee(1993)의 이론적인 문제점을 지적한 바 있다.10)

3.2 Kim(1995)의 문제점

Kim(1995)의 주장은 다음과 같은 두 가지 조건으로 정리할 수 있다.

(16) ① 부정극어는 [+NPI] 자질을 가지고 있어 점검되어야 한다.
② [+NPI] 자질은 영어에서는 NegP의 지정어자리에서 점검되고, 한국어

---

10) Jang(1995)에서 지적한 문제점은 다음과 같다.
(가) **Anyone* is *not* in the room.
(나) There is *not anyone* in the room.
(다) $[_{AGRsP}$ Anyone1 $[_{TP}[_{NegP}$ t'_1 $[_{Neg'}$ not $[_{VP}$ t_1 in the room]]]]]
Lee(1993)에 의하면 (가)에서 부정극어 anyone이 이동하는 과정은 (다)와 같다. 따라서 부적절이동을 하여 비문이다. 그러나 (나)에서는 이러한 분석이 문제가 된다. (나)에서 부정극어 anyone은 LF에서 격자질을 점검받기 위해 허사 there에 부가되어 [there-anyone]의 구조를 낳는다. 즉 anyone은 논항자리인 VP내부의 주어자리에서 비논항자리인 NegP의 지정어자리로 이동하였다가 다시 논항자리인 AGRsP의 지정어자리로 이동하여 부정자질과 격자질을 점검받는다. 그렇다면 (나)의 경우 이 이동은 부적절한 이동이므로 (가)와 같이 비문이 되어야 하지만 정문이다. 따라서 Lee(1993)의 분석은 (가)와 (나)의 차이를 설명하지 못한다는 것이다.

에서는 AgrP의 지정어자리에서 점검된다.

즉 그의 조건은 국어의 경우 부정극어가 NegP 없이도 AgrP의 지정어자리에서 허가될 수 있다는 것이다. 다음의 예를 보자.

(17) 가. 영희가 **아무도 안** 만났다

나. **아무도** 영희를 **안** 만났다

(18) [$_{AGRsP}$ [$_{TP}$ [$_{AGRoP}$ [$_{VP}$ 영희가 아무도 안 만났다]]]]

(19) [$_{AGRsP}$ [$_{TP}$ [$_{AGRoP}$ [$_{VP}$ 아무도 영희를 안 만났다]]]]

위의 (18)은 부정극어 '아무도'가 목적어자리에 있는 경우인데, 이때 '아무도'는 목적격자질과 [+NPI] 자질을 각각 AgroP의 지정어자리에서 점검받는다. 이때 동사 V2 [안+만나]는 Agro로 이동하여 지정어-핵 일치조건에 의해 지정어자리의 '아무도'를 점검한다. (19)의 경우 주어자리에 있는 '아무도'는 주격자질과 [+NPI] 자질을 갖고 있으며 AgrsP의 지정어자리에서 각각 자질들을 점검받게 된다.

그러나 Kim(1995)에서도 여전히 몇 가지 문제는 남아 있다. 첫째는 매개변인 설정 문제로, [+NPI]를 점검하는 자리가 왜 영어와 한국어에서 달라야 하는가에 대한 이론적 근거가 제시되지 않았다는 점이다. 둘째는 Kim(1995)는 다음과 같은 예를 설명하기 어렵다는 점이다.

(20) (사람들이) **아무도** 차를 **안** 샀다

Kim(1995)에서는 부정극어 '아무도'가 논항이고 격자질과 부정자질을 갖고 있다고 가정하기 때문에, 위의 구조에서 '아무도'는 격자질과 [+NPI] 자질을 AgrsP의 지정어자리에서 점검받아야 할 것이다. 그렇다면 '아무도'에 선행하는 명사구 '사람들이'는 어떻게 처리하여야 할까? 만약

이중주어로 처리한다면 '사람들이' 와 '아무도'가 각각 어떤 자질을 가지며 둘 다 AgrsP의 지정어자리에서 점검받는 것일까? Kim(1995)에서는 이에 대한 답을 찾을 수 없다.

3.3 Sohn(1996)의 문제점

Sohn(1996)에서는 Chomsky(1993)의 최소이론에 입각하여 외현적 통사론(overt syntax)에서 부정자질이 점검되어야 한다고 주장한다. 다음은 그가 가정하고 있는 부정극어의 허가조건들이다.

(21) ① 한국어에는 NegP가 있다
② 일률적으로 NegP의 지정어는 비논항자리이다.
③ 형태론적 자질은 점검되어야 한다.
④ 부정극어의 [+Neg] 자질은 강한(strong) 자질이다.

이러한 허가조건이 구체적으로 어떻게 적용될 수 있는지를 살펴보자.

(22) 가. ***아무도** [존이 행복하지 **않**다고] 믿는다
나. *나는 [존이 **아무도** 때렸다고] 믿지 **않**는다.
다. **아무도**$_1$ 나는 [존이 t_1 때리지 **않**았다고] 믿는다.

Sohn(1996)에 따르면 (22가)는 강자질 [+Neg]를 가진 부정극어 '아무도'가 점검되지 않았기 때문에 비문이 된 것이며, (22나)도 내포절에 있는 '아무도'의 [+Neg] 자질이 점검되지 못하여 비문이 된다. 만약 (22나)에서 부정극어가 상위절로 이동하여 [+Neg] 자질을 점검받는다면 어순이 달라지게 되고, 그렇지 않으려면 주어 '존'도 장거리이동을 해야 하므로 비문이 된다.[11] (22다)의 경우는 내포절에서 이미 [+Neg] 자질을 점검하고 앞으로

이동한 것이므로 정문이다. 다음의 예를 보자.

(23) 가. *존은 [메리가 **아무도** 사랑한다고] 믿지 **않**는다

나. 존은 **아무도**$_i$ [메리가 t_i 사랑한다고] 믿지 **않**는다

Sohn(1996: 34-35)에서는 위의 예에서 (23가)는 비문이지만 (23나)는 정문이라고 한다. (23가)가 비문인 이유는 앞의 (22나)와 같으며, (23나)는 다음 (24)와 같은 절차를 거친다고 가정하고 있다.

(24) [$_{IP}$ 존은 [$_{NegP}$ **아무도**$_i$ [$_{CP}$ [$_{IP}$ 메리가 t_i 사랑한다고] 믿지 **않**는다]]]]

위의 구조에서 '아무도'가 NegP 지정어자리에 있는 것은 정당하므로 (23가)는 정문이라는 것이다. 그러나 여기에서 고려해야 할 문제는 (23나)가 과연 문법 직관상 정문인가 하는 점이다.[12] 필자는 (23나)와 같은 문장은 어색하거나 비문으로 판단한다. (23나)와 다음의 예문들은 비교하여 보자.

(25) 가. *존은$_i$ [그가 **아무도** 사랑한다고] 믿지 않는다

나. *존은$_i$ **아무도**$_j$ [그가$_i$ t_j 사랑한다고] 믿지 않는다

11) Jang(1995)에서도 이와 비슷한 구조를 같은 방법으로 설명하고 있다.

(가) *나는 [존이 아무도 초대하였다고] 믿지 않는다.

(가)에서 부정극어가 이동하지 않고 제자리에 있으면 강한 부정자질을 점검하지 않았으므로 PF에서 구조는 붕괴될 것이다. 만약 '아무도'가 NegP 지정어자리에 가 있다면 이는 내포절의 주어가 상위문의 NegP를 넘어 갔음을 의미한다. 그러나 이 경우 내포문의 주어는 뒤섞기 이동이 불가능하다는 제약을(Saito 1985) 어기므로 비문이 된다는 것이다.

12) Jang(1995)에서도 다음의 두 문장을 모두 정문으로 인정하고 있다.

(가) 아무도$_i$ 나는 [존이 t_i 초대하였다고] 믿지 않는다.

(나) 아무도$_i$ 나는 [존이 t_i 초대하지 않았다고] 믿는다.

Jang(1995)에 의하면 위의 예 (가)(나)에서 '아무도'가 내포문에서 상위문으로 뒤섞기 이동을 할 때, 과정에서 이미 NegP 지정어자리에 들러 부정자질을 점검하였으므로 정문이 된다고 하였다. 그러나 필자의 직관으로는 (가)의 문장은 어색하거나 비문으로 생각된다.

(26) 가. *존은$_i$ [메리가$_i$ 영희에게 **아무것도** 주었다고] 믿지 않는다

나. *존은$_i$ **아무것도$_j$** [메리가$_i$ 영희에게 t_j 주었다고] 믿지 않는다

(25)-(26)은 (24)에서와 같이 내포절에 있는 부정극어가 상위문의 NegP 지정어자리에 이동한 것이므로 모두 정문이어야 하지만 이들은 모두 비문으로 판단된다. 따라서 (23나)에 대한 Sohn(1996)의 직관이 옳은 것이라면 (25)-(26)에 대해서도 일관된 설명을 해야 한다. 만약 일관된 설명이 어렵다면 (23나)의 문법성을 다시 고려할 필요가 있다.

또한 Sohn(1996)에서는 (23)-(24)와 같은 설명을 다음과 같은 문장에도 그대로 적용하고 있다.

(27) 가. 존은$_1$ **아무도$_2$** [pro$_1$ t_2 좋아한다고] 하지 않았다.

나. 존은$_1$ **아무도$_2$** [pro$_1$ t_2 도우려고] 하지 않았다.

위의 예에서 내포절의 주어는 공대명사 pro이고 목적어인 부정극어 '아무도'는 상위절의 NegP의 지정어자리로 이동하여 부정자질을 점검받을 수 있다는 것이다. 만약 (27)에서와 같이 내포절의 부정극어가 상위절의 NegP의 지정어자리로 이동하여 부정자질을 점검받을 수 있다면 다음과 같은 문장에도 그러한 설명이 적용되어야 할 것이다.

(28) 가. *영희는 [아무도 집에서 밥을 먹었다고] 믿지 않는다.

나. *[영희는 아무도$_1$ [t_1 집에서 밥을 먹었다고] 믿지 않는다]

(28나)는 내포절에 pro가 없다는 점을 제외하면 (27)과 같은 구조이다. Sohn (1996)에 따르면 pro가 없는 (28나)는 (27)과 같이 (또는 그보다 더) 좋아야 하지만 비문이다. (27)과 (28)의 차이점을 Sohn(1996)에서는 설명하지 못한다.

4. 양화사구와 부정극어

지배개념과 점검이론에서 드러난 문제를 해결하기 위해서는 먼저 부정극어의 통사범주에 대한 검토가 필요하다. 이러한 점에 주목한 논의로는 K-K(1992)와 Jang(1995)를 들 수 있는데,[13] 전자는 일본어를 대상으로 한 것이고 후자는 한국어를 대상으로 한 것이다. 이 절에서는 이들의 논의와 문제점을 지적하고 앞서 제기한 문제들이 어떻게 해결될 수 있는가를 보이기로 한다.

4.1 양화사구의 가능성

K-K(1992)에서는 적절결속조건(PBC)을[14] 이용하여 영어와 일본어에 나타난 상이한 부정극어 양상을 설명하고자 하였다. 즉 영어에서는 부정극이가 명사구이지만 일본어에서는 양화사이며, 딤 명사구(Extra NP) pro를 가진 양화사구를 이룬다는 주장이다.

먼저 영어의 경우 K-K(1992)의 견해는 Lee(1993)과 비슷하다. 부정극어 Anyone이 주어자리에 올 수 없는 현상을 부적절 이동으로 설명하고 있는 것이다(3.1 참조). 다음에서 일본어에 대한 설명을 보자.

(29) daremo kuruma-o kawa-na-katta
아무도 차-목적격 사-부정소-과거
'아무도 차를 안 샀다'

위의 예에서는 '아무도'가 주어 위치에 와 있으나 영어와는 달리 정문이

13) 물론 이들은 넓은 범위에서 점검이론에 기댄 연구들이지만 통사범주 문제를 부각시키기 위해서 본고에서는 별도의 장으로 다루었다.

14) May(1977)의 PBC 제약은 다음과 같다.
The Proper Binding Condition: a trace must be bound

다. 만약 이들 구조가 영어와 같다면 부적절 이동으로 비문이 되어야 할 것이다. 그러나 이와 같은 비대칭성을 극복하기 위해 K-K(1992)에서는 영어와 달리 일본어의 경우 다음과 같은 덤 명사구구조를 가정하고 있다.

(30)

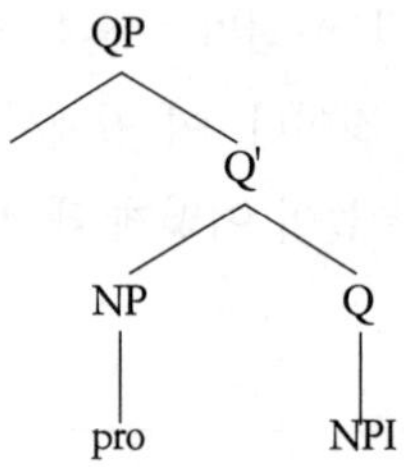

위의 구조에서 부정극어는 명사구로서 주어자리에 있는 것이 아니라 양화사이며 주어자리는 비어 있는 명사구(pro)가 위치하며, 전체구조는 양화사구(QP)를 이룬다. 이러한 주장은 다음과 같은 문장의 유사성을 제대로 포착해 주는 듯하다.

(31) **아무도** 차를 안 샀다

(32) 학생들이 **아무도** 차를 안 샀다

K-K(1992)에 따르면 위의 두 문장은 같은 기저구조를 갖는 것으로 이해된다. 다음의 구조를 보자[K-K(1992: 6-7)].

(33) gakusei-ga daremo kuruma-o kawa-na-katta
학생-주격 아무도 차-목적격 사-부정소-과거
'학생들이 아무도 차를 안 샀다'

(34) pro daremo kuruma-o kawa-na-katta
아무도 차-목적격 사-부정소-과거
'아무도 차를 안 샀다'

(33)은 비어 있는 명사구자리에 일반명사가 삽입된 예이며, (34)는 빈 명사구가 상정된 예이다. (34)에서 부정극어 '아무도'가 허가받는 절차를 보이면 다음과 같다.

(35) $[_{AGRsP}$ pro_1 $[_{NegP}$ $[_{QP}$ t_1 아무도$]_2$ $[_{AGRoP}$ 차를$_3$ $[_{VP}$ $[t_2]$ $[t_3]$ 안 샀다$]]]]$

위의 구조에서 pro는 VP 지정어자리에서 AGRsP 지정어자리로 가서 주격자질을 점검받으며, pro가 빠져 나간 나머지 양화사구 $[_{QP}$ t_1 아무도$]$는 NegP 지정어자리로 이동하여 부정극어 '아무도'가 Neg에 의해 부정자질을 점검받게 된다. 이러한 이동과정은 합법적인 이동이며 적절결속조건도 위반하지 않는다.

4.2 몇 가지 증거들

Jang(1995)에서도 국어의 부정극어는 유동 양화사(floated quantifier)로[15] 설정될 수 있음을 보이고, 점검절차로는 Sohn(1996)과 같은 입장을 취한다. 즉 국어의 경우 부정자질 [+Neg]가 강하여 외현적 통사론에서 자질을 점검받고 영어의 경우는 부정자질이 약하여 내재적 통사론(covert syntax)에서 자질을 점검받는다고 하였다. 여기에서는 Jang(1995)에서 제시한 부정극어의 유동 양화사 설정 근거를 보이고자 한다.

먼저 첫번째 증거로 분포상의 유사성이다. 즉 국어의 부정극어는 유동양화사와 같은 분포를 보인다.

---

15) 다음 (가)에서 주어 위치의 양화사 all은 자유롭게 조동사 다음으로 이동할 수 있는데, 이러한 요소를 유동양화사라고 한다. [영어학사전 p.1010]

(가) a. *All* the men have found their way home.

b. the men have *all* found their way home.

(36) 가. 학생이 세명(이) **다** 왔다.

나. *학생이 **다**$_i$ 세명(이) t_i 왔다.

다. *학생이 세명(이) **다-가** 왔다.

Jang(1995)에 따르면 (36가, 나)에서 양화사는 '유동양화사의 선행명사구 인접조건'으로 인해 수사를 넘어 앞으로 이동할 수 없다. (36다)에서는 수사에는 격이 부여되지만 양화사에는 부여될 수 없는데, 이러한 특징은 부정극어에서도 마찬가지라는 것이다.

(37) 가. 존은 아이들을 세명을 **아무도** 초대하지 않았다.

나. *존은 아이들을 **아무도**$_i$ 세명을 t_i 초대하지 않았다.

다. *존은 아이들을 세명을 **아무도-를** 초대하지 않았다.

한편 부정극어의 통사범주와 관련하여 앞서 언급한 선행연구들에서는 (Choe(1988), Suh(1990), Kato(1991), Ahn(1991), Laka(1990) Lee(1993), Kim(1995), Sohn(1996)[16] 등) 부정극어가 명사구이며 주어나 목적어로 기능한다고 하였으나 Jang(1995)에서는 다음과 같은 예를 통해 부정극어는 주어로 기능할 수 없다고 주장하였다.

(38) 아무도 안 오시었다.

(39) ?아무도 안 왔다.

위의 예에서 안 온 대상이 '선생님'이고 이야기하는 주체가 '학생'이라고 가정하면 (38)은 좋은 문장이지만 (39)는 어색한 문장이 된다. 만약 부정극

16) Sohn(1996)에서도 부정극어가 전적으로 논항이라고 주장한 것은 아니며, 논항적인 성격을 갖는 것과 비논항적 성격을 갖는 것으로 나누어 고찰하고 있다(논평자의 지적에 감사한다).

어가 주어라면 두 문장의 차이를 설명할 방법이 없다. 이러한 증거들은 국어의 부정극어가 명사구가 아니며 주어나 목적어로 기능하고 있지 않음으로 보여주는 것이다.

4.3 K-K(1992)의 문제점

그러나 국어 부정극어의 통사범주와 그 부정자질의 점검절차를 보다 설득력 있게 설명하기 위해서는 이들에 나타난 몇 가지 문제를 극복해야만 한다. 먼저 K–K(1992)의 이론적 문제점이다. K–K(1992)의 논의에서 부정극어가 주어 위치에 있는 경우는 앞서 본 대로 문제가 없으나 목적어 위치에 있을 때는 문제가 일어난다. 다음의 예를 보자.

(40) 존은 아무것도 안 샀다.

(41) 존은 pro 아무것도 안 샀다.

K–K(1992)에 의하면 위의 기저구조는 다음과 같이 상정된다.

(42) [$_{AGRsP}$ 존$_1$ [$_{NegP}$ [$_{QP}$ t_2 아무것도]$_3$ [$_{AGRoP}$ pro$_2$ [$_{VP}$ t_1 [t_3] 안 샀다]]]]

엄밀한 의미에서 위의 구조에서 NegP 지정어자리에 있는 pro의 흔적 t2는 선행사의 점검영역을 벗어나 있기 때문에 점검되지 못한다. 따라서 PBC를 위반하게 되고 이 문장은 비문이 되어야 하지만 매우 자연스러운 문장이다. K–K(1992)에서는 이를 위해 점검영역을 조정하여 위의 구조에서도 선행사 pro가 자신의 흔적 t_2를 점검할 수 있다고 약정하고 있다. 그러나 이러한 약정은 이론의 타당성을 떨어뜨리는 것이다.

5. 새로운 가능성 모색

5.1 부정극어의 통사범주

본고에서는 먼저 [+Neg] 자질을 가진 부정극어가 부정어에 의해 허가된다고 가정한다. 그리고 K-K(1992)와 Jang(1995)의 논의에 따라 국어에서 '아무도' 이외에 실제로는 주어나 목적어 역할을 하는 덤 명사구(pro)가 존재한다고 가정하기로 한다. 그러나 이러한 가정들이 제대로 설명되기 위해서는 다음과 같은 몇 가지 문제를 고려해야 한다. 먼저 부정극어의 통사범주는 무엇이고(N, Q, ADV) 국어에서 부정극성을 띠는 요소는 과연 무엇인가, 그리고 K-K(1992)와 Jang(1995)의 논의대로 부정극어와 덤 명사구가 구속관계에 있는가 하는 것들이다. 여기에서는 이러한 문제에 대하여 새로운 견해를 제시하고 새로운 구조가 선행연구의 문제들을 어떻게 설명할 수 있는지를 보이기로 한다.

K-K(1992)의 기저구조($[_{QP}[_{Q'}$[NP Q]]])에서 첫째 문제는 부정극어가 양화사구의 핵 Q인가 하는 점과 둘째는 덤 명사구가 양화사구의 보어자리에 있어야 하는가 하는 점이다.

첫번째 문제와 관련하여 Sohn(1996)에서도 지적하였듯이 부정극어가 양화사구의 핵이라는 주장은 문제가 있다.

(43) 가. 아무 곳-에서-도
아무 학생-에게-도
나. 한 명-도
한 사람-도

위의 (43가)에서 알 수 있듯이 '아무 곳에서도' 류의 구성은 확장이 가능할 뿐만 아니라 구성 안에 격(처격, 여격)을 가지고 있으므로 이 구성 전체를 하나의 핵으로 볼 수는 없다. (43나)의 구성도 '수사+명사+도'의 구성을 가지므로 이 구성 전체를 핵으로 보기는 어렵다.

따라서 본고에서는 부정극어의 구조를 다음과 같이 하나의 핵이 아닌 구(phrase)로 가정한다.

(44)

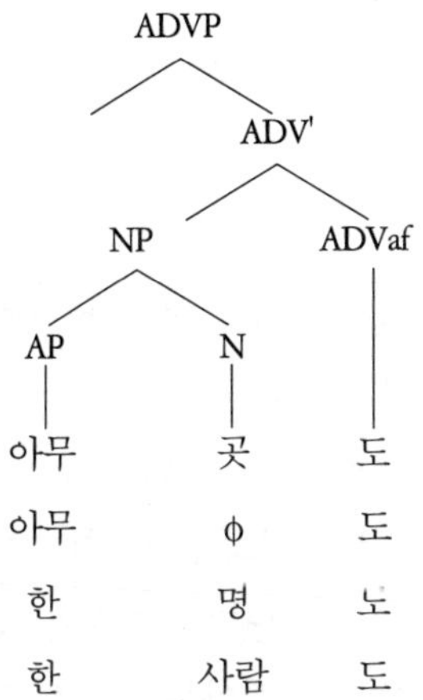

위의 구조에서 '-도'는 부사구의 핵으로 간주되고 명사구 NP는 핵 ADV의 보어로 핵을 수식하는 기능을 한다.[17)]

그렇다면 부정극성은 어떻게 도출되고 부사구 전체가 어떻게 부정극어가 되는 것일까? 우리는 이 문제의 실마리를 '-도'의 속성에서 찾고자

17) 본고에서는 '-도'의 통사범주를 잠정적으로 ADVaf로 설정한다. 이는 전통적으로 한정조사가 부사적 속성을 띠고 있기 때문이다(성광수 1979: 149-160 참조). 그러나 그 형태적, 통사적, 의미적 속성에 따라 Naf, NPI 등 다양한 범주가 상정될 수 있으며, 보어 위치에 있는 명사구 NP도 양화사구(QP) 등으로 가정할 수도 있다. 한편 본문의 구조에서 명사구에 격표지가 붙어 있는 경우는 (예를 들어 '아무 학생에게도') 격표지의 범주를 Naf으로 가정하면 NP-NP-ADV의 구조가 된다(시정곤 1994 참조). 그리고 명사구 내부 구조에서 AP를 사용한 것도 잠정적인 조치이며, 구체적인 예에 따라 수사일 경우는 NLP(Numberal Phrase)로 상정할 수도 있고, '누구의 도움도'와 같은 예에서는 NP로 상정할 수도 있을 것이다. 보다 자세한 논의는 후고로 미루기로 하고 여기에서는 대략적인 모습만을 제시한다.

한다. 국어의 한정사들이 대부분 실사의 허사화 과정의 산물이라는 점을 고려할 때, '-도'는 부사 '또(又, 亦), 더(益)'에서 허사화 과정을 거친 것이며(이기백 1975), 따라서 '-도'의 공통된 기본의미로는 [+포함] 자질을 설정할 수 있다(성광수 1979: 143).

(45) 가. 철수가 사과**도** 먹었다
　　나. 철수가 사과**도** 안 먹었다
　　다. 철수가 아무것**도** 안 먹었다

따라서 '-도'는 어떤 집합에서 원소들의 범위를 한정하여 주는 역할을 한다. 즉 '먹을것'이라는 집합을 가정할 때, 원소 X에 '-도'가 붙으면 다른 대상은 물론이고 X까지를 포함하게 됨을 의미한다. 따라서 위의 예문에서 '사과도'는 '다른 먹을것 + 사과'를 의미하고, '사과도'가 부정술어와 만나면 '~(다른 먹을것 + 사과)'의 의미를 띤다. '아무'가 '전체집합의 불특정 원소'를 가리킨다고 가정하자. 그러면 '아무것도'가 부정술어와 만나면 그 의미는 '~(전체집합의 불특정 원소)'가 되어 집합의 개체 모두를 부정하는 것이 된다. 결국 이러한 관계가 통사적으로 부정극어라는 현상으로 나타난다고 말할 수 있다.[18]

이러한 점들을 고려한다면 엄밀한 의미에서 '-도'가 부정극성[+NPI]의 자질을 갖는다기보다는 [+포함]의 자질을 갖으며, 이것이 '불특정 개체'를 뜻하는 '아무'류와 결합하여 부정술어를 만나면 부정극성[+NPI]의 자질을 띠게 된다고 가정하는 것이 옳을 것이다.[19] 이러한 가정의 타당성은

---

18) 박승윤(1997)에서도 '밖에'의 문법화 과정을 설명하면서 '밖에'가 부정술어와 만날 때 왜 항상 한정의 의미를 지니는가에 대해 논의하고 있다.

19) 성광수(1979)와 홍사만(1983)에서는 '-도' 뿐만 아니라 '-조차, -마저' 등도 다음에서 볼 수 있듯이 부정극성을 띠고 있다고 한다. [홍사만(1983: 159-164)].

(가) 더 말할 나위{도/조차} {없다/*있다}
　　그럴 필요{도/조차} {없다/*있다}
　　말할 기력{도/조차} {없다/*있다}

'X-도'가 문맥에 따라 부정극성과 긍정극성을 모두 띨 수 있는 다음과 같은 예에서도 입증된다. [이환묵(1982: 65)].

(46) 가. 철수는 [가장 어려운 문제]**도** 풀 수 있다.
나. 철수는 [가장 쉬운 문제]**도** 풀 수 없다.
(47) 가. 영희는 [가장 나쁜 옷]**도** 잘 어울린다
나. 영희는 [가장 좋은 옷]**도** 어울리지 않는다.
(48) 가. [바보]**도** 그런 것은 알 수 있다.
나. [천재]**도** 그런 것은 알 수 없다.

위의 (46-48가)에서 'X-도'는 긍정극어를, (46-48나)에서는 부정극어를 나타낸다. 이는 '-도' 자체가 부정극성이나 긍정극성을 갖고 있다기보다는 'X-도' 전체가 극성의 의미를 갖고, 어떤 술어를 만나느냐에 따라 [긍정]과 [부정]이 결정된다고 보아야 한다.

다음으로 덤 명사구 위치와 관련하여 본고에서는 K-K(1992)와 달리 덤 명사구 pro는 부정극어 구성 ADVP 안에 있는 것이 아니라 밖에 있는 것으로 가정한다. Jang(1995)에서는 K-K(1992)와 유사하게 부정극어와 덤 명사구의 결속성을 주장하였다. 즉 다음의 예에서처럼 양화사나 부정극어는 핵명사를 넘어 뒤섞기이동을 할 수 없다는 것이다.

(49) 가. 존이 책을 **다** 읽었다.
나. ***다**$_i$ 존이 책을 t_i 읽었다.
(50) 가. 존이 아이들을 **아무도** 초대하지 **않**았다.
나. ***아무도**$_i$ 존이 아이들을 t_i 초대하지 **않**았다.

누구의 도움{도/조차} {없다/*있다}
놀 사이{도/조차} {없다/*있다}

위의 구조에서 (49나)와 (50나)가 비문인 것은 양화사나 부정극어가 핵명사를 넘어 뒤섞기이동을 하였기 때문이라고 하고, 다음과 같은 예는 '아무도'가 아니라 [pro 아무도] 전체가 이동한 것이므로 정문이라고 주장하였다.

(51) 가. 아무도$_i$ 존이 t_i 초대하지 않았다.
나. [pro 아무도]$_i$ 존이 t_i 초대하지 않았다.

만약 이러한 설명이 문제가 없다면 이들은 부정극어와 덤 명사구의 결속성을 뒷받침할 수 있는 근거가 될 수 있을 것이다. 그러나 본고에서는 (49나)와 (50나)의 문법성을 재고해야 한다고 생각한다. 다음의 예를 보자.

(52) 가. 존이 책을 {한권도/조금도} 안 읽었다.
나. 존이 {한권도/조금도}$_i$ 책을 t_i 안 읽었다.
다. {한권도/조금도}$_i$ 존이 책을 t_i 안 읽었다.
라. 존이 책을 t_i 안 읽었다. {한권도/조금도}$_i$

위의 예에서는 부정극어가 선행 핵명사의 구속없이 자유롭게 이동할 수 있다. 또한 다음의 예도 이러한 견해를 뒷받침해 준다.

(53) 가. 사람들이 **아무도** 안 왔다.
나. 사람들이 t_i 안 왔다. **아무도**$_i$
다. **아무도**$_i$ 사람들이 t_i 안 왔다.

위의 예에서 '아무도'는 자유롭게 전치와 후치이동이 가능하다. 'pro 아무도 안 왔다'라는 문장을 고려하면 위의 예에서 'pro'에 해당하는 명사구가 '사람들이'이며 따라서 '*사람들이 pro 아무도 안 왔다'라는 문장은 성립하지 않을 것이다. 따라서 (53나, 다)는 (51)과 같이 [pro 아무도] 전체가 이동한 것이 아니라 '아무도'만 전치하거나(53다) 후치한 것이다(53나). 이러한 가정이 옳다면 우리는 부정극어 구성과 덤 명사구가 서로 독립적인 구조를 이루고 있다고 말할 수 있다.

5.2 점검이론에 기댄 가능성

이제는 앞에서 논급했던 본고의 가정을 정리하고, 새로운 허가조건이 앞서 문제가 되었던 예들을 어떻게 설명할 수 있는가를 보일 차례이다. 먼저 점검이론에 기대어 볼 때, 본고는 다음과 같은 가정을 제안한다.[20)]

(54) 가. 외현적 통사론에서 [+Neg] 자질을 가진 부정극어는 부정어에 의해 그 자질이 점검된다. [K-K(1992)와 Jang(1995) 참조]

나. 부정극어의 통사범주는 ADVaf이며, ADVP를 형성한다.

다. 덤 명사구(pro)가 존재하지만 부정극어구 ADVP와는 구속되지 않는다.

그러면 위의 가정들이 문제가 되는 문장을 어떻게 설명하는가를 보자.

(55) 가. **아무도 안** 왔다.

나. pro **아무도 안** 왔다.

다. [$_{AGRsP}$ pro$_1$ [$_{NegP}$ 아무도$_2$ [$_{VP}$ t$_1$ t$_2$ 안 왔다]]]]

위와 같은 구성에서 주어는 'pro'이고 부정극어는 '아무도'이다. 이때 VP 지정어자리에 있는 pro는 AGRsP의 지정어자리로 이동하여 주격자질을 점

20) 물론 본고에서 제시한 새로운 부정극어의 통사범주와 덤 명사구와의 관계를 전제로 하면 지배개념을 이용해서도 부정극어의 허가조건을 설명할 수 없는 것은 아니다. 그러나 최소이론 내에서는 지배개념에 의거한 설명은 이론적 의미가 상대적으로 약화되므로 본고에서는 점검이론을 중심으로 새로운 가능성을 모색해 본다.

검받고, VP 부가어(ADJUNT) '아무도'는 NegP의 지정어자리로 이동하여 [+Neg] 자질을 점검받아 좋은 문장이 된다. 이제는 K-K(1992)에서 적절결속조건(PBC)에 문제가 되었던 다음의 구조를 보자.

(56) 가. 존은 **아무것도 안** 샀다.

나. 존은 pro **아무것도 안** 샀다.

다. [$_{AGRsP}$ 존$_1$ [$_{NegP}$ 아무것도$_3$ [$_{AGRoP}$ pro$_2$ [$_{VP}$ t_1 t_2 t_3 안 샀다]]]]

K-K(1992)에서는 pro가 부정극어 양화사구에 구속되어 있어 pro의 흔적도 양화사구와 함께 이동하여 적절결속조건(PBC)을 위배하는 문제가 일어나 불가피하게 점검영역을 조정하는 약정을 가정하여야 했다. 그러나 위의 (56)에서 보듯이 본고의 가정에 따르면 pro와 '아무것도'는 함께 묶이지 않으므로 각각 따로 필요한 자리로 이동하여 자질을 점검받을 수 있기 때문에 점검영역을 조정하는 약정이 필요없다. 또한 본고의 가정은 이중 부정극어 구문에도 적용될 수 있다.

(57) 가. **아무도 아무짓도 안** 했어요

나. pro **아무도** pro **아무짓도 안** 했어요

(58) [$_{AGRsP}$ pro$_1$ [$_{NegP}$ [아무도$_2$-아무짓도$_4$] [$_{AGRoP}$ pro$_3$ [$_{VP}$ t_1 t_2 t_3 t_4 안 했어요]]]]

(57나)는 (57가)의 기저구조이며, (58)은 점검절차를 보인 것이다. K-K(1992)에 의하면 이중 부정극어 구문은 PBC를 위반하게 되지만, 본고의 가정에 의하면 덤 명사구와 부정극어는 서로 구속되지 않으므로 자유롭게 각자 필요한 지정어자리로 이동하여 자질을 점검받을 수 있다. 이때 NegP의 지정어자리는 [[아무도]-아무짓도]와 같은 부가구조를 이룬다고 가정한다.

6. 남은 문제: 예외적 격표시 구문과 부정극어

이제까지 본고에서는 부정극어의 허가조건에 대해 선행연구를 검토하고 부정극어의 통사범주를 새롭게 상정하고 선행 문제점을 극복할 수 있는 가능성을 점검이론을 중심으로 모색해 보았다. 마지막으로 이 장에서는 남은 문제로 예외적 격표시 구문과 부정극어의 허가조건을 논의하기로 한다.

6.1 선행연구의 문제점

소위 예외적 격표시(ECM) 구문에 대해서는 이제까지 많은 논란이 있었지만 순수한 통사론의 입장에서는 여전히 문제로 남아 있는 것이 사실이다. 다음의 예를 보자.

(59) 철수는 [영희를/영희가 천재라고] 생각하지 않는다.

(60) 철수는 [**아무도** 천재라고] 생각하지 **않**는다.

이러한 구문을 설명하기 위하여 Choe(1988), Ahn&Yoon(1989: 81-82), Yoon (1990)에서는 내포절에서 AGRs(-시-)의 존재 여부를, Ahn(1991)에서는 내포절의 시제(Tense)여부를 제시하였다. 즉 내포절이 [+Tense]를 가지면 그 INFL([+Tense])은 예외적 격표시를 유인하지 못한다는 것이다.

(61) 철수는 [선생님{이/을} 천재이었다]고 믿는다

(62) 철수는 [선생님{이/을} 천재이셨다]고 믿는다

그러나 위의 예에서 알 수 있듯이 이들의 설명은 그리 타당성이 없어 보인다. 점검이론에 기댄 부정극어의 선행연구에서도 예외적 격표시 구문

에 대한 주장과 문제점을 찾아 볼 수 있다. 특히 Lee(1993)에서는 예외적 격표시 구문에 대해서는 이렇다할 해결책을 제시하지 못한다.

(63) 영희가 [아무도 행복하-다-고] 믿지 않는다

Lee(1993)에서는 위의 구문을 부정사(non-finite) 구문으로 가정하고 Ahn (1991)에서처럼 내포절에 시제가 없기 때문에 '아무도'가 상위절의 서술어와 연결되는 것으로 설명하고 있으나, 앞의 (61-62)와 시정곤(1992), 그리고 Kim(1995: 259)에서도 지적한 바와 같이 내포절에 시제가 있는 경우도 좋은 문장이므로 Lee(1993)의 주장은 문제가 있다.21)

한편, 이에 대한 Kim(1995)의 설명도 명확하지 않다. Kim(1995: 258)에서는 이에 대해 구체적인 설명보다는 서술어 통합의 가능성만을 제시하고 있다. 즉 핵 이동을 통해 [행복하+믿지않]이라는 통합동사가 형성되고 이때 부정극어 '아무도'는 통합동사에 의해 허가될 수 있다는 가능성을 제시하고 있다. 그러나 이러한 과정에서는 '아무도'의 격자질 점검의 위치(내포절 또는 상위절)과 순서(동사통합 이전 또는 이후) 등을 구체적으로 알 수 없다.22)

예외적 격표시 구문과 관련하여 Sohn(1996: 57-59)에서는 다음과 같은

---

21) 특히 다음과 같이 내포절에 과거를 나타내는 부사가 있을 경우에도 내포절에 시제가 개입될 수 있다.
(가) 선생님은 [학생들이 과거에 문제아-였-다-고] 믿지 않는다.
(나) *선생님은 [학생들이 과거에 문제아-라-고] 믿지 않는다.
위의 예에서 (가)는 정문이지만 (나)는 비문이다. Lee(1993)의 주장은 이러한 차이를 설명할 수 없다.

22) 만약 동사통합 전의 구조를 가정하면 위의 구조에서 '아무도'는 내포절의 AgrsP 지정어자리에서 주격자질과 [+NPI] 자질을 함께 점검받아야 한다. 그러나 내포절에서는 [+NPI] 자질을 점검할 부정서술어가 없으므로 비문이 되어야 할 것이다. 동사통합 후의 구조를 가정하더라도 문제는 여전히 남아 있다. 즉 Kim(1995)에 따르면 '아무도'의 주격자질과 [+NPI] 자질은 상위절의 AgrsP 지정어자리에서 점검받게 될 것이다. 이때에도 이미 지정어자리에 이동해 와 있는 명사구 '영희'와 '아무도'가 어떤 관계를 맺게 되는지 문제이며, '아무도'는 격자질과 [+NPI] 자질을 모두 점검받지만 '영희'는 격자질만 점검받아야 하므로 이러한 절차는 바람직하지 못하다.

두 가지 절차를 가정하고 있다.

(64) 존은 **아무도** 천재라고 믿지 **않**는다

(65) 가. 존이 $[_{NegP}$ 아무도$_i$ $[_{CP}$ t_i...] 아니]...

나. 존이 $[_{NegP}$ 아무도$_i$ $[_{VP}$ t_i $[_{CP}$ pro_i...] 아니]...

(65가)의 구조는 부정극어 '아무도'가 내포절의 주어 위치에서 상위절의 NegP의 지정어자리로 이동한 것이고, (65나)는 (65가)와는 달리 내포절의 주어 위치에는 pro가 설정되고 상위절의 목적어 위치에 기저생성된 부정극어 '아무도'가 NegP의 지정어자리로 이동한 구조이다. Sohn(1996)에 따르면 (65)의 두 가지 절차에는 별 문제가 없다고 한다.[23] 그러나 이러한 Sohn(1996)의 절차가 옳다면 다음의 문장은 어떠한가.

(66) 가. 나는 cp[학생들이 아무도 천재라고] 생각하지 않는나.

나. 나는 학생들을 cp[아무도 천재라고] 생각하지 않는다.

(66가)는 좋은 문장이지만 (65)와 같은 누 가지 절차를 모두 고려하여 보아도 적절한 설명을 찾기 어렵다. (65)에 기대보면 먼저 부정극어 '아무도'가 일단은 상위절의 NegP 지정어자리로 이동하여야 하므로 어순을 생각하면 주어 '학생들이'가 상위절로 반드시 이동하여야만 한다. 그러나 내포절에서 이미 주격자질을 점검받은 주어 '학생들이'가 왜 상위절로 이동하여야 하는지에 대한 의문이 남는다. 또한 부정극어 '아무도'의 통사범주도 문제가 된다. 즉 (66)의 구조에서 '아무도'가 주어인지 아닌지도 문제가 된다. (66나)에서는 (65나)와 같은 절차가 고려될 수 있으나 이 방법

23) 다만 Sohn(1996: 57-59)에서는 (65가)에서 내포절의 주어인 '아무도'가 상위절의 NegP 지정어 자리로 이동할 때 비논항 이동의 문제가 야기될 수 있다고 지적하고 있다. 이러한 문제가 해결된다면 (65가)의 절차도 가능하다고 한다.

에도 장거리 이동이라는 문제가 발생한다.[24)]

K-K(1992)에서는 예외적 격표시 구문의 경우 Choe(1988)에서처럼 내포절의 상태동사 제약을 가정하고 있다.[25)] K-K(1992)에서는 부정극어가 포함된 예외적 격표시 구문의 구조를 다음과 같이 가정한다. [K-K(1992)의 예문 (30)]

(67) 가. *John-ga [$_{CP}$ Mary-no tomodachi-ga daremo tensai-da-to]
존-주격 메리-소유격 친구(들)-주격 아무도 천재-이-Comp
omwa-na-katta
생각하-부정소-과거
'존은 메리의 친구가 아무도 천재라고 생각하지 않는다.'

나. John-ga Mary-no tomodachii-o daremo [CP proi
존-주격 메리-소유격 친구(들)-목적격 아무도 천재-이

---

24) 즉 (65나)를 고려하면 내포절의 부정극어 '아무도'는 상위절의 VP와 AgroP의 지정어자리를 넘어 NegP의 지정어자리로 이동하여야 하는 부담이 있다. 그러나 이러한 절차에서 장거리 이동의 문제가 해결되어 자질점검이 성공적으로 이루어진다고 하더라도 가장 중요한 어순 문제와 단일 동사의 논항구조 문제에 부딪치게 된다. 즉 NegP는 VP와 AgroP보다 상위에 있다는 점을 고려할 때, (66나)에서 앞서 가정한 대로 자질점검이 이루어진다고 하더라도 그 어순은 '*나는 아무도 학생들을 천재라고 생각하지 않는다'가 될 것이기 때문이다. 또한 (66나)의 기저구조를 (65나)로 간주한다면 서술어 '생각하다'는 서로 다른 두 가지 논항구조를(2항, 3항) 가져야 하는 문제가 있다.

25) K-K(1992)에서 가정하는 예외적 격표시 구문의 기저구조는 다음과 같다. [K-K(1992)의 예문 (28)-(29)]

(가) a. John-ga Mary-no tomodachi-ga tensai-da-to omwa-na-katta
존-주격 메리-소유격 친구(들)-주격 천재-이-Comp 생각하-부정소-과거
'존은 메리의 친구가 천재라고 생각하지 않는다.'

b. John-ga Mary-no tomodachi-o tensai-da-to omwa-na-katta
존-주격 메리-소유격 친구(들)-목적격 천재-이-Comp 생각하-부정소-과거
'존은 메리의 친구를 천재라고 생각하지 않는다.'

(나) a. John-ga [$_{CP}$ Mary-no tomodachi-ga tensai-da-to] omwa-na-katta

b. John-ga Mary-no tomodachii-o [$_{CP}$ pro$_i$ tensai-da-to] omwa-na-katta

K-K(1992)에서는 위의 구문을 Kuno(1976)을 따라 목적격조사가 내포절을 강조(topic)하는 것으로 가정하면서, 이때 목적격이 붙는 명사구는 상위절에서 '생각하다'의 논항으로 기저 생성된다고 가정하고 있다.

tensai-da-to] omwa-na-katta

-Comp 생각하-부정소-과거

'존은 메리의 친구를 아무도 천재라고 생각하지 않는다.'

K-K(1992)에 의하면 (67가)는 비문이고[26] (67나)는 정문이다. (67가)에서는 부정극어 daremo가 부정자질을 점검받기 위해 상위문의 NegP의 지정어자리로 이동하게 되고 이때 장거리 이동 제약을 위반하므로 비문이 된다고 하며, (67나)에서는 상위절에 기저생성된 양화사구 '[메리의 친구를 아무도]'가 NegP의 지정어자리로 단거리 이동을 하여 부정자질을 점검받고(외현적 통사론에서), [메리의 친구를]은 LF에서 AgroP 지정어자리로 이동하여 목적격 자질을 점검받으므로 (앞서 지적한 바와 같이 점검영역 조정이라는 문제점은 있으나) 별 문제가 없다는 것이다.

그러나 이러한 기저구조 설정과 이동의 절차는 K-K(1992)에 지적한 바와 같이 내포절의 동사가 상태동사일 때만 가능하다. 다음의 문장을 보자.

(68) ?/*John-ga proi daremo [$_{CP}$ pro$_i$ kuruma-o kat-ta-to] omwanakatta

'존이 아무도 차를 샀다고 생각하지 않는다.'

만약 (68)의 구성을 (67나)와 비교하여 보면, 이때도 덤 명사구를 포함한 부정극어 양화사구는 상위절에 기저 생성되고 이동할 때에도 단거리 이동을 하므로 정문이 되어야 하지만 비문이 된다. K-K(1992)에서의 문제는 부정극어 양화사구의 경우 내포절 동사가 상태동사일 때는 반드시 상위절에 기저 생성되어야 하고 비상태동사일 때는 반드시 내포절에 기저 생성되어야 한다는 점이다.

---

26) 국어의 경우 이 예문도 필자의 직관으로는 그리 나쁘지 않다.

(69) *영희는 [아무도 집에서 밥을 먹었다고] 믿지 않는다.

K-K(1992)에 의하면 (69)의 기저구조로 (70나)는 불가능하고 (70가)만 가능하다.

(70) 가. *영희는 [pro 아무도 집에서 밥을 먹었다고] 믿지 않는다.
　　나. *영희는 pro_i 아무도 [pro_i 집에서 밥을 먹었다고] 믿지 않는다.

6.2 통사론의 한계

앞에서 제기한 대로 국어의 부정극어의 통사범주를 ADV로 가정하고 자유로운 덤 명사구(pro)를 가정할 때, 예외적 격표시 구문의 경우는 점검이론보다 지배개념이 더 많은 설명력을 가져다 주는 것같다. 예를 들어 점검이론에 기대보면 앞서 선행연구의 문제점에서 지적하였듯이 항상 부정극어와 덤 명사구가 상위절에 기저 생성되어야 하는 특이한 기저구조를 상정해야 하는 부담이 있다. [예문 (70)참조] 즉 예외적 격표시 구문에서 부정극어가 내포절에 있다고 가정하면 (70가)와의 차이를 설명할 수 없고 다음과 같이 덤 명사구에 일반명사구가 오는 구조에서는 왜 '아무도'가 상위절의 NegP 지정어자리로 이동하여야 하는가에 대한 설명의 어려움이 있다.

(71) 가. 나는 cp[학생들이 **아무도** 천재라고] 생각하지 **않**는다.
　　나. 나는 cp[학생들을 **아무도** 천재라고] 생각하지 **않**는다.

그러나 지배개념을 이용하면 이러한 문제가 해결될 수도 있다. LF에서의 지배개념에 기대면 (71가)의 경우 '아무도'는 LF에서 CP의 지정어자리로 이동하여 상위절의 부정어에 의해 지배된다고 할 수 있고, (71나)는 '학생들'이 CP의 지정어자리로 이동하여 상위절의 서술어에 의해 목적격을 부여받고 LF에서 '아무도'가 CP의 지정어자리로 부가이동하여 상위절의 부정어에 의해 부정자질을 허가받는다고 할 수 있다. 지배개념의 장점은 예외적 격표시 구문(71)과 일반 내포절(69)의 기저구조를 같이 상정할 수 있다는 데 있다. 따라서 우리는 앞서 제시한 (69)의 기저구조로 (70나)와 같이 특이한 별도의 구조가 아닌 일반적인 (70가)의 구조를 상정할 수 있다.

물론 이때에도 문제는 남아 있다. 위의 (70가)에서는 내포절 동사의 속성상 (71)과는 달리 '아무도'가 LF에서 CP의 지정어자리로 이동하지 못해 비문이 되었다고 설명할 수 있다. 따라서 이와 같이 지배개념을 이용하면 단일한 동사의 단일 기저구조를 상정할 수 있는 장점은 있으나 예외적 격표시 구문에서 서술어의 속성 제약은 여전히 지켜야 하는 문제가 남는다.

‖ 참고 문헌 ‖

박승윤. 1997. "'밖에'의 문법화 현상", 「언어」 22-1, 57-70.
박영순. 1993. 「현대 한국어 통사론」, 서울: 집문당.
성광수. 1979. 「국어 조사 연구」, 서울: 형설출판사.
시정곤. 1992. "국어의 기능범주에 대하여", 「국어학연구백년사」 1, 서울: 일조각, 218-31.
시정곤. 1994. 「국어의 단어형성 원리」, 서울: 국학자료원.
시정곤. 1997. "국어의 부정극어에 대한 연구", 「국어국문학」 119, 49-78.
이관규. 1986. 「국어 보조동사 연구」, 고려대 석사학위논문.
이기백. 1975. "국어 조사의 사적 연구", 「어문논총」(경북대) 9-10, 1-92.
이환묵. 1982. 「국어함수표현에 관한 연구:아니, 또, 도」, 서울대 박사학위논문.
임홍빈. 1987. "국어 부정문의 통사와 의미", 「국어생활」 10, 72-99.
홍사만. 1983. 「국어특수조사론」, 서울: 학문사.

Ahn, H. D. 1991. *LIGHT VERBS, VP-MOVEMENT, NEGATION AND CLAUSAL ARCHITECTURE IN KOREAN AND ENGLISH*, Doctoral dissertation of Univ., of Wisconsin. Hanshin Publishing Co.

Choi, H. S. 1988. *Restructuring Parameters and Complex Predicates; A Transformational Approach*, Doctoral dissertation of MIT. Hanshin Publishing Co.

Choi, K. Y. 1991. *A Theory of Syntactic X^0-subcategorization*, Doctoral dissertation of University of Washington. Thaehaksa.

Chomsky, N. 1993. "A Minimalist Program for Linguistic Theory", *The View from Building* 20, MIT Press, 1-52.

Jang, Y.J. 1995. "Floated Quantifiers, NPIs, and Move-F Theory", ms at Harvard University.

Kato, Y. 1991. "Negative Polarity in Japanese and the Levels of Representation", in *Tsuda Review*, No.36.

Kawashima & Kitahara. 1992. "Licensing of Negative Polarity Items and Checking Theory-A Comparative Study of English anf Japanese", appear in *Proceedings of FLSM 3*.

Kim, S-W. 1995. "The Negative Polarity Item Licensing in Korean: An Alternative to NegP", *Studies in Generative Grammar*. Vol. 5. No. 1, 239-63.

Kuno, S. 1976. "Subject Raising", in M. Shibatani ed., *Syntax and Semantics 5: Japanese Generative Grammar*, Academic Press, New York.

Kuno, S. 1994a. "Negative Polarity Items in Japanese and English", ms. at Harvard University.

Kuno, S. 1994b. "Negative Polarity Items in Korean and English", paper in Korean workshop at SOAS.

Laka, I. 1990. *Negation in Syntax.: On the Nature of Functional Categories and Projections*, Doctoral dissertation, MIT.

Lee, K. R. 1993. "NPI Licensing and the Domain of A-Movement", *HARVARD STUDIES IN KOREAN LINGUISTICS* V, Hanshin publishing, 389-400.

Saito, M. 1985. *Some Asymmetries in Japanese and Their Theoretical Implications*, Doctoral dissertation, MIT.

Sohn, K-W. 1996. *Negative Polarity Items, Scope, and Economy*, Doctoral dissertation, University of Connecticut. Thaehaksa.

Sportiche, D. 1988. "A Theory of Floating Quantifier and Its Corollaries for Constituent

Structure", *Linguistic Inquiry* 19, 425–49.

Suh, J-H. 1990. *Scope Phenomena and Aspects of Korean Syntax*, Doctoral dissertation, University of Southern California.

Yoon, James H. 1994. "Korean Verbal Inflection and Checking Theory", *MITWP in Linguistics Volume* 22, 251–70.

Yoon, J-Y. 1990. *Korean Syntax and Generalized X-Bar Theory*, Doctoral dissertation of University of Texas at Austin, Hanshin Publishing Co.

(1997, 「언어」 22-3)

극성(極性)의 의미론적 조건에 대하여

1. 문제제기

본 연구는 국어의 극성(極性 Polarity)의 의미론적 개념을 고찰하는 것을 목적으로 한다. 특히 양보와 함의를 중심으로 극성의 의미론적 조건을 접근해 보고, 나아가 부정의 의미와의 관련성도 언급하기로 한다. 극성의 의미론적 접근이 필요한 이유는 그 동안 극성에 대한 연구는 부정극어 논의를 통해 간접적으로 언급된 바 있으나, 극성의 개념과 성립 원인, 그리고 표지 등에 대해서는 본격적인 논의가 이루어지지 않았기 때문이다. 극성을 나타내는 대표적인 예는 다음과 같다.

(1) 가. 철수는 가장 어려운 문제조차 풀 수 있다.
　 나. */??철수는 가장 어려운 문제조차 풀 수 없다.
(2) 가. 철수는 가장 쉬운 문제조차 풀 수 없다.
　 나. */??철수는 가장 쉬운 문제조차 풀 수 있다.

위의 예에서 (1)은 '가장 어려운 문제'가 '없다'라는 부정어와 만나면 어색하거나 비문이 되지만(1나), '있다'라는 긍정 서술어와 만나면 정상적인 문장이 된다(1가). (2)에서는 그 결과가 반대로 나타나는데, (2가)의 경우에서처럼 '가장 쉬운 문제'가 '없다'라는 부정어와 만날 때만 정상적인 문장이 되며, (2나)처럼 '있다'라는 긍정어와 만나면 어색하거나 비문이 된다. 따라서 '가장 어려운 문제'와 '가장 쉬운 문제'는 각각 정도의 극을 나타내고 있으므로 극어(極語 Polarity Item)이라고 불리며, 이러한 극어가 가지는 특성을 극성(Polarity)이라고 한다.

그렇다면 이러한 극성의 현상은 왜 일어나는 것일까? 이 질문에 대답하고자 하는 것이 본고의 목표이다. 그리고 논의를 전개하면서 이러한 현상을 가능케 하는 의미론적인 원인은 무엇이며, 이때 나타나는 표지 '조차'는 어떠한 의미적 기능을 하고 있는 것인지에 대해서도 살펴보고자 한다. 더불어 이러한 논의를 통해 국어에서 의미적 극성의 개념이 자연스럽게 정립될 것이라 기대한다.

논의의 순서는 먼저 2장에서 양보와 함의라는 두 개념을 중심으로 논하고, '조차'에 대한 의미기능도 밝혀 본다. 3장에서는 양보와 함의가 부정과 어떤 관련이 있는지를 밝혀보며, 4장에서는 '도'의 성격과 기능에 대해 간략히 살펴보고, 마지막 5장에서는 논의를 요약하기로 한다.

2. 양보와 함의

극성의 개념을 올바로 이해하기 위해서는 먼저 등급표(scale)에 따른 양보(concession)의 개념을 이해하는 것이 필요하다. 그 이유는 극성은 양보의 개념을 통해서 나온다고 믿기 때문이다. 양보는 두 명제 사이의 관계를 기술하기 위해 도입된 개념으로, 우리에게는 양보절(concessive clause)이라는 용어로 더 익숙하게 다가온다. 전형적인 양보절의 예는 다음과 같다.

(3) 비가 오는데도 불구하고 철수는 산책을 나갔다.

'~임에도 불구하고 ~한다'라는 구문으로 요약되는 양보절은 두 문장의 의미적 관계가 서로 어울리지 않는데도 이들이 하나의 복합문장이 되었을 때 만들어진다. 이를 논리적으로 설명한다면 다음과 같다. 명제 p와 명제 q가 서로 양립할 수 없는 관계인데도 두 명제를 연결시켰을 때 바로 '양보'라는 개념이 형성된다는 것이다. 다시 위의 예를 가지고 말해본다면 '비가 온다'가 명제 p가 되고, '철수는 산책을 한다'가 명제 q가 될 것이다. 이때 '비가 온다'와 어울리는, 즉 양립가능한 명제는 '산책을 나가지 않는다'일 것이다. 그러나 위의 양보절에서 알 수 있듯이 두 명제 '비가 온다'(p)와 '산책을 나간다'(q)는 서로 어울릴 수 없는(양립불가능한) 의미관계를 맺고 있다. 그리고 이러한 전제 위에 두 문장이 연결되면 '양보'의 의미가 형성되고, 그 의미를 나타내 주는 표지가 바로 '~임에도 불구하고'라는 말이 되는 것이다. 따라서 우리는 '양보'의 개념을 다음과 같이 정의하기로 한다.

(4) 양보의 조건

의미적으로 양립불가능한 두 명제 p와 q가 서로 연결될 때 양보의미가 생겨난다.

이제 앞 장에서 제기했던 문제의 예들을 이러한 양보의 개념에 적용해 보면 다음과 같이 분석될 수 있다.

(5) 명제1: 문제가 가장 어렵다. 명제2: 철수는 문제를 풀 수 있다.
(6) 명제1: 문제가 가장 쉽다. 명제2: 철수는 문제를 풀 수 없다.

위의 예에서처럼 두 명제는 각각 서로 어울리지 않는 의미관계를 가지고 있다. (5)에서 "문제가 어려우면" "풀 수 없는" 것이 자연스러운데, "풀 수 있다"고 했으니 두 의미가 서로 양립불가능하다고 할 수 있고, (6)에서도 마찬가지의 설명이 가능하다. 다라서 이들은 양보의 기본 조건을 갖추고 있는 것이다. 그럼 이를 그림으로 보다 자세히 설명해 보기로 하자. 문제가 되는 문장 (1)-(2)는 시험문제라는 사건의 정도성을 보여 주는 것으로, 이를 문제의 난이도와 해결의 가능성이라는 측면에서 다음과 같은 두 개의 등급표(scale)로 나타낼 수 있다.

(7) 가장 어려운 문제   풀 수 없다

가장 쉬운 문제   풀 수 있다

양보의 조건의 관점에서 보면 왼쪽이 명제1의 등급표에 해당하고, 오른쪽이 명제2의 등급표라고 가정하면 된다. 여기서 우리는 이러한 사건과 서술의 연결관계를 토대로 하여 다음과 같은 두 가지 종류의 극 연결 관계를 가정해 볼 수 있다. 첫 번째 종류는 평행적 극연결이고 두 번째는 교차적 극연결이다. 먼저 전자에 대해 알아보면, 평행적 극연결은 사건의 극단과 서술의 극단이 서로 평행적으로 일대일 대응을 이루는 구도이다.

(8) 가장 어려운 문제 ↔ 풀 수 없다

가장 쉬운 문제 ↔ 풀 수 있다

즉, 이러한 구도의 결과 "가장 어려운 문제 -- 풀 수 없다"가 되고, "가장 쉬운 문제 -- 풀 수 있다"가 되어 연결의 결과 위의 (4)에서 제기한 양보의 개념이 만들어지지 못한다. 이것은 어찌 보면 지극히 당연한 일이기도 하다. 가장 어려운 문제를 풀 수 없다는 것과 가장 쉬운 문제를 풀 수 있다는 것은 지극히 당연한 사실이기 때문이다. 일대일의 평행적 극연결에서는 양보관계가 성립하지 않는다는 사실은 다음과 같은 예에서도 입증이 된다.

(9) 가. */??철수는 가장 어려운 문제{**조차**} 풀 수 없다.
　　나. */??철수는 가장 쉬운 문제{**조차**} 풀 수 있다.

위의 문장에서 '조차'가 쓰이면 모두 어색하거나 비문이 된다. '조차'에 대해서는 뒤에서 좀더 구체적으로 언급하겠지만, 양보를 나타내는 표지로서의 기능을 하기 때문에 위의 문장에서 '조차'가 사용될 수 없는 것이다. 그렇다면 양보관계는 어떻게 형성될 수 있는가? 그것은 일대일의 평행적 극연결이 아닌 교차적 극연결일 경우에 가능하다는 것이 본고의 주장이다. 교차적 극연결은 다음의 표에서와 같이 사건이나 상황의 극단과 서술의 극단이 서로 엇갈려 연결되는 구도를 말한다.

(10)
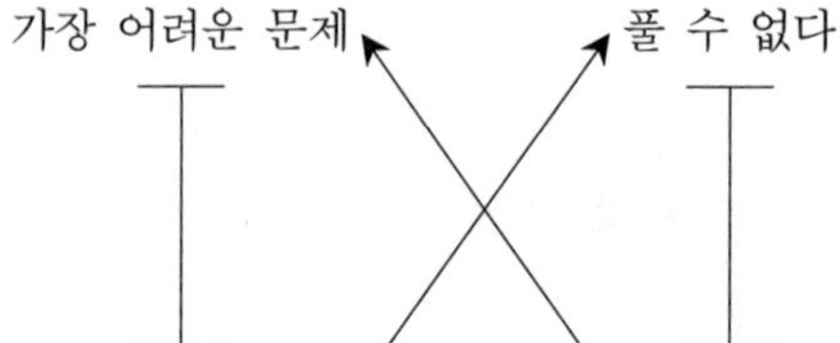

이러한 교차적 극연결의 가장 커다란 특징이 바로 양보관계가 나타난다는 점이다.

그렇다면 교차적 극연결에 의해 형성된 양보의 의미관계를 나타내는 표지는 무엇일까? 그것은 바로 '조차, 마저, 까지' 등과 같은 보조사들이다. 즉, 이들은 양보관계를 나타내는 연결소의 기능을 한다.

(11) 가. 철수는 가장 어려운 문제{**조차, 마저, 까지**} 풀 수 있다.
나. 철수는 가장 쉬운 문제{**조차, 마저, ?까지**} 풀 수 없다.

위와 같은 예에서 보듯이 {조차, 마저, 까지}는 결합어휘가 교차적 극연결의 관계를 맺고 있음을 보여 준다. 다음과 같은 평행적 극연결의 경우는 이들 보조사들의 결합이 자연스럽지 못하다.

(12) 가. 철수는 가장 어려운 문제{***조차, *마저, ??까지**} 풀 수 없다.
나. 철수는 가장 쉬운 문제{***조차, *마저, ??까지**} 풀 수 있다.

{조차, 마저, 까지}의 세 보조사가 공통적으로 교차적 극연결를 보이고 있으며, 이때 이 세 보조사와 결합된 어휘는 극어이 성격을 띤다. 특히 다음과 같은 예에서는 긍정극어를 만드는 역할을 한다.

(13) 가. 그 집은 생활이 어려워 아이들{**조차**} 돈벌이를 하고 있다.
나. 그 집은 생활이 어려워 아이들{**마저**} 돈벌이를 하고 있다.
다. 그 집은 생활이 어려워 아이들{**까지**} 돈벌이를 하고 있다.

그렇다면 이들 세 연결소는 아무 차이가 없는 것일까? 다음과 같이 이들 세 연결소를 좀더 자세히 들여다 보면 각각의 차이점을 발견할 수 있다.

(14) 가. 대학{**까지**} 졸업해 놓고 그걸 모르다니. (홍사만 1983)
나. 국민학교{**조차/마저**} 나오지 못했으니 그걸 알 수 있겠나?
(15) 가. 졸업할 때는 최고상{**까지**} 탔다.
나. 졸업할 때는 개근상{**조차/마저**} 타지 못했다.

(16) 가. 회사에{**까지**} 취직시켜 주었다.

나. 식당에{**조차/마저**} 취직시켜 주지 않았다.

(17) 가. 자취생활{**까지**} 한 사람이 밥을 못짓겠는가?

나. 하숙생활{**조차/마저**} 못한 사람이 어떻게 밥을 지을 수 있겠는가?

(18) 가. 이곳은 노인들{**까지**} 즐겨 찾는 명승지이다.

나. 이곳은 젊은이들{**조차/마저**} 찾지 않는 이름 없는 곳이다.

위이 예에서 알 수 있듯이, {까지}는 긍정극성을 나타내는 표지로서 기능이 더 강하고, {조차}와 {마저}는 부정극성을 나타내는 표지로서의 기능이 더 강하다는 차이점이 있다. 이러한 교차적 극연결의 관계는 양보 의미를 만들어내는 동시에 또 다른 의미적 개념을 생성하는데, 그것이 바로 함의(entailment)이다. 함의는 두 명제 사이의 내부관계를 기술하기 위해 도입된 개념으로, 예를 들어 명제 p가 명제 q를 함의하기 위해서는 명제 p가 참(true)일 때 반드시 명제 q도 참이어야 한다. 예를 들어보자.

(19) The king of France is bald.

(20) There exists a king of France.

위의 예에서 문장 (19)는 (20)을 함의한다. 이것은 (19)가 참이면, (20)은 항상 참이 되며, 반대로 (20)이 거짓(false)이면 (19)는 항상 거짓이 된다는 것이다. 그렇다면 이러한 함의의 개념이 양보와 극성의 개념과 어떻게 관련이 되는 것일까? 다시 극연결의 관계로 돌아가 보기로 한다. 이때 사건의 등급표에서 양극단에 있는 사건이 어떤 서술어와 만나느냐에 따라 양보가 생겨나기도 하고 그렇지 않기도 한다. 다음과 같은 평행적 극연결 관계에서는 함의가 생겨나지 않는다.

(21) 가. 철수는 가장 어려운 문제를 풀 수 없다.

나. 철수는 쉬운 문제를 풀 수 없다.

(22) 가. 철수는 가장 쉬운 문제를 풀 수 있다.

나. 철수는 조금 어려운 문제를 풀 수 있다.

위의 예에서 (21가)와 (22가)는 각각 (21나)와 (22나)를 함의하지는 않는다. 즉 (21)에서 '가장 어려운 문제를 풀 수 없다'는 문장의 의미는 '쉬운 문제도 풀 수 없다'는 것을 반드시 함의하지는 못하기 때문이다. 조금 쉬운 문제를 풀 수도 있고, 그렇지 않을 수도 있기 때문이다. (22)의 경우도 마찬가지이다.

함의는 극연결의 교차적 관계에서만 생겨날 수 있다. 앞에서 양보라는 개념도 교차적 극연결에서 나온다고 했었다. 그렇다면 양보와 함의가 아무런 차이가 없던 말인가? 그렇지 않다. 교차적 극연결의 결과라는 점에서는 유사하지만, 양보와 함의는 그 대상에서 차이가 난다. 양보는 양극단의 요소가 연결되면서, 그 연결체 자체가 갖는 의미적 관계를 말하지만, 함의는 연결체의 의미와 다른 극연결체의 의미와의 관계를 말하기 때문이다.

(23)
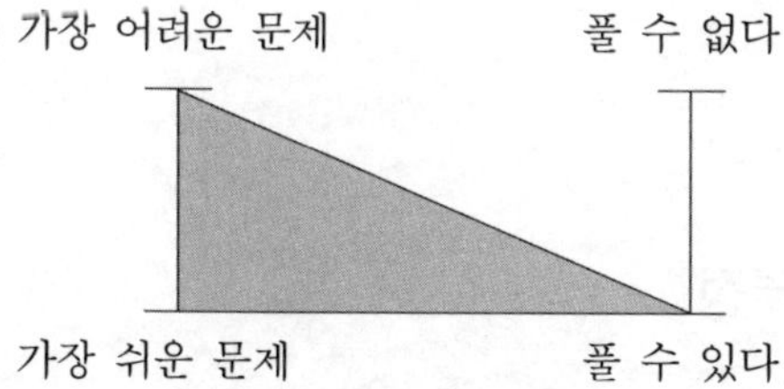

위의 그림에서 "가장 어려운 문제 -- 풀 수 있다"는 음영으로 된 나머지 부분을 함의하는 것이다. 이때 함의의 개념은 다시 두 가지로 나누어질 수 있다. 즉 '가장 어려운 문제'와 '풀 수 있다'가 연결되는 경우와 반대로 '가장 쉬운 문제'와 '풀 수 없다'가 연결되는 경우이다. 다음의 예를 보자.

(24) 가. 철수는 가장 어려운 문제를 풀 수 있다.
　　나. 철수는 쉬운 문제를 풀 수 있다.
(25) 가. 철수는 가장 쉬운 문제를 풀 수 없다.
　　나. 철수는 어려운 문제를 풀 수 없다.

위의 예에서 (가)는 (나)를 각각 함의한다고 볼 수 있다. '가장 어려운 문제를 풀 수 있다면' '쉬운 문제는 당연히 풀 수 있을 것'이라는 함의가 가능하고 '가장 쉬운 문제를 풀 수 없다면' '어려운 문제를 풀 수 없는 것'은 자연스러운 일이다. 이것을 집합의 개념으로 좀더 자세히 설명해보면, (가)의 경우는 문제의 난이도를 {0, 1, 2, 3, 4, 5}이라는 집합으로 가정할 때 (24가)는 5의 난이도를 풀 수 있으므로, 이때 함의는 자연스럽게 나머지 {0, 1, 2, 3, 4}의 문제들을 풀 수 있다는 것으로 나타낼 수 있다. (25)의 경우는 그 반대가 될 것이다.[1] 따라서 이들 개념을 다시 정리해 본다면, 교차적 극연결체의 의미적 구성이 양보라는 개념을 낳고, 그 결과 양보는 다시 함의라는 개념이 작동할 수 있는 공간을 마련해 주고 있다고 할 수 있다.

3. 직접부정과 간접부정

이제 양보와 함의의 개념이 부정의 개념과 어떤 관련이 있는지에 대해 알아보자. 우리는 앞에서 명제의 교차적 극연결이 양보와 함의관계를 낳는다고 했는데, 이때 부정 서술어와 연결된 경우 그 연결체는 전체가 부

1) 이러한 두 가지 유형의 함의를 라두소우(Ladusaw 1980)에서는 각각 상향함의(upward-entailment)와 하향함의(downward-entailment)로 부르고 있다.

정이라는 개념을 획득할 수 있게 된다. 즉, 극단에 있는 극어가 부정서술어와 결합하면서 함의를 통해 나머지 집합의 원소들도 자연스럽게 부정하는 효과를 갖는다는 것이다. 다음의 예를 보자.

(26) 가. 철수는 모든 문제를 풀 수 없다.
　　나. 철수는 가장 쉬운 문제조차 풀 수 없다.

위의 예에서 (26가)는 문제의 전체집합 모두가 부정된 셈이다. 반면에 (26나)는 교차적 극연결을 통해 양보 관계가 형성되고 다시 함의 관계가 만들어지면서 상대적으로 집합의 원소 전체가 부정되는 효과가 생긴다. 결과적으로 둘 다 부정의 대상 전체를 부정하는 셈이지만 각각 그 방법이 다른 것이다. 우리는 전자를 직접부정이라 부르고 후자를 간접부정이라고 부르기로 한다. 전자는 부정의 대상이 표면적으로 모두 부정되는 것을 말하지만, 후자는 상대적인 효과를 통해 전체 부정의 의미를 갖는다는 뜻이다. 따라서 후자의 방법이 더 강하고 극적으로 느껴지는 이유도 바로 양보와 함의관계 때문이라고 본다. 즉, 간접부정은 직설적이지 않고 한번 더 생각하게 하는 우회적 방법이기 때문에 효과는 더 극적으로 나타나는 것이다.

이것을 집합의 개념으로 좀더 자세히 설명해보면, 문제의 난이도를 {0, 1, 2, 3, 4, 5}이라는 집합으로 가정할 때 위의 예는 '0의 난이도'와 '풀 수 없다'가 만나 양보의 의미가 형성되고, 이를 통해 자연스럽게 나머지 {1, 2, 3, 4, 5}의 문제들을 풀 수 없다는 것을 함의할 수 있는 공간을 확보하게 된다. 중요한 것은 결과적으로 이러한 간접부정으로 인해 전체집합을 부정하는 전체부정의 효과를 얻었다는 점이다. 한편으로 이러한 간접부정의 방식은 일종의 강조표현과도 일맥 상통하는 측면이 있는데, 그것은 교차적 극연결, 양보, 함의를 통한 전체공간이 부정되면서 얻어지는 효과이기 때문이다. 다음의 예를 보자.

(27) 가. 학생들이 **한 명도** 오지 않았다.

나. 나는 술을 **조금도** 마시지 못한다.

위의 문장에서 '한명도'나 '조금도'는 부정서술어와만 어울리는 부정극어이다. 정도의 등급에서 제일 하단을 차지하고 있는 말이면서 부정서술어와 교차적으로 결합하였으므로 양보의 의미를 낳는다. 그러므로 '한명도'의 속구조는 '한명조차도'로 해석될 수 있고, '조금도'는 '조금조차도'의 의미를 띤다고 할 수 있다. 더불어 이 구조는 다시 함의관계가 생기기 때문에 전체부정의 효과도 나타난다. 다음의 표를 보자.

<온 학생>

(28)

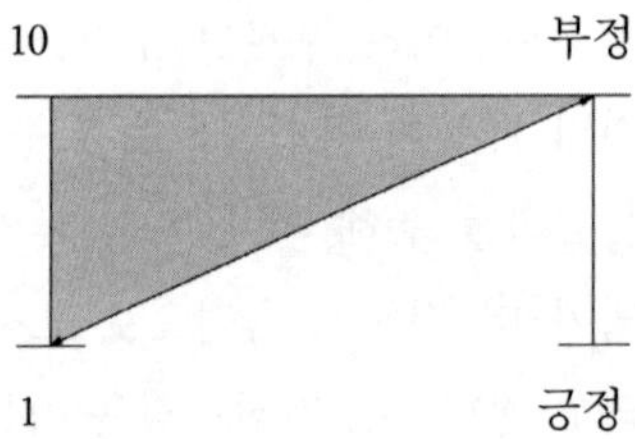

<술의 양>

(29)

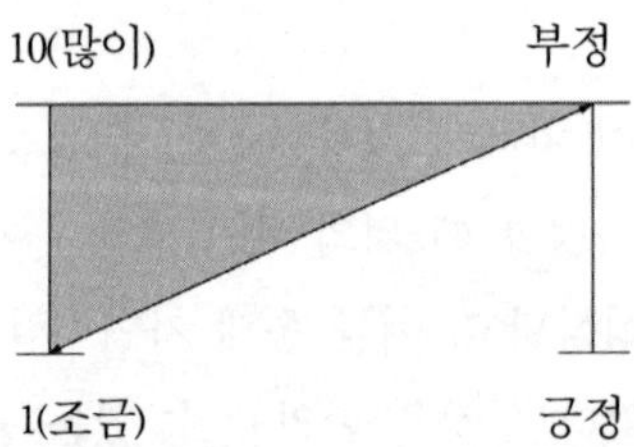

위의 도표에서 극어의 제일 하단과 서술어의 최상단의 부정이 결합하면서 양보 관계가 형성되고, 그림에서 음영으로 처리된 부분처럼 함의 관계가 형성되게 된다. 이에 따라 '온 학생'이나 '술의 양'이라는 전체집합이 상대적으로 모두 부정되어 전체부정의 효과가 생긴 것이다. 따라서 양보와 함의를 통한 부정은 간접부정이지만 직접부정과 같은 효과를 얻게 되는 것이다.

4. '도'에 대하여

그렇다면 '도'의 성격은 무엇일까? 선행연구에서 '도'를 극성을 나타내는 표지로 간주한 논의가 있다. 그러나 다음과 같은 예문에서 알 수 있듯이 {도}는 {조차, 마저, 까지}와는 달리 평행적 극연결 관계에도 나타난다는 특징이 있다.2)

(30) 가. 철수는 가장 어려운 문제{도/*조차, *마저, ??까지} 풀 수 없다.
나. 철수는 가장 쉬운 문제{도/*조차, *마저, ??까지} 풀 수 있다.

위의 예에서 {조차, 마저, 까지}와는 달리 {도}는 결합이 가능하다. 이것은 본고의 기준에 따르면 {도}가 양보를 나타내는 표지가 될 수 없으며 나아가 극성을 표시하는 표지도 될 수 없다는 것을 의미한다. 그렇다면 {도}의 역할은 무엇일까? 본고에서는 '도'를 부정극성이나 양보의 표지가 아닌, '포함'의 의미를 갖고 있는 요소로 간주하고자 한다.3) 다음의 예를 보자.

(31) 철수는 빵도 먹었다.

2) 이석규(1992)에서도 {조차, 마저, 까지} 등은 극성을 나타내지만 {도}는 모든 원소와 결합할 수 있다고 언급하고 있다.

3) '도'의 성격을 이렇게 간주한 논의도 많다. '아무도'의 '도'는 [+포함]의 의미를 갖는다고 본다(성광수 1977). '포함'에 대해서는 대부분 의견의 일치를 보인다. '도'가 [+포함]이라는 의미를 갖고 있다고 본 논의로는 Lee(1996), 시정곤(1997ㄴ) 등이 있다.

위의 예에서 '도'는 선행하는 '빵'을 서술 대상으로 '포함'한다는 의미를 갖는다. 이때 포함이라는 말은 단순히 선행하는 요소만을 대상만을 일컫는 것은 아니다. 오히려 서술어의 대상 가운데 다른 요소들도 포함된다는 것을 내포한다고 볼 수 있다. 즉 이를 좀더 구체적으로 설명하면 다음과 같다.

(32) 먹은 것={a, b, c,...빵}

위의 예는 '철수가 먹은 대상'의 집합을 가리킨다. 이때 '빵도 먹었다'는 말은 집합 가운데 빵 이외에도 무엇인가를 먹었음을 전제하는 것이다(양인석 1973). 따라서 엄밀하게 말한다면 '도'는 "빵까지 먹은 대상에 포함해야 한다"는 의미를 나타낸다고 할 수 있다. 한편, '도'를 다음과 같이 '연접(conjunction)'의 의미로 파악하려는 논의도 있다.

(33) 가. 미영이**도** 철수**도** 학생이다. (김윤신 1995)
나. 미영이는 학생이고 철수**도** 학생이다.
다. [S(m)∧S(c)]

이러한 생각이 가능한 것도 '도'가 [+포함]이라는 의미를 갖고 있기 때문이 아닌가 한다. 위와 같이 논리적인 구조에서 볼 때, 포함의 의미는 연접∧의 의미와 상통한다고 볼 수 있기 때문이다.[4]

---

4) 이렇게 보면 '도'는 '나'와 대립적인 관계를 보인다. '도'가 포함의 관계이며 연접의 성격을 띠었다면, '나'는 선택의 관계이며 이접(disconjunction)의 성격을 띠었다고 볼 수 있다. 다음은 이접 관계를 나타낸 것이다.

가. 밥**이나** 빵을 먹어라.
나. 밥을 먹**거나** 빵을 먹어라.
다. [S(m)∨S(c)]

이러한 성격 때문에 장영준(Jang 1998)에서는 '도'를 연접소(conjunctive coordinator)로 간주

5. 마무리

이제까지 본 연구에서는 극성의 성립 원인과 그 조건에 대해 살펴보았다. 먼저 극성의 성립 원인을 밝히기 위해서 양보와 함의의 개념이 필요하다는 것을 언급했으며, 극성어와 서술어의 연결관계에 따라 긍정극성이나 부정극성의 의미가 나타난다는 점을 고찰했다. 양보는 두 명제가 교차적 극 연결관계를 통해 만들어내는 의미관계이며, 양보를 통해 함의의 의미적 공간이 확보될 수 있다고 주장했다. 또한 국어의 특수조사 {조차, 마저}는 양보를 표현해주는 양보 표지로서의 역할을 한다고 볼 수 있다. 이러한 관점에서 종전에 극성표지로 간주되던 '도'는 극성표지라기보다는 {포함}의 의미를 갖는 요소로 간주하는 것이 타당하다.

이와 더불어 양보와 함의 관계가 부정과 어떤 관계를 맺고 있는지 밝혔으며, 문장의 전체 부정의 유형을 직접부정과 간접부정으로 나누고 부정극성은 후자의 방식을 취한다고 가정했다. 즉, 전자는 일반부정, 직접부정, 전체부정, 보통부정이라는 특징을 갖는다면 후자는 특수부정, 간접부정, 상대부정, 강조부정이라는 의미를 갖는다고 볼 수 있다. 따라서 부정극성은 우회적인 방법으로 문장 전체를 부정하는 효과를 갖고 있으며, 이것이 부정의 의미를 상대적으로 강조하는 결과를 낳는다고 본다.

‖ 참고 문헌 ‖

김윤신. 1995. "'아무'의 의미에 대한 연구", 「언어학연구」(서울대 언어학과) 26.
성광수. 1979. 「국어 조사 연구」, 서울: 형설출판사.
시정곤. 1997ㄱ. "국어의 부정극어에 대한 연구", 「국어국문학」 119, 국어국문학회.

하고, '나'를 이접소(disconjunctive coordinator)로 간주하기도 하였다. '도'와 '나'의 성격에 대해서는 후고에서 자세히 다루기로 한다.

시정곤. 1997ㄴ. "국어의 부정극어 허가조건", 「언어」 22-3, 한국언어학회.

시정곤. 1997ㄷ. "'밖에'의 형태-통사론", 「국어학」 30, 국어학회.

이석규. 1992. "현대국어 도움토씨의 의미 연구", 「한국어의 토씨와 씨끝」, 서광학술자료사.

홍사만. 1983. 「국어특수조사론」, 서울: 학문사.

Jang, Y. J. 1998. "Don't you need one more to conjoin?", *Journal of Korean Linguistics* 23: 535-561.

Ladusaw, W. 1979. *Polarity sensitivity as inherent scope relations*, Ph.D Dissertation, Univ. of Texas, Austin.

Lee, C. M. 1996. "Negative Polarity Items in English and Korean", *Language Sciences*, Vol 18, Nos 1-2. 505-523.

(2003, 「국어학 연구의 점과 선」, 한국문화사)

국어의 부정어와 어휘분해*

1. 문제제기

본 연구의 목적은 국어 부정어 가운데 '없다, 말다, 모르다' 등과 같은 특수 부정어의 형태·통사적 속성을 밝혀, 이들 부정어의 어휘분해(lexical decomposition) 가능성을 고찰하는 데 있다. 부정어를 부정소와 결합하거나 부정소를 내재한 단어로 정의할 때, 국어의 부정어는 '아니/못'의 형태가 포함된 일반적인 부정어와 이들 형태가 가시적으로 드러나지 않는 특수 부정어로 나눌 수 있다. '{아니/못}+동사'가 전자의 전형적인 유형이라면, '불행하다, 부인하다, 무정하다'류와 같이 부정접두사가 포함된 단어와 '없다, 말다, 모르다' 등은 후자의 전형적인 예라 할 수 있다. 즉 이들 특수 부정어는 부정의 의미를 갖고 있으면서도, 겉으로는 '아니/못'과 같은 형태를 분석해 낼 수 없다는 특징이 있다. 이러한 일반 부정어와 특수 부정어는 통사적으로도 차이를 일으키는 것 같다. 먼저 다음을 보자.

* 본고는 제14차 한국어학회 전국학술대회(강남대학교 1997.2.15)에서 '부정어와 어휘분해'라는 제목으로 발표한 것을 다시 깁고 다듬은 것이다. 발표회 참석자들께 감사드리며 특히 구체적으로 논평해주신 정주리, 박영준, 최호철, 최경봉 선생님께 감사드린다. 그러나 본고의 모든 잘못은 당연히 필자의 몫이다. 아울러 이 논문은 한국과학기술원 '97 교양교육 연구지원비에 의해 이루어진 것임을 밝혀둔다.

(1) 가. **아무도** 학교에 **못** 갔다.

나. 그는 **아무것도 안** 먹었다.

(2) 가. *우리 국민들은 **아무도 불행하다**.

나. *그는 **아무것도 부인했다**.

위의 예에서 '아니/못'이 가시적으로 드러나는 (1)에서는 부정극어(Negative Polarity Items: NPI) '아무도/아무것도'와 부정어가 호응관계를 이루어 좋은 문장이 되지만, 특수 부정어 '불행하다, 부인하다'가 사용된 예문 (2)에서는 부정극어 '아무도/아무것도'와 호응하지 못해 좋은 문장이 되지 못한다. 만약 '아니/못'이 사용된 부정어가 통사적으로 부정극어를 허가할 수 있는 자질을 갖고 있다고 가정한다면, 예문 (2)와 같은 특수 부정어들은 그러한 자질이 없어 통사적으로 그와 같은 기능을 할 수 없다고 말할 수 있다. 즉 특수 부정어들은 어휘 자체에 부정의 의미는 갖고 있지만, 통사적으로는 그 자질이 실현될 수 없다고 가정한다.

그렇다면 이러한 차이점은 어디에서 오는가? 먼저 단어형성의 측면에서 그 설명의 가능성을 모색해 볼 수 있다. '아니/못'이 결합된 부정어는 통사부에서 형성되어 통사적으로 그 자질이 가시적인 반면, '불행하다'류는 어휘부에서 형성되었기 때문에 통사부에서는 그 자질이 비가시적이라고 가정할 수 있다. 또한 이러한 가정은 '어휘고도제약'이라는 조건과도 일맥 상통하는 점이 있다. 따라서 '없다, 말다, 모르다'류의 부정어휘는 공시적으로 이미 어휘화하여 하나의 단어로 굳어진 것이므로 단어형성의 관점에서 보면 당연히 어휘부에 등재된 것으로 가정해야 하고, 통사적으로 부정극어를 허가하지 말아야 할 것이다. 왜냐하면 이들은 '불행하다'류보다도 더 어휘적인 성격이 강하기 때문에 부정어에 내포된 부정자질이 통사적으로 실현되지 못할 것이기 때문이다. 그러나 예상과는 달리 이들 '없다'류의 부정어휘는 통사적으로 부정극어를 허가한다. 즉 이들 부정어휘가 동일 부류로 가정되는 '불행하다'류와 통사적으로는 같은 반응을 보이지 않는다.

(3) 가. **아무도** 학교에 **없다**.
나. 그는 **아무것도 모른다**.

위의 예에서 '없다/모르다'는 부정극어 '아무도/아무것도' 등을 허가하여 좋은 문장이 된다. 여기에서 '없다, 말다, 모르다'류의 특성들이 나타난다. 이들은 형태적으로는 어휘화된 단어로서 어휘부에 등재되어 있으므로 '불행하다'류와 유사하고, 통사부에서 형성되는 '아니/못'류의 부정어와는 아주 다르지만, 통사적으로는 '불행하다'류와는 달리 부정극어를 허가하므로 '아니/못'류의 부정어와 매우 유사하다.

본고에서는 '없다'류의 이러한 양면성을 충족시키기 위한 방안으로 이들 부정어의 어휘분해를 시도하고자 한다. 이를 위해 본 논의는 다음과 같은 진개 순서를 갖는다. 먼저 제 2장에서는 어휘분해의 정의와 그 필요성을 검토해 본다. 여기에서는 의미해석을 위한 어휘분해, 부정극어 허가를 위한 어휘분해의 측면이 제시될 것이다. 제 3장에서는 부정어의 기본 의미자질을 검토하고, 이를 토대로 제 4장에서는 분포적인 면에서의 어휘분해의 가능성과 특수 부정어 '없다, 말다, 모르다'의 구체적인 어휘분해를 시도할 것이다. 5장에서는 논의된 내용을 요약하고 남은 문제를 제시한다.

2. 어휘분해의 필요성

2.1 어휘분해란?

어휘분해는 초기 변형문법(이후 생성의미론)에서 변형규칙으로 처리하기 곤란한 예외적인 어휘들에 대한 해결방법으로 시도되었다. 예를 들어 어휘자체가 사역의 의미를 지닌 사역동사 등에 적용되던 방법이었다(성광수, 1977). 이러한 어휘분해의 이론적 바탕에는 생성의미론의 기본개념이 깔려 있는데, 당시 변형문법의 심층구조로는 충분한 의미정보를 이끌어내기가 어려웠고, 이를 위해 생성의미론에서는 좀더 추상적이고도 깊은 심층구조를 상정해야 한다고 주장하게 되었다.[1)]

그 대표적인 예로 생성의미론자인 Lakoff는 서로 의미적으로 유사한 어휘들의 통사범주를 설정하는 데 추상적인 요소가 매우 중요하다는 것을 강조하였다(이익환, 1995: 176).

(4) 가. Do you beat your wife *enthusiastically*?

나. Are you *enthusiastic* in beating your wife?

(5) 가. I *desire* that.

나. I am *desirous* of that.

위의 예에서 enthusiastically/enthusiastic, desire/desirous 등은 비록 통사범주는 다르지만 그 의미상의 유사성이나 동일성을 지니고 있다. 이러한 양면성을 포착하기 위해 추상성이라는 개념이 필요하게 된다. 추상성은 체계적으로 나타나는 의미의 동일성이나 차이를 설명하는 데에 중요한 역할을 하게 된다. 예를 들어 enthusiastically/enthusiastic의 경우 [+V, +ADJ enthusiastic]이라는 자질집합으로 문법범주를 추상화할 수 있고, desire/desirous와 같이 동사와 형용사로 분리되어 오던 통사범주를 하나로 통합하여 [+V, +ADJ desire]와 같이 나타낼 수도 있다. 즉 동사와 형용사를 하나의 추상범주 'VERB'로 가정하고 [+/-V, +/-ADJ]와 같은 통사자질로 이를 구별할 수 있다는 것이다. 이와 같이 생성의미론에서는 심층구조의 추상성을 가정함으

1) 생성의미론과 어휘분해에 대해 보다 자세한 내용은 이익환(1995)와 양인석(1974), 이홍배(1975), 성광수(1977)을 참조할 것.

로써 의미적으로 보다 복잡한 어휘와 더 단순한 어휘 사이의 의미관계를 좀더 체계적이고 규칙적으로 설명할 수 있는 방법을 제시하였다(이익환, 1995: 183-186).

(6) 가. Mary is *dead.*

나. Mary *died.*

다. Bill *killed* Mary.

위의 예에서 형용사는 기동동사(inchoative verb)와 사역동사와 서로 밀접한 관계를 갖고 있다. 따라서 'dead', 'die', 'kill'의 경우 추상성은 통일된 어휘 해석은 물론 서로 동일한 어휘적 기저형을 갖는다는 사실을 나타낼 수 있다.

따라서 생성의미론에서는 의미적으로 복잡한 어휘를 추상적이고 가상적인 어휘를 설정하여 더 원자적인(atomic) 요소로 분리하는 소위 어휘분해가 매우 중요한 역할을 담당한다. 따라서 위의 세 어휘는 단지 어휘실현화 과정에서만 그 차이가 나타날 뿐이다.[2)]

(7) 가. dead=NOT-ALIVE

나. die=BECOME-DEAD

다. kill=CAUSE-BECOME-DEAD

(8) 가. BECOME=[+V, -ADJ, +INCHOATIVE, +PRO]

---

2) 한편, 이러한 어휘분해의 개념은 최근 서술어의 논항구조나 의미구조에 대한 논의에도 확대되고 있다. Hale & Keyser(1994)에서는 논항구조와 의미역 할당과 관련하여 일부 어휘에서 어휘분해의 개념을 도입하고 있다.

(가) She *cleared* the screen.

(나) The screen *cleared*. (GET+clear)

(다) John *cleared* the screen.([v]+GET+clear)

위에서 동사 'clear'는 의미는 유사하지만 서로 다른 문법범주를 보인다. Hale & Keyser(1994)에서는 어휘분해를 이용하여 이를 하나로 통합하여 설명하려고 하였다.

나. CAUSE=[+V, +CAUSATIVE, +PRO]

(9) 가. 기동변형규칙→DEAD+[+V, -ADJ, +INCHOATIVE, +PRO]
→die

나. 기동변형규칙→DEAD+[+V, -ADJ, +INCHOATIVE, +PRO]
→사역규칙+[+V, +CAUSATIVE, +PRO]→kill

위에서 예 (7)은 가상적인 어휘로 어휘분해한 것이고, 예 (8)은 그 가운데에서 'BECOME, CAUSE'를 다시 통사자질로 나타낸 것이다. 그리고 (9)는 이러한 자질과 가상 어휘들이 변형규칙을 거쳐 구체적인 어휘로 실현되는 과정을 보인 것이다.

한편, 국어에서도 이러한 생성의미론의 추상적인 방법론을 이용하여 문법범주의 통합이나 복잡한 어휘문제를 해결하려는 시도가 있었다 (Park(1967), Lee(1973) 등). Park(1967)에서는 몇몇 부정어의 어휘분해를 시도한 것으로 이에 대해서는 다음 장에서 좀더 구체적으로 다룰 것이다. Lee(1973)은 국어의 피동사, 사동사, 기동동사 등에서 어휘분해의 개념을 도입한 것인데, 예를 들어 Lee(1973: 169-177)에서는 다음 (10)과 같이 형용사와 동사의 두 가지 성질을 모두 갖고 있는 '밝(다)'를 하나의 추상적인 범주로 설정하고 있다.

(10) 가. 날이 밝다.

나. 날이 밝는다.

위의 예에서 '밝(다)'는 [+V, +ADJ palk]과 같은 추상적인 통사자질을 가지고 있는 것으로 가정된다. 따라서 이러한 단일한 문법범주에서 형용사와 동사가 각각 실현되는 것이다.

한편, 성광수(1977: 64-69)에서는 국어의 경우 사동구문이나 피동구문 등의 어휘분해는 많은 문제점이 있다고 지적하기도 하였다.[3] 본고에서는 생성의미론의 어휘분해에 대한 전반적인 고찰은 뒤로 미루고 생성의미론의 추상성과 어휘분해의 장점을 이용하여 부정어의 여러 가지 유형을 심층구조에서 단일화하고 그 의미의 동일성과 통사적 차이점을 설명하는 데 초점을 두고자 한다.

2.2 의미해석과 부정어의 어휘분해

부정어의 어휘분해 필요성 가운데 가장 먼저 들 수 있는 것은 부정문의 의미해석 문제이다. 다시 말하면, '없다, 모르다' 등의 구문에서 어휘분해를 하지 않고서는 논리형태부(LF)에서 올바른 의미해석을 도출할 수 없다. 다음은 논리형태부에서 부정어의 의미해석구조를 약식으로 보인 것이다.

(11) 가. 아버지는 돈이 많이 있지 않다.
　　나. [아니 [많이 [아버지는 돈이 있]]지 하다] (논리형태부)

위의 예에서 (11가)의 해석은 '아버지가 돈이 조금밖에 없다'인네, 이러한 의미해석을 낳기 위해서는 논리형태부에서 (11나)와 같은 구조가 만들어져, 부정어의 적용범위가 '많이'를 지배할 수 있는 자리에 있어야 한다. 일반적으로 양화사 인상(quantifier-raising: QR)은 논리형태부에서 양화사의 작용역(Scope)을 결정해 주는 통사적 절차로, 양화사가 S(=IP)에 부가되는 것을 의미한다(「영어학사전」 참조). 이에 따르면 (11나)의 구조는 일반적

3) 성광수(1977: 64-69)에서 지적한 어휘분해의 문제점은 대략 다음과 같다. 국어의 경우 예를 들어 사동구문의 다양성(직접사동, 간접사동)에 대한 엄밀한 의미차이를 구명하지 않고서는 이들을 어휘분해한다는 것이 매우 어렵다. 이와 더불어 이론적인 문제점으로 첫째, 표면어휘에 대한 의미원소 표시에서 의미소로 사용되는 어휘와 구체어휘와의 구분이 모호하다는 점. 둘째, 의미소들의 결합이 구체어휘의 의미와 완전 동일한가 하는 점. 셋째, 문장의 부정과 의미소 NOT의 차이는? 넷째, 하나의 어휘에 대해 여러 가지 구조가 가능한가 하는 점 등이다.

인 양화사 인상규칙을 지키고 있다고 볼 수 있다. 그렇다면 다음의 경우는 어떠한가?

(12) 가. 아버지는 돈이 많이 없다.

나. *[많이 [아버지는 돈이 없다]] (논리형태부)

다. [NEG-많이 [아버지는 돈이 있다]] (논리형태부)

위의 (12가)의 해석도 (11가)와 마찬가지로 '아버지가 돈이 조금밖에 없다'이지만, (12나)에서처럼 양화사 인상규칙에 따라 양화사 '많이'가 문두로 이동하여 '없다'를 지배하는 구조에서는 그와 같은 의미해석을 이끌어낼 수 없다. 그러나 '없다'의 어휘분해를 가정하고 (12다)처럼 부정소 NEG가 문두의 양화사 '많이'에 부가된 논리구조를 설정한다면 양화사 인상규칙에도 합당하고 올바른 의미해석도 가능하다.

또한 '모르다'의 경우도 의미해석에서 어휘분해의 필요성이 제기된다.

(13) 가. 나는 그를 잘 모른다

나. *[잘 [나는 그를 모른다]] (논리형태부)

다. [NEG-잘 [나는 그를 안다]] (논리형태부)

위의 예 (13가)에 양화사 인상규칙을 적용하면 '잘'이 문두로 이동하여 (13나)에서처럼 그 의미해석은 '나는 그를 모르기를 잘 한다'라는 이상한 의미가 된다.[4] 그러나 어휘분해를 인정한다면 부정소 NEG가 문두의 양화

4) 이현희(1995: 477)에서도 15세기 국어에서 '모ᄅᆞ다'는 [아디 몯ᄒᆞ]내지 [몯 알]로 어휘분해될 수 있음을 지적하고 있다.

(가) 太上群錄과 太虛符呪를 ᄉᆞᄆᆞᆺ 모ᄅᆞᄂᆞᆫ ᄃᆡ 업스며 (월석 2:71)

위의 예에서 'ᄉᆞᄆᆞᆺ 모ᄅᆞᄂᆞᆫ ᄃᆡ'는 '철저하게 모른 데가'라는 뜻이 아니라 '철저하게 알지 못하는 데가'라는 뜻을 가지고 있다. 따라서 'ᄉᆞᄆᆞᆺ' 등의 부사는 '모ᄅᆞ다'를 수식하는 것이 아니라 어휘분해했을 때의 [아디 몯ᄒᆞ]의 '아디'를 수식하는 것으로 파악해야 한다고 하였다.

사에 부가되어 (13다)에서처럼 '나는 그를 잘 알지 못한다'라는 본래의 의미를 낳을 수 있다. 따라서 이와 같은 논리형태부에서의 부정어와 양화사의 의미해석 문제는 특수 부정어의 어휘분해 필요성을 뒷받침해 준다.

2.3 부정극어 허가와 어휘분해

부정문의 정의는 다양하지만 통사적인 측면을 강조한다면 '어떤 문장이 부정극어를 허가할 수 있는 부정어를 갖고 있을 때 그 문장은 부정문'이 된다.[5] 이때 부정문을 이루는 부정어는 '부정소와 결합하여 이루어진 단어'로 가정할 수 있다. 부정의 의미를 가진 형태소를 '부정소'라고 한다면, 부정어는 '아니, 못' 등의 부정소와 결합한 부정어와 '부(不)-, 비(非)-, 무(無)-, 몰(沒)-' 등의 부정 접두사와 결합한 부정어로 나눌 수 있다. 문제제기에서도 간략히 언급했지만 전자의 특징은 문장에서 부정극어를 허가할 수 있다는 것이고, 후자는 그렇지 못하다는 것인데, 이를 근거로 전자를 '통사적 부정어'로, 후자를 '어휘적 부정어'로 부를 수 있겠다.[6]

문제는 부정어 '없다, 말다, 모르다'는 통사부에서 부정소나 부정자질이 명시적으로 분리될 수 없어 어휘적 부정어의 속성이 강한데도 '불행하다'류와는 달리 부정극어를 허가한다는 점에서 강한 통사적 속성을 보인다.

---

5) 오숙화(1994: 8-14)에서는 부정문의 정의를 다음과 같이 세 가지 조건으로 분류하고 있다.
   (가) 통사적 조건
      (Ⅰ): 두 문장 S와 S'가 있을 때, S' 문장이 VP에 부정소를 가지고 있으면 S' 문장은 S 문장의 통사적 부정문이다.
      (Ⅱ): '결코, 아무도, 한 사람도' 등과 같은 부정극어와 공기할 수 있으면, 그 문장은 부정문이다.
   (나) 의미적 조건: 두 문장 S와 S'가 있을 때, S' 문장이 S 문장과 양립불가능한 관계에 놓여 있으면 S' 문장은 S 문장의 의미적 부정문이다.
   본고의 어휘분해 가정이 타당하다면 우리는 위의 통사적 조건을 하나로 단일화할 수 있다.

6) 부정문과 부정어의 종류에 대해서는 시정곤(1997ㄱ)을 참조할 것.

(14) 가. 나는 돈이 조금도 없다.

[+NPI] [?]

나. 아무도 그 사실을 모른다.

[+NPI] [?]

위의 예에서 '없다, 모르다'의 어떤 자질이 부정극어를 허가하는 것일까? 부정극어의 기본적인 허가조건이 '부정자질을 갖고 있는 부정극어는 부정자질을 갖고 있는 부정어에 의해 문장 안에서 허가되어야 한다'라는 점을 고려해 볼 때, 우리의 가정은 '없다, 모르다, 말다'의 부정어도 통사적 부정어이므로 부정극어를 허가할 수 있는 부정자질을 가져야 하고, 바로 그 부정자질은 부정어에서 명시적으로 분리, 추출할 수 있어야 한다는 것이다. 부정자질을 통사적으로 추출할 수 있는 하나의 방법으로 본고에서는 이들 특수 부정어의 어휘분해를 가정한다.

3. 부정소의 기본의미자질

3.1 '아니'의 의미자질

특수 부정어가 일반 부정소로 어휘분해된다고 할 때, 이를 위해서는 부정소 '아니/못'의 기본의미자질을 살펴보는 것이 필요하다. 왜냐하면 특수 부정어의 어휘분해의 기본 바탕이 되는 것이 일반 부정소이고, 이들 일반 부정소도 추상적인 자질형태로 나타내야 하기 때문이다.

먼저 '아니/못'의 기본자질부터 살펴보자. 이들의 의미자질에 대해서는 여러 견해가 있지만, 대략적으로 '아니'의 의미는 [단순]부정과[7] [의지]부정으로 나타낼 수 있다. [단순]부정의 경우는 다음의 예에서 알 수 있듯이 서술어가 과정성이나 상태성 용언일 때 그 성질이 더욱 뚜렷하게 나타난다(서정수, 1996: 961-965).

(15) 가. 비가 안 오고 눈이 녹지 않는다.
　　나. 오늘은 날씨가 안 좋으나 내 기분은 나쁘지 않다.

단순부정은 주체의 의지와는 상관없이 문장의 가치에 대한 평가만을 내린다. 그러나 똑같은 형태의 '아니' 부정이라 하더라도 [단순]부정과는 달리 행위자의 [의도성]을 드러내는 [의지]부정이 있는데, 다음의 예를 보자.

(16) 그 애는 노래를 안 부른다.
　　가. 그 애는 차례가 안 와서 노래를 안 부른다.
　　나. 그 애는 {지금/평소에} 노래를 안 부른다.
　　다. 그 애는 할 마음이 없어서 노래를 안 부른다.

(16가, 나)는 주체의 의도와 관련없는 [단순]부정의 예이고, (16다)는 주체의 의도가 드러난 [의지]부정의 예이다. 우리는 위에서 가정한 '아니'의 두 가지 의미를 [+/-의지] 자질로 구분하여 나타낼 수 있다.

(17) 가. 아니1 → [-의지]　　　　나. 아니2 → [+의지]

위의 예에서 (17가)는 [단순]부정을 나타내는 '아니'의 기본자질을 나타낸

7) 김민수(1970: 281-282)에서는 '아니'를 [자의(自意)]부정으로, '못'을 [타의(他意)]부정으로 나누었고, 김동식(1980)에서는 '아니'를 다시 [객관]부정과 [자의(自意)]부정으로, 오숙화(1994)에서는 [객관]부정과 [의지]부정으로 나누었다.

것으로, 우리는 이를 잠정적으로 '아니1'로 부른다. 이때 '아니'의 자질은 [-의지]이므로, 주체의 태도나 의지보다는 객관적인 평가부정의 성격을 띤다. (17나)는 [의지]부정을 나타내는 '아니'이며, '아니2'로 가정하고, 주체의 의지나 태도가 드러나는 성격을 띤다.[8)]

3.2 '못'의 의미자질

그렇다면 '못'의 기본의미자질을 무엇일까? '못'은 일반적으로 '할 수 없음' 즉 '불가능성'을 나타낸다고 한다. 다음의 예를 보자(서정수, 1996: 961-965).

(18) 가. 저 젊은이는 이 한자어를 못 읽는다.
　　나. 저애도 그 한자어를 읽을 줄 모른다.
　　다. 저 여자도 그것을 읽을 수 없다.

위의 예에서 '못'은 어떤 행위가 불가능함을 보여준다. 즉 그런 행위를 할 능력이 없다는 것으로 [능력]부정의 성격을 보여준다고 하겠다. 위의 예에서 '못'이 '모르다'나 'ㄹ 수 없다'와 대체될 수 있다는 점이 이러한 가정을 뒷받침해 준다. 본고에서는 이러한 [능력]부정의 기본의미자질로 [-가능]을 설정하고자 한다.

(19) 못 → [-가능]

---

8) 문맥제약과 관련하여 오숙화(1994: 42-43)에서는 [의지]부정과 [능력]부정은 '주어의 명제내용에 대한 태도'와 관련되어 있는 데 반해, [객관]부정(즉 [단순]부정)은 '명제의 진리치 역전'에만 관여할 수 있다고 하고, 이러한 속성 때문에 주어 지향적인 [의지]부정, [능력]부정은 문맥제약을 받게 되고, [객관]부정은 문맥제약을 덜 받는다고 하였다.

따라서 위의 (18)과 같은 예들은 '한자어를 읽는 것이 가능하지 않다'라는 의미이므로 (19)의 자질규칙으로 설명이 가능하다. 그러나 다음과 같은 문장은 (19)의 자질규칙으로 설명이 불가능하다.

(20) 가. 나는 술을 마시지 못 한다.
나. 나는 원래 술을 마시지 못 한다.
다. 나는 술고래이지만 지금 한약을 먹고 있는 중이라 술을 마시지 못 한다.

위의 예 (20가)의 문장 의미로 (20나)를 가정한다면 '못'의 의미는 (19)의 자질규칙으로 설명될 수 있을 것 같지만, (20다)를 고려해 보면 (19)의 자질규칙이 불충분함을 알 수 있다. (20나)에서는 '못'이 [-능력]의 성격을 띠지만, (20다)에서는 [+능력]의 성격을 띠어서, '술을 마실 수 있는 능력은 있지만 그럴 수 없는 처지 때문에 마실 수 없음'을 뜻한다. 따라서 이러한 경우 [-가능]이라는 자질은 이를 적절히 나타내 주지 못한다. 본고는 [-가능]이라는 자질에 [+/-능력]이라는 자질이 추가되어야 '못'의 의미를 제대로 표현해 줄 수 있다고 가정한다. 그러면 [-가능]과 [+/-능력]의 자질이 어떻게 '못'의 의미를 나타낼 수 있는지 살펴보자.

(21) 가. 못1 → [-가능]
[-능력]
나. 못2 → [-가능]
[+능력]

(21가)는 '못1'로 '주체가 어떤 행위를 할 능력도 없고 따라서 어떤 행위를 할 수 없음'을 뜻하며, (18가)나 (20나)의 '못'의 기본의미를 나타낸다. 반면에 (21나)의 '못2'는 (20다)에서처럼 '능력은 있지만 불가피한 이유로 어떤 행위를 할 수 없음'을 나타낸다.[9]

3.3 관용적 표현 '아니/못'의 의미자질

한가지 흥미로운 점은 (21나)의 '못2'의 성격과 의지를 나타내는 '아니2'의 성격이 결합하면 '금지'의 의미가 파생된다는 것이다.

(22) 가. 나는 술고래지만 지금 한약을 먹고 있는 중이라 술을 마시지 못 해.
　　나. 나 한약 먹고 있는 중이라 술 먹으면 안 돼.

위의 예에서 (22가)와 (22나)의 의미는 매우 유사하게 보인다. 앞서 언급한 대로 (22가)는 '못2'의 의미로 [+능력][-가능]을 나타내고, (22나)에서 '안'은 [+능력][-가능]과 함께 [+의지]가 첨가되어 '금지'의 의미가 파생된다고 생각한다. 따라서 이때 '안'은 일반적인 '아니2'의 의미인 [+의지]에 추가로 [+능력][-가능]이 첨가된 새로운 자질복합체라고 볼 수 있다. 이러한 '아니'와 '못'의 기본자질들이 서로 어우러지면 기본의미에서 새롭게 파생된 추가적 의미를 갖게 된다. 예를 들어 '금지, 거부, 자포자기' 등의 의미가 그것이다. 다음의 예들을 비교해 보자.

(23) 가. 넌 못 가!
　　　a. 넌 능력이 없으므로 갈 수 없어!

---

9) 부정소 '못'이 동작동사와는 잘 어울리지만 상태동사와는 어울릴 수 없다는 점도 '못'이 [능력]부정의 성격을 가지고 있음을 뒷받침해 주는 증거가 된다(서정수 1996: 963-964).
　(가) *날씨가 따뜻하지 못하다
　(나) *그녀는 미인이지 못하다.
그러나 '못'이 모든 상태동사와 어울릴 수 없는 것은 아니다.
　(다) 이 방은 깨끗하지 못하다.
　(라) 과일이 신선하지 못하다.
이러한 경우 임홍빈(1987: 81)에서는 '못'이 '어떤 기준에 이를 수 없음'이라는 '불급부정'의 의미를 띤다고 하였다. 그러나 서정수(1996: 963-964)에서는 이러한 '불급부정'의 의미도 '못'의 기본의미에서 파생되었다고 가정한다. 본고에서는 '불급부정'은 '못1'의 [-가능][-능력]의 기본의미에서 파생된 것으로 가정한다.

<주어=[-능력][-가능] 화자=[-의지] → 판단(설명)>

b. 넌 능력은 있지만 다른 이유로 갈 수 없어!

<주어=[+능력][-가능] 화자=[+의지] → 금지>

나. 넌 안 돼!

a. 넌 능력이 없으므로 안 돼!

<주어=[-능력][-가능] 화자=[-의지] → 판단(설명)>

b. 넌 할 수 있지만 그렇게 하도록 할 수 없어!

<주어=[+능력][-가능] 화자=[+의지] → 금지>

위의 예에서 (23가, 나)는 실제로 매우 다양한 의미를 가질 수 있다. 여기에서는 대략적인 의미만을 살펴보기로 한다. 먼저 (23가, 나a)는 '못1'의 기본의미와 '아니2'의 기본의미가 더해져 '네가 갈 수 없다'는 '판단'이나 '설명' 등의 의미를 띠게 되고, (23가, 나b)에서는 '못2'와 '아니2'의 의미가 더해져 '금지'의 의미를 파생시킨다.[10]

(24) 가. 난 못 가!

a. 난 능력이 없어 갈 수 없어!

주어=[-능력][-가능][-의지] → 판단(자포자기/체념)

b. 난 갈 수 있지만 다른 일이 있어서 갈 수 없어!

주어=[+능력][-가능][-의지] → 판단

c. 난 갈 수 있지만 가지 않겠어!

주어=[+능력][-가능][+의지] → 거부

나. 난 안 돼!

a. 난 능력이 없어 안 돼!

10) 성광수(1971: 82)에서도 '못'이 '금지'의 의미를 지닌다고 언급한 바 있다. 본고에서는 이를 기본의미자질들의 결합을 통한 의미파생으로 설명하고자 한다. 이러한 자질결합의 설명은 위와 같은 '안/못'의 관용적 표현이 형성된 원인과 과정을 추정할 수 있다는 장점이 있다.

주어=[-능력][-가능][-의지] → 판단(자포자기/체념)

b. 난 할 수 있지만 다른 일이 있어서 안 돼!

주어=[+능력][-가능][-의지] → 판단

c. 난 할 수 있지만 하지 않겠어!

주어=[+능력][-가능][+의지] → 거부

위의 예에서도 (23)에서와 같이 '안/못'이 서로 형태는 다르지만 그 기능이나 의미가 매우 유사하다. 다만 (23)과는 달리 (24)에서는 주어와 화자가 동일하므로 추가적인 의미가 더 파생된다. 먼저 (24가, 나a)의 경우는 (23가, 나a)와 유사하지만 화자가 주어와 같다는 점에서 '판단'이 '자포자기'나 '체념'의 성격을 띠게 된다. (24가, 나b)에서는 '못2'의 의미와 '아니1'의 의미가 결합하여 '판단'이나 '설명'의 새로운 의미를 낳게 되며, (24가, 나c)에서는 '못2'의 의미와 '아니2'의 의미가 결합하여 '거부'의 의미를 나타낸다. 따라서 위의 예에서 '아니/못'은 일반적이고 기본적인 '아니/못'과는 다른 새롭게 파생된 부정소로 등재되어야 할 것이다. 또한 본고의 기본의미자질과 자질결합의 설명은 위와 같은 '아니/못'의 관용적 표현이 형성된 원인과 과정을 탐구하는 데 실마리를 제공할 수 있을 것이다.

3.4 부정소의 의미자질 종류

이러한 부정소의 기본의미자질의 설정이 설득력이 있다면 부정접두사의 기본의미자질은 어떻게 가정할 수 있을까?

(25) 가. 부자연스럽다=자연스럽지 않다 [-의지]

=자연스럽지 못하다 [-능력][-가능]

나. 비경제적이다=경제적이지 않다 [-의지]

=경제적이지 못하다[-능력][-가능]

다. 불행하다=행복하지 않다 [-의지]
=행복하지 못하다 [-능력][-가능]

(25)의 예를 통해 볼 때 부정접두사의 기본의미자질은 [-능력][-가능][-의지]로 나타낼 수 있다. 즉 '아니1'과 '못1'의 기본의미를 복합적으로 가지고 있음을 알 수 있다. 따라서 부정접두사들도 기본적으로는 '아니/못'과 같은 공통의미자질을 가지고 있는 것이다. 다만 앞서 언급한 바와 같이 '아니/못'의 부정소는 통사적으로 부정의 기능을 하여 부정극어를 허가하지만, 부정접두사의 부정소는 그러한 기능을 하지 못한다는 점이 다르다. 본고에서는 이를 위해 부정극어를 뜻하는 [+/-NPI]라는 의미자질을 추가하고자 한다.

이제 이를 토대로 부정소의 기본의미자질을 다시 정리하여 보자. 이때 NEG는 부정의 의미를 가지고 있음을 뜻한다.

(26) 가. 아니1 → NEG [+NPI] [-의지]
나. 아니2 → NEG [+NPI] [+의지]

(27) 가. 못1 → NEG [+NPI] [-가능] [-능력]
나. 못2 → NEG [+NPI] [-가능] [+능력]

(28) 부정 접두사 → NEG [-NPI] [-가능] [-능력] [-의지]

또한 대화체에서 관용적인 부정의 형태도 다음과 같이 기본자질로 요약하여 나타낼 수 있다.

(29) 가. 판단(설명) '못' → NEG
[+NPI]
주어 = [-가능]
[-능력]
화자 = [-의지]
※이때 주어≠화자

나. 금지 '아니' → NEG
[+NPI]
주어 = [-가능]
[+능력]
화자 = [+의지]

(30) 가. 판단(체념) '못' → NEG
[+NPI]
주어 = [-가능]
[-능력]
화자 = [-의지]
※이때 주어 =화자

나. 거부 '아니' → NEG
[+NPI]
주어 = [-가능]
[+능력]
화자 = [+의지]

4. 특수 부정어의 어휘분해

특수 부정어 '없다, 말다, 모르다'는 분포면에서도 '아니/못'과 상보적 관계에 있다. 즉 이들은 '아니/못'이 나타나는 일반 부정문이 출현할 수 없는 환경에서 제약적으로 출현한다. 한 형태소나 어휘가 동일한 기능을 가진 다른 형태의 출현을 막는 것을 '저지(blocking)' 현상이라 한다면, 특수 부정어와 일반 부정어의 출현도 이와 비슷한 현상을 낳는 것이다. 이러한 현상은 특수 부정어가 특정한 환경에서는 일반 부정어의 역할을 하고 있으며, 추상적으로는 이들이 유사한 기저구조를 가질 수 있다는 점을 암시하는 것이다.

이 장에서는 이러한 특수 부정어의 분포상의 제약조건과 앞장에서 가정한 '아니/못'의 기본의미자질을 토대로 하여 이들의 어휘분해를 상정해 보고자 한다.

4.1 '말다'의 분포와 어휘분해

'말다'는 주로 명령문과 제안문에서 등장하는데, 다음의 예에서처럼 이 구문에서는 '아니/못'이 출현할 수 없다(Park, 1967: 78-85).

(31) 가. *너는 학교에 {안/못} 가-아라 (명령문)
　　나. *너는 학교에 가지 {안/못} 하-라
　　다. 너는 학교에 가지 말아라.
(32) 가. *우리는 학교에 {안/못} 가-자 (제안문)
　　나. *우리는 학교에 가지 {안/못} 하-자
　　다. 우리는 학교에 가지 말자.

위의 예에서 명령문과 제안문의 부정문에서는 '아니/못' 대신에 '말다'가 사용된다. 이것은 '말다'라는 어휘에 이미 '아니/못'과 같은 부정소가 내재해 있음을 말해주는 것으로, '말다'가 '부정소겹침제약'을 유지한다는 점에서도 이를 확인할 수 있다.

(33) 가. *나는 학교에 안 안 갔다
　　나. *나는 학교에 가지 못 못했다
(34) 가. *너는 학교에 가지 {안/못} 말-아라
　　나. *우리는 학교에 가지 {안/못} 말-자

위의 예 (33)에서 부정소 '아니/못'은 서로 겹쳐 나타날 수 없는데, 이것이 바로 부정소겹침제약이다. (34)에서처럼 '말다'도 이러한 제약을 지키고 있으므로 '말다'가 부정소를 내포하고 있다고 볼 수 있다. 이제는 '말다' 구문이 항상 장형부정으로 쓰인다는 점을 고려하여 다음과 같은 어휘분해를 가정할 수 있다.

(35) 말다 → NEG + HA

위의 가정에 따르면 '말-'로 표현된 부정명령문과 부정제안문의 기저구조(D 구조)는 대략적으로 다음과 같이 설정할 수 있다.

(36) 가. 너는 학교에 가지 NEG + HA-아라 (기저구조)
나. 우리는 학교에 가지 NEG + HA-자 (기저구조)

이때 '말다'의 의미면을 고려하면 (36가)와 같은 명령문에서는 '말다'가 '금지'의 의미가 강하고, (36나)와 같은 제안문에서는 '거부'의 의미가 강하다. 따라서 '말다'도 두 가지로 나눌 수 있다.

(37) 가. 말다1 → NEG + HA (금지)
나. 말다2 → NEG + HA (거부)

우리는 앞서 '금지'의 의미자질은 'NEG, [+NPI], 주어=[+능력][-가능] 화자=[+의지]'로, '거부'는 'NEG, [+NPI], 주어=화자=[+능력][-가능][+의지]'로 가정했었다. 이를 고려하면 (37가)의 NEG는 전자의 의미자질이, (37나)의 NEG는 후자의 의미자질을 가지고 있다고 가정할 수 있다. 이때 전자의 NEG는 [명령]이라는 문장 전체의 자질과 호응해야 하고, 후자의 NEG는 [제안]이라는 문장 전체의 자질과 호응해야 한다. 즉 이들이 서로 어긋나 만나면 자질충돌이 일어나 그 문장은 좋은 문장이 되지 못한다.

이러한 어휘분해와 기저구조, 그리고 의미자질을 통해 우리는 몇가지 이론적인 장점을 이끌어 낼 수 있다. 첫째, 특수 부정어가 부정극어를 허가하는 근거를 명시적으로 보여줄 수 있다. '말다'의 부정극어 허가과정은 다음과 같다.

(38) 가. 아무도 학교에 가지 NEG HA-아라

[+NPI] [+NPI]

나. 우리는 아무데도 가지 NEG HA-자

[+NPI] [+NPI]

어휘분해 이전에는 '말다'라는 어휘에서 부정소를 명시적으로 추출해내기가 쉽지 않았다. 따라서 구체적으로 '말다'의 어떤 속성이 문장에서 부정극어를 허가하는지를 논리적이고 명시적으로 설명할 수 없었다. 그러나 위의 예에서 보듯이 '말다'를 어휘분해하고 NEG에 [+NPI]를 포함한 의미자질이 내재해 있다고 가정한다면 부정극어를 허가하는 통사적 현상은 매우 자연스럽게 설명될 수 있다.

둘째, 어휘분해는 '말다'가 문장의 환경에 따라 의미가 달리 나타나는 이유를 명시적으로 보여 줄 수 있다. '말다'의 기저구조에서 추상적으로 분해된 어휘는 다음과 같이 음성형태(PF)에서 구체적인 어휘 '말-'로 어휘대체 된다.

(39) 어휘대체규칙: 말다(금지) : NEG HA → 말 / 지______ (명령문)

[+NPI]

주어 = [-가능]

[+능력]

화자 = [+의지] ※이때 주어≠화자

(40) 어휘대체규칙: 말다(거부) : NEG HA → 말 / 지______ (제안문)

[+NPI]

주어 = [-가능]

[+능력]

화자 = [+의지] ※이때 주어=화자

이때 명령문과 제안문에 똑같은 형태의 '말-'이 대체되지만 그 의미는 사뭇 다르다. 그것은 대체되기 이전의 추상적인 어휘 NEG가 갖고 있는 자질이 서로 다르기 때문이다. 이러한 과정을 통해 (41)과 같은 표면구조를 낳게 되고, 이때 명령문은 '금지'를, 제안문은 '거부'의 의미를 갖는다.

(41) 가. 아무도 학교에 가지 말-아라 (표면구조)

나. 우리는 아무데도 가지 말-자 (표면구조)

4.2 '없다'의 분포와 어휘분해

'없다'의 경우도 분포에 제약을 보여준다. 먼저 다음의 예를 보자.

(42) 가. 아버지는 돈이 많이 있지 않다.

나. *아버지는 돈이 많이 안 있다.

다. 아버지는 돈이 많이 없다.

위의 예에서 '있지 않다'는 가능하지만, '안 있'은 불가능한데, 그 빈자리를 '없다'가 대신해주고 있다(Park, 1967: 92-114). 또한 '없다'도 그 앞에 {안/못} 등의 부정소가 나타나지 못하여, '부정소겹침제약'을 유지한다.

(43) *아버지는 돈이 많이 {안/못} 없다.

위의 예에서 '없다'도 그 앞에 부정소 '안/못'이 올 수 없으므로 부정소를 내포하고 있다고 볼 수 있다. 그렇다면 '없다'가 내포하고 있는 부정소의 성격은 무엇일까? '아니'일까 아니면 '못'일까? 우리는 부정소 '못'이 일반적으로 동작동사와는 잘 어울리지만 상태동사와는 어울릴 수 없다는 점을 상기할 필요가 있다. 그것은 '못'이 능력부정의 성격을 가지고 있기 때문이라고 하였다(서정수, 1996: 963-964).

(44) 가. *날씨가 따뜻하지 못하다.
　　나. *그는 돈이 많이 있지 못하다.

따라서 '없다'가 내포하고 있는 부정소는 '아니'일 가능성이 많으며, 이러한 가능성은 위의 분포제약에서 '아니 있'의 자리에 '없다'가 내체되고 있다는 점에서도 확인된다.

'없다'가 '안 있'으로 어휘분해될 수 있다는 주장은 이미 Park(1967)과 Lee(1973: 169-177)에서도 언급한 바 있다.[11]

(45) 없다 → ANI + ISS

그러나 임홍빈(1987: 75)에서 언급한 대로 모든 '없-'이 '안 있-'으로 재분석될 수 있는 것은 아니다. '존재성'이 아니라 '소재성'을 문제삼을 때에는 '없-'보다는 '안 있-'의 쓰임이 가능한 것으로 보인다.[12]

---

11) Lee(1973: 169-177)에서는 '없애다'의 경우 'ANI-ISS-CI-HA'로 어휘분해하고 있다.

12) 특히 여기에서 주목할 것은 위의 '안 있'의 구성에서도 부정극어가 허가되기 어렵다는 점이다.
(가) ??아무도 내가 말 한 장소에 안 있고, 다른 곳에 있었다.
(나) ??아무도 집에 안 있고 어디를 갔지?

(46) 가. 철수는 내가 말 한 장소에 {안 있고/??없고}, 다른 곳에 있었다.

나. 영희는 집에 {안 있고/*없고} 어디를 갔지?

이때 '존재성'과 '소재성'이라는 성질은 [+동사성]과 [+형용사성]의 자질로 구분할 수 있다. 일반적으로 [+동사성]과 [+형용사성]을 구분하는 대표적인 방법은 진행형과 '-고 싶다'의 원망형 구문의 성립여부이다.

(47) 가. 철수는 밥을 먹는다.

나. 철수는 밥을 먹고 싶다.

(48) 가. *얼굴이 예쁜다.

나. *얼굴이 예쁘고 싶다.

한편 Park(1967: 92-114)에서도 언급한 것처럼 [+동사성]과 [+형용사성]의 차이는 다음과 같은 존칭변형에서도 드러난다.[13)]

(49) 가. 아버지가 밤에는 사무실에 {있는다/계신다}

나. 아버지가 밤에는 사무실에 {안 계신다/*없으시다}

(50) 가. 아버지가 돈이 많이 {있으시다/*계시다}

나. 아버지가 돈이 많이 {*안 계시다/없으시다}

이것은 이 구성에서 '안 있'은 하나의 독립된 부정서술어로 쓰이지 못하고 '[안 있]고 [서술어]'라는 전체가 하나의 서술어로 쓰여 '안'이 자체적으로 부정극어를 허가하지 못하기 때문일 것으로 생각한다. 이러한 구성에서 '안 있'이 항상 '-고'를 동반한다는 점이 이같은 특이성을 말해주고 있다. 이에 대한 자세한 논의는 뒤로 미룬다.

13) Park(1967: 92-114)에서는 이외에도 명령문과 제안문에서도 동사성과 형용사성의 차이가 나타난다고 하였다.

(i) 가. 밤에는 집에 있-φ-{아라/자}

나. 밤에는 집에 있지 말-φ-{아라/자}

(ii) 가. *책이 많이 있-φ-{아라/자}

나. *책이 많이 있지 말-φ-{아라/자}

위의 예에서 동사성의 '있다'에서는 명령문과 제안문의 성립이 가능하지만, 형용사성의 '있다'에서는 불가능하다.

위의 예에서 [+동사성]을 가진 '있다'의 경우 '계시다'로 존칭변형이 가능하지만, [+형용사성]의 '있다'에서는 '계시다'로의 변형이 불가능하다. 따라서 만약 '없다'가 '아니 있'으로 어휘분해 된다면 이때 '있다'는 [+형용사성]의 자질을 가진 것이어야 한다. 그렇다면 '아니 있'의 '아니'는 어떠한 자질을 가진 것인가? 우리는 앞서 '아니'가 [단순]부정의 의미를 가질 경우는 서술어가 과정성이나 상태성 용언일 때 그 성질이 더욱 뚜렷하게 나타난다고 언급한 바 있다.(3.1 참조) 따라서 '아니 있'의 '아니'는 '아니1'의 성격을 갖는다.

(51) 없다→ NEG + ISS
　　　　　[+NPI]
　　　　　[-의지]

이제까지의 본고의 가정에 옳다면 우리는 '없다'의 어휘분해와 대략적인 기저구조를 다음과 같이 설정할 수 있다.

(52) 아버지는 돈이 많이 NEG ISS-다 (기저구조)

이러한 어휘분해와 기저구조는 우리에게 몇 가지 이론적인 장점을 줄 수 있다. 첫째, 특수 부정어 '없다'가 부정극어를 허가하는 근거를 명시적으로 보여 줄 수 있다는 점이다. 위의 (52)의 기저구조에서 NEG에는 (51)에서와 같은 자질이 내재해 있다고 가정한다. 따라서 '없다'의 부정극어 허가과정은 다음과 같이 명시적으로 설명된다.

(53) 아버지는 돈이 하나도 NEG ISS-다
　　　　　　　　[+NPI] [+NPI]
　　　　　　　　↑＿＿＿＿|

두 번째 장점은 논리적인 의미해석의 효율성이다. 앞서 부정어를 어휘분해해야 하는 이유 가운데 부정문의 의미해석 문제를 제기한 바 있다. '없다'와 같은 구문에서는 어휘분해를 하지 않고서는 논리형태부에서 올바른 의미해석을 도출할 수 없었는데 위의 (51)과 같이 어휘분해를 함으로써 이 문제를 명확하게 해결할 수 있다.

(54) 가. 아버지는 돈이 많이 없다.

나. *[많이 [아버지는 돈이 없다]] (논리형태부)

다. [많이 [아버지는 돈이 NEG ISS]]다 (논리형태부)

위의 (54가)의 해석은 '아버지가 돈이 조금밖에 없다'이지만, (54나)에서처럼 양화사 인상규칙을 적용하면 '돈이 없는 것이 많다'는 이상한 의미해석이 나온다. 그러나 '없다'가 어휘분해된 (54다)에서는 본래의 의미해석이 도출될 수 있다. 이때 'NEG'는 문두로 이동하여 양화사 '많이'에 부가되는 구조를 가정할 수 있다.

(55) [[NEG[많이]] [아버지는 돈이 ISS-다]] (논리형태부).

위와 같은 논리형태의 구조를 설정한다면 양화사 인상규칙에도 어긋나지 않고, 올바른 의미해석도 도출할 수 있다는 장점이 있다.

한편, 어휘분해된 추상적인 어휘들은 다음과 같이 음성형태에서 구체적인 어휘 '없-'으로 어휘대체되고, 이러한 과정을 거쳐 표면구조가 도출된다.

(56) 어휘대체규칙: 없 : NEG + ISS → 없

[+NPI]

[-의지]

(57) 가. 아버지는 돈이 많이 없다 (표면구조)

나. 아버지는 돈이 하나도 없다 (표면구조)

4.3 '모르다'의 분포와 어휘분해

마지막으로 이제는 '모르다'의 분포와 어휘분해의 가능성을 고찰해보자.

(58) 가. *나는 그 사실을 안 안다.

나. *나는 그 사실을 알지 않는다.

위의 예에서 '아니 알다'나 '알지 아니 한다'가 둘다 성립하지 않는데, 이것은 '알다'라는 동사의 속성에서 기인한다고 볼 수 있다. 즉 '알다, 느끼다, 깨닫다' 등과 같은 인식동사는 [의지]보다는 [능력]이라는 자질과 더욱 자연스럽게 연결된다(Park, 1967: 88-92).

(59) 가. 우리는 진리를 못 깨닫는다.

나. ??우리는 진리를 안 깨닫는다.

(60) 가. 그는 강의를 잘 못 알아듣는다.

나. ??그는 강의를 잘 안 알아듣는다.

또한 '아는 행위'나 '느끼는 행위'와 같은 인식동사의 속성은 인식하는 사람이 싫다고 해서 중간에 그만둘 수 있는 성질이 아니며, 오히려 인식의 전후단계를 분명히 나타내는 경향을 띤다.

(61) 가. ??나는 그 사실을 알다가 그만 두었다.

나. ??나는 뿌듯함을 느끼다 그만 두었다.

(62) 가. 나는 그 사실을 알 수가 없다.

나. 나는 뿌듯함을 느꼈다.

위에서 (61)은 의미적으로 매우 어색한 문장들이지만, (62)는 자연스럽다. 그것은 앞서 언급한 인식동사의 속성과 관계가 있는 듯하다. 따라서 부정소와의 결합에서도 '알다'는 [의지]와 관계가 있는 '안'과는 결합이 불가능하지만 [능력]과 관계된 부정소 '못'과는 결합이 가능하다.

(63) 가. *나는 그 사실을 못 안다.

나. 나는 그 사실을 알지 못한다.

다. 나는 그 사실을 모른다.

여기서 흥미로운 점은 '알다'가 [능력]부정의 의미를 지닌 부정소 '못'과 결합하지만 '알지 못한다'라는 장형은 성립하는 반면, 단형인 '못 알다'는 성립하지 못한다는 것이다. 바로 이 자리는 '모르다'가 대신 차지하고 있으며, 이것이 바로 '모르다'의 어휘분해의 실마리를 제공하는 것이다.[14]

(64) 모르다 →MOS + AL

이러한 어휘분해의 가능성은 '말다, 없다'의 경우와 마찬가지로 '모르다'에서도 '부정소겹침제약'이 유효하다는 점에서 설득력을 갖는다.

(65) 가. *나는 그 사실을 안 모른다.

나. *나는 그 사실을 못 모른다.

---

14) 15세기 국어의 '모ᄅᆞ다'도 '몯+알다'의 결합형태에서 발전된 것이라 한다. 이러한 가능성에 대해서는 이미 Martin(1954)의 'Korean Morphophonemics'와 이희승 「국어사전」(민중서관, 1961)에서도 언급된 바 있다.

한편, 임홍빈(1987: 75)에서는 다음 예문에서처럼 '못 알-'이 항상 '모르-'로 대체될 수 있는 것은 아니라고 한다.

(66) 가. 철수는 영희의 속 마음을 못 알아 내었다.
나. *철수는 영희의 속 마음을 몰라 내었다.

위의 예에서 (66가)의 '못 알'을 '모르-'로 대체하면 (66나)와 같은 비문이 된다. 그러나 위의 예는 '못 알'과 '모르-'의 대체관계의 부당성을 밝히기에는 적절하지 못한 것같다. 만약 위의 문장에서 서술구의 구조가 '[[못 알]+[내다]]'라면 그의 주장이 설득력을 가질 수 있으나, 필자의 견해로는 위의 (66가)의 서술구는 '[못+[알아내다]]'의 구조를 띠고 있다고 생각된다. 그것은 이미 '알아내다'가 하나의 복합동사의 속성을 지니고 있기 때문이다. 따라서 이러한 구조에서 '못 알-'을 한 데 묶어 '모르-'와 대응시키면서 그 대체 부당성을 논의하는 것은 그리 설득력이 없어 보인다. 다음의 복합동사의 예를 더 들어보자.

(67) 가. 그는 표가 없어 되돌아갔다.
나. [[[되+돌]아]+[가]]
다. [되[돌아가]].

위의 예에서도 접두사가 첨가된 '되돌아가다'의 복합형태의 경우 그 구조를 (67나)로 설정할 것인가, 아니면 (67다)처럼 설정할 것인가가 문제가 된다. 이때 '*되돌다'는 가능하지 않고 '돌아가다'는 가능하므로 (67다)의 기저구조가 옳다고 생각한다. 만약 이 경우 '*되돌다'를 어떤 어휘로 대체한다고 가정한다면, 그러한 가정은 설득력을 얻기가 힘들다. 따라서 우리의 가정이 옳다면 임홍빈(1987: 75)에서 예외적인 경우라고 주장하는 (66)과 같은 예는 더 이상 예외가 될 수 없다.

'모르다'가 '못 알'로 어휘분해가 된다면 이때 '못'은 어떤 자질을 가지고 있는가? 우리는 앞서 '못'이 두 가지 종류가 있다고 가정했었다. 하나는 '[능력]이 없어 어떤 행위를 할 수 없는 것'이고, 다른 하나는 '[능력]이 있는데도 어떤 행위를 할 수 없는 것'이었다. 여기에서 우리는 앞서 언급한 '알다, 느끼다, 깨닫다' 등과 같은 인식동사의 속성을 상기할 필요가 있다. 즉 인식동사는 [의지]보다는 [능력]이라는 자질과 더욱 자연스럽게 연결된다는 점이다. 따라서 '못 알'의 '못'은 [-능력]의 자질을 가진 '못1'이어야 한다. 그러면 '모르다'의 어휘분해는 다음과 같이 좀더 구체화될 수 있다.

(68) 모르다 → NEG + AL
[+NPI]
[-가능]
[-능력]

이제까지의 논의를 토대로 하여 우리는 '모르다'의 어휘분해와 대략적인 기저구조를 다음과 같이 설정하고자 한다.

(69) 나는 그 사실을 NEG - AL-ㄴ다 (기저구조)

여기에서도 우리는 몇가지 이론적인 장점을 얻을 수 있다. 첫째, 특수 부정어 '말다, 없다'와 마찬가지로 '모르다'의 경우도 부정극어를 허가하는 과정을 명시적으로 보여줄 수 있다는 점이다.

(70) 아무도 그 사실을 NEG - AL-ㄴ다
[+NPI] ← [+NPI]

어휘분해 이전에는 '모르다'라는 어휘에서 부정소를 명시적으로 추출해 내기가 어려웠으며, 따라서 구체적으로 '모르다'의 어떤 속성이 문장에서 부정극어를 허가하는지를 논리적이고 명시적으로 설명할 수 없었다. 그러나 위의 예에서 보듯이 '모르다'의 NEG에 내재한 자질 [+NPI]를 가정하면 통사적으로 부정극어를 허가하는 현상은 매우 자연스럽게 설명할 수 있다. 둘째는 '없다'의 경우와 마찬가지로 논리형태부에서 올바른 의미해석이 가능하다는 점이다.

(71) 가. 나는 그를 잘 모른다
나. *[잘 [나는 그를 모른다]] (논리형태부)
다. [잘 [나는 그를 NEG AL-ㄴ다]] (논리형태부)
라. [[NEG[잘]] [나는 그를 AL-ㄴ다]] (논리형태부).

위의 예 (71가)에 양화사 인상규칙을 적용하면 (71나)에서처럼 그 의미해석은 '나는 그를 모르기를 잘 한다'라는 이상한 의미가 된다. 그러나 어휘분해가 되어 양화사와 부정어가 문두로 이동하게 되면 (71라)에서처럼 '나는 그를 잘 알지 못한다'라는 본래의 의미를 낳을 수 있다.

한편, 어휘분해된 추상적인 어휘들은 다음과 같이 음성형태에서 구체적인 어휘 '모르-'로 어휘대체되고, 이러한 과정을 거쳐 다음과 같은 표면구조가 도출된다.

(72) 어휘대체규칙: 모르: NEG - AL → 모르
[+NPI]
[-가능]
[-능력]

(73) 가. 나는 그 사실을 모르-ㄴ다 (표면구조)
나. 아무도 그 사실을 모르-ㄴ다 (표면구조)

5. 결론 및 남은 문제

이제까지 본 연구에서는 '없다, 말다, 모르다' 등과 같은 특수 부정어의 형태, 통사적 속성을 고려하여 이들 부정어의 어휘분해 가능성을 고찰하였다. 이를 간략히 정리하면 다음과 같다.

1) 국어의 부정어 종류에는 '아니/못'의 형태가 포함된 일반적인 부정어와 '불행하다, 부인하다, 무정하다'류와 '없다, 말다, 모르다'류와 같이 '아니/못'의 형태가 가시적으로 드러나지 않는 특수 부정어가 있다. 형태론적인 면에서 보면 '없다, 말다, 모르다'류의 부정어휘는 공시적으로는 이미 어휘화하여 하나의 단어로 굳어진 것이므로 '불행하다'류보다도 더 어휘적인 성격이 강하다. 그러나 통사론적으로는 이들이 '불행하다'류와는 달리 부정극어를 허가하는 특징이 있다. '없다, 말다, 모르다'류의 이러한 양면성은 이들의 어휘분해의 필요성을 뒷받침해 준다.

2) 어휘분해는 심층구조에서 의미적으로 복잡한 어휘를 추상적이고 가상적인 어휘로 분리하여 나타내는 것으로, 의미적으로 보다 복잡한 어휘와 더 단순한 어휘 사이의 의미관계나 문법범주를 체계적이고 규칙적으로 설명할 수 있는 장점이 있다. 본고에서는 이러한 생성의미론의 추상성과 어휘분해를 통해 여러 부정어의 유형을 심층구조에서 단일화하고 그 의미의 동일성과 통사적 차이점을 보다 효율적으로 설명하려고 하였다.

3) 부정어를 어휘분해해야 하는 이유는 첫째, 논리형태부에서 부정문의 의미해석 문제를 해결하기 위해서이고, 둘째는 특수 부정어가 통사적으로 부정극어를 허가할 수 있다는 점을 명시적으로 보여주기 위해서이다.

4) '아니'의 기본의미자질은 '아니1:NEG, [+NPI], [-의지]'이고 '아니2: NEG, [+NPI], [+의지]'로 구분되며, '못'의 경우도 '못1:NEG, [+NPI], [-가능][-능력]'과 '못2:NEG, [+NPI], [-가능][+능력]' 등으로 구분된다. 그리

고 부정 접두사는 'NEG, [-NPI], [-가능][-능력][-의지]'라는 의미자질을 가져, 통사적으로는 부정극어를 허가할 수 없는 특징을 갖는다. 또한 '아니/못'의 기본의미자질을 통해 관용적 표현으로 사용되는 '아니/못'의 의미자질도 도출해 낼 수 있다.

5) '말다'의 경우 명령문에서는 '금지'의 의미가, 제안문에서는 '거부'의 의미가 강하므로 어휘분해도 두 가지로 나뉘며(NEG + HA (금지/거부)), '없다'의 경우는 'NEG - ISS'으로 어휘분해 되는데, 이때 부정소의 의미자질은 '[+NPI][-의지]'의 속성을 띤다. 그리고 '모르다'의 경우는 'NEG - AL'로 어휘분해되고, 이때 부정소 NEG는 '[+NPI][-가능][-능력]'의 자질을 갖고 있다. 이러한 어휘분해와 의미자질은 몇 가지 이론적인 장점이 있다. 첫째는 이들 특수 부정어가 부정극어를 허가하는 근거를 명시적으로 보여 줄 수 있다는 것이고, 둘째는 논리형태부에서 부정문의 의미해석 문제를 명시적으로 해결할 수 있다는 점이다. 한편, 이렇게 어휘분해된 추상적인 어휘는 음성형태부(PF)에서 구체적인 어휘로 대체되는 과정을 거쳐 표면구조로 도출된다.

본고의 논의는 의미적으로 유사하지만 서로 다른 형태와 범주를 갖고 있는 부정어들을 하나의 문법범주와 하나의 추상적 어휘로 묶이, 단일한 기저구조를 설정해 보고자 하는 시도였다. 그리고 그 과정에서 접근방법으로 사용한 것이 생성의미론의 어휘분해였다. 1970년대 생성의미론과 해석의미론이 논쟁을 벌이고 있을 때, 국내에서도 이에 대한 많은 논의가 있었다. 따라서 논의 전개상 먼저 어휘분해의 이론적 타당성을 검증해보고 이를 부정어에 이용하는 것이 순서일 것이다. 그러나 본고에서는 어휘분해의 이론적인 검토는 자세히 다루지 않았다. 그것은 본 논의에서 다루기에는 너무 커다란 주제여서 자칫 논의의 초점이 흐려질 가능성이 있었기 때문이었다. 이에 대한 진지한 논의는 후고를 기약하기로 한다.

특수 부정어의 어휘분해를 위해서 먼저 '아니/못'과 같은 기본 부정소의 의미를 대략적으로나마 추출하고 설정하여 기준으로 삼고자 하였다.

그러나 이 과정에서도 '아니/못'의 다양한 의미를 모두 포괄하는 의미자질을 체계적으로 설정하지는 못했다. 이것은 특수 부정어와 연관된 '아니/못'의 의미자질에 초점을 둔 까닭이다. 따라서 기본적인 의미자질의 체계확립과 그 결합과정, 그리고 이들이 파생할 수 있는 새로운 의미에 대해서도 체계적으로 연구가 이어져야 할 것이다.

‖ 참고 문헌 ‖

김동식. 1980. "현대국어 부정법 연구", 「국어연구」 42.

김민수. 1970. "국어의 격에 대하여", 「국어국문학」 24, 국어국문학회.

박영순. 1997. 「개고판 현대 한국어 통사론」, 서울: 집문당.

박영준. 1994. 「명령문의 국어사적 연구」, 서울: 국학자료원.

박정규. 1996. 「국어 부정문 연구」, 서울: 보고사.

서정수. 1996. 「국어문법」, 서울: 한양대출판원.

성광수. 1971. "부정 변형에 대하여", 「국어국문학」 52, 국어국문학회.

성광수. 1977. "의미보존과 어휘분해의 문제점", 「논문집」 5, 관동대.

성광수. 1979. 「국어 조사 연구」, 서울: 형설출판사.

시정곤. 1993. 「국어의 단어형성 원리」, 고려대 박사논문.

시정곤. 1995. "어휘결합과 의미해석", 「언어」 20-1, 한국언어학회.

시정곤. 1997ㄱ. "국어의 부정극어에 대한 연구", 「국어국문학」 119, 국어국문학회.

시정곤. 1997ㄴ. "국어의 부정극어 허가조건", 「언어」 22-3, 한국언어학회.

시정곤. 1997ㄷ. "'밖에'의 형태-통사론", 「국어학」 30, 국어학회.

양인석. 1974. "해석의미론 대 생성의미론", 「언어와 언어학」 2, 외대언어연구소.

오숙화. 1994. "현대국어 부정문 연구", 「국어연구」 127.

이상복. 1979. "동사 '말다'에 대하여", 「연세어문학」 12, 연세대학교.

이익환. 1995. 「의미론 개론」, 서울: 한신문화사.

이정민. 1977. "부정명령의 분석", 「어학연구」 13-2, 서울대어학연구소.

이정식. 1994. 「국어 부정문의 기저구조와 의미해석」, 고려대 석사학위논문.

이현희. 1994. 「중세국어 구문연구」, 서울: 신구문화사.

이홍배. 1975. "어휘해체에 관하여", 「언어와 언어학」 3, 외대언어연구소.

임홍빈. 1987. "국어 부정문의 통사와 의미", 「국어생활」 10, 국어연구원.

홍사만. 1983. 「국어특수조사론」, 서울: 학문사.

Ahn, H. D. 1991. *LIGHT VERBS, VP-MOVEMENT, NEGATION AND CLAUSAL ARCHITECTURE IN KOREAN AND ENGLISH*, Doctoral dissertation of Univ., of Wisconsin. Hanshin Publishing Co.

Choi, H. S. 1988. *Restructuring Parameters and Complex Predicates; A Transformational Approach*, Doctoral dissertation of MIT. Hanshin Publishing Co.

Chomsky, N. 1993. "A Minimalist Program for Linguistic Theory", *The View from Building* 20, MIT Press.

Hale, K. & S. J. Keyser. 1993. "On the Argument Structure and the Lexical Expression of Syntactic Relations", in *The View from Building 20:Essays in Linguistics in Honor of Sylvain Bromberger*, edited by Kenneth Hale and Samuel Keyser, MIT Press, Cambridge, Mass.

Lee, Chung-Min. 1973/1994. *Abstract Syntax and Koren with Reference to English*. Thaehaksa.

Lee, K. R. 1993. "NPI Licensing and the Domain of A-Movement", *HARVARD STUDIES IN KOREAN LINGUISTICS* V, Hanshin publishing.

Martin, S. 1954. *Korean Morphophonemics*, LSA. Baltimore.

Park, S-H. 1967. *A Transformational Analysis of Negation in Korean*, Doctoral dissertation, University of Michigan. Kwangmunsa.

Sohn, K-W. 1996. *Negative Polarity Items, Scope, and Economy*, Doctoral dissertation, University of Connecticut. Thaehaksa.

(1998, 「한국어학」 7)

'밖에'의 형태-통사론*

1. 문제제기

본고의 목적은 '명사구+밖에'의 형태-통사적 속성을 고찰하는 데 있다. 특히 실질명사 '밖'과 처격접미사 '에'의 결합형인 '밖에'가 겪고 있는 문법형태화 과정을 살펴보고, '밖에'의 문법범주와 기저구조를 정의하여, '명사구+밖에' 구문이 보여주는 여러 형태-통사적 현상에 대한 타당한 설명을 도출해내고자 한다. 먼저 다음의 예를 보자.

(1) 가. 시원한 **밖에** 나가서 놀아라!
나. 창**밖에** 눈이 내린다.
다. 당신 **밖에** 다른 사람이 있었지?
라. 나는 사흘 동안 물**밖에** 못 먹었다.

위의 예에서 알 수 있듯이 '밖에'는 그 양상이 매우 다양하게 나타난다. 형용사의 수식을 받는 일반 명사구로 기능하기도 하고(1가), 선행명사의 수식을 받기도 하며(1나), 항상 선행명사구를 동반하는 의존적인 명사구

---

* 본 논의에 대해 논평해 주신 익명의 논평자께 감사드린다. 이 논평으로 인해 본 논의를 객관적인 시각으로 다시 다듬을 수 있었다. 그러나 본 논의에 나오는 모든 잘못은 필자의 몫임을 밝혀둔다.

로 보이기도 하며(1다), 마치 의존적 형태인 접미사의 역할을 하는 '밖에'도 있는 듯하다(1라). 그렇다면 (1)에 나타난 다양한 '밖에'는 서로 어떤 공통점과 차이점이 있는 것일까?

본고에서는 '밖에'가 하나의 형태에서 출발하여 문법형태화를 거쳐 다양한 문법형태로 변하고 있다고 가정할 것이다. 그리고 이러한 가정을 토대로 하여 다음과 같은 문제들을 구체적으로 살펴보고자 한다. 첫째, '밖에'의 문법범주는 무엇인가? 위의 (1)에서 다양하게 기능하고 있는 '밖에'는 서로 다른 문법범주를 가지고 있으며, 이것이 '밖에'의 문법형태화 과정과 어떤 관련이 있는지를 밝힐 것이다. 둘째, '밖에'는 부정극어인가 하는 문제이다. (1라)에서 '밖에'는 부정극어처럼 부정어와 호응을 이루고 있다. 본고에서는 '밖에'가 부정극어가 아니고 숨겨진 부정극어가 있음을 주장한다. 셋째, (1나, 다)에서처럼 의존적으로 기능하는 '밖에' 구문의 기저구조는 어떻게 설정되어야 하는가? 이 문제는 문장에서 '명사구+밖에' 구성이 논항으로 주어나 목적어의 기능을 할 수 있는가 하는 점과도 관련이 있다. 넷째, 의미적으로 유사한 '밖에'와 '이외에/말고'는 통사적으로 의미적으로 어떠한 차이가 있는가?

본고에서는 이러한 문제들을 해결하기 위해 다음과 같은 순서로 논의를 전개하고자 한다. 먼저 2장에서는 '밖에'의 문법형태화과정을 '밖'의 의미변화과정을 중심으로 살펴보고, '밖에'의 접사적 특성을 알아본다. 3장에서는 '밖에'의 통사적 기능과 위치를 검토하여 그 기저구조를 상정하고, 이를 통해 '밖에'가 부정극어처럼 기능하는 이유를 밝혀보기로 한다. 이러한 과정에서 '밖에'의 형태-통사적 속성이 제대로 드러날 것이다.

2. '밖에'의 문법형태화과정

2.1 '밖'의 의미변화과정

문법형태화는 전통적으로 어떤 어휘적인 형태가 문법적인 형태로 바뀌고, 덜 문법적인 형태에서 더 문법적인 것으로 발전하는 언어변화를 말한다(Hopper & Traugott 1993). 문법형태화의 원인을 살펴보면 일반적으로 언중들이 표현을 간결하게 그리고 분명하게 하려는 노력에 의해서 일어난다(허웅 1983). 이제까지 '밖에'의 문법형태화에 대한 논의가 없었던 것은 아니지만[1] 최근 이를 구체적으로 논의한 연구로는 박승윤(1997)을 들 수 있다. 박승윤(1997)에서는 '밖에'의 문법형태화 과정을 '후치사구 > 후치사 > 한정조사'와 같이 설정하고 있다. 본고에서는 우선 이전 연구를 토대로 '밖에'의 문법형태화과정을 다음과 같이 가정하고자 한다.

(2) '밖에'의 문법형태화과정

1단계:명사구 '밖에' → 2단계:의존명사구 '밖에' → 3단계:접미사 '밖에'

1단계인 명사구 '밖에'는 명사 '밖'과 처격접미사 '에'가 결합하여 명사구를[2] 이룬 구성을 말한다. 따라서 앞의 예 (1가)의 '밖에'가 이에 속하며, 그 의미는 명사 '안/속'과 대립되는 '장소'를 뜻한다. 2단계인 의존명사구 '밖에'는 독립적으로 사용되지 못하며 항상 선행명사나 관형사를 동반해

---

1) '밖에'가 일반명사구가 아닌 특수한 체언접사로(소위 한정조사, 특수조사, 또는 도움토씨) 기능한다는 점은 이미 앞선 연구에서도 지적된 바 있다(최현배(1937), 홍사만(1983), 김승곤(1989), 남기심(1993), 박승윤(1997), 정재영(1997) 등). 특히 남기심(1993)에서는 '명사구+에'의 다양한 용례를 제시하였고, 정재영(1997)에서는 '밖에'가 의존명사에서 조사로 문법화 되었다고 하였으며, 박승윤(1997)에서는 '밖에'의 문법범주 변화를 상세히 언급하고 있다.

2) 격접미사 '-에'의 통사범주에 따라 '밖에'의 구조는 부사구나 명사구 등으로 상정될 수 있다. 여기에서는 '-에'의 통사범주를 그 형태-통사적 속성을 고려하여 잠정적으로 Naf으로 가정하고(시정곤 1992 참조), '밖에'를 명사구로 가정한다.

야 하는 구성으로 (1다)의 예가 이에 속한다. 그 의미는 주로 '장소'보다는 '범위'를 뜻한다. 그리고 3단계 접미사 '밖에'는 하나의 형태로 굳어져 더 이상 분리되지 못하며, 명사상당어구와 결합하여 '그것말고는, 그것 이외에는' 등의 의미를 가진다.[3]

그렇다면 '밖에'가 어떻게 이러한 문법형태화과정을 겪게 되었을까? 본고에서는 '밖에'의 문법형태화과정을 '밖'의 의미변화와 관련지어 고찰해보기로 한다. 즉 [장소]를 나타내는 명사 '밖'이 더욱 추상화되어 [경계]나 [범위]의 의미를 띠게 되고, 이렇게 추상화된 명사 '밖'과 처소를 나타내는 처격접미사 '에'가 결합하여 새로운 접미사 '밖에'가 형성되었다고 가정한다.

(3) 명사 '밖'의 의미변화과정

1단계:자립명사 '밖' → 2단계:복합어성분 '밖' → 3단계:의존명사 '밖'

[장소] [경계] [범위]

위의 예에서 자립명사 '밖'은 (1가)에서 알 수 있듯이 '속이나 안의 반대되는 쪽. 또는 그러한 부분'을 뜻하니 가장 기본적인 [장소]의 의미를 갖는다. 두번째 복합어성분 '밖'은 자립명사라는 점에서는 1단계 '밖'과 마찬가지지만 선행명사의 영향으로 '어떠한 선이나 경계를 넘어선 쪽'(골라인밖으로 벗어나는 공)이라는 의미를 띠게 되어, [장소]보다는 [경계]의 의미가 강하다고 하겠다.[4] 그리고 3단계 '밖'은 '일정한 범위에 미치지

3) 남기심(1993: 170-172)에서는 명사 '밖'과 '에'가 긴밀하게 결합하여 관용적으로 하나의 단위처럼 쓰이는 '밖에'를 '붙은어절'이라고 하고, '밖에'가 일반명사구로 기능할 때는 명사 '밖'과 격접미사 '에'는 서로 분리가 가능하지만, 하나의 새로운 단어로 파생된 '밖에'는 더 이상 분리될 수 없다고 하였다.

(가) 교실밖에 접는 의자를 마련했다. [남기심(1993)]

(나) 내가 사랑하는 사람은 너밖에(도) 세 명이 더 있다.

(다) 내가 사랑하는 사람은 너밖에 없다.

위의 예에서 (가)의 '밖에'는 서로 분석이 가능하지만, (다)의 '밖에'는 분석이 불가능하고 부정극어로 사용된다고 하였다.

않는 부분'을 뜻하는데, 이는 2단계 [경계]의 의미에서 더욱 추상화된 [범위]의 의미로 발전하였음을 뜻하게 된다. 3단계의 또 하나의 특징은 앞의 두 단계와는 달리 '밖'이 항상 의존적인 구성에만 참여한다는 점이다.

(4) 가. 그 밖의 문제는 내 알 바 아니다.
　　*밖의 문제는 내 알 바 아니다.
　나. 예상 밖의 문제가 나왔다.
　　*밖의 문제가 나왔다.
　다. 그 밖에 또 어떤 문제가 있느냐?
　　*밖에 또 어떤 문제가 있느냐?

위의 예에서 명사 '밖'에 선행하는 요소를 생략하면 그 문장은 모두 비문이 되는데, 이는 '밖'의 의존성을 잘 보여주는 것이다. 흥미로운 점은 이러한 명사 '밖'의 의미변화단계와 접미사 '밖에'의 문법형태화과정이 서로 긴밀히 연결되어 있다는 점이다. 두 형태는 의미면에서도 기본적인 의미에서 추상적인 의미로 진행되며, 통사적 자립도면에서도 자립도가 가장 높은 단계에서 점차로 낮은 단계로 진행된다. 따라서 문장에서 '밖에'의 모습이 다양하게 나타나는 이유도 바로 여기에서 찾아 볼 수 있다. 즉 [처소]를 나타내는 접사 '에'가 '밖'의 어떤 단계와 결합하느냐, 그리고 얼마나 관용적으로 사용되느냐에 따라 그 성격이 결정되기 때문이다.

그러면 이러한 다양한 '밖에'가 통사적으로 어떻게 차이가 나는지 예를 들어 비교해 보자. 첫째, 성분의 생략가능성에 따라 다양한 '밖에'의 모습을 엿볼 수 있다.

---

4) 이러한 의미변화에 대해서는 김창섭(1994: 22-23)에서도 언급하고 있다. 그는 자립명사와 복합어형성에 참여하는 단어형성소를 구분하고 있는데, 즉 '여관방'에서 '방'은 자립명사로 '건물 내부의 벽으로 구획된 공간'을 뜻하지만, '빨래방'에서의 '방'은 단어형성소로서 단순히 '가게'의 의미를 띤다는 것이다. 이러한 논의는 복합어성분 '밖'을 '밖'의 의미변화과정의 2단계로 설정할 수 있는 근거가 된다.

(5) 가. (시원한) 밖에 나가서 놀아라!
  나. (창) 밖에 눈이 내린다.
  다. *(당신) 밖에 다른 사람이 있었지?
  라. *나는 사흘동안 (물)밖에 못 먹었다.

위의 예에서 '밖에'는 동일한 형태이지만 선행성분의 생략에 따라 서로 다른 반응을 보인다. (5가, 나)의 '밖에'는 선행성분을 생략해도 좋은 문장이 되지만, (5다, 라)는 그렇지 못하다. 이는 (5가, 나)의 '밖'이 자립형태인 반면, (5다, 라)의 '밖'은 의존형태이기 때문이다. 즉 (5가)에서는 처격접미사 '에'가 1단계 '밖'과 결합하였고, (5나)에서는 '에'가 2단계 '밖'과, (5다)에서는 '에'가 3단계의 '밖'과 결합한 것이고, 마지막으로 (5라)는 3단계의 '밖에'가 하나의 접사로 굳어진 모습이다.

둘째, 격접미사의 대체가능성에서도 다양한 '밖에'의 모습을 살펴볼 수 있다.

(6) 가. 밖이 안보다 넓다 / 밖을 보아라 / 밖으로 나가자 / 밖에 사람이 많다
  나. 창밖이 환하다 /창밖을 보아라 /창밖으로 나가자 / 창밖에 사람이 많다
  다. *예상밖이 좋다 / *나는 예상밖을 모른다 / 예상밖으로 문제가 쉽다/ 예상밖에 성공했다
  라. *물밖이 없다 / *물밖을 안 먹었다 / *물밖으로 못 먹었다 / 물밖에 못 먹었다.

(6)에서는 '밖에'의 '에'를 다른 격접미사로 대체할 경우 문장의 문법성을 살펴본 것인데, (6가, 나)에서는 이러한 접사 대체가 자유롭지만, (6다)에서는 일부 제약이 있음을 알 수 있다. 이는 (6다)의 '밖'이 3단계의 의존형태라는 점, 그리고 의미적으로 추상화되었다는 점과 관련이 있다. (6라)는 접미사 '밖에'로 다른 접미사의 대체가 불가능하다는 점에서 이 형태는

더 이상 분리할 수 없는 하나의 덩어리로 굳어졌다고 볼 수 있다.[5] 여기에서 (6가, 나)와 (6라)를 비교해 볼 때, (6다)의 '밖에'는 그 중간적 위치에 있다고 가정할 수 있다. 즉 의미적, 통사적인 특징을 고려해 볼 때, (6다)의 '밖에'는 명사구 '밖에'에서 접미사 '밖에'로 진행하는 과정에 있는 과도기적 형태로 접미사 '밖에'의 형성 원인에 실마리를 제공할 수 있을 것이다.

2.2 '밖에'의 접사적 특성

의존명사 '밖'과 '에'가 결합한 의존명사구 '밖에'는 접미사 '밖에'와 여러 가지 면에서 차이를 보인다. 먼저 앞에서도 언급되었듯이 격접미사의 대체가능성에서도 일부제약을 보인 전자와 완전제약을 보인 후자의 차이는 분명하다. 또한 접미사 '밖에'는 부정어와 함께 나타나는 것 같지만 의존명사구 '밖에'는 그러한 제약이 없다는 점도 다르다. 이렇게 하나의 형태로 굳어진 '밖에'는 접사처럼 기능하며 다른 '밖에'와 통사적, 음운적인 면에서 차이를 보인다[박승윤(1997) 참조].

첫째, 통사적으로 접사 '밖에'는 문장의 거의 모든 성분에 붙을 수 있다.

(7) 가. 철수**밖에** 영희를 사랑하지 않는다 [박승윤(1997)]
나. 철수는 영희**밖에** 사랑하지 않는다
다. 철수는 영희를 학교에서**밖에** 만나지 않았다
라. 철수는 자전거로**밖에** 가지 않는다
마. 철수는 영희를 오전에**밖에** 만나지 않았다
바. 철수는 책을 영희에게**밖에** 주지 않았다

---

5) 홍사만(1983: 37)에서는 특수조사 '조차, 까지' 등이 각각 동사와 명사에서 부사화 과정을 거쳐 허사인 특수조사로 파생되었다고 설명하고 있는데, 이와 같이 대개 문법 형태화 과정이 실사에서 허사로 진행된다는 점을 고려하면 통사적 제약의 차이는 일반적인 현상으로 이해할 수 있다.

사. 철수는 돈을 영희에게서**밖에** 받지 않았다

아. 철수는 영희를 만나지**밖에** 않았다

위의 예에서 '밖에'는 소위 한정조사나 특수조사처럼 결합분포가 매우 다양하다.

둘째, 음운적인 면에서도 접미사 '밖에'는 명사구 '밖에'와는 달리 선행성분과의 사이에서 경음화현상을 일으킨다.

(8) 가. 창밖에/ 예상밖에 → 명사구 '밖에' = [pak'e]

나. 빵밖에 못 먹었다 → 접미사 '밖에' = [p'ak'e]

박승윤(1997)에 따르면 이러한 현상은 의미상 약화로 인한 음운론적 약화현상 때문이라고 한다. '밖에'가 접사화하면서 통사적으로, 의미적으로 약화되어 선행요소와의 경계가 약화되고 이에 따라 음운론적인 현상이 생겼으리라는 지적이다.[6)]

3. '명사구+밖에'는 부정극어인가?

이 절에서는 접사 '밖에'가 과연 부정극어로 기능하고 있는가를 고찰

6) 이와 같은 지적은 매우 설득력 있게 보인다. 논평자의 지적대로 대부분의 문법화과정이 음운론적 현상을 동반하기 때문이다. 그 일례로 경남방언에서는 '-아/어 버려라'의 형이 '-아/어삐라'의 형으로 나타나는데('먹어삐라:먹어 버려라' '해삐라:해 버려라' 등), 이러한 경음화 현상도 '밖에'와 마찬가지로 경계의 약화로 인한 것이기 때문이다. 따라서 일반동사 '버리다'도 의존동사 '버리다'로 발전하고 나중에는 마치 접사처럼 기능하게 된다는 점에서 '밖에'와 똑 같은 문법형태화과정을 겪고 있다고 할 수 있다. 한편 박승윤(1997: 66)에서는 한정조사 '밖에'는 모두 경음화 되어 [p'ak'e]로 발음된다고 하여, 필수적인 음운론적 현상으로 보았으나, 필자의 견해로는 수의적인 현상으로 보인다. 그러나 여기에서는 이 현상이 필수적이든 수의적이든 명사구 '밖에'의 그것과 변별된다는 것이 중요하다.

하기로 한다. 논의를 전개하면서 접사 '밖에'의 통사적 위치를 알아보고, 앞서 제기한 '밖에'의 문법형태화과정이 '밖에'의 기저구조와 어떠한 관련이 있는지도 고찰할 것이다.

3.1 몇 가지 의문

부정자질을 가지고 있는 극성어로 통사적 부정어 '안'이나 '못' 등에 의해 그 자질이 허가되어야 하는 요소를 부정극어(Negative Polarity Items: NPI)라고 할 때, '아무도, 아무것도' 등은 부정극어의 대표적인 예들이다. 다음의 예를 보자.

(9) 가. **아무도 안** 왔다
　　나. ***아무도** 왔다
(10) 가. 나는 **아무것도 안** 먹었다
　　나. *나는 **아무것도** 먹었다

위의 예문 (9)(10)은 이른바 부정어와 부정극어의 관계를 단적으로 보여줄 수 있는 대표적인 예들이다. 즉 (9, 10가)에서는 부정어 '안'이 부정극어 '아무도, 아무것도'와 호응하여 좋은 문장이 되지만, (9, 10나)는 그렇지 못해 비문법적인 문장이 된다.

본고에서는 앞절에서 접미사 '밖에'가 부정어와 함께 나타난다고 언급한 바 있다. 그렇다면 '밖에' 또한 부정극어인가? 다음의 예에서 '밖에'는 위의 예 (9-10)의 부정극어 '아무도, 아무것도'와 비슷한 양상을 보이는 것 같다.

(11) 가. 영희**밖에 안** 왔다
　　나. *영희**밖에** 왔다

일반적으로 부정극어가 같은 절 안의 부정어에 의해 허가되어야 한다는 부정극어 허가조건은 위의 (11)과 같은 단문뿐만 아니라 다음과 같은 복문에서도 유지된다.

(12) 가. 철수는 [**아무도** 영희를 **안** 만났다]고 생각한다

나. *철수는 [**아무도** 영희를 만났다]고 생각하지 **않**는다

(13) 가. 철수는 [영희가 **아무것도** 먹지 **않**았다]고 말했다

나. *철수는 [영희가 **아무것도** 먹었다]고 말하지 **않**았다

위의 예 (12-13)은 모두 부정극어와 부정어를 갖고 있음에도, (12-13가)는 좋은 문장이고 (12-13나)는 좋지 않은 문장이 된다. 이들의 차이는 부정극어와 부정어가 같은 절 안에 인접해 있느냐 아니면 멀리 떨어져 있느냐에 있다. 그렇다면 '밖에'의 경우는 어떠한가?

(14) 가. 철수는 [영희가 물**밖에 안** 먹었다]고 말했다

나. *철수는 [영희가 물**밖에** 먹었다]고 말하지 **않**았다

(14가, 나)의 차이를 미루어 보아 몇몇 선행 연구에서와 같이 '명사구+밖에'를 '아무도'처럼 부정극어로 간주할 수 있는 듯하다(Ahn(1991), 남기심(1993), Kuno(1994b) 박승윤(1997), 「우리말 대사전」).

그러나 '명사구+밖에'를 부정극어로 인정하기 어려운 몇 가지 문제가 남아 있다.

첫째, 일반적인 부정극어 '아무도, 아무것도' 등은 긍정표현에 쓰이지 않으나 '명사구+밖에'는 긍정표현에도 쓰일 수 있다는 점이다.

(15) 가. 물밖에 남은 게 있어야지! (물밖에 남은 게 없다) [남기심(1993)]

나. 날씨가 이렇게 무더우니 죽어나는 건 우리밖에 더 있나? (우리밖에

없다)

(16) 가. *내가 먹지 말라고 했으니 아무것도 먹기야 하겠어? (아무것도 안 먹을 것이다)

나. *그렇게 사고를 쳤으니 아무도 그를 좋아하겠어? (아무도 그를 좋아하지 않는다)

위의 (15)(16)의 두 예문은 모두 반어적인 문장이다. 즉 겉으로는 긍정문이지만 실제 의미는 괄호안에서처럼 부정의 뜻을 담고 있다. 문제는 (15)와 같이 이러한 표현에서 '밖에'가 사용될 수 있는 반면에, (16)에서처럼 전형적인 부정극어들은 사용될 수 없다는 점이다. 그렇다면 (15)에서 괄호안에 있는 '밖에'는 부정극어이고, 괄호밖에 있는 것은 부정극어가 아니라는 것인가? 본고는 이들이 서로 다르지 않다고 가정한다.

둘째, '명사구+밖에'가 모든 부정문에 사용될 수 있는 것은 아니라는 점이다.

(17) 가. *너**밖에** 오지 **마라**.

나. *이 빵**밖에** 먹지 **말자**.

다. *너는 사람**밖에 아니다**.

만약 '밖에'가 부정극성을 띠고 '명사구+밖에'가 부정극어라면 위의 예에서 '너밖에, 빵밖에, 사람밖에'는 부정극어여야 하며, 같은 절 안에 있는 부정어 '말다, 아니다'와 호응을 이루어 자연스러운 문장이 되어야 한다. 그러나 이러한 예측은 빗나간다. 위와 같은 부정명령문과 부정청유문, 부정계사문 등에서는 이른바 부정극어라는 '명사구+밖에'와 부정어가 허가조건을 만족하고 있음에도 불구하고 비문이다. 그렇다면 '명사구+밖에'는 부정극어인가 아닌가? 이러한 의문을 풀기 위해서는 먼저 '명사구+밖에'의 통사적 속성을 제대로 파악하는 것이 필요하다. 즉 '명사구+밖에'

의 문법범주를 설정하고 이를 통해 기저구조를 밝히는 작업이 필요하다. 이러한 과정 속에서 '명사구+밖에'의 통사적 위치가 드러날 것이다.

3.2 '명사구+밖에'는 논항인가?

'명사구+밖에'의 문법범주와 관련하여 본고의 초점은 '명사구+밖에'가 과연 논항(명사구)인가 부가어인가 하는 문제이다. '명사구+밖에'를 부정극어로 인정하는 대부분의 논의에서는 그 문법범주를 명사구로 간주하고 있으며, 특히 박승윤(1997)에서는 이를 위한 몇 가지 증거를 제시하고 있다.

박승윤(1997)에서 '명사구+밖에'가 논항이라는 첫 번째 증거는 존칭화 문제이다.

(18) 가. 지금 방에 선생님밖에 {안 계시다/*있나} [박승윤(1997)]
　　나. 지금 방에 동생밖에 {안 있다/*계시다}

박승윤(1997: 64-66)에 따르면 국어에서 존칭화는 주어와 관련된다고 한다. 따라서 위의 예 (18가)에서 '선생님밖에'는 존칭서술어 '계시다'와는 호응하여 정문이지만 '있다'와는 호응하지 못해 비문이 된다. 반대로 (18나)에서 '동생밖에'는 '있다'와는 호응하지만 '계시다'와는 호응하지 못한다. 따라서 위의 예에서 '선생님밖에'나 '동생밖에'는 논항으로 주어이며, 이때 '밖에'는 한정조사로 기능하고 있다고 주장한다.

그러나 이러한 주장이 설득력을 갖기 위해서는 몇 가지 전제가 필요하다. 첫째는 존칭소와 호응하는 것이 주어라는 사실이고, 둘째는 존칭소가 '명사구+밖에'와 호응해야 한다는 점이다. 이 둘 중 어느 하나라도 참이 아닐 때에는 박승윤(1997)의 주장은 설득력을 잃을 것이다. 본고에서 주목하고자 하는 부분은 두번째 전제조건이다. 즉 과연 존칭소가 '명사구+밖에'와 호응하는가 하는 점이다. 만약 존칭소가 '명사구+밖에'가 아닌 다른 성분과 호응하는 것이라면 '명사구+밖에'를 부정극어로 보기가 어려워진다. 먼저 다음의 예를 보자.

(19) 지금 집에 아무도 {안 계셔요/ 없어요}

흥미로운 점은 위의 예에서 문장의 서술어로 '안 계셔요'나 '없어요' 둘 다 괜찮다는 것이다. 따라서 존칭소가 반드시 '아무도'와 호응하는 것이라고 보기 어렵다. 여기에서 우리는 다음과 같이 가정해 볼 수 있다. '아무도'는 주어가 아니며, 진정한 주어는 생략되어 보이지 않고, 바로 생략된 성분이 서술어와 호응할 것이다. 다음의 예를 보자.

(20) 가. 지금 집에 어른들이 아무도 {안 계셔요/*없어요}
　　나. 지금 집에 아이들이 아무도 {*안 계셔요/없어요}

위의 예 (20)은 '아무도' 앞에 실제 명사구를 삽입한 것인데, (19)와는 달리 (20가)의 서술어로는 '안 계셔요'만 가능하고 (20나)는 '없어요'만 가능하다. 이것은 '아무도'가 주어가 아니라 '어른들이, 아이들이'가 주어이며 이들이 서술어의 존칭소와 호응한다는 점을 말해 주며, 우리의 가정을 뒷받침해 준다.[7] 그렇다면 다음의 예는 어떠한가?

---

7) 논평자는 부정극어가 문장에 외형적으로 나타난 경우는 부정극어를 문장의 주어로 보아야 한다고 지적하였지만 반드시 그런 것은 아니다.
(가) 아무도 안 왔다.
(나) 사람들이 {아무도/한 명도} 안 왔다.
위의 예에서 (가)(나)는 둘 다 정문이며, 이러한 구문 때문에 부정극어의 통사적 성격이 문제가 되는 것이다. 따라서 본고에서는 '아무도'를 문장의 주어로 보지 않는다. '아무도'의 문법적 성격이나 범주에 대해서는 시정곤(1997ㄴ)에서 좀더 자세히 언급하고 있다.

(21) 지금 집에 엄마밖에(는) 아무도 {안 계셔요/ 없어요}
지금 집에 나밖에(는) 아무도 {안 계셔요/ 없어요}

필자의 직관으로는 위의 예에서 문장의 서술어로 '안 계셔요'와 '없어요'가 모두 가능하다. 특히 '밖에' 다음에 접사 '는'을 첨가하면 더욱 좋은 문장이 된다. 이때 앞의 (19-21)에서 제기한 논의를 다시 정리할 필요가 있는데, 그것은 '아무도'는 주어가 아니고 '아무도' 앞에 생략된 성분이 진정한 주어라는 점이다. 그렇다면 위의 예에서 '엄마밖에', '나밖에'가 논항으로 진정한 주어라는 것인가? 그러나 이들이 주어라면 서술어와 호응하여 어느 한 형태만 선택되어야 하는데, (21)에서 보는 것처럼 두 문장에서 서술어는 '안 계셔요/없어요' 모두 가능하다. 따라서 '엄마밖에', '나밖에'가 주어 논항이 아니며, 서술어의 존칭소와 호응한다고 볼 수 없다. 그렇다면 이들 이외에 숨겨진 진짜 주어논항이 있다고 가정하여야 할 것이다. 다음의 예에서 그 실마리를 찾아보자.

(22) 가. 지금 집에 어른들{이/은} 엄마밖에(는) 아무도 {안 계셔요/*없어요}
나. 지금 집에 아이들{이/은} 나밖에(는) 아무도 {*안 계셔요/없어요}

위의 구조에서는 앞의 (21)과는 달리 문장 서술어의 대칭관계가 명확하게 드러난다. (22가)에서는 서술어로 '안 계셔요'만 가능하고, (22나)에서는 '없어요'만 가능하다. 따라서 위의 예와 앞의 예 (21)을 비교해 보면, 문장에서 주어논항은 '엄마밖에', '나밖에'가 아니라 '어른들이'와 '아이들이'가 될 것이며, 이들이 서술어의 존칭소와 호응하여 서술어의 형태를 결정한다고 할 수 있다. 따라서 박승윤(1997)에서와는 달리 존칭화 문제는 '명사구+밖에'가 논항이라는 증거가 되지 못하며, 본고의 가정대로 숨겨진 논항은 따로 있다고 보아야 한다.

박승윤(1997)에서 제시한 두번째 증거는 수동화의 문제이다. '명사구+

밖에'가 논항으로서 수동화의 대상이 될 수 있다는 것이다. 박승윤(1997)의 가정은 수동화의 주어는 문장의 핵논항(core argument)으로서 명사구만이 가능하다는 것이다.

(23) 가. 철수가 영희밖에 차지 않았다 [박승윤(1997)]
나. 영희밖에 철수에 의해서 채이지 않았다

그러나 이와 같은 수동화 문제는 '명사구+밖에'에 논항이라는 증거보다는 오히려 본고의 주장을 뒷받침해 준다고 말할 수 있다. 우리는 (23가)의 문장에서 숨겨진 논항을 pro로 가정할 때, '영희밖에'의 기저구조는 [pro 영희밖에]로 가정할 수 있다. 그러면 수동화된 문장은 (24나)가 될 것이다.

(24) 가. 철수가 [pro 영희밖에] 차지 않았다
나. [pro 영희밖에] 철수에 의해서 채이지 않았다

본고의 초점은 '영희밖에'가 논항이 아니라 숨겨진 논항이 있다는 점이다. 그러면 다음으로 숨겨진 논항자리에 실제 명사구를 삽입하여 수동화를 시켜보자.

(25) 가. 철수가 [여학생을] [영희밖에] 때리지 않았다
나. [여학생이] [영희밖에] 철수에게 맞지 않았다

위의 예에서 수동화로 인해 목적어에서 주어로 변하게 된 것은 '영희밖에'라기보다는 실제 삽입된 명사구 '여학생'이라고 할 수 있다. 따라서 본고는 박승윤(1997)과는 달리 '명사구+밖에'가 논항이 아니라 부가어이며 실제 논항은 숨겨져 있다고 주장한다.

이러한 본고의 주장은 이론적으로, 경험적으로 몇 가지 장점을 가지고

있다. 첫째는 박승윤(1997)에서 제기한 '명사구+밖에'의 이중적인 성격을 설명할 수 있다는 점이다. 박승윤(1997)에서는 '명사구+밖에'가 논항 이외에 부가어(adjunct)로도 기능하고 있다고 하면서 다음과 같은 예를 제시하였다.

(26) 지금 방에 '선생님밖에' {안 계시다/*없다} [박승윤(1997)]

(27) 지금 방에 '선생님밖에' 학생들은 {없다/*안 계시다}

박승윤(1997)에서는 위의 (26)의 경우 존칭화에 의해 '선생님밖에'가 주어이지만(밖에=한정사), (27)에서는 존칭소가 '선생님밖에'와 호응하는 것이 아니라 '학생들'과 호응하므로 '선생님밖에'는 부가어가(밖에=후치사) 된다고 하였다. 그리고 이는 '밖에'가 완전히 한정사로 문법형태화한 것이 아니라 후치사와 한정사의 속성을 공유하는 중간적 위치에 있기 때문이라고 한다. 그러나 본고에서는 이들 두 문장의 기저구조를 같게 보고 '밖에'의 속성도 하나라고 가정한다. 즉, (26)에서 '선생님밖에' 다음에 보이지 않는 논항 pro가 있다고 가정하면 두 문장은 하나의 일관된 구조로 설명할 수 있다.[8)]

또 하나의 장점은 박승윤(1997)에서 문제시되었던 복수형태소 '들'의 유동현상을 일관적으로 설명할 수 있다는 것이다.

(28) 가. 선생님들이 지금 방에서 식사를 하고 계시다. [박승윤(1997)]

나. 선생님이 지금들 방에서 식사를 하고 계시다.

---

8) 암묵적 논항을 가정할 경우, 본고는 문장의 문법성 판단에서 박승윤(1997)과 차이를 보인다. (26)에 의하면 서술어가 '안 계시다'만 선택되는데, 본고에서는 다음의 구조에서 pro의 속성이 무엇이냐에 따라 서술어가 결정된다고 본다.

(가) 지금 방에 선생님밖에 pro {안 계시다/ 없다}

예를 들어 pro가 선생님과 견줄만한 '어른들'이라면 서술어는 '안 계시다'로 결정되어야 하지만, pro가 '일반 사람들'이라면 꼭 '안 계시다'만 선택할 필요는 없으며, 오히려 '없다'가 더 자연스럽다고 생각한다.

다. 선생님이 지금 방에서들 식사를 하고 계시다.

라. 선생님이 지금 방에서 식사들을 하고 계시다.

마. 선생님이 지금 방에서 식사를 하고들 계시다.

박승윤(1997)에서는 위와 같이 주어에 있는 '들'은 자유롭게 다른 성분으로 옮겨갈 수 있으며, 이러한 '들'의 유동현상이 주어를 결정하는 지표가 된다고 하였다. 그러나 문제는 박승윤(1997)에서 '명사구+밖에'를 주어(논항)으로 인정하고 있음에도 이러한 '들'의 유동현상이 일어나지 않는다는 점이다.

(29) 가. 선생님들밖에 지금 안 계셔.

나. 선생님밖에 지금들 안 계셔.

(30) 가. 선생님들밖에 웃지 않으셨다.

나. 선생님밖에 웃지들 않으셨다.

만약 위의 예에서 '선생님밖에'가 주어라면 '들'의 유동현상이 자유롭게 일어나야 하지만, 실제로는 그렇지 못하다. '들'이 이동하기 전인 (29-30)(가)와 이동한 후인 (29-30)(나)의 의미가 서로 동일하지 않은 것이다. 여기에서 만약 '들'의 유동현상이 국어에서 주어를 규정짓는 속성 중의 하나라면 우리는 '명사구+밖에'는 주어가 아니라고 가정할 수 있다. 박승윤(1997)에서는 이러한 모순점을 해결하기 위해 '명사구+들+밖에'는 주어성(subjecthood)이 약한 주어라고 말하고 있다. 즉 '명사구+들+밖에'는 주어이지만 '밖에'가 원래 후치사(구)적인 속성을 부분적으로나마 아직 그대로 유지하고 있기 때문에 이들의 주어성이 강하지 못하여 '들'이 자유롭게 이동하지 못한다고 한다.

그러나 이러한 주장이 설득력을 갖기 위해서는 주어성의 명확한 개념과 그 강약의 개념을 먼저 정확히 내려야 할 것이며, 그리고 이러한 주어성의 강약이 과연 '들'의 삽입여부로 명확히 드러날 수 있는 것인지 등에 대해서도 충분한 설명이 있어야 할 것이다.

본고의 가정에 따르면 '주어성의 강약'이라는 약정 없이도 이러한 모순점을 설명할 수 있다. 즉, 본고의 가정에서는 '선생님밖에'가 주어가 아니므로, '선생님들밖에'에서 '들'이 자유롭게 이동하지 못하는 것이 당연하다. 오히려 생략된 참주어와 '명사구밖에' 다음에 생략된 '아무도'를 고려해보면 '들'의 유동현상은 매우 자연스럽다.

(31) 가. 사람들이 [선생님밖에 아무도] 지금 없어.
나. 사람이 [선생님밖에 아무도]들 지금 없어.
다. 사람이 [선생님밖에 아무도] 지금들 없어.
라. *사람이 [선생님밖에들 아무도] 지금 없어.

(31)과 같이 기저구조를 가정하면 주어 '사람들이'에서 '들'은 '아무도' 다음이나 '지금' 다음으로 이동할 수 있다. 우리는 여기에서 두 가지 사실을 얻을 수 있다. 하나는 '사람들이'가 실제 주어라는 것이고, 다른 하나는 '명사구+밖에'는 독립된 성분이라기보다는 그 뒤에 '아무도'와 같은 성분을 포함하고 있는 구조라는 것이다. 이러한 가정은 (31라)에서처럼 '들'이 '선생님밖에'에 붙지 못하고 (31나)와 같이 '[선생님밖에 아무도]' 전체에 붙는다는 사실에서도 그 타당성이 입증된다.

3.3 '명사구+밖에'의 기저구조

우리는 앞절에서 '명사구+밖에'는 논항이 아니며 진정한 논항은 숨겨져 있다고 하였다. 그렇다면 '명사구+밖에'의 기저구조는 어떻게 상정할 수 있을까? 그리고 이를 통해 '명사구+밖에'가 부정극어처럼 보이는 문제를 어떻게 풀 수 있을까? 본고에서는 '명사구+밖에'가 부정극어가 아니며 '명사구+밖에' 구성이 숨겨진 부정극어를 구조적으로 동반하고 있다고 가정한다. 그리고 '명사구+밖에'의 기저구조를 새롭게 상정하여 이를 뒷받침할 것이다. 그러면 우선 다음의 예를 먼저 살펴보자.

(32) 지금 집에는 사람들이 아무도 없다

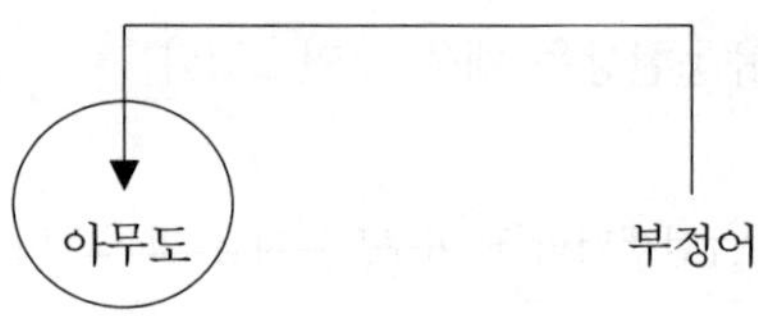

위의 예에서 '아무도'는 전형적인 부정극어이며, 그림은 부정극어와 부정어의 관계를 좀더 자세히 보여주기 위한 것으로, 부정어가 부정극어를 허가하고 있다. 그렇다면 '명사구+밖에'의 예는 어떠한가?

(33) 지금 집에는 영희밖에 다른 사람도 있다

위의 예에서 '밖에'는 부정문이 아닌 긍정문에서 사용되고 있으며, '밖에'의 문법형태화 단계에서 3단계에 속한다고 할 수 있다. 이때 '밖에'는 접미사 '밖에'와 의미상으로 상통하는데, 이렇게 가정할 수 있는 근거는 앞서 언급한 '밖'과 '밖에'의 문법형태화과정에서 찾을 수 있다. 실제로 '밖'이 의미변화를 하면서 [범위]의 자질을 갖게 되었고, 이를 토대로 '밖에'도 일정한 [범위]를 벗어난 즉 '그것 이외에는'과 같은 의미를 갖게 되었기 때문이다. 위의 예에서 '밖에'의 관계를 그림으로 설명하면 다음과 같다.

(34)

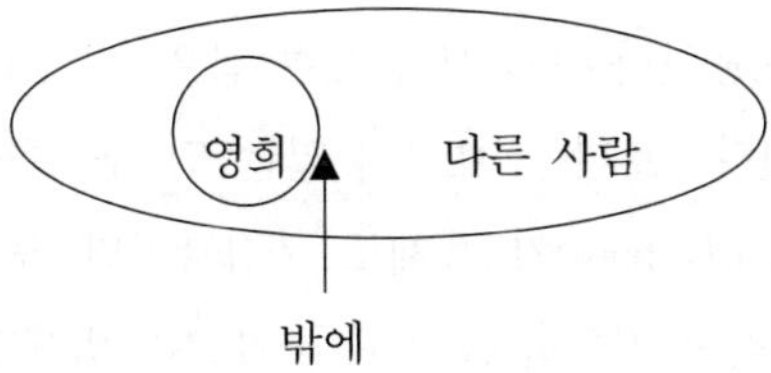

위의 그림에서 '밖에'는 [범위]의 의미를 가지며, 전체집합에서 원소 '영희'와 나머지 원소를 구분하여 주는 역할을 한다. 앞의 그림과 위의 그림을 비교하여 볼 때, '아무도'의 경우 전체집합의 모든 원소를 다 포함하지만, '밖에'의 경우는 모든 원소 가운데 '밖에'의 선행명사가 제외된다는 점이 다르다. 앞서 언급한 접미사 '밖에'가 주로 부정어와 호응한다는 점을 상기하면 위의 예는 접미사 '밖에'로 문법형태화 되기 전 단계의 형태라고 가정할 수 있다. 우리는 여기에서 '명사구+밖에'와 부정어가 호응하는 문제에 대한 실마리를 찾을 수 있다. 그러면 이제 위의 예에서 '밖에'의 밖에 있는 '다른 사람'이 부정어와 만날 경우를 고려해보자. 이때에는 긍정문과는 달리 '다른 사람'이 '아무도'로 바뀌게 된다.

(35) 지금 집에는 영희밖에 아무도 없다

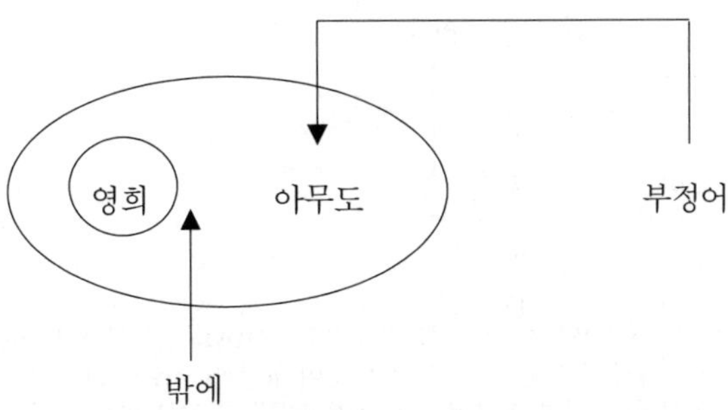

위의 그림에 의하면 '명사구+밖에'가 직접 부정어와 호응한다기보다는

'명사구+밖에'가 암묵적으로 동반하고 있는 부정극성을 가진 부사구 '아무도'와 부정어가 호응한다. 따라서 중요한 점은 '명사구+밖에'가 자유롭고 독립적인 구성이라기보다는 보이지 않는 덤 구조를 갖고 있으며, 이 덤부사구(Extra Adverbial Phrase)가 실제로 부정극어의 속성을 띠고 있다는 점이다.[9] 우리는 이러한 자료를 토대로 하여 'NP-밖에'의 기저구조를 다음과 같이 상정한다.

(36)

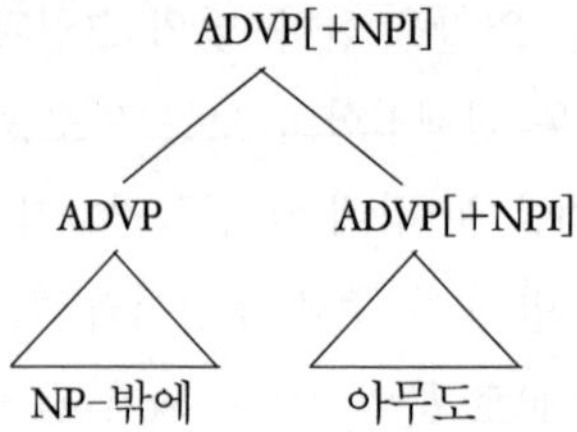

위의 구조에서 'NP-밖에'는 '아무도'가 핵인 부사구에 부가되어 있다. 이러한 가정은 우리에게 몇 가지 설명력을 가져다 준다. 첫째, 이를 통해

9) 본고에서는 부정극어의 구조를 시정곤(1997ㄴ)에 따라 다음과 같이 가정한다.

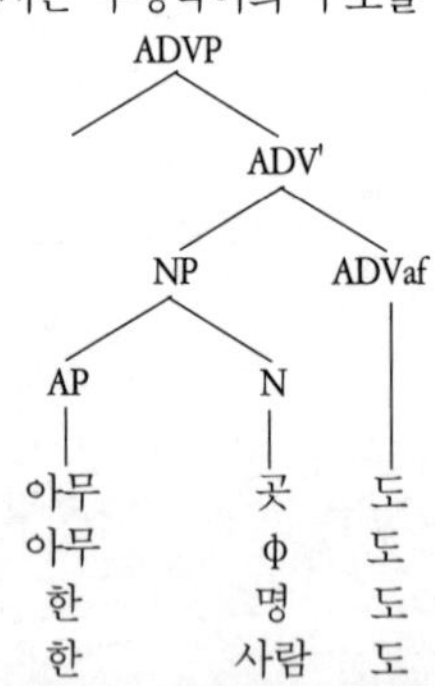

본고에서는 '-도'의 통사범주를 잠정적으로 ADVaf로 설정한다. 이는 전통적으로 한정조사가 부사적 속성을 띠고 있기 때문이다(성광수 1979: 149-160 참조). 그러나 그 형태적, 통사적, 의미적 속성에 따라 Naf, NPI 등 다양한 범주가 상정될 수 있으며, 보어위치에 있는 명사구 NP도 양화사구(QP) 등으로 가정할 수도 있다. 보다 자세한 논의는 시정곤(1997ㄴ: 485-489)를 참조하기 바라며 여기에서는 대략적인 모습만을 제시한다.

국어의 부정극어를 'NP-도'의 형태로 단순화할 수 있다. 둘째, 왜 '명사구+밖에'가 부정극어처럼 해석되는가도 설득력 있게 설명할 수 있다. 위의 그림을 논리적으로 분석해 보자. 주어진 전체집합에서 '밖에'가 붙은 대상 X(영희)가 존재하고 X가 아닌 다른 어떤 것도(즉 '아무도'류) 부정어에 의해 부정될 때, 결과적으로는 전제집합에서 X만이 남는다는 것을 함축하게 된다. 이러한 과정에서 우리는 'X-밖에'가 왜 '오직 X만'이라는 한정의 의미를 갖게 되는지를 알 수 있다. 따라서 '밖에'가 부정극성을 띠고 있는 것처럼 보이는 것은 '밖에'의 속성이라기보다는 '밖에'가 동반하고 있는 부정극어가 부정어와 호응하면서 결과적으로 '밖에'구성 전체가 부정극어처럼 해석되기 때문이라고 본다.

그리고 또 다른 원인으로는 전체 부사구의 자질문제와 부정극어의 생략가능성을 들 수 있다. 위의 구조에서 전체 부사구는 핵의 [+NPI] 자질을 삼투원리에 의해 갖게 되는데, 이 때문에 'NP-밖에'도 자연스럽게 이 자질의 영향권 안에 들어 있어 부정극어처럼 해석되며, 더 나아가 '명사구+밖에' 구문에서 [+NPI] 자질을 가진 부정극어가 생략될 때면 '밖에' 구성이 더욱 부정극어처럼 해석될 수 있다. 그러면 이러한 과정을 예를 통해 좀더 자세히 살펴보자.

(37) 지금 집에는 영희밖에 없다

위의 구조에서는 '명사구+밖에'만 보이고 부정극어는 생략되어 나타나지 않았다. 본고는 생략된 덤부사구가 표면에 나타나지 않더라도 기저구조에는 다음과 같은 공범주(empty category) 부사구가 존재한다고 본다.

(38) [NP-밖에 Φ[+NPI]]Advp

따라서 암묵적 부정극어를 가정하면 앞의 예문 (37)의 기저구조는 다음과 같이 가정할 수 있다.

(39) 가. 지금 집에는 영희밖에 없다

나. 지금 집에는 영희밖에 Φ[+NPI] 없다

다. 지금 집에는 영희밖에(는) 아무도 없다

위의 구조에서도 역시 부정어가 호응하는 것은 [+NPI] 자질을 가진 공범주 부사구이지 '명사구+밖에'는 아니다. 다만 표면적으로 '명사구+밖에'가 부정극어처럼 보일 뿐이다.

이제는 이러한 덤 구조에 숨겨진 논항을 삽입시켜 볼 차례다. 이를 통해 '명사구+밖에'의 기저구조를 더욱 명확히 알 수 있을 것이다. 그러면 숨겨진 논항은 어디에 위치하여야 하는가? 다음의 예들은 숨겨진 논항과 '명사구+밖에', 그리고 덤부사구의 배열순서를 암시해준다.

(40) 가. 지금 집에는 pro 영희밖에 아무도 없다

나. 지금 집에는 사람들이 영희밖에 아무도 없다

다. ?지금 집에는 영희밖에 사람들이 아무도 없다

라. ?지금 집에는 영희밖에 아무도 사람들이 없다

마. *지금 집에는 아무도 영희밖에 사람들이 없다

바. *지금 집에는 사람들이 아무도 영희밖에 없다

사. *지금 집에는 아무도 사람들이 영희밖에 없다

위의 예 (40가)에서 알 수 있듯이 '감춰진 논항' pro를 설정하면 문장이 가장 자연스럽지만, 실제 일반명사를 삽입하여야 다른 성분과의 배열순서를 좀더 명확히 파악할 수 있다. 일반명사를 삽입할 경우는 (40나)에서처럼 '명사구+밖에' 그리고 '아무도'가 연결되는 '사람들이-선생님밖에-아무도'의 배열순서가 나머지 문장보다 자연스럽다. 물론 개인적인 문법성

판단을 고려해 볼 때 이들 간의 엄밀한 배열순서를 정한다는 것은 쉽지 않다. 그러나 그것보다 더 중요한 것은 세 성분의 결속도이다. 먼저 '사람들이'의 논항의 위치는 매우 자유롭다고 할 수 있다. (40나)에서는 세 성분 가운데 제일 앞에 위치하였고, (40다)에서는 '영희밖에'와 '아무도' 사이에, (40라)에서는 제일 뒤에 위치하였으나, 조금 어색한 점을 제외하면 문장의 문법성에 그리 영향을 미치지 않는다. 문제는 (마)(바)(사)가 가장 좋지 않은 문장이라는 점이다. 이들 문장의 특징은 모두 '아무도'가 '영희밖에'를 앞선 구조이다. 이는 논항 '사람들이'보다 '영희밖에'와 '아무도'가 더 결속되어 있다는 증거이며, '아무도'가 밖으로 이동하지 못하는 것은 '아무도'가 구조의 핵이며, '영희밖에'보다 더 깊이 위치해 있기 때문이다.

(41) 지금 방에 [사람들이] [선생님밖에 [아무도]] 없다

이를 통해 우리는 다음과 같은 기저구조를 상정할 수 있다.

(42)

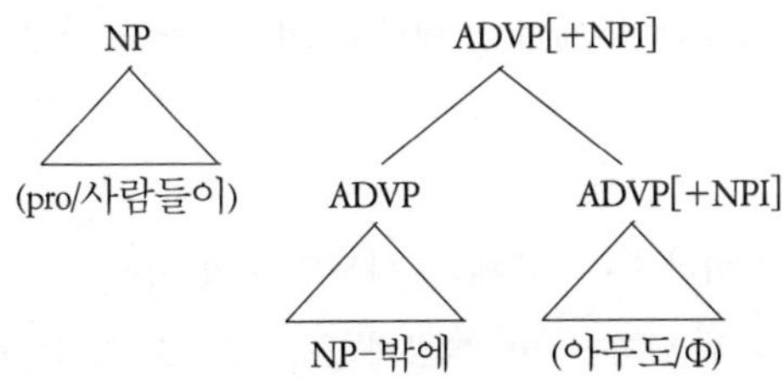

위의 구조에서 논항은 '명사구+밖에'의 구성과 별도로 상정된다. 그리고 숨겨진 논항에 pro를 설정한 것과 '아무도'에 영형태를 설정한 점은 이들 성분이 비교적 자유롭게 생략되는 것을 반영하기 위해서이다. 이제는 새로운 기저구조가 앞서 문제가 되었던 예문을 어떻게 설명할 수 있는지를 알아보자.

(43) 가. 물밖에 남은 게 있어야지! (물밖에 남은 게 없다) [남기심(1993)]

나. 날씨가 이렇게 무더우니 죽어나는 건 우리밖에 더 있나? (우리밖에 없다)

위의 예는 '밖에'가 긍정문에 사용된 것으로, '명사구+밖에'가 부정극어라면 설명하기 어려운 문장이었다. 그러나 본고에서 제기한 '밖에'의 기저구조에 따라 우리는 이들의 기저구조를 다음과 같이 상정할 수 있다.

(44) 가. 물밖에 그 무엇이라도 남은 게 있어야지!

→ 물밖에 아무것도 남은 게 없다

나. 날씨가 이렇게 무더우니 죽어나는 건 우리밖에 누가 더 있나?

→ 날씨가 이렇게 무더우니 죽어나는 건 우리밖에 아무도 없다

위의 예에서 반어법인 (44가, 나)의 문장을 부정문으로 바꾸어 보면, 자연스럽게 부정어가 호응하는 부정극어가 드러나게 되고, 왜 '물밖에'가 부정극어처럼 보이는지도 설명이 가능하다. 또한 다음과 같은 명령문, 청유문, '이다'구문 등에 나타난 문제점도 새로운 기저구조를 가정하면 자연스럽게 설명이 된다.

(45) 가. *너밖에 오지 마라 → 너밖에(는) 아무도 오지 마라

나. *이 빵밖에 먹지 말자 → 이 빵밖에(는) 아무것도 먹지 말자.

다. *너는 사람밖에 아니다 → 너는 사람밖에(는) 아무것도 아니다.

위에서 알 수 있듯이, 부사구인 부정극어를 기저구조에 가정하면 좋은 문장이 되며(물론 특수접사 '는'을 삽입하면 더 좋은 문장이 된다), 이때 부정어는 '밖에'가 아닌 부정극어를 허가한다. 그러나 남은 문제는 이때에 왜 부정극어가 항상 표면에 드러나야 하는가 하는 점이다. 즉 왜 이들

구문에서는 공범주인 부정극어를 가정할 수 없는가가 문제이다. 이에 대한 명확한 답을 찾기란 쉽지가 않다. 다만 여기서는 이러한 차이가 '밖에'의 문법형태화과정과 관련이 있을 것이라고 추측할 수 있을 뿐이다. 예를 들어 의존명사구의 '밖에'구문에서 접미사 '밖에'구문으로 문법형태화되는 과정에서 그 문법형태화의 정도에 따라 여러 유형의 구문이 나타날 가능성이 있다. 즉, 부정극어를 꼭 필요로 하는 구문과, 공범주 부정극어를 수의적으로 인정하는 구문, 그리고 항상 공범주 부정극어를 필요로 하는 구문 등으로 발전되었다고 가정해 볼 수 있다.10)

(46) 의존명사구 '밖에'의 접사화과정과 기저구조
 1단계 : [NP-밖에 +가시적 NPI]Advp
 2단계 : [NP-밖에 +/-가시적 NPI]Advp
 3단계 : [NP-밖에 -가시적 NPI]Advp

위의 구조에서 1단계는 주로 의존명사구의 성격이 강한 '밖에'이고, 3단계는 접사적 성격이 강한 '밖에'인데, 항상 부정극어로 [+NPI] 자질을 가진 공범주 Φ가 오는 구조이다. 그리고 2단계는 그 과정에 있는 단계라고 말할 수 있다. 따라서 이에 따르면 위의 (45)의 예들은 1단계에 속하는 유형이라고 할 수 있을 것이다. 그러나 왜 (45)와 같은 구문들이 이 유형에 속해야 하는가 하는 점은 여전히 남는 문제이다.

이제는 의미상으로 비슷한 '밖에', '이외에', '말고' 등을 서로 비교해보자.

---

10) '밖에'의 접사화과정과 관련하여 논평자는 부정극성의 속성이 '밖에'로 이전되고 이것이 규약화(conventionalize)되어 '밖에'가 부정극성의 속성을 가지는 방향으로 변하고 있다고 지적하였다. 이 지적은 본 논의와 크게 다르지 않다. 다만 부정극어의 속성이 '밖에'로 이전되고 있다는 점을 어떠한 식으로 보여주느냐 하는 점이 다르다고 생각한다. 본고에서는 그 과정을 (46)과 같은 방법으로 보여주었고, 아마도 논평자는 [NP-밖에 [+NPI]]의 구조를 가정하고 있는 듯하다. 따라서 기본적인 관점은 서로 다르지 않다. 다만 문제는 어떤 방법이 더 많은 현상을 설명해 줄 수 있느냐 하는 점이다.

(47) 가. 지금 집에는 영희**밖에** 다른 사람도 있다

나. 지금 집에는 영희**말고** 다른 사람도 있다

다. 지금 집에는 영희**이외에** 다른 사람도 있다

위의 예에서 (47)의 문장은 모두 좋은 문장이다. 즉 (47)의 '밖에'는 단지 전체집합에서 영희의 범위를 벗어난 부분을 의미하고 있으며, 이 경우 '밖에'는 '말고'나 '이외에'와 자유롭게 대체된다. 이를 구조적으로 기술하면 '밖에', '말고', '이외에'는 모두 덤부사구를 요구한다고 할 수 있다. 그러나 이들이 항상 공통점만 있는 것은 아니다. 다음의 예를 보자.

(48) 가. 지금 집에는 영희**밖에** 없다

나. ??지금 집에는 영희**말고** 없다

다. ??지금 집에는 영희**이외에** 없다

위의 예들은 부정문인데, (48가)는 좋은 문장이지만 (48나, 다)는 어색한 문장이다. 그 차이는 어디에서 오는 것일까? 우리는 이에 대한 해답을 공범주 부사구에서 찾고자 한다. 즉 '밖에'는 공범주 부사구 'Φ[+NPI]'를 취할 수 있지만 '말고'나 '이외에'는 이를 취할 수 없다. 다시 말하여 '말고'나 '이외에'는 항상 가시적인 부정극어를 취해야 한다는 것이다. 이는 다음의 예에서도 입증된다.

(49) 가. 철수는 학교밖에 Φ 못간다

나. *철수는 학교이외에 Φ 못간다 → 철수는 학교이외에 아무곳도 못간다.

다. *철수는 학교말고 Φ 못간다 → 철수는 학교말고 아무곳도 못간다.

문법형태화과정을 고려할 때에도, 위의 예에서 '밖에'는 '말고'나 '이외에'보다 더욱 추상적으로 문법형태화과정을 겪고 있음을 알 수 있다. 이를

(46)의 구조와 비교해보면, '말고'나 '이외에'는 1단계의 '밖에'와 유사하고, (48, 49가)의 '밖에'는 2단계에 속한다고 할 수 있다.

4. 결론

본고에서는 이제까지 '밖에'의 문법형태화 과정을 통해 '명사구+밖에' 구문이 갖고 있는 형태-통사적 속성을 고찰하였는데, 대략적으로 논급된 내용을 정리하여 결론으로 삼고자 한다. 1) '밖에'의 문법형태화는 명사 '밖'의 의미변화과정과 밀접한 관련이 있다. 명사 '밖'이 추상화되면서 통사적으로도 의존형태로 변하게 되고, 이러한 '밖'과 처격접미사 '에'가 결합하여 접사화과정을 겪는다고 본다. 2) 이러한 '밖에'의 문법형태화의 증거는 통사적으로 의미적으로, 그리고 음운적으로 나타난다. 3) '명사구+밖에'는 부정극어처럼 보이지만 실제 부정극어는 숨겨져 있으며, 숨겨진 부정극어가 부정어와 호응한다. 4) '명사구+밖에'는 논항이 아니며 따라서 문장에서 주어나 목적어 등의 주성분으로 기능하지 않는다. 5) '명사구+밖에'의 문법범주는 부사구이며 암묵적 부사구인 부정극어를 동반하는 구조를 갖는다. 6) 접사화과정을 겪는 의존명사구 '밖에'는 동반하는 부정극어의 출현여부에 따라 다양한 유형의 구조를 나타낸다. 7) 의미적으로 유사한 '밖에'와 '이외에/말고'를 서로 비교해보면, '밖에'가 접사화되기 전 단계에서는 통사적으로, 의미적으로 서로 비슷한 모습을, 접사화과정에 있는 '밖에'는 '말고/이외에'와 구조적인 차이를 보인다.

문법형태화가 통시적인 절차임을 고려한다면 통시적 고찰을 공시적인 구조기술과 연결시키려 한 본고의 작업이 어쩌면 설득력이 없을 수도 있다. 언어변화의 순간을 제대로 포착하여 공시적인 문법현상에 반영한다는 일이 그리 쉽지는 않기 때문이다. 본고의 여러 군데에서 이러한 어려움이 드러난다. 따라서 본고의 작업은 '밖에'라는 하나의 형태를 통해 이

리저리 얽힌 문법현상의 실타래를 풀어보려고 한 작은 시도에 불과하다. 남은 과제는 문법형태화에 대해 본격적으로 연구하는 작업과 이것이 공시적인 문법현상과 어떤 관련이 있는지를 심도 있게 파헤치는 일이다.

‖ 참고 문헌 ‖

권재일. 1997. "문법변화와 문법화", 제4회 서울국제 언어학학술회의 발표요지.

김승곤. 1989. 「우리말 토씨 연구」, 서울: 정음문화사.

김창섭. 1994. 「국어의 단어형성과 단어구조」, 서울대 박사학위논문.

남기심. 1993. 「국어 조사의 용법」, 서울: 서광학술자료사.

박승윤. 1997. "'밖에'의 문법화 현상", 「언어」 22-1

박영순. 1993. 「현대 한국어 통사론」, 서울: 집문당.

성광수. 1979. 「국어 조사 연구」, 서울: 형설출판사.

시정곤. 1992. "통사론의 형태정보와 핵이동", 「국어학」 22.

시정곤. 1994. 「국어의 단어형성 원리」, 서울: 국학자료원.

시정곤. 1997ㄱ. "국어의 부정극어에 대한 연구", 「국어국문학」 119.

시정곤. 1997ㄴ. "국어의 부정극어 허가조건", 「언어」 22-3.

임홍빈. 1987. "국어 부정문의 통사와 의미", 「국어생활」 10.

정재영. 1997. "명사의 문법화", 제4회 서울국제 언어학학술회의 발표요지.

최현배. 1937. 「우리말본」, 서울: 정음사.

허 웅. 1983. 「국어학-우리말의 오늘, 어제-」, 서울: 샘문화사.

홍사만. 1983. 「국어특수조사론」, 서울: 학문사.

Ahn, H. D. 1991. *LIGHT VERBS, VP-MOVEMENT, NEGATION AND CLAUSAL ARCHITECTURE IN KOREAN AND ENGLISH*, Doctoral dissertation of Univ., of Wisconsin. Hanshin Publishing Co.

Choe, H. S. 1988. *Restructuring Parameters and Complex Predicates; A Transformational Approach*, Doctoral dissertation of MIT. Hanshin Publishing Co.

Hopper, P. & E. Traugott. 1993. *Grammarticalization*, Cambridge University Press, Cambridge.

Jang, Y. J. 1995. "Floated Quantifiers, NPIs, and Move-F Theory", ms at Harvard University.

Kato, Y. 1991. "Negative Polarity in Japanese and the Levels of Representation", in *Tsuda*

Review, No.36.

Kawashima & Kitahara. 1992. "Licensing of Negative Polarity Items and Checking Theory-A Comparative Study of English and Japanese", appear in *Proceedings of FLSM* 3.

Kim, S-W. 1995) "The Negative Polarity Item Licensing in Korean: An Alternative to NegP", *Studies in Generative Grammar*. Vol. 5. No. 1, 239-63.

Kuno, S. 1994a. "Negative Polarity Items in Japanese and English", ms. at Harvard University.

Kuno, S. 1994b. "Negative Polarity Items in Korean and English", paper in Korean workshop at SOAS.

Laka, I. 1990. *Negation in Syntax.:On the Nature of Functional Categories and Projections*, Doctoral dissertation, MIT.

Lee, K. R. 1993. "NPI Licensing and the Domain of A-Movement", *HARVARD STUDIES IN KOREAN LINGUISTICS* V, Hanshin publishing, 389-400.

Sohn, K-W. 1996. *Negative Polarity Items, Scope, and Economy*, Doctoral dissertation, University of Connecticut. Thaehaksa.

(1997, 「국어학」 30)

찾아보기

<ㄱ>

<ㄴ>

<ㄷ>

<ㅁ>

<ㅇ>

<ㅍ>

<ㅎ>

<a>

<i>

<l>

<p>

시정곤

1964년 전북 태인 출생. 고려대학교 국어교육과와 동대학원 국어국문학과에서 문학석사, 문학박사를 받음. 미국 하버드대학교 언어학과 객원연구원, 영국 런던대학 SOAS 객원교수 역임. 현재 한국과학기술원(KAIST) 인문사회과학부 교수.

저서로는 『장벽이후의 생성문법』(공편역 1993), 『국어의 단어형성 원리』(수정판 1998), 『생각 · 짜임 · 글』(증보판, 공저 1998), 『한국어의 탐구와 이해』(공저 2000), 『논항구조란 무엇인가』(공저 2000), 『정보지식혁명과 전문용어』(공편 2001), 『한국어의 목적어』(공저 2001), 『국어생활』(공저 2001), 『문법』(공저 2002), 『문법과 텍스트』(공저 2002), 『우리말의 수수께끼』(공저 2002), 『한국어 문법론의 연구 현황과 과제』(공저 2003), 『한국어가 사라진다면』(공저 2003), 『북한의 문법 연구와 문법 교육』(공저 2004), 『영어 공용화 국가의 말과 삶』(공저 2004), 『한국어 표현 문법』(공저 2005), 『글쓰기 여행』(공저 2005), 『CoreNet 다국어 어휘의미망1, 2』(공편 2005), 『전문용어학 입문』(공역 2005) 등이 있으며 논문 100여편을 발표함.

시정곤의 국어학 세계 2

현대국어통사론의 탐구

초판 1쇄 인쇄 • 2006년 4월 24일
초판 1쇄 발행 • 2006년 4월 29일

지은이 • 시 정 곤
펴낸이 • 박 성 복
펴낸곳 • 도서출판 月印
서울특별시 강북구 수유2동 252-9
등록 • 제6-0364호 / **등록일** • 1998년 5월 4일
대표전화 • (02) 912-5000 / **팩스** • (02) 900-5036
http://www.worin.net

ISBN 89-8477-315-8 94710
ISBN 89-8477-313-1 (세트)

값 23,000원